高职高专计算机任务驱动模式教材

IT职业素养（第3版）

陈守森　耿晓燕　主　编

清华大学出版社
北京

内 容 简 介

IT职业素养是针对计算机专业学生所开设的课程。在社会调研中，我们发现缺乏职业素养是毕业生成功走上工作岗位的最大障碍之一，也是造成社会对IT人才求贤若渴，而学院毕业生就业困难的重要原因之一。在计算机专业中，除了加强学生岗位技能培养外，与岗位有关的基本素养、职业道德、相关的法律法规也非常重要。

职业素养并没有明确的定义，但是一个具有较高的职业素养的毕业生能够获取竞争优势，尤其是在专业技术能力不如其他同届毕业生的时候，因此职业素养能力在高职学生的培养和教育中尤其重要。然而职业素养包括的范围广，授课情况复杂，课程内容、授课形式不统一，这些都给职业素养的教学工作造成了很大的困难。本书在以往版本的基础上，力图以生动形象的案例，发人深思的场景，互动交流的游戏等内容来给人启发，使课程变得生动有趣。

本书从高职电子信息大类学生现状出发，根据其未来职业生涯岗位特点，结合专业特色，将对职业生涯发展有利的非技术要求凝练出来，以浅显易懂的语言、发人深思的案例以及深入浅出的道理为读者展示了IT从业者的职业道德和职业素养。

图书在版编目(CIP)数据

IT职业素养/陈守森，耿晓燕主编. --3版. --北京：清华大学出版社，2015 (2017.12重印)
高职高专计算机任务驱动模式教材
ISBN 978-7-302-40234-3

Ⅰ. ①I… Ⅱ. ①陈… ②耿… Ⅲ. ①IT产业－职业道德－高等职业教育－教材 Ⅳ. ①F49

中国版本图书馆CIP数据核字(2015)第101275号

责任编辑：张龙卿
封面设计：徐日强
责任校对：刘 静
责任印制：杨 艳

出版发行：清华大学出版社
网 址：http://www.tup.com.cn，http://www.wqbook.com
地 址：北京清华大学学研大厦A座 邮 编：100084
社 总 机：010-62770175 邮 购：010-62786544
投稿与读者服务：010-62776969，c-service@tup.tsinghua.edu.cn
质 量 反 馈：010-62772015，zhiliang@tup.tsinghua.edu.cn
课 件 下 载：http://www.tup.com.cn，010-62795764
印 装 者：三河市金元印装有限公司
经 销：全国新华书店
开 本：185mm×260mm 印 张：20.5 字 数：490千字
版 次：2009年4月第1版 2015年9月第3版 印 次：2017年12月第4次印刷
印 数：6001～7500
定 价：38.00元

产品编号：064355-01

编审委员会

出版说明

我国高职高专教育经过十几年的发展，已经转向深度教学改革阶段。教育部于2006年12月发布了教高[2006]第16号文件《关于全面提高高等职业教育教学质量的若干意见》，大力推行工学结合，突出实践能力培养，全面提高高职高专教学质量。

清华大学出版社作为国内大学出版社的领跑者，为了进一步推动高职高专计算机专业教材的建设工作，适应高职高专院校计算机类人才培养的发展趋势，根据教高[2006]第16号文件的精神，2007年秋季开始了切合新一轮教学改革的教材建设工作。该系列教材一经推出，就得到了很多高职院校的认可和选用，其中部分书籍的销售量都超过了3万册。现重新组织优秀作者对部分图书进行改版，并增加了一些新的图书品种。

目前国内高职高专院校计算机网络与软件专业的教材品种繁多，但符合国家计算机网络与软件技术专业领域技能型紧缺人才培养培训方案，并符合企业的实际需要，能够自成体系的教材还不多。

我们组织国内对计算机网络和软件人才培养模式有研究并且有过一段实践经验的高职高专院校，进行了较长时间的研讨和调研，遴选出一批富有工程实践经验和教学经验的双师型教师，合力编写了这套适用于高职高专计算机网络、软件专业的教材。

本套教材的编写方法是以任务驱动、案例教学为核心，以项目开发为主线。我们研究分析了国内外先进职业教育的培训模式、教学方法和教材特色，消化吸收优秀的经验和成果。以培养技术应用型人才为目标，以企业对人才的需要为依据，把软件工程和项目管理的思想完全融入教材体系，将基本技能培养和主流技术相结合，课程设置中重点突出、主辅分明、结构合理、衔接紧凑。教材侧重培养学生的实战操作能力，学、思、练相结合，旨在通过项目实践，增强学生的职业能力，使知识从书本中释放并转化为专业技能。

一、教材编写思想

本套教材以案例为中心，以技能培养为目标，围绕开发项目所用到的知识点进行讲解，对某些知识点附上相关的例题，以帮助读者理解，进而将知识转变为技能。

考虑到是以“项目设计”为核心组织教学，所以在每一学期配有相应的实训课程及项目开发手册，要求学生在教师的指导下，能整合本学期所学的知识内容，相互协作，综合应用该学期的知识进行项目开发。同时，在教材中采用了大量的案例，这些案例紧密地结合教材中的各个知识点，循序渐进，由浅入深，在整体上体现了内容主导、实例解析、以点带面的模式，配合课程后期以项目设计贯穿教学内容的教学模式。

软件开发技术具有种类繁多、更新速度快的特点。本套教材在介绍软件开发主流技术的同时，帮助学生建立软件相关技术的横向及纵向的关系，培养学生综合应用所学知识的能力。

二、丛书特色

本系列教材体现目前工学结合的教改思想，充分结合教改现状，突出项目面向教学和任务驱动模式教学改革成果，打造立体化精品教材。

(1) 参照和吸纳国内外优秀计算机网络、软件专业教材的编写思想，采用本土化的实际项目或者任务，以保证其有更强的实用性，并与理论内容有很强的关联性。

(2) 准确把握高职高专软件专业人才的培养目标和特点。

(3) 充分调查研究国内软件企业，确定了基于 Java 和.NET 的两个主流技术路线，再将其组合成相应的课程链。

(4) 教材通过一个个的教学任务或者教学项目，在做中学，在学中做，以及边学边做，重点突出技能培养。在突出技能培养的同时，还介绍解决思路和方法，培养学生未来在就业岗位上的终身学习能力。

(5) 借鉴或采用项目驱动的教学方法和考核制度，突出计算机网络、软件人才培训的先进性、工具性、实践性和应用性。

(6) 以案例为中心，以能力培养为目标，并以实际工作的例子引入概念，符合学生的认知规律。语言简洁明了、清晰易懂，更具人性化。

(7) 符合国家计算机网络、软件人才的培养目标；采用引入知识点、讲述知识点、强化知识点、应用知识点、综合知识点的模式，由浅入深地展开对技术内容的讲述。

(8) 为了便于教师授课和学生学习，清华大学出版社正在建设本套教材的教学服务资源。在清华大学出版社网站(www.tup.com.cn)免费提供教材的电子课件、案例库等资源。

高职高专教育正处于新一轮教学深度改革时期，从专业设置、课程体系建设到教材建设，依然是新课题。希望各高职高专院校在教学实践中积极提出意见和建议，并及时反馈给我们。清华大学出版社将对已出版的教材不断地修订、完善，提高教材质量，完善教材服务体系，为我国的高职高专教育继续出版优秀的高质量教材。

清华大学出版社

高职高专计算机任务驱动模式教材编审委员会

2014 年 3 月

第3版前言

职业素养并没有明确的定义，较高的职业素养能够帮助毕业生获取竞争优势，能够使其获取更好的职业生涯发展，尤其是在专业技术能力不如其他毕业生的时候。因此职业素养能力在高职学生中的培养和教育中十分重要。然而职业素养包括的范围广，授课情况复杂，课程内容、授课形式不统一，这些都给职业素养教学工作造成了很大的困难。本书在以往版本的基础上，力图以生动形象的案例、发人深思的场景、互动交流的游戏等内容来给人启发，使课程变得生动有趣。

与此同时，在IT岗位能力分析中，职业素养是众多能力中的一个基础能力，随着专业的发展，职业素养培养与教育一直被认为是重中之重。随着新技术的不断出现，与职业素养有关的问题也不断出现。例如以往以病毒制作传播为主的黑客行为，逐渐转变为以获取利益为主的网络欺诈或不正当手段经营行为。恪守认真负责、艰苦奋斗的职业精神，如何成为逐渐走上工作岗位的"80后"、"90后"的工作精神？以移动终端、物联网、云生活为主流的新信息时代，要有什么样的职业道德与职业素养与之匹配？诸如此类的新问题不断涌现，以上种种都要求IT职业素养的教育教学内容不断更新变化，这也促使了教材的不断发展变化。

时光荏苒，《IT职业素养》一书第1版出版已经有六年时间。在这段时间，作者得到了业内同仁和社会各界的大力支持，在第1、2版的教学实践中，很多老师给出了中肯的修改意见，在此一并表示感谢。在第2版中，笔者尝试构建IT职业素养的课程标准，相对改动较大，通过第2版的编写，IT职业素养的内容相对较为固定，但是有些内容和案例有点过时，不能体现信息产业与时俱进的特色，因此第3版的写作与出版势在必行。

第3版最大的调整是将第2版最后两章合并为第15章，第14章增加了压力管理的内容。这是因为在当今社会中，人们面临各种各样的压力，因此对压力的认识和管理就显得尤其重要。第14章增加对压力的管理与讨论，希望在一定程度上可以帮助读者学会减少压力的方法，更加快乐地学习、工作、生活。

在第2版前言中，笔者提到高职高专计算机类专业应该建立起服务和应用两条主线，通过改造传统专业，发展新兴专业的方式走出当前的困局。最近几年，高职电子信息大类的教育教学，逐渐摆脱了本科模式，在发展中探索出适合高职层次的教学模式和教学方法。与本科教育相比较，高职的教学更灵活、改革更迅捷、更能适应社会岗位的变化。经过一个阶段的探索，计算机大类的课程大部分进行了改革重组，课程标准、大纲、内容都摆脱了原来的本科内容体系，根据社会岗位能力来讲授课程内容。电子信息大类无论在招生、教学、就业等方面都得到了社会的认可，计算机大类专业又重新焕发出勃勃生机，这些也给IT职业素养带来了新的挑战和发展机遇。

编写本书一如既往地得到了出版社各位同仁的大力支持，烟台市综合信息中心耿晓燕女士修订了本书第6章和第8章。限于编者水平，教材中一定还存在不妥之处，希望广大读者提出批评和指正。本书在出版和使用过程中，很多同志给予了帮助，在此一并表示感谢。

编　者

2015年2月

第2版前言

编写IT职业素养第1版是一个偶然的机会,当时正值高职计算机教育出现危机之际,高职高专都在探索计算机教育改革,需要编写一系列工作过程导向的项目式教学教材,以改变教学方法,在困境中寻求突破。本书作为该系列教材的一部分,因为笔者具有受管理学教育的背景,所以承担了该书的写作任务。

第2版的出现是个必然,目前高职高专的发展整体仍然处于困难时期,计算机相关专业的发展状况更是难上加难,很多学校信息系学生数量从全校第一大系沦落为倒数,生源平均分数也相对较低,基于工作过程导向的项目式教学方法似乎并没有挽救计算机专业于水火当中。

在这种情况下,教学方法的改革基本上走到了一个高原阶段,难以产生较大的突破。工学结合、项目引导,面向工作过程的高职高专教学方式得到大家的认同,无论是采用什么样的仿真模拟环境,或是真实的实训工作环境;无论是J2EE体系结构,还是.NET平台,这些的确对专业发展起到了很大的推动作用,并且走在其他工科类专业的前列。但是随着工业大环境的没落,服务业的崛起,计算机类专业的招生情况在会计类和经管类专业面前显得不堪一击,而高职院校为了迁就考生报考,专业之间不进行平衡调整,又加剧了这种现象。

这引发了很多信息系主任或者信息学院院长们的深度思考——到底怎样才能推动计算机类相关专业的发展?在重新组织设计《IT职业素养》这本书时,笔者向出版社编辑提出了一个观点,高职高专计算机类专业应该建立起服务和应用两条主线,通过改造传统专业,发展新兴专业的方式走出当前的困局,得到了出版社编辑的大力赞同和鼓励。例如:一些职业学院将信息系更改为服务外包学院,还有相当一部分学校信息系内开设了设计类相关专业,在当前本科计算机相关专业教育越来越重视实践的情况下,高职教育计算机相关专业的教育需要放在软件的应用和技术的服务上,打破传统的重视软件设计和技术研究的局面,才能使80%的学生学有所成、学有所用,才能使计算机类相关专业涅槃重生,与现在信息化服务型社会接轨。

根据这种情况,IT职业素养在专业的教育中起到越来越重要的作用。在教材第1版出版之后,作者得到很多职业学院系主任的反馈信息,他们非常重视职业素养的教育,部分学校将《IT职业素养》作为大二或者大三学生的必修课。很多学校都想把这门课上好,希望能够给学生带来实实在在的帮助，但很多教师表示有一种无从下手的感觉，课程的组织形式，授课的内容都难以确定。

确实，职业素养不是一门科学，也不是一个学科，没有固定的理论体系，也没有科学的组织结构，从某种意义上讲，是将工作中的一些经验、规则收集起来，内容相当零散。在第 1 版的基础上，本版试图建立高职高专职业素养的基本知识要点和框架。全书分为三大部分，分别是初入职场、立足职场和职业生涯，按照一个人从参加工作到胜任工作，以及进一步在职场中成功发展的顺序，将整个过程中需要用到的一些经验、规则进行总结，结合了信息产业的特色，形成了 IT 职业素养。第一部分侧重阐述在职场中需要的基本素养；第二部分则是讨论能够帮助员工成功的因素；第三部分对如何应对职场环境变化，保持职业常青提出了应对方法。

本书的编写得到了上海复旦聚升科技有限公司郝力军先生的大力支持，烟台市综合信息中心的耿晓燕女士编写了本书第 6 章和第 8 章，山东商务职业学院的王凤玲、吴文国、刘晓军、李刚、孙玉林、贾春朴、王海霞、宫泽林、顾海燕、刘立静、杨淑珍、续晓燕、王俏、赵安仁等同志参加了本书的编写工作。

希望本书能够对从事 IT 教育的工作者有所帮助，对准备踏上社会的学生有所启发，在未来的工作中少走弯路，尽快地踏上职业生涯的成功路。同时限于编者水平，教材中一定存在不妥之处，希望广大读者批评和指正。

编　者

2013 年 8 月

第1版前言

IT职业素养是针对计算机专业学生所开设的课程。在社会调研中，我们发现缺乏职业素养是毕业生成功走上工作岗位的最大障碍之一，也是造成社会对IT人才求贤若渴，而学院毕业生就业困难的重要原因之一。在计算机专业中，除了加强学生岗位技能培养外，与岗位有关的基本素养、职业道德、相关的法律法规也非常重要。

专业技能能够从专业学习中获取，工作经验可以从实践中得到，然而并不是具有良好的专业技能和丰富的工作经验就能够处理好工作关系，好的工作习惯和职业素养也非常重要。缺乏在性格成型期养成的良好习惯，缺乏对工作岗位中职业素养要求的了解，就很难在工作中有优异的表现，因此职业学院的教育必须要重视职业素养。

本书是在多次社会调研的基础上，根据不同岗位、不同职业并且有多年工作经验的业内人士的建议，形成了IT行业从业人员所应该具备的基本素养，然后将这些基本素养分门别类进行整理，形成课程体系。

本书分为职业道德、团队精神、职业能力、职业生涯四个部分，共包括15章，每章除了讲述案例和理论外，还附有阅读讨论资料和思考练习题，正如我们在绪论中指出的那样，本书在讲授的过程中，可以不采用传统的讲授方式，而是将章节分为几个议题，组织学员进行讨论，并写下关于讨论的心得，指出日后的行为方式，能够起到更好的教学效果。

本书可以作为职业学院计算机专业学生课程教材，也可以作为本科、研究生的参考资料。同时，如果计算机公司给员工进行相关培训，本书也可以提供一些帮助。

在本书编写的过程中，我们得到了清华大学出版社的大力帮助。本书由山东商务职业学院陈守森主编，山东商务职业学院薛振清、吴文国、于敏、顾海燕、邵燕、李伟欣、将秀江参与编写了部分内容，窦中华院长对稿件进行了审阅，中国海洋大学的耿晓燕除亲自编写了第4章、第5章外，还为本书的编写提供了大量的素材及其他方面的帮助。

限于编者水平，同时编写时间也比较仓促，因而书中一定存在不妥之处，希望广大读者提出批评和并予以指正。

编　者

2009年1月

目　录

绪　论

导读资料：IT职业道德与职业素养

2011年11月的某一天，当时我还兼任班主任工作，在上课过程中接到了保卫处领导的电话："陈××老师，林××是你们班的学生吗?"

我说："是的。"

"请马上把他带过来，公安局的人在这里等着他，要进行问话。"

于是我紧张不安地把林××带到保卫处，一路上琢磨，林××是一个老实、踏实、学习成绩不错的学生，而且他本人也说，自己应该没犯什么错误。

到了保卫处，果然公安局的几名警察在现场，见我带学生过去，很严肃地问学生："你是林××？上个月你有没有攻击过×局的网站?"

学生的脸色一下子白了，我也瞬间明白了问题所在。在事实面前，学生不得不承认自己曾经攻击过×局的网站。他被带到公安局继续进行审问，并留下做记录，后来学校出面暂时将其保释出来。

在过去十年的教学生涯中，几乎每个学期第一节课我都会告诉学生，不要对黑客技术多么好奇，一定不要乱用软件去尝试攻击，要把精力和知识用到有用的地方。然而还是会偶尔有学生因为类似的事情被公安局带去问话，从论坛胡乱发表言论到窃取别人资料，从组建一些不合适的网络组织到攻击别人的网站，种种情况不一而足，但是都侵害了他人的利益，甚至可能出现违法后果。

好奇、炫耀技术、报复、"实现自我"等一些不成熟、不理智的动机，成为绝大多数大学生黑客随便攻击一些网站的理由。也有一些学生因为缺乏自律意识，认为这是一件很小的事情，殊不知网络言论和网络攻击与现实社会中的诽谤和攻击一样，都会在公安局留下案底，对自己的一生都会产生很大的影响。

在学校期间，随意地运用计算机技术做一些不当的事情，会给自己和身边的人带来很大的麻烦。当自己毕业以后，随着心智的成熟和经验的增加，再加上工作的压力，大部分人能够把技术用到恰当的地方。但是，IT工作者并不是充分发挥自己的技术水平就可以放心地获取报酬，在工作的同时，遵循职业道德，具备良好的职业素养，也是一个非常重要的方面。

学习目标

- 了解什么是IT职业素养，以及为什么要学习IT职业素养。
- 归纳当前时代的环境特征。
- 学习当前时代环境下的IT职业素养迁移以及未变化的因素。
- 了解IT行业的概念，指出IT行业与社会的交互性。

• 指出自己所学专业或所从事工作在 IT 行业中的位置。
• 列出 IT 职业素养课程的学习计划。

0.1 赢得尊重

一个孩子在幼儿园依靠他(她)漂亮的衣服和天真无邪的表现就可以赢得老师的喜欢；一个小学生依靠守纪律和优异的学习成绩可以获取老师和家长的认同；到了中学，每名学生都拼命用学习成绩来证明自己是最优秀的。那么在大学校园中靠什么来赢得别人的尊重呢？毕业后踏上社会怎样才能赢得别人的尊重？各种性格、不同行业的人，比如扎克伯格、马云、周杰伦、韩寒、芙蓉姐姐、凤姐，你更尊重谁？邱少云、董存瑞、黄继光、赖宁这些英雄人物是否让你更敬佩？

先讨论第二个问题，即社会中人们尊重什么样的人。无论你是一个个性十足的“非主流”，还是一个循规蹈矩的好学生，在中国当前的教育形式下，只要你踏入了大学校园，即使是一所普通的职业院校，也意味着你比绝大部分同龄人接受了更多的教育，因为我国目前接受高等教育的适龄学生比例不足 50%。那这是否说明你比没有接受高等教育的大约 50%的人更受人尊敬呢？

人类社会进入信息化时代后，涌现出了大量璀璨明星般的人物。迈克·杰克逊和史蒂夫·乔布斯就是其中两位我们耳熟能详的人物，尽管他们两人由于种种原因而英年早逝，但是他们创造的辉煌成就却经常为人们所津津乐道。

迈克·杰克逊被称为“流行音乐之王”，1982 年所发行的他的专辑是世界上唯一一张销量过亿的专辑，截至 2012 年，他所有的唱片销量已超过 10 亿张，个人财富占据已故福布斯艺人榜第一名，拥有 15 个格莱美奖、26 个全美音乐奖(全美音乐奖历史上获奖最多的艺人)、拥有 17 首美国 billboard 榜冠军单曲。

相信如果迈克·杰克逊仅有上述成就，恐怕只能赢得人们的羡慕，而不是尊重。但是别忘记了他出生于一个普通黑人家庭，父母都是产业工人，曾祖母曾经是一个黑奴。他是世界上拥有最多歌迷的歌手，一位杰出的慈善家和人道主义者，他为慈善事业捐款 3 亿美元，是全世界以个人名义捐助慈善事业最多的艺人。因患有白癜风和红斑狼疮使皮肤黑色素不稳定，他肤色变白，备受世人的污蔑，但是他仍然坚持演出和创作；在他的右臂上，始终带着象征“永远铭记这个世界上所有遭受苦难的儿童”的臂环。看了这些你是否尊重他呢？

史蒂夫·乔布斯被称为苹果教父——发明家、企业家、美国苹果公司联合创办人、前行政总裁，他是改变世界的天才，他凭敏锐的直觉和过人的智慧，勇于变革，不断创新，引领全球信息技术和电子产品的潮流，把计算机和电子产品变得简约化、平民化，让曾经昂贵稀缺的电子产品变为现代人生活的一部分。2011 福布斯财富榜公布乔布斯的个人净资产为 83 亿美元。1985 年被里根总统授予国家技术奖章，1987 年获杰斐逊公众服务奖，1989 年被《公司》杂志评为“优秀企业家”等，拥有 313 项发明专利。

在这些成功的背后有很多辛酸的故事。乔布斯刚刚出生，就被在美国旧金山一家餐馆打工的父亲与“潇洒派”的酒吧管理员母亲遗弃了，一对好心的夫妻收留了他。19 岁那年，乔布斯在大学只念了一学期就因为经济因素而休学，成为雅达利电视游戏机公司的一名职员。借住在朋友(沃兹)家的车库里,常到社区大学旁听书法课等课程。1974年,他前往印度灵修,在那里吃尽了苦头,最后只好重新返回雅达利公司做了一名工程师。1985年,获得国家技术奖章并带领苹果公司取得巨大成功的乔布斯,9月17日被迫辞去苹果公司董事长职位离开苹果公司。直到1996年12月17日,乔布斯才得以回归苹果公司。但是在离开苹果公司的这十几年间,他因为投资《玩具总动员》获得了将近10亿美元的资产。他回归苹果公司,完全是因为对苹果公司的热爱和自己的理想。他向苹果电脑的追随者们说:"我始终对苹果一往情深,能再次为苹果的未来设计蓝图,我感到莫大荣幸。"后来他向市场推出ipod,一举扭转公司危局,到后来的iPhone、IPAD,就不仅仅只是对苹果公司的贡献,更是对整个社会、整个信息产业的巨大贡献。

我们敬重他们,不仅因为他们的成就,更是因为他们不屈不挠的精神。当然不是每个人都能做得像迈克·杰克逊和史蒂夫·乔布斯这样优秀,假设你有一位平凡的邻居大叔,他一辈子只是一名普通的农民或者工人,现在已经快60岁了,每天只是一日三餐加上固定的工作,没有任何引人注目的亮点,你是否会尊重他?或者说,他的身上存在着哪些优点值得你去尊重?

如何去赢得别人的尊重?格力总裁董明珠是这样说的:一个人在选择的时候,最关键的一点是把人生价值及追求定位在哪里,是为钱而奋斗?还是为别人带来幸福?即使是一位默默无闻的邻家大叔,如果能够像迈克·杰克逊和史蒂夫·乔布斯一样,通过自身不断的努力,发挥自己的才能,在社会上孜孜不倦地工作,在家里承担着应该承担的角色,支撑家庭,为家人甚至邻居带来快乐的生活,他所做的事情都是值得我们尊敬的。

一般来讲,赢得别人尊重的主要原因有以下方面。

- 通过自身的努力实现了人生的基本目标,比如通过努力学习考上了大学,通过努力工作养活自己和家人等,这是赢得别人尊重的基础。
- 通过克服正常人难以克服的困难达到目标,比如张海迪克服了行动不便的困难,海伦克服了看不见的困难。
- 能够无私地将自己的财产或者能力向社会分享,勇于回馈社会。比如在自然灾害面前,有的人能够挺身而出。
- 获取社会尊重的最高境界是能够舍弃自己的利益,能为远大的理想而奋斗,比如革命先烈,以及在危机时刻能够不顾自身安危的人。

对于一名大学生来讲,如果你能够完成学业、参加工作并得到社会的认可,就可以得到社会的尊重。事实上很多大学生上学期间都曾憧憬过,有朝一日自己能够坐在敞亮的办公室中,与来自不同地方的高级客户进行沟通与谈判,承担组织发展的重大任务,成为组织中重要的一员,这些是上大学的一个基本目的,即上大学本身也是一个赢得尊重的过程。

没有一名学生在入学之初就打算:"我要在每天晚上都玩游戏或看小说到深夜,每天旷课半天以上,我什么也不打算学习,上课就睡觉,每个期末都做好补考的准备,毕业的时候什么都不会就回家待着。"几乎所有学生在入学时和每个学期都下定决心改掉所有不好的习惯,认真听课,以便取得良好的成绩,都希望有一个良好的开始,成为一位受他人尊重的人。然而每年毕业的时候都有少数同学被降级或者推迟毕业,甚至根本拿不到毕业证;还有一些同学,即使拿到了毕业证,毕业之后很久也无法找到工作。

获得别人尊重的过程是一个艰辛的过程，无论是在校园还是在社会中，只要不是依靠其富有的家庭背景，而是靠自己的聪明才智和辛苦努力，都会得到应有的尊重。然而当前社会环境节奏变化快，竞争激烈，要取得成功并不容易。

参考资料：比尔·盖茨的成功之路

比尔·盖茨是很多年轻人崇拜和羡慕的偶像。作为全球个人计算机软件的领先供应商——微软公司的创始人、前任董事长和首席执行官，20世纪末期，盖茨的资产净值达到五百多亿美元，成为世界上最富有的人。盖茨居住在一所令世人羡慕的奢华豪宅中，这栋豪宅总计花费了约53 392 200美元。盖茨的成功不是靠继承或者自身拥有其他资源，而是靠他自己努力来获得的。与一些石油寡头相比，他的财富也不仅仅是美元，他还为信息技术的发展做出了巨大的贡献。

在上大学期间，盖茨的导师不仅为他的聪明才智感到惊奇，更为他那旺盛而充沛的精力和热情的工作态度而赞叹。他说道："有些学生在一开始时便展现出在计算机行业中的远大前程，毫无疑问，盖茨会取得成功的。"在阿尔布开克创业时期，除了谈生意、出差，盖茨就是在公司里通宵达旦地工作。有时，秘书会发现他竟然在办公室的地板上鼾声大作。为了能休息一下，盖茨和他的合伙人艾伦经常光顾阿尔布开克的晚间电影院。"我们看完电影后又回去工作。"艾伦说。1983年，微软公司宣布了要开发 Windows 操作系统的消息，一位曾到过盖茨住所的人惊讶地发现，他的房间中不仅没有电视机，甚至连必要的生活用具都没有。

盖茨常在夜晚或凌晨向其下属发送电子邮件，编程人员常常在上班时发现盖茨凌晨发出的电子邮件，内容是关于他们所编写的计算机程序的。盖茨经常在夜晚检查编程人员所编写的程序，再提出自己的评价。位于华盛顿湖畔对岸的办公室距其住所只有10分钟的驾车路程。一般的情况是，他于凌晨开始工作，至午夜后再返回家。他每天至少要花费数小时时间来答复雇员的电子邮件。

最近，盖茨在接受英国BBC电视节目 *Newsnight* 访问时表示，将把自己580亿美元财产全部捐给名下慈善基金比尔及梅琳达·盖茨基金会(Bill & Miranda Gates Foundation)，一分一毫也不会留给自己的子女。而"曾经"是全球首富的他，在退休后将继续寻找一份与慈善事业有关的工作，继续为慈善事业奉献。

(资料来源：根据 http://www.ejobshow.com/hrtools/resume/billgates.html 中的盖茨简介整理。)

相信盖茨的故事激励着很多学习计算机专业的大学生，在看到盖茨巨额财富的同时，我们也应该看到这些财富背后所付出的艰辛。让盖茨如此辛苦工作的动力，绝对不是金钱和地位，而是对职业的热爱，这就是超越于金钱和地位之上的职业道德的作用，正是这种精神和成就，才值得我们尊重。假如有一个人，有很多的房子，有很多的钱，是不是一定值得我们尊重呢？山东省副省长黄胜就是这样的一个人，但是他通过亵渎人民赋予他的权力而获取了这样的利益，不仅得不到人们的尊重，反而遭到人们的唾弃。

作为新时代的宠儿，只要我们坚持自己的信念，勇于创新，具有良好的职业情操，相信会在IT行业乃至整个社会中闯出一份属于自己的天地。尤其是在大学时代，这是个人世界观、人生观发展成熟的时期，大学阶段所养成的习惯和生活方式将影响人的一生，所学到的知识和学习知识的能力也将为自己一生打下基础。因此，在培养应用技术人才的同时，应注重职业素养的培养，重视职业生涯的规划，使学生成为既能够适应社会岗位需求，又具有良好职业道德的专业人才，从而赢得社会的尊重。

0.2 时代特征

一个没有任何收入的学生在公交车上把玩着5000多元的iPhone，高薪收入的爸爸却使用一个500元的手机，这种看上去矛盾的情景却大量地存在当前社会中。最近几年国内经济发展迅速，许多家庭条件优越但过于玩世不恭的孩子逐渐长大并进入社会，给社会价值观带来很大的影响。

1. 信息化时代

人类文明的发展经历了不同的时代，如石器时代、红铜时代、青铜时代、铁器时代、黑暗时代、启蒙时代、蒸汽时代、电气时代、原子时代等，目前进入了信息时代。欧美等国家从20世纪中期就进入了信息时代，而我国相对较晚，一般认为20世纪80年代中期才进入信息时代。

这一时代的经济特征明显发生了转变，主要变化有：①社会经济的主体由制造业转向以高新科技为核心的第三产业，即信息和知识产业占据主导地位；②劳动力主体不再是机械的操作者，而是信息的生产者和传播者；③交易结算不再主要依靠现金，而是主要依靠信用；④贸易不再主要局限于国内，跨国贸易和全球贸易将成为主流。与之相应的社会进入了信息化社会，社会文化也发生了巨大的变化。

产生了新型的生产力与生产关系。信息社会的到来使得生产力水平较低的社会主义国家有可能实现跨越式发展，信息化的社会主义将是生产力更加发达的社会主义。

新的社会组织管理结构。在信息社会，社会组织管理中的代议制民主、间接民主开始向参与民主、直接民主演变，由传统的金字塔型组织管理结构向网络型的组织管理结构转变。

新型的社会生产方式。信息和知识生产成为社会生产的重要方式。

新兴产业的兴起与产业结构演进，催生了一大批新兴产业；传统产业普遍通过信息技术改造来降低生产成本、提高劳动效率；智能工具的广泛使用进一步提高了整个社会的劳动生产率，信息社会将是一个服务型经济的社会。

数字化的生产工具普及和应用。私人服务和公众服务将或多或少建立在智能化设备之上，电信、银行、物流、电视、医疗、商业、保险等服务将依赖于信息设备。政府、企业组织结构进行了重组，行为模式发生了新的变化。

新型就业形态与就业结构的出现。信息技术的发展催生了一大批新的就业形态和就业方式，劳动力人口主要向信息部门集中。

产生了新的交易方式，促进了市场交换客体的扩大，知识、信息、技术、人才市场迅速发展起来，现代化运输工具和信息通信工具使人们冲破了地域的障碍，提供给人们新的交易手段，扩展了市场交易的空间。

城市化呈现出新特点。人类以大城市聚集为主的方式正在发生变化，城市人口在经历了几百年的聚集之后开始出现扩散化的趋势，中心城市发展速度减缓，并出现郊区化现象。

数字化生活方式的形成。信息社会新的生活方式正在形成，“无论何事、无论何时、无论何地”,人们都可以获得文字、声音、图像信息。信息社会的数字化家庭中,易用、价廉、随身的消费类数字产品及各种基于网络的 3C 家电将广泛应用,人们将生活在一个被各种信息终端所包围的社会中。

2. 个性化

由于我国的信息时代出现在 20 世纪 80 年代,这种变化影响了一个时期的人,促使他们发生了变化,这个时期的人被称为“80 后”、“90 后”,这部分人正在逐步踏上社会,并成为社会的主角,影响当前社会的文化。例如本书的主要读者,相当一部分是 20 世纪 90 年代前后出生的,在这部分人中,“个性”是一个重要的话题。

关于个性的定义有很多,美国人格心理学家卡特尔(R. B. Cattell)认为:“个性是一种倾向,可借以预测一个人在给定的环境中的所作所为,它是与个体的外显与内隐行为联系在一起的。”个性的形成,是与环境和社会变化有关的,新中国成立后一直到 20 世纪 80 年代出生的人,他们所经历的环境几乎是一样的,唯有城市和农村的区别。而经历了信息社会的发展以后,个性成为主题。有人归纳“80 后”及“90 后”有以下特点:

- 平均智商超过了以前的同龄人,好奇心强、接受新生事物能力强;
- 很多人都有一技之长;
- 自信又脆弱,敏感而自私;
- 往往具有成年人很难理解的古怪爱好;
- 内心世界从童年就开始变“老”,更加懂得成人世界的规则;
- 比较了解中国社会的主流思想和价值观,且价值观更加现实;
- 市场消费观念强烈,但名利作用被过分强化;
- 张扬自我个性,相对比较缺乏团队忠诚感;
- 网络时代的广阔视野,信息和知识丰富,但内心有时较为空虚。

显然这只是一般性的归纳,每个“80 后”、“90 后”都是唯一的,都有自己的特点。

3. 财富化

1980 年以前出生的人,收入主要来源于自己的勤劳或者聪明的头脑,例如新希望集团的刘永好、刘永行兄弟,三一重工的梁稳根,以及一些 IT 业的优秀代表,如搜狐的张朝阳、新浪的丁磊、百度的李彦宏、盛大的陈天桥等,当然还有最盛产富豪的房地产业,如大连实德徐明、恒大许家印等。

而“80 后”、“90 后”,由于社会资源把持在 1980 年以前出生的人手中,他们再依靠勤劳或者社会资源来从头快速致富,难度已经相当大。“80 后”、“90 后”的富豪大多数靠家庭赠予,也就是父母给予的。因此,这种财富积累方式的变化和个人财富的变化,也造成了“80 后”、“90 后”们生活方式的变化,并致使社会价值观与传统的价值观不一样。表 0-1 中列出了 2010 年相关媒体统计的“80 后”财富榜。

表 0-1 2010 年“80 后”财富榜

排名	财富(亿元)	性别	姓名	公司	总部	年龄	出生地
1	293	女	杨惠妍	碧桂园	佛山	30	广东佛山
2	120	男	李兆会	海鑫集团	太原	30	山西太原
3	92	女	刘畅	新希望	成都	31	四川成都

续表

排名	财富(亿元)	性别	姓名	公司	总部	年龄	出生地
4	54	女	史静	巨人网络	上海	28	安徽怀远
5	30	男	孙明楠	鹏生集团	大连	31	辽宁大连
6	23	男	汪小菲	俏江南	北京	29	北京
7	21.8	女	尹索薇	力帆集团	重庆	28	重庆
8	13.6	女	左颖	宗申集团	重庆	29	重庆
9	13	男	张超	富力地产	广州	31	广东广州
10	13	男	周德春	中林国际	广州	25	云南普洱

0.3 IT 行 业

很多刚入学的学生问过我这样的问题："老师，人们经常谈论 IT 行业，我知道 IT 行业的 I 指的是 Internet，那么 T 指的是什么？是不是指 Technology，'网络技术行业'这样说行不通啊！"

这是一种误解，IT 行业的 I 指的并不是网络，而是信息(Information)，T 指的是技术(Technology)。人们经常谈论的 IT 行业或者 IT 产业指的是信息技术行业或者信息技术产业，这是一个外延广泛的概念。

信息产业所牵涉的范围很广泛，美国信息产业协会(AIIA)认为，信息产业是指依靠新的信息技术和信息处理的创新手段，制造和提供信息产品和信息服务的生产活动组合。日本学者认为：信息产业是为一切与各种信息的生产、采集、加工、存储、流通、传播和服务等有关的产业。欧洲信息提供者协会(EURIPA)认为，信息产业是指提供信息产品和服务的电子信息工业。

我国的学者中有人认为：信息产业是与信息的收集、传播、处理、存储、流通、服务等相关产业的总称。也有人认为，信息产业是指从事信息技术的研究、开发与应用，信息设备与器件的制造以及为公共社会需求提供信息服务的综合性生产活动和基础结构。

综合来看，信息产业是社会经济活动中专门从事信息技术开发，设备、产品的研制生产以及提供信息服务的产业部门的统称，是一个包括信息采集、生产、检测、转换、存储、传递、处理、分配、应用等门类众多的产业群。主要包括信息工业(计算机设备制造业、通信领域网络设备制造业以及其他信息设备制造业)、信息服务业、信息开发业(包括软件产业、数据库开发产业、电子出版业、其他信息内容业)。

学生听完上述解释后，很容易问第二个问题："哎呀！原来 IT 行业有这么多的分类和方向，那么我所在的学校有哪些专业呢？我应该在哪个专业或者是哪个方向进行学习呢？"

信息技术和教育是 20 世纪末期在我国兴起的，当时国内的大部分高校通常只有计算机应用一个专业，其他的部分专业，比如信息管理、应用数学、自动化控制、机电一体化中都掺杂了计算机的知识。随着信息技术的发展，IT 行业的教育逐步走向细节化。近年来，很多高校将计算机应用专业划分为若干专业，根据学生的特点和专业特征，职业学院面向 IT 行业的教育大致划分为以下几个专业。

1. 计算机应用技术专业

计算机应用专业是一个比较传统的计算机专业,部分院校没有详细划分计算机应用专业,而是在计算机应用专业中包括了软件开发、网络管理、艺术设计等教学方向。单纯的计算机应用专业一般培养面向计算机生产、管理、应用第一线,从事计算机方面的营销、管理、维修、软件开发设计、网络管理等工作的高等技术应用性专门人才。主要专业课程包括微机原理、操作系统、办公软件、C 语言、计算机网络、面向对象程序设计语言、多媒体技术、网页设计、计算机组装与维修、电子商务、计算机辅助设计等。

2. 计算机网络技术专业

计算机网络专业培养掌握计算机及网络系统基本原理、计算机网络实用技术的应用型专门人才,要求学生熟悉计算机系统常用软硬件工具,具有计算机熟练操作能力和一定的网络设计、安装、维护、管理和开发能力。本专业毕业的学生主要面向企业网络规划、设计、建设、管理、维护等岗位,从事网络规划与设计、网络平台的架设与管理以及网页设计与制作、网络数据库开发与应用等工作。主要课程包括微机原理、操作系统、办公软件、计算机网络、组网与网络管理技术、计算机网络安全基础、网页设计、计算机组装与维修、Internet 技术及应用、网络数据库技术、网络操作系统等。

3. 软件技术专业

软件专业培养掌握计算机软件工程的基本技能与方法,具有熟练的可视化程序设计及应用、数据库编程等计算机软件开发、应用、维护能力,能从事计算机软件产业生产和服务第一线工作的高级应用型人才。注意软件专业与计算机应用专业不同,计算机应用专业的学生也具备一定的程序设计能力,但是软件专业的学生要求掌握更高的程序设计技巧。软件专业的主要课程包括计算机数学基础、C 语言程序设计、数据结构、计算机网络基础、数据库基础、VC++ 程序设计、网页设计美工、软件工程、Java 程序设计、网络数据库与 SQL 语言、管理信息系统开发、Web 数据库设计与应用、软件项目开发等。

4. 计算机信息管理专业

信息管理专业培养面向计算机应用、信息管理系统分析与设计,从事计算机信息系统的操作、维护和管理以及信息系统开发设计等工作的高等技术应用型专门人才。主要专业课程包括管理学基础、办公软件、计算机网络、会计电算化、管理信息系统、网页设计、现代企业管理、计算机组装与维修、网络数据库技术、多媒体技术等。这是一个培养应用型人才的专业,而不是培养研发设计人才的专业。

5. 图形图像制作专业

图形图像制作专业面向广告制作、产品包装、出版业、印刷厂以及家庭装饰装潢、室内设计等行业,培养系统掌握计算机图形、图像的基本理论知识和相关应用领域知识,精通图形、图像制作工具的高等技术应用型专门人才。目前的艺术设计专业一般包括广告设计和装潢设计两个方面的内容。主要课程包括计算机应用基础、美术基础、网页制作、图像处理软件 Photoshop、向量绘图软件 Illustrator、排版软件 Pagemaker、三维动画设计 3DS Max、多媒体合成 Authorware、计算机辅助设计 AutoCAD、动态网页制作 ASP 等。

6. 计算机多媒体技术专业

多媒体技术专业主要培养面向广告设计、宣传媒体、信息发布等部门的人才,从事有关多媒体技术的设计、开发、策划、管理和营销等工作。主要课程包括网页制作、多媒体硬件、计算机网络技术、数据结构、摄影艺术、三维动画制作、多媒体视频技术、VB程序设计、静态图形图像处理、动态网站建设、多媒体合成设计、多媒体技术课程等。

7. 动漫设计与制作专业

动漫产业已经成为发展潜力巨大的“朝阳”文化产业，具有完整的产业链，在文化产业中处于龙头地位。在国外发达国家，尤其是美国、日本、韩国及欧洲等国家和地区，动漫产业已经成为重要的支柱产业。动漫设计专业主要培养动漫、游戏、三维设计、虚拟现实等人才。主干课程包括漫画速写、色彩、Flash动画制作、透视与解剖、平面立体构成、图像处理Photoshop、数码影像Premiere、3D动画设计、Maya动画制作、剧本构思与写作、影视后期制作等。

表0-2中列出了高职高专计算机类专业目录。

表0-2 高职高专计算机类专业目录

专业代码	专业名称	专业代码	专业名称
590101	计算机应用技术	590109	图形图像制作
590102	计算机网络技术	590110	动漫设计与制作
590103	计算机多媒体技术	590111	计算机网络与安全管理
590104	计算机系统维护	590113	游戏软件
590105	计算机硬件与外设	590114	数据通信与网络系统
590106	计算机信息管理	590115	航空计算机技术与应用
590107	网络系统管理	590116	软件开发与项目管理
590108	软件技术	590117	广告媒体开发
590118	三维动画设计	590199	计算机类新专业
590119	计算机音乐制作		

与纯计算机类专业关系非常密切的还有电子信息类专业，实际上电子信息和计算机类共同构成电子信息大类专业目录。电子信息相关专业主要培养掌握电子技术、信息技术及弱电应用技术的基础理论知识，具有较熟练的实际操作技能，能够从事电子设备及系统的生产维修、管理、技术改造，适应高新技术发展的应用型高级技术人才(电子信息类专业目录见表0-3)。

此外，还有部分专业虽然属于IT行业，但是它们往往不被划分在计算机专业范围内，因为这些专业仅仅是以计算机为工具，而不是以研究计算机技术为目的，包括电子商务、会计电算化、机电一体化等专业。

今天有些职业院校所开设的专业可能并不包含在这些专业中，或者所开设的专业与课程发生了较大的变化，实际上，因为高职的课程是可以自由变化的，因此高职的专业课程体系变化比较大。随着课程改革的深入，很多学校的一些专业采用了“2＋1”(两年校内学习，一年企业实训)或者“1＋1＋1”(一年基础理论学习，一年校内实训，一年企业实习)的教学模式，这使得高职的学生更加注重动手能力和实践能力，也获取了更好的实践能力，下面我们将重点分析这种教学的社会定位问题。

表 0-3　电子信息类专业目录

专业代码	专业名称	专业代码	专业名称
590201	电子信息工程技术	590215	智能产品开发
590202	应用电子技术	590216	信息技术应用
590203	电子测量技术与仪器	590217	音响工程
590204	电子仪器仪表与维修	590218	电光源技术
590205	电子设备与运行管理	590219	电子产品质量检测
590206	电子声像技术	590220	飞行器电子装配技术
590207	电子工艺与管理	590221	信息技术应用
590208	信息安全技术	590223	无损检测技术
590209	图文信息技术	590224	电子信息技术及产品营销
590210	微电子技术	590225	电子表面组装技术
590211	无线电技术	590226	嵌入式系统工程
590212	广播电视网络技术	590231	液晶显示与光电技术
590213	有线电视工程技术	590299	电子信息类新专业
590214	光电子技术		

0.4　职业定位

1. 为什么选择 IT 岗位

每年我们都给准备参加计算机专业学习的学生做专业介绍，那些即将踏上工作岗位的学生也经常来我们这里进行咨询。当谈论起为什么要学习 IT 技术并从事 IT 行业的时候，我都会告诉学生，从事 IT 行业，收入是次要的，首要的是我们可以了解最前沿的技术。通常我都会告诉他们这样一个故事。

参考资料：比尔·盖茨的最大财富

有一次一位记者采访比尔·盖茨："您认为当前最快乐的事情是什么？是不是您成为世界的首富？"

比尔·盖茨回答："对我而言，最大的财富并不是公司赚了多少钱，当然成为世界首富是一件令人愉悦的事情，但是我最大的财富是与世界上最聪明的员工在一起工作，引领了这个世界的潮流。"

(资料来源：http://www.ejobshow.com/hrtools/resume/billgates.html)

的确，吸引我们进入 IT 行业的原因不是能够挣多少钱，而是因为当前社会是一个信息化的社会，信息技术无疑是社会上最前沿、最能够说明社会进步的一个行业。当我们从工作岗位上退休的时候，我们可以这样说："我曾经在社会的最前沿的技术岗位上工作过，我为社会的进步做出了贡献，不为这一生碌碌无为而感到伤心。"

同时，正如比尔·盖茨指出的那样，当今社会很多精英分子都从事 IT 行业，能够与聪明的人在一起工作，这就是一种幸福。也许有人会说，我很笨，适合从事IT行业吗？在这本书中，我们会告诉你，这个世界上没有绝对的聪明与笨，和聪明的人一起工作，你自然也会成为一个聪明的人，也没有人天生就是要从事IT行业，只要你下定决心，就能在IT行业中闯出一片属于自己的天空。

正如前面所指出的一样，IT行业不再单单是指那些从事软件设计或者硬件维修的人。在一些人的眼中，从事软件设计的人好像都有点奇怪(电视或网络的误导可能起了很大的作用)，他们似乎都不愿意和人打交道，每天只愿意埋头对着计算机。

这不是事实，事实上从事IT行业的人跟普通人一样，只不过由于工作的性质，与其他人的交流确实少了一些，他们可能更多的是通过计算机或者网络与他人进行交流。随着信息化社会的到来，IT行业所覆盖的范围也越来越广泛。不菲的收入、整洁的工作环境，吸引了越来越多的人从事IT行业。小时候我们都玩过堆积木的游戏，实际上堆积木的游戏就是我们心中渴望创造的表现。而从事计算机相关工作的人，只要向计算机输入一些正确的指令，就可以得到一些非常奇妙的结果，这是多么令人激动的事情，甚至完全可以用计算机来创造出一个具有新秩序的世界！这些才是从事IT行业最令人鼓舞、令人着迷的地方。

2. 岗位定位

国内大学的高等教育分为高职(大专)、本科和研究生教育三个层次，每个层次的教育重点不同，学生学习的技能和侧重点不同。例如：一个计算机专业的研究生在程序设计方面并不一定比本科生强，在计算机的维护维修方面并不一定比高职的学生强，但是在研究领域，研究生一定会比本科生强，而高职的学生则基本上没有什么研究能力。因此根据教育侧重点不同和获得的能力不同，高职、本科和研究生的学生在社会上面向的岗位也应该不同，学生应该从岗位分析上获取与自己本身能力相符的定位，以争取在开始就获得较好的职业发展。

(1) 高职：服务与应用

排除个别的因素，高职80%的计算机类以及相关专业学生最终在社会上会从事与服务和应用相关的工作。这里的服务有两层含义，一层含义是提供计算机、网络和办公自动化设备的维护和维修服务，另一层含义是利用软件为传统产业和其他产业服务。而应用相关的工作岗位更加丰富，通过利用计算机相关的软件和技术进行设计、管理、控制等工作，例如广告设计、艺术设计、编辑排版、工业控制、会计电算等。

由于高职教育侧重于实践能力，高职毕业生相对于本科、研究生来讲，理论基础比较薄弱，因此应该从侧重于应用计算机提供服务的角度出发，研究相关的技巧和技能，同时可以结合自己的专业知识，向销售、售后服务、安装调试、测试等方向转换角色，从而拓宽职业面向范围，取得良好的成就。

(2) 本科：设计与应用

随着招生规模的扩大，计算机类本科教育越来越重视应用，很多计算机类专业加强了毕业实训教育，在大量社会实训机构的帮助下，锻炼学生的实践能力。本科层次的教育，一般是面向程序设计、网络设计、电子电路设计等方面。本科层次的就业面向一般是以设计类为主，这也从另一个方面说明为什么本科毕业生的工作比高职难找，因为职业定位不同，因此本科、高职甚至研究生的就业率没有可比性。

(3) 研究生：设计与创新

研究生尤其是科研型研究生，培养的是理论研究能力，研究生的课程和研究内容在一般性的软件企业没有用武之地。正如前文所讲，如果让研究生和专科生比维修计算机，研究生甚至还不如专科生，但是这并不意味着研究生教育不成功，而是没有让他们找到各自合适的位置。研究生可以做理论性的创新工作，在一些较大的企业能够发挥出一技之长，一般来讲，研究生就业以后的待遇和个人发展也比本科和专科生强一些。

通过职业定位的分析，目的是使不同层次学习计算机类专业的学生更好地发挥自己的特长，找到适合自己的工作岗位，从而有更好的职业发展前途。

0.5 职业发展

职业教育的目的是为了让受教育的人能够更好地工作。与短期培训机构不同的是，职业学院除了要培养学生的职业专业能力以外，还需要培养学生的职业素养能力，以促进学生在未来的职业生涯发展中获取更好的发展优势。

对于每一名高职学生尤其是计算机大类的学生来讲，就业时主要考量专业技能，然而职业生涯发展还要依赖于职业素养能力。一般来讲，同一个专业毕业的学生，学习了相同的技能，初始都找到了薪资差不多的工作；然而十年或者二十年之后，同一个专业毕业的学生可能在社会上具有不同的地位、拥有不同的财富。这些差别除了专业技能之外，更主要的是素养能力造成的差异。

素养能力对个人的职业生涯发展尤为重要，本课程讨论的素养能力包括最基本的负责、敬业、守时、高效、守德、诚信等个人身心修养方面，也包括项目管理、与人沟通、注重细节、高执行力和服从团队等帮助获取职业生涯高级职位的方面，还包括了危机管理、拓展创新、压力管理、不断学习等成功职业生涯方面。这里再次提出，职业素养能力的提高，能够更好地帮助你获取职业生涯的成功，是职业生涯发展的必修课程。

0.6 关于本课程

职业素养是指在工作过程中需要遵守的社会公认的基本原则，以及一些能够帮助获取更好的职业发展的工作方法和技巧。通过第四部分职业定位的分析，读者可以发现，越是本科和高职的学生，越需要职业素养的学习和锻炼。这是因为服务和应用，包括一部分设计类的工作，需要遵循职业素养；而创新需要不拘一格，如果用条条框框和因循守旧的规章制度将学生局限在某个圈子里，那么就扼杀了学生的创新能力。因此，对于本科生以上层次来讲，他们需要遵守职业道德，而高职学生，则必须通过职业素养来获取更好的能力和前途。

1. 课程的性质和任务

“IT 职业素养”是为了适应高职高专培养新模式而设计的一门课程，该课程具有非常强的针对性和实践性。与其说是一门课程，不如将其看作是引导学生适应社会的一种文化。

为了解决学校培养的学生与社会需求之间的矛盾，目前很多高校在进行计算机教育课程体系的改革，改革的主要方法是使用案例或者实践教学的方法取代传统的教学方法，在这个过程中，职业道德和职业素养的教育应该穿插其中，这样才能够保证实践教学的顺利进行，促使教育与社会无缝衔接。

同时希望本书能够给即将踏上计算机学习或者工作之路的读者以指引，能够帮助读者了解一个职业 IT 人的生涯规划，能够判断自己是否适合从事 IT 行业。书中很少指出具体怎样学习好某一门课程的技巧，而是通过生动有趣的实例让读者了解 IT 行业中的具体思维方式。我们希望本书能为你打开一扇门，透过这扇门，你可以了解一个全新的 IT 世界，从而更好地融入信息化社会的生活中，更好地建设信息化社会。

2. 教材的利用

正如前言所述，本书较前两版有了较大的改进，主要体现在以下几个方面：一是在尽量保持前两版的通俗性的同时，理论体系更加连贯，根据一个人的职业历程，对工作岗位上需要的素养进行了总结和归纳。给出一些名词解析和定义，使 IT 职业素养更具有科学性、组织性。二是时代特征更明显，大部分是通过最近几年的热点话题和案例来引发大家对工作中所需要素养的思考，案例符合年轻人的心态，吻合当前社会的现状。三是每章都有导读资料，通过导读资料，学生可以先行对每章要讨论的内容进行思考。另外每章设计的讨论、拓展练习都是有针对性地进行设计，最后通过热点话题的讨论与学习，了解社会当前的一些新知识、新技术、新事物。

建议学生先快速地通读本书，然后根据教师的安排再仔细考虑相关问题，课后每章的问题并不一定都需要完成，只是供教师和学生参考。

3. 学习的方法

(1) 设计有针对性的案例或者实践教学

在案例教学的过程中，不仅要将企业中的具体应用拿到学校中来，更重要的是将企业的管理方式带到学校，让学生亲身体验社会竞争的激烈。在学习的过程中大胆地尝试，结合技术技能培养课程，将职业素养贯穿到日常的学习过程中，在潜移默化中学习。

(2) 丰富多样的学习方法

通过典型案例分析、模拟企业环境、课堂辩论等方式，促使同学们认识职业道德和职业素养的重要性。有条件的话，可以多举行报告会，或者组织学生到一些企业进行参观，从而真正将职业道德与自身行为相结合，将职业素养教育落实到实处。

(3) 坚持有针对性的训练

在日常的学习生活中，学生可以有针对性地训练一些工作中能够用到的职业素养，比如坚持不迟到、不早退，如果上学的时候养成遵守时间的习惯，那么在上班的过程中也会养成遵守时间的习惯。

在学习本书的过程中，我们希望能够彻底地抛弃传统的课堂讲授教学方式，完全采用生动有趣的辩论、游戏甚至环境模拟的方式，在休闲式的过程中掌握知识。对于大学生来讲，即使是相同的课程也不提倡采用相同的教学模式，而是应更多地鼓励教师能够根据自身的情况，结合课程的特点，将自己最擅长的内容和特点展示出来，从而供学生有选择性地学习，达到言传身教的最佳效果。

第1章 职业态度

导读资料：你喜欢在有监控的办公室工作吗？

银行、通信、保险以及政府服务大厅现在都采用了开放式的服务方式，工作人员不再躲在冰冷的橱窗后面办理业务，而是采用尽量让客户感觉舒适的开放式、面对面的服务方式。随着科技的进步与发展，在这些服务的窗口都安装了全方位的、大量的摄像机，这些摄像机确保工作人员在为客户服务的时候保持微笑，并尽可能不与客户发生争吵。

在一些有几个人甚至几十个人的小公司中，公司的装修风格一般都是透明玻璃隔断墙，以保证老板随时可以监视员工的动态。以生产为主的大公司，无处不在的监控系统充当了不下岗的监工角色。

与之相对的是，在谷歌和微软这样的大公司的工作人员，尤其是技术人员，几乎每个人都有自己单独的、私密的办公空间。谷歌公司一向以工作环境优雅而闻名，甚至允许员工在上班期间携带自己心爱的宠物，每个人可以选择喜欢的音乐作为工作背景，根据自己的口味选择喜欢的甜点。微软公司也为智囊们提供了一个独立的空间，他们在这些环境中甚至不必工作，只需要定期或不定期地向公司提交一个好的主意。

这些都是一些毕业生梦寐以求的工作环境，然而在学校的时候，你在什么情况下会主动学习？如果在没有人监管的情况下，你会为公司主动工作吗？

曾经在一段时间内，媒体集中曝光了关于政府工作人员上班时间玩游戏的事情，为什么政府机关人员玩游戏屡教不改，而企业则很少出现这种情况？这主要是因为考核管理方式以及工作环境不同造成的。政府机关工作人员一般一两个人一个房间，私密性比较好，同时除了“一把手”，其他人一般没有什么权利，这就造成大家能不做事就不做事、能推就推、能玩就玩的局面。而企业则是一份工作一份钱，有活干就有收入，没活干就没有收入，因此企业员工根本没有心思去玩。

呼叫中心是最近几年流行起来的服务外包行业之一，一些大型呼叫中心有几千甚至上万名员工。呼叫中心工作人员一般为女性，大家集中在一个大的办公场所中，每个人的工作台为1.5米宽左右，用隔断隔开，每个人的工作就是不停地接电话，然后回答客户的问题，员工收入与接入电话数量和客户评价直接挂钩。想象一下处于这种情况下的员工，是否有机会在工作期间看新闻或者玩游戏。正是由于这种工作的枯燥和高强度，从事呼叫中心业务的员工尽管收入比较高，但是仍然有很高的人员流失率，整个行业人员流失率大概在30%左右。

每个人都想要更轻松的工作环境和更高的收入，在无法量化考核的领域和无人监控的环境下，你会一直保持高强度的工作吗？

学习目标

- 理解为什么参加工作，并理解工作的目的性；
- 理解什么是职业态度；
- 理解学生和公司员工的区别；
- 理解工作和学习的区别；
- 理解为什么要尊敬老板；
- 理解工作中责任感的重要性，以及如何培养责任感；
- 了解初入职场，应该具备怎样的形象；
- 了解职场交往中的礼仪；
- 理解学习好和职业成功的关系。

1.1　做到最好

1.1.1　工作目的

大部分学生毕业后踏上社会都需要工作，尽管每个人的情况不同，但是每个人都有工作目的。在营销岗位上为什么要费尽口舌、客气周到地满足客户需求？在技术研发岗位上为什么要不分昼夜、绞尽脑汁地努力改进产品？处于管理岗位为什么要严格要求、精益求精地完成工作？换句话说，社会上组织员工工作的目的是什么？是什么原因促使他们主动自发地工作？

工作目的可以理解为个人通过自己高水平的努力而实现所在组织的目标，与此同时满足自己的需求。在工作目的内涵中，我们可以发现有三个关键的因素，即努力、组织目标和个人需求。

根据马斯洛的需求层次理论，个人需求分为生理需要、安全需要、社会需要、尊重需要和自我实现需要。在组织中工作，需要通过组织目标的实现来实现自己的需求。正是因为需求的不断变化，从而也推动了组织中的成员不断去实现组织目标，来满足自己的需求。而组织目标的实现过程，则是需要付出高水平的努力。

一个普通的大学毕业生，参加工作以后就意味着独立，不再依靠父母的支持来生活。根据生活的需要，首先要满足生理需要、安全需要和社会需要，这就要求其找到能够支持生活的工作，并且通过工作中满足组织的目标，从组织中获取自己生活的根本，达到在社会上生存的目的。在经过若干年工作以后，通过技能的提高，基本生活已经不是问题，这个时候他需要组织中更高的岗位或者社会上更高的地位，来满足自己的社会尊重需要和自我实现的需要。

1.1.2　理解人生

人生的七种美德是仁慈、希望、信念、勇敢、公正、谨慎、睿智，而七宗罪恶是贪财、愤怒、欲望、淫荡、贪吃、傲慢、懒惰。只有塑造良好的美德，才能收获成功的人生。

开拓进取的心态、持之以恒的心态、平常的心态、感恩的心态，这些都是生活中积极的心态、可取的心态,争强好胜的心态、好逸恶劳的心态、骄傲的心态、索取的心态,这些都是生活中退步的心态、不可取的心态。保持积极的、良好的心态,是人生成功的开始。

哲学认为,人生是一个发展过程,是一个从有到无、又从无到有的过程。青少年阶段是人生最美好的阶段,没有家庭负担、拥有充足的精力和丰裕的时间。

参考资料:列宁对人生的理解

20 世纪初的青年人处于水深火热的时代,他们的人生目标与我们不同。马克思在青年时代就立志为全人类做贡献,他曾写过如下的话:"在选择职业时,我们应该遵循的方针是人类的幸福和我们自身的完美。"

……

"如果我们选择一种能够对人类做最大贡献的职业,那么,我们就不会感到负担太重,因为这是为一切人而牺牲;到那时候,我们所得到的将不是微小的、可怜的、自私的快乐,我们的心属于亿万人民。我们的事业是默默无闻的,然而,它却是经常不断起作用的,而在我们的遗骸上,将会洒下崇高人们的热情眼泪。"

时隔不久,列宁在苏联共青团第三次全国代表大会上提出青年人要努力"学习"的任务。当时苏联的环境是:弗兰克尔残余势力尚未肃清,百业待兴,经济、文化建设迫在眉睫。然而列宁却认为:"青年人应该学习共产主义……学习共产主义的目的是为了恢复工业和农业,掌握最新的科学,进行社会建设,因为共产主义不仅仅是思想,同时也是要求人们掌握最先进的生产技术和科学知识。"

(资料来源:http://hi.baidu.com/cxr19991/blog/item/4355a4ec9656973d279791ec.html)

在战火纷飞的时期,伟大的革命导师列宁却清醒地意识到青年人的任务是学习,青年人的人生是建设未来的共产主义。如今,社会环境已经发生了巨大的改变,信息化、国际化和社会化是时代的主题,因此我们更应该清醒地认识到身边的环境和人生的规律对人生规划具有的重大意义。

当代大学生在改革开放的大环境影响下长大,由于物质生活条件相对较好,兄弟姐妹很少,所以受到家庭成员的溺爱较多,家庭成员对其成功的期望也多,独立后面临的经济压力也大。但是,现代年轻人比以往任何时代的青少年更自信、更勇于展示自我、更有求胜的欲望,我们应当把追求自我的精神应用于德、智、体和为社会贡献上,而不是应用在衣食住行上,不要把展示自我变成纯粹的以自我为中心。

在 1.1.1 小节中讲述了人生最基础的需求是生存和安全的需求,其次是与人交往的需求,再次是被人认同的需求,最后是自我实现的需求。如今社会,单纯追求基本的生存需求意义不大,也有很多年轻人,想急功近利地实现自我的价值,最后在社会上碰了钉子,甚至连生存的需求都难以满足。因此,我们要冷静地分析自我、了解自我,只有极少数能力很强的人才能直接跳过前几个需求阶段,直接踏入自我实现阶段。作为一名普通的大学生,不妨把与人交往的需求和被人认同的需求作为自己基本的需求。通过对知识的掌握和素养的提高使自己在与人交往的过程中占得先机,以便顺利地去实现自己的理想。

"去掉三分娇气,留下七分朝气",为了更好地展示自我,为自己"书写"一份奋斗的人生,才是当今大学生的美好人生。

1.1.3　积极的心态

国内高校根据高考分数线进行招生，因此进入同一所学校的学生在智力、学习能力和潜力上差异并不是很大。但是为什么经过几年的高校生活，学生间产生了很大的区别？每年都有新生入学，辅导员会从新生中初步挑选班级干部，他们是如何进行挑选的？从下面的例子中，或许我们可以品味出这些问题的答案。

李老师是某高校中有相当丰富工作经验的辅导员，今年他像往常一样迎接自己班级的每名新生。一些学生由家长大包小裹地送过来，连牙膏牙刷都不知道自己购买；也有一些学生虽然和家长一起来，但是一到学校就像回家一样，带领家长四处游逛；还有部分学生一个人报到，不需要家长的陪同。从李老师多年的工作经验来看，第一部分人成为班级干部的可能性不是很大。

接下来，李老师有意识地让一些学生去做一些工作，例如为宿舍领钥匙、为班级领工具、帮助晚来的同学报到等。在这个过程中，李老师对学生进行了观察，例如：501 宿舍的女生去取工具时，只有三名同学主动地去领取，有两名同学在宿舍没有动，有一名同学穿着拖鞋不知道到什么地方逛去了。其他宿舍也存在这种情况。翻开档案，从这三名学生中挑选出色的担任舍长，经过军训，考察舍长们的表现，再在其中挑选出班级干部。

在报到和军训的过程中，张同学和姜同学表现积极，经常主动帮助同学们解决问题，有不懂的地方主动找李老师咨询；而陈同学和王同学独立性很强，虽然不怎么主动，但是总能够很好地完成李老师布置的工作。李老师将张、姜、陈、王等同学初步确定为班级工作负责人，进行重点培养，协助完成班级工作。张、姜、陈、王几名学生与其他学生相比，并没有什么突出的特点，无非是具有一种积极的心态。

这种心态体现在刚入学的新生身上，就成为甄选学生干部的标准，而当我们从学校毕业，应聘工作岗位的时候，就成为能否就业的标准。为什么很多用人单位在招聘的时候先聘用学生干部，就是因为学生干部在上学期间锻炼了积极的心态。有那么一部分大学生，在家过分地依赖父母，在学校依赖学生干部和老师，这样的学生，即使你再有才，用人单位也是不喜欢的。在大学期间，培养的就是独立的工作能力和积极的心态。

“愚公移山”是一个千百年来都被国人尊崇的故事，其魅力就在于愚公的乐观精神，也就是积极的心态，不管山有多高，反正是不会再增加了(愚公当然不知道地壳运动)，而人的繁衍生息是无穷无尽的，只要我们坚持去做，当然可以把山移走，梦想也就容易实现了。

当今社会压迫在大学生头上的“大山”也有，而且不止一座，就业、社会生存、社会竞争像一座座无形的大山压迫在年轻人的头顶。

无论是像盖茨一样天资聪颖，还是像爱迪生一样被认为是“愚钝糊涂”的“低能儿”，只要我们有积极的心态，肯付出艰辛的劳动，就一定能够取得成功。

信息产业作为当今社会的主要产业之一，产业中的机会非常多，无论你准备从事网络、软件还是艺术设计，只要能够静心学习，肯于动手，一定会获取成功，信息产业作为当今社会的支柱产业，成功的机会非常多。

当今社会竞争激烈，只有积极争取，才会有成功的人生。随波逐流、不求有功、但求无过的生活方式已经不适合今天的社会。当今社会环境令每个人的一生充满了更多的机遇与挑战，能否成功首先在于你是否有一个良好的心态。

组织中上级对下级的安排,通常都含有隐藏的含义,但是如何恰当地把握上级领导命令的含义,却是一门大学问。

参考资料:老板喜欢的员工

国外有一个老掉牙的故事,讲的是卡尔和贝克两个年轻人都受雇于一家杂货店,开始时做同样的工作,拿同样的薪水。可是一段时间以后,贝克的薪水大幅提升,而卡尔却原地不动。卡尔开始不满老板的待遇,经常发牢骚。

有一天,老板对卡尔说:"卡尔,你去市场上看看,今天早上有什么货?"一会卡尔气喘吁吁地从市场上回来,汇报说:"市场上只有一个农民拉了一车土豆在卖。""有多少?"老板问。卡尔上气不接下气地从市场上跑了个来回,回答:"一共 40 袋。""那多少钱一斤?"老板接着不紧不慢地问道。卡尔又赶紧跑到市场上,问完后回来有气无力地告诉老板:"每斤 0.8 元。""行了,"老板对他说:"现在,你坐在椅子上休息一下,我让贝克去问问。"

老板将贝克找来,说:"贝克,你去市场上看看,今天早上有什么货?"一会儿工夫,贝克从市场上回来,向老板汇报:"市场上有一个农民在那里卖土豆,一共有 40 袋,卖 0.8 元。"接着他又拿出一个土豆跟老板说:"我觉得质量还是不错,这里有一个样品,但是价格有点贵。市场上刚来一个卖西红柿的,可能对价格不是很熟悉,他的西红柿又大、又红、又新鲜,卖得又便宜,您可能会对他的西红柿感兴趣,我就请他过来了。"说完他又拿出一个西红柿样品给老板。

此时,老板转向坐在椅子上的卡尔,说:"现在你知道他的工资为什么比你的高了吧?"

(资料来源:安雅宁. 人生最重要的 100 条黄金法则[M]. 北京:北京出版社,2007)

现实中的老板和故事中的老板一样,不可能在布置任务的时候将所有细节都说出来,每一个老板都需要员工去发现、挖掘、积极地完成任务。对于从事 IT 行业的人员更是如此,客户由于业务知识的限制,不可能给出所有的详细需求,这就需要我们积极地去配合客户,协助他们完成需求分析,从而更好地完成项目,赢得客户的心。

很多 IT 工作者不知道该如何有计划地、积极主动地开展工作。他们当中的大多数人都忙于"灭火"——处于被动的工作状态——没有什么时间能够坐下来好好计划一下,而计划正是积极开展工作的一个重要方面。

IT 工作大都是面对未来的、不可预见的设计或者维护工作,这些工作必须要有预见性地进行——这是在被动的状态下无法做到的。如果你想要为自己的职业生涯争取更多的发展机会,就必须开始从被动型的员工向主动型的员工转变。采取下面步骤可以帮助你实现这种转变。

第一步:通过计划来开展工作。

要想积极主动地开展工作,关键的一点就是要事先制订出计划,改变被动的工作本性,使自己积极主动起来。大多数人员只有在被老板要求时才会制订计划。为了积极主动地开展工作,你的手头应该经常有至少两份计划:一份是一个月内的计划,一份是半年内的计划。

这两份计划对于你的工作的开展十分重要,有了它们,你的工作就不会漫无目的,你就不用被动地去"灭火"。

第二步:有预见性地工作。

在 IT 部门里,新的问题和意想不到的事情随时都会发生。IT 部门要做好应对问题的准备,但是更应该把主要精力用在防止问题的发生上。做到了防患于未然,公司和客户就能够享受更好的服务。

对经常发生的问题进行总结、找出原因,可以帮助 IT 管理者迅速开展防患于未然的工作。在掌握了这些信息之后,IT 工作人员就可以制订应对问题的计划,消除隐患或者尽量降低问题出现的频率。

第三步：理解工作的性质。

从内心积极主动地工作。想要积极主动地开展工作,另外一个关键就是对于工作主动性地认识和定位。对于必须要完成的工作,一定要全心全意的高质量地去完成,因为一旦你在某个地方疏忽或者没有认真对待出了漏子,那么计算机会不讲情面地将这些问题暴露出来。

在绪论中,对于高职毕业生的定位问题已经指出,高职学生毕业后大部分从事客户服务、售前咨询、售后服务、软件应用等工作,在这个过程中,面对客户产生的问题或者是需要针对客户提供的服务,必须积极主动,否则肯定难以长久。

1.1.4　循序渐进

在前面的例子中我们已经接触过,很多著名的成功人士在开始的时候并不是一帆风顺的。古今中外,各国总统并非一生下来命中注定,而是普通人凭借自己的努力得来的结果。美国总统林肯,是从一个不出名的律师发展起来的；当今世界各国的元首,大多都是从一个普通大学生,一步一步登上国家最高领导人的位置。

从大学毕业后,到一个普通的工作岗位上脚踏实地、循序渐进地开始自己的职业生涯,是绝大多数大学生应该走的路线,不排除部分大学生毕业后直接创业,但那毕竟是少数现象,媒体反复报道只是夸大了这种现象,直接后果就是在大学生中形成了浮躁的风气,造成部分学子盲目自大。创业需要资金、技术、经验、设备和客户关系等条件,而刚毕业的大学生很多条件都不成熟,在这种情况下坚持跳跃式发展,很容易挫伤自己的积极性。

另外,很多刚参加工作的大学生也容易犯急躁的毛病,刚刚进入工作单位,就希望单位把自己安排在重要的岗位上,拿单位最高的工资,这些都是错误的想法。下面的案例告诉我们坚持循序渐进的重要性。

参考资料：

小黄是一名重点大学会计专业的毕业生,毕业后到一家公司的财务科工作。报到后第一天老板告诉她,试用期半年,半年内工资比较低,半年后转正即可调整工资。

上班伊始,小黄工作起来积极性很高,每天努力工作,经常加班加点,在完成自己的工作后甚至还主动帮助老员工。由于小黄刚毕业,学习过最新的会计电算化和报表技术,所以在财务科中承担了很多工作,甚至超过了部分老员工的工作量。两个月以后,她对公司的业务已经非常熟悉,她觉得凭借自己的能力可以独当一面,并且觉得自己工作做得比老员工多,而薪水还不到老员工的 1/3,对自己来说有点不公平。

自从有了这个想法以后,小黄对待工作的态度有了非常大的转变,认为单位委屈了自己,没有给自己足够高的待遇。对待上司交给的任务不像刚来时候那样认真完成了,对一些老员工也不像以前那样尊敬了,甚至经常跟老员工说："再过几个月,我们就一样了,一起为公司而努力。”当公司要求全体员工加班工作时,小黄声称自己处于实习阶段,没有加班的义务而拒绝加班。

四个月后,老板虽然给小黄转了正,但是小黄的薪水还是老员工的 1/3,并且一直没有调整的迹象。一气之下,小黄离开了这家公司。

几个月后,小黄在街上遇到了以前的同事,小黄向同事抱怨:“怎么我遇到的老板一个比一个抠门,我给他们干那么多的活,他们不仅给我那么少的薪水,还处处挑毛病。”这个同事不客气地跟她说:“你以前在我们公司实习的时候,业务能力很强,工作又扎实,老板本来想在年底给你调整工资,调你做主管会计,谁知道你自己先走了。”

古人云:“吹尽黄沙始到金”,事业的春风吹拂“黄沙”也需要一个过程,如果你能够坚持到底、锲而不舍,那么你这块金子就会发出耀眼的光芒;但是如果你连等待吹去浮沙的耐心也没有,即使再闪亮的金子也不会发光。上文中提到的小黄没有摆正自己的角色和地位,没有重视循序渐进的原则,只想一步登天,最后落了一个失败的下场。

1.2 尊敬老板

1.2.1 发自内心

1. 尊敬老板和能力无关

老板是一个企业的负责人,是我们的衣食父母,给了我们生存的保障,应该受到我们的尊敬。

一个公司中如果员工尊敬老板,老板爱护员工,那么这个公司必定能够取得成功。相反,如果这些公司形成老板不爱护员工、员工不尊敬老板的风气,那么不仅公司发展不好,个人也很难取得更大的成就,最终也很难落得好下场。

西汉末年,汉献帝手下能人辈出,董卓、吕布、曹操等人,个个文武双全,虽然整个朝廷已经有点穷途末路,但如果能够做到君臣和睦,以董卓为首的大臣尊敬汉献帝,甚至后期曹操不“挟天子以令诸侯”,整个“西汉集团”或许还能坚持一阵。可惜董卓之类怀“虎狼之心”,曹操之辈属“奸枭之雄”,等到刘备“集团”、孙权“集团”壮大后,整个天下三分,形成三国混战局面。

刘备“集团”能够获取 1/3 天下,完全是依靠一个团结和睦的集体,五虎大将个个武艺高强,但是却都忠心耿耿,十分尊敬刘备这个“大老板”。而诸葛亮,其聪明才智、战略计策皆远超刘备,但是却一直能够做到从内心尊敬刘备,并且在刘备死后,继续扶持毫无能力的刘后主阿斗,至少为蜀国争取了几年苟延残喘的时间。在以诸葛亮为首的“员工”带领下,蜀国得以创立,并且还取得了一段时间的辉煌,虽然最后灭亡,但以诸葛亮为首的“员工”已经不在了。反观靠不尊重“老板”取得 1/3 天下的曹操,尽管兵强马壮、强将如云,然而始终没有得到很好的发展,最后也被不尊重“老板”的司马一家鸠占鹊巢。

2. 尊敬老板是个人成功的重要因素

在公司工作的过程,就是一个向老板展示自我的过程。如果你向顾客推销商品,仅仅只是希望自己得到卖出这件商品的利润,而不是考虑商品对客户的价值,最终的结果一定是很难成为一个成功的商人。在一个公司中工作，如果仅仅是为了获取利益，每天想着自己做了多少活，应该拿多少钱的工资，很难成为一名成功的员工。尊敬老板像营销商品的手段一样，是成功营销自己的一个重要手段。

对老板尊敬与对公司热爱是一致的，如果你尊敬你的老板，你必然会热爱你所在的公司或者组织，那么你对自己的工作充满热情，工作起来也会非常顺心。每一个老板都有这样或者那样的缺点，但是老板既然能够成为公司的负责人，肯定是有其必然性的。

再举一个三国时期人尽皆知的例子来说明问题——吕布和关羽。吕布在三国武将中实力排名第一，长相英俊，有勇有谋，是一个能力非常强的人。可是他对待“老板”不忠，先是依靠董卓，结果因为貂蝉的原因就造反了；后来投靠了刘备，结果又差点杀了刘备；接着被曹操所擒，本来按照曹操的性格，爱才如命，像吕布这样的人一定要留下为其所用，但是经过谋士的一句话，指出吕布不仅一直不忠于自己的“老板”，而且一旦有利益的时候，就背叛了自己的“老板”，只好将其斩首。

再看关羽，虽然人长得一般，战略水平也一般（败走麦城），武艺也不如吕布（需要刘备和张飞的帮忙才能和吕布打个平手），自从跟随刘备这位“老板”以后，一门心思为“老板”效劳。即使被曹操所掳，却从没露出一丝叛变的心思，时时刻刻都在打听“老板”的消息，一有“老板”的消息，顿时封金挂印，不为千金和美女所动，之后过五关斩六将，直投兄弟兼“老板”的刘备而去。直到今天，仍然被称为忠义和诚信的代表，受世人尊敬，不仅仅是兄弟之情，还维护了“集团”利益。

对于刚刚踏上社会的毕业生，需要学习一下诸葛亮和关羽的忠于“老板”的精神，尽心尽力地为“组织”谋福利。因此，如果要在岗位上成为一名合格的员工，就必须要把尊敬老板放在第一位，并且要尽量做到从心里敬重自己的老板。

1.2.2 尊敬的方法

参考资料：马云的问题

中央电视台《绝对挑战》栏目中有一期节目，是阿里巴巴旗下的淘宝网招聘商务谈判经理，马云先生问了三个很经典的问题，其中一个问题是：“如果你感兴趣的事情你的上司偏不让你做，而你不感兴趣的事情上司偏让你做，这时候，你会怎么办？”

当时二号选手说：“和上司沟通。”

“如果沟通不成呢？”

二号选手说：“那我要告诉他，不为结果负责任。”

马云先生意味深长地点了点头。

结果二号选手就落选了，主要是因为他的回答非常不成熟。成熟的回答是怎样的？我们必须先搞清楚兴趣和职业究竟如何匹配。

（资料来源：http://x.downshu.cn/viewthread-17854.html）

怎么样做才是尊敬老板呢？一味地对老板言听计从难道就是尊敬老板吗？当然不是，尊敬老板也是需要讲方法的，如何和上级、老板沟通将在第 7 章进行更详细的讨论，这里仅仅讨论怎样做才会让老板知道你是敬重他的。

刘备领兵伐吴，遭到“火烧连营七百里”的大惨败，这一军事行动的决策，是一项极为严重的错误。当时身为军师的诸葛亮,对刘备的这一决策极不赞成,曾向刘备说明利害,希望刘备打消这一项决策。但是,刘备认为自己有非出兵伐吴不可的理由,本来他对诸葛亮一向都是言听计从的,但这次他却坚持自己的决定,非出兵不可。诸葛亮一看改变不了"老板"的决定,只得调兵遣将,做周详的安排,希望这次用兵能够虽无大功,至少不要使损失太大。诸葛亮没有因为刘备不听他的劝告而大闹情绪,袖手旁观。刘备大败后,诸葛亮到白帝城去见他,只说这是"天意",没有一点抱怨的意思。

这种态度和做法,值得一个企业的员工好好地去体会一番,仔细地思考一下如何去尊敬老板。

1. 为老板着想

老板也是人,是人就有缺点和弱点,老板不可能事事都擅长,也不可能事事都做得对,在老板做错事的时候,替老板着想,特殊情况下甚至替老板背"黑锅",都是应该的。

例如,有一种尊敬老板的表现就是尊重老板的时间。有时候员工在汇报工作的时候,可能会长篇大论,可能会解析前因后果,说明自己的事情是如何重要;有时候我们在写汇报材料的时候,可能会引经据典,可能会瞻前顾后,其实这些都是对老板的时间不尊重的表现。老板要处理很多事情,因此汇报时,无论是口头上的还是书面上的,都需要简明扼要,直接说出结果和重要因素,请老板及时裁决。

弄明白老板究竟在干什么将有助于明白自己的职责。你越是了解他的日程安排、他一天的工作、他需要完成的事情,你就会更加清楚地知道自己该如何安排一天的工作时间。知道了老板做什么,肯定能帮助你明白自己需要干什么,以及他需要你干什么。

2. 不顶撞老板

余世维先生在成功经理人讲座中曾经这样讲过:"和老板相处,两个原则,第一,老板永远不会做错。第二,如果老板做错,一定是我看错了。"虽然这话有些绝对,但是余世维先生从一位普通职员升迁为公司的总经理,作为哈佛大学和牛津大学的双博士后,华人职业培训第一人,他这么说肯定是有一定道理的。

举个很简单的例子,王先生刚到一家著名的 IT 公司工作。按照公司规定,新员工要参加为期一周的培训,主要内容是了解公司文化、熟悉公司的规章制度等。第一天,公司人力资源部总监亲自来授课,点名时一疏忽,将一个人的姓名念错了。这个人是王先生的同学,姓名中的字比较生僻,经常被读错,他也习以为常了,所以他含糊地应了一声。总监正想继续点名,王先生却笑着说:"错了,错了!"总监愣住了。王先生纠正完毕,除了总监,在座的员工都忍不住笑了。

总监从此记住了他。培训结束后,正式分配工作时,别人都分到了比较重要的岗位上,王先生被总监"美言"了几句,被分配做公司的网络维护。这个无足轻重的岗位,对他来说真的是很为难。

3. 合理提出建议,让老板自然地接受

作为一名部下,需要给老板适时提一些合理化的建议,才能够有较好的发展机会。及时给老板提出合适的建议,也是对老板尊敬的一种表现。如果只知道阿谀奉承、溜须拍马,一味地附和老板,最终也很难落得好下场。

对老板和组织的发展提出建议,说明你关心组织的发展,认真思考自己的工作。一般来讲,在和老板讲话之前要经过详细的准备,通过准备的过程,会推动自己对工作的认识。并且通过和老板的交流，也促使老板熟悉了解你，对你以后的发展会发挥重要的作用。

1.2.3 换位思考

换位思考即站在他人的立场上去思考问题。通过换位思考，可以更好地了解别人的感受和对事件的看法，一方面能够促进自身更好地适应工作、解决问题；另一方面也能够有效地与人进行沟通，推动整个团队的有效融合，促使彼此之间的工作关系更加融洽。

参考资料：几个换位思考的小故事

故事 1：一头猪、一只绵羊和一头奶牛，被牧人关在同一个畜栏里。有一天，牧人将猪从畜栏里捉了出去，只听猪大声号叫，强烈地反抗。绵羊和奶牛讨厌它的号叫，于是抱怨道："我们经常被牧人捉去，都没像你这样大呼小叫的。"猪听了回应道："捉你们和捉我完全是两回事，他捉你们，只是要你们的毛和乳汁，但是捉住我，却是要我的命啊！"

故事 2：一对夫妇坐车去山上游览，半途下车。听说后来车上其余的乘客没有走多远，就遇到了小山崩塌，结果全部丧命。女人说："咱们真幸运，下车下得及时。"男人说："不，是由于咱们的下车，车子停留，耽误了他们的行程。不然，就不会在那个时刻恰巧经过山崩的地点了……"

故事 3：过去有一个农民在田间劳动，感到非常辛苦，尤其是在炎热的夏天，感到更是苦不堪言。他每天去田里劳动都要经过一座庙，看到一个和尚经常坐在山门前的一株大树树荫下悠然地摇着芭蕉扇纳凉，他很羡慕这个和尚的舒服生活。一天他告诉妻子，想到庙里做和尚。他妻子很聪明，没有强烈反对，只说："出家做和尚是一件大事，去了就不会回来了，平时我做织布等家务事较多，我明天开始和你一起到田间劳动，一方面向你学些没有做过的农活，另外及早把当前重要农活做完了，可以让你早些到庙里去。"

从此，两人早上同出，晚上同归，为了不耽误时间，中午妻子提早回家做了饭菜送到田头，在庙前的树荫下两人同吃。时间过得很快，田里的主要农活也完成了，择了吉日，妻子帮他把贴身穿的衣服洗洗补补，打个小包，亲自送他到庙里，并说明了来意。庙里的和尚听了非常诧异，说："我看到你俩，早同出，晚同归，中午饭菜送到田头来同吃。家事两人商量；讲话有说有笑，恩恩爱爱。我看到你们生活过得这样幸福，羡慕得我已经下决心还俗了，你反而来做和尚？"

在尊敬老板方面，通过换位思考，有以下益处。

第一，能体谅老板的难处，从而能够接受老板的各项指令，适应自己的工作，树立起积极工作的心态。通过积极的心态，为自己营造一个快乐的工作环境，毕竟工作时间占据了一天的主要活动时间，如果工作不快乐，那么每一天都可能是不快乐的，而每一天都不快乐的结果，就是造成了一生的不快乐。

第二，通过换位思考去理解老板的想法和指令，通过与老板的想法保持一致，以更好地完成老板布置的任务。"想老板之所想"，主动地为老板分担负担、承担责任，甚至在老板未吩咐之前解决问题。时间长了，老板自然感觉到了你的重要性，你很自然也会成为一个单位的骨干，那么你的待遇及其他方面自然而然地就得到了提升，生活的质量也就相应地提高了。

第三,通过经常换位思考,把自己摆在老板或上级的位置,如果有一天老板和上级的"位子"空缺,那么很自然地你就可以担负起这个位置的工作职责。任何一个组织机构的负责人,当有更好的位置时,都首先考虑提拔任用能够担当、有工作能力的人。

从以上分析可以看出,通过换位思考可以促使人际关系更加融洽,可以催发积极的心态,对待工作更加负责并且能够主动自发地完成工作。一旦理顺了工作心态,工作自然会取得令人震惊的成绩。学生时期,可以通过经常与教师换位思考来完成作业,理解老师布置的任务。通过不断地锻炼,养成换位思考的良好习惯,在工作和问题面前就能够很自然地的运用换位思考来完成工作。

对于 IT 学习者和工作者来讲,换位思考在与老板、同事以及客户交流时尤为重要,因为我们所做的系统或者设计,是从老板那里接受的命令,从客户那里得到的需求,与同事协作完成的,如果不能够理解相关人员的想法,怎么能更好地完成工作?因此,对于老板的指令和意见,少发牢骚、少质疑,多理解、多主动接受并且论证,如果有问题,也要提出使指令和意见更明确的问题,帮助理解指令。要质疑老板,必须要有百分之百的事实论证,不能因为想法与老板不同,而去质疑甚至背地里反抗老板。

1.3 敢于负责

1.3.1 敢于负责是合格员工的基本要求

有个关于负责的经典故事在企业管理中流传。1889 年美国总统想把一封信送给古巴的加西亚将军,以谋求如何共同对付西班牙军队。罗文中尉接到了这个任务,他没有提出任何借口,尽管古巴当时处在内乱之中,尽管美国和古巴相隔千山万水,尽管他并不认识加西亚,但是他只身踏上了前往古巴的道路,并且找到了加西亚将军。相隔了 100 多年,人们仍然为这种勇于负责的精神喝彩。

作为一个马上要踏上工作岗位的大学生,最主要就是培养这种敢于负责任的精神。在当代大学生成长的道路上,比较缺乏这种勇于负责精神的培养。中国的谚语是:"在家靠父母、出门靠朋友",长期培养了一种"靠"的文化。小的时候,大小事情都是父母来决定,也养成了对父母的依赖性,上学期间依靠老师、家长和身边的人,等到踏上工作岗位,一下子无依无靠很难适应。

有一些单位喜欢招聘在学校担任过学生干部或者是学生党员的毕业生,主要就是因为他们有一定的责任心。美国成功学家德拉特曾经这样说过:"如果你有自己系鞋带的能力,就应该有上天去摘星星的机会。与其浪费时间和精力找借口,不如好好想想怎样努力把工作干好,把困难克服,获得一种成就感。"

勇于负责能够让人变得勇敢和坚强,勇于负责、敢于承担能够提升你的工作能力,从而容易在工作中成功。当一个人在工作中能够勇于负责,严格要求自己,那么他对工作必然采取严谨和认真的态度,只要是有利于公司的工作,在力所能及的范围内,能够主动自发地去做。无论是否有人监督,是否是在有摄像头监视的工作环境下,都能够保持良好的工作态度,这样长期坚持下来,一定能够成为业务精英,大大提高工作能力。

一个公司老板具有权力,同时也对公司和员工负责。对于负责任的老板和同事,我们都会非常尊敬,这也要求每个员工都能够成为负责任的员工。

负责任最大的体现是在工作出现失误以后,勇于承认失误,承担后果。松下幸之助认为:“偶尔犯了错误无可厚非,但从处理错误的态度上我们可以看清楚一个人。”对于一个组织的管理者或者经营者来讲,最喜欢的员工就是在错误面前不找借口,勇于承认,并采取及时的补救措施,最大限度降低损失,避免类似的错误再出现。

1.3.2 敢于负责与善于负责

在工作中要有负责精神,但是也不能盲目负责。初入职场的人,身边有领导、有同事,在工作中要做到既要对自己的工作和企业负责,又不能超越自己的界限,干扰了别人的工作范围,既要做到敢于负责,又要善于负责。

第一,责任意识。强调责任意识不能超过限度,也不能低于起码标准。不能超过限度,就是说不能将一个普通员工的责任规定得高于他的领导职位,你可以负责,但是不能负领导应该负的责任。对于初入职场的人来讲,踏踏实实干好工作就是最好的负责任。

作为一名普通员工,应该认识到责任与自己在公司或组织的职位、地位是相伴相随的,职位高低,入职时间长短,都对责任有一定影响,同一个岗位的员工,工作了三十年和工作三年责任会有所不同。

第二,责任大小。个人能力有不同,能够承担的责任大小也不同。例如,在“把信交给加西亚”的例子中,罗文中尉可以有能力来承担这个责任,如果是一个小孩子或者是一个普通人,可能就不具有这个能力。在工作中,适当的拒绝并不是不勇于承担责任,相反是能够勇于承担责任的表现。

在美国西点军校,遇到军官问话的时候,士兵一般只有四种回答:“报告长官,是”;“报告长官,不是”;“报告长官,不知道”;“报告长官,没有任何借口”。即使在军队,对于超出能力之外的事情,也可以回答不知道。在企业或组织中,盲目承担责任,就有可能对公司造成损失,反而是一种不负责任的表现。

第三,责任辨认。承担责任的前提是对责任的清晰辨认。在职级岗位明确、职责伦理既定的情况下,既不可能诿过于下,也不可能推责于上。对自己的岗位进行分析,认清楚责任范围是什么,理解自己应该负的责任,做好应该负责的工作。一般公司都分为几个部门,每个部门责任不同,这就需要对不同部门之间的责任有清楚地理解,这是处理好同事之间关系,做好工作的基础。

第四,责任激励。一般来讲,在组织中责任与所获得的激励是成正比的,一个单位如果责任和激励大小长期不成比例,那么大部分员工必然丧失工作积极性,最后单位会成为一个死气沉沉的机构。

1.4 形象礼仪

1.4.1 形象

形象礼仪指个人外表的样子和礼节仪态,亦指某个团体的整体风格和礼节仪式。形象礼仪的高低往往反映出一个人教养、素质的高低,是维系人们正常交往的纽带。在工作中的员工,必须注意自己与平时不同的形象礼仪。

在工作中,员工的形象主要包括思想形象、意志形象、能力形象和气质形象四个方面,与上学时不同,这些形象是一个优秀员工必须具备的。

思想形象首先就是有要遵守社会公德,具备社会公民应有的道德和责任,最近几年涌现的最美女教师、最美公交司机等,就是具备高尚思想形象的代表。在企业中,要能够树立做企业之仆,为公司谋利益、求发展,在困难面前敢于负责,不逃避的思想。一些工作岗位对社会影响较大,要求具备非常良好的思想形象,比如教师、公交司机等岗位,直接面向公众,如果没有较高的思想认识,就不能从事这个岗位的工作。

意志形象是一个人性格品质的反应,包括对工作事业心、进取心,对组织的责任感、认同感,对自己的控制力,对别人的包容等。拥有良好意志形象的人,能够在工作中如鱼得水,轻松处理好工作中的人和事。对工作有高度的积极性,能够主动负责,并且积极开拓进取,同时相信自己的事业和能力,不向困难和挫折屈服,有了成绩也不居功自傲,而是发扬团队意识。

能力形象反映了一个人的能力和智慧,一个在工作中能力形象高的人,一般具有以下几个特点:一是办事效率高,能够及时、准确、科学地处理问题,面对问题及时处理,时间观念强。二是对工作把握能力较强,能够对问题进行正确分析,头脑清楚、思路清晰。三是工作中有创造性,在工作中能够运用新方法,对工作有想象力,善于总结经验、开拓创新。四是工作有较强的执行力,能够想方设法完成自己的工作。五是善于表达,能够和同事、客户甚至领导进行良好的沟通和交流。

气质形象是一个人外在的表现,包括衣着、打扮和行为举止。气质形象是由个人的性格、知识素养和生活阅历等综合因素构成的。

《杜拉拉升职记》是一个对职场形象充分说明的故事,这个故事被写成小说,拍成电影,改编成电视剧。在电影版的《杜拉拉升职记》中,徐静蕾饰演的杜拉拉将职场人应该具有的形象气质演绎得非常完美,塑造了职业女性应该具有的形象。

工作中的职业女性,既要展现出自己的美,又要兼顾端庄优雅,一站一坐、一言一行都要注意,最终给人留下深刻的印象。女性在工作中获取成功,比男性更困难,一般单位男性领导居多,需要付出更多艰辛,才能获得尊敬与认可。

男性职员最关键的是刚入职场时的转变,尤其是 1990 年以后出生的毕业生,必须区分工作场合与学校、休闲等不同场合,在工作中一定要衣着正式、整洁,工作中不能过分追求个性和自由,奇装异服、过于休闲、染发长发、纹身耳钉等,都会阻碍一个人在工作中的发展,也会导致和客户生意的失败。

1.4.2 礼仪

中国是一个礼仪之邦,尤其是在工作中,待人接物都有一定的礼仪,在工作中如果失礼,很容易造成工作的失误,对日后发展产生影响。而商务礼仪是一门专门的课程,有兴趣的同学可以去找相关的书仔细研究,限于篇幅问题,我们这里只简单介绍几个重要而且容易忽视的礼仪细节。

第一,打电话的礼仪。接到电话时要介绍自己,声音要热情,因为自己代表了公司,无论对方咨询事情是不是属于自己负责的范围,都应该给予彻底地回答,即使是对方打错了电话,也要耐心向对方解释。在接电话过程中,如果有人过来,一定要先放下电话;在和人谈话的过程中有电话，需要接的话应该先跟谈话对象道个歉，并尽量快速结束通话。

第二，工作中与同事交往的过程中，一定和同事以正式的称呼相称，即使你们两个是同学或者老乡，关系比较熟，在私下里可以有比较亲密的称呼，但是在工作中尤其是有其他人在场的情况下，一定要正式地称呼对方，这种正式的称呼是一种成熟的表现。

第三，在走路或者引领客人的时候，需要注意如果客人比较多，那么应该在客人前面两步左右的位置，步伐应该和客人的步伐保持基本一致。向客人介绍的时候，手掌伸开，掌心向上，四指并拢指向目标，拇指略微卷曲向上，这是对客人表示尊重的一种方式。坐车的时候，司机右后的位置是最尊贵的位置，其次是司机后面的位置，最后是司机身边的位置。

最后，在吃饭的时候，一定要注意如果是对方宴请，千万不要随便乱坐，要搞清楚座位的主宾次序，以及客人尊贵程度的顺序，有的地区主人两边的位置是最尊贵的位置，而有的地方是冲着门的两个位置是最尊贵的位置。上菜的时候，主人和最重要的客人没吃，不能随便吃。敬酒应该主人先敬，然后客人按顺序敬，主人没有开始单独敬酒，一定不要单独敬。

总之，礼仪是根据各地的习俗形成的一种约定习惯。在工作中如果出差，最好先熟悉一下当地的习俗，尽量遵守当地的习俗，避免出现不礼貌的行为，影响工作。

1.4.3　第一印象

行为心理学家曾做过一个实验，证明了人们接触的头四分钟是形成人们知觉的至关重要的时间区域。这四分钟的知觉如何，会影响到以后交往的一个相当长的时期，甚至影响交往的全过程。这种知觉效应，心理学上叫"晕轮效应"。应该说，在高度开放的信息时代，在瞬息万变的市场经济条件下，你给人的第一印象是相当重要的。也许你正在谋求一份工作，也许你正代表公司与对方谈一笔生意，总之，这第一印象都会成为或成功失败的一个潜在因素。

1957 年美国心理学家洛钦斯首次通过实验的方法研究关于"第一印象"的理论。洛钦斯设计了 4 篇文章，这 4 篇文章分别描写了一个名字叫吉姆的人。

第一篇文章将吉姆描写成一个开朗而友好的人。

第二篇文章前半部分将吉姆描写成一个开朗而友好的人，后半部分将吉姆描写成为一个孤僻而不友好的人。

第三篇文章与第二篇相反，先将吉姆先描写成一个孤僻而不友好的人，然后在后半部分将吉姆描写成一个开朗而友好的人。

第四篇文章将吉姆描写成一个孤僻而不友好的人。

洛钦斯把接受实验的人分成 4 个组，然后按照不同的顺序阅读这 4 篇文章，读完以后通过量表的方式评估吉姆的为人是否友好。

实验的结果表明，先阅读第一篇文章的实验者，评估为友好的比例为 78%；而先阅读第四篇文章的实验者，评估为友好的比例为 18%。

我们经常说，好的开始是成功的一半，在与客户打交道的过程中，精心设计的第一次会面能够给人留下深刻的印象，对日后的合作与沟通有很大的帮助。

参考资料：林宏祥的成功之路

林宏祥刚刚开始创办软件公司的时候，家人和朋友都不认为他会取得成功，因为他的脑子里总是充满一些异想天开的点子。一次，处于全球领先的思远软件公司要在林宏祥所在的城市寻找代理商,林宏祥觉得机会不错,赶紧跑到对方下榻的酒店。刚到酒店,他就傻了眼,原来坐在自己身边的都是一些国内外知名的大型软件销售公司的代表,而这些公司的代表都没有正眼看林宏祥,认为像他这样的小公司根本没有机会。

思远软件公司的代表开始根本没有给林宏祥见面的机会,第二天,心有不甘的林宏祥又带着翻译赶到酒店。最后思远软件公司的代表决定给林宏祥一个机会,让他参加三天后举办的见面说明会。

三天后林宏祥来到当地最高档的希尔顿大酒店,发现会议现场前来竞争的各大公司代表正襟危坐,都携带着价值不菲的礼品,林宏祥作为一个刚起步的小公司,根本没有那么多的钱去购买昂贵的礼品,而自己空手到来,又好像过不去。他灵机一动,到外面买了几条红色的围巾,等到他自己表述的时候,他首先用这几条围巾摆成一颗心的形状,说:"今天我送的是这样一份简单的礼物,但是它代表了我一片真诚的心。希望火红的围巾能够像天上美丽的彩虹一样,在中美之间架起一座友谊的桥梁。"

思远公司的代表听完非常高兴,带头使劲给林宏祥鼓掌,并且将围巾围在脖子上。

林宏祥深受鼓舞,接着说:"我的公司是一家刚刚成立的小公司,实力有限,但是请相信我,我一定会用心去做。"

最后林宏祥赢得了思远的软件代理权,三年后成为大陆地区该软件销售的冠军,并应思远公司邀请到美国总部做客。在贵宾室,林宏祥惊奇地发现,自己送给思远公司代表的围巾,被用镜框镶起来,郑重地挂在墙上。

(资料来源:安雅宁. 人生最重要的 100 条黄金法则[M]. 北京:北京出版社,2007.)

在产品说明会上林宏祥给思远公司代表留下的良好印象为他开启了成功之门。在与客户打交道的过程中,第一次留下良好的印象是非常重要的,甚至会决定你的生意日后能否取得成功。那么,如何做到在第一次见面时给人留下良好的印象呢?

——衣冠楚楚,整齐利落。衣着不仅是为了保暖,同时也表达了对身边人的尊敬,一个连自己都不利落的人,别人怎么能够放心将生意交给你呢?IT 从业人员办公环境整洁、有序是基本的要求,只有这样才能表明你的项目是有条不紊的。

——彬彬有礼,坦然果断。俗话说:"礼多人不怪",在与客户的交往过程中,有礼貌会使人觉得你有修养,能够放心地将生意交给你。果断也非常重要,连进门都要犹豫的人是得不到订单的。

——面带微笑,真诚动人。微笑能够减少对方的敌意,使沟通更加简单,用诚心打动对方。

——幽默风趣,举止合度。与客户沟通经常会出入不同的场合,言行举止适度就非常重要,言谈机智风趣但又不落俗套,在沟通的过程中,让对方觉得如沐春风。

1.5 总结讨论

1.5.1 本章小结

(1) 工作的最基本目的是养家糊口,但是随着社会财富化的进程,这个目的正在日益削弱；而在工作中实现自我这个更高阶段的目的，越来越显现在新时代年轻人中。因此，在工作中追求做到最好，不仅是为了讨好老板，获取更高的薪酬，也是为了证明自己的价值，实现自我。

（2）权力和金钱并不是获取尊重的最重要因素，人们不是因为你得到多少而尊重你，而是看你付出多少。正确地对待人生、对待职业，通过自己的付出，得到收获，得到身边人的尊重，是最基本的素养。

（3）在踏上工作岗位之前，首先要正确理解老板和自己的关系。多看老板的付出，少看老板的享受。通过换位思考，可以理解老板的难处，也可以更好地找到工作的目的。

（4）敢于负责是一个员工的基本要求，也是我们摆脱学校、家庭并走向成熟的标志；敢于负责说起来比较简单，但是其中包含的意义重大；在社会上不仅要敢于负责，还要善于负责，认清楚责任的范围，做好自己应该做的事情。

（5）注重形象是负责的最基本体现。一旦踏上工作岗位，一言一行代表了单位的形象，不注重形象就是对岗位、对所在单位不负责任的一种表现。形象和礼仪是相辅相成的，没有人喜欢不讲礼貌的人，良好的形象礼仪是一个职业人必修的课程。

1.5.2　小组讨论：年轻人就是要做一番事业

1984 年史玉柱本科毕业于浙江大学数学系，毕业后他被分配到安徽统计局农村抽样调查队。1989 年 1 月研究生毕业于深圳大学软件科学管理系，在深圳大学，史玉柱学会了勤工俭学，学会了怎样给别人“带货”的小生意，同时他阅读了很多国外和港台地区关于经济方面的书，相信中国将来肯定走市场经济的道路，研究生毕业后随即下海创业。

1991 年，巨人公司成立。推出 M-6403，实现利润 3500 万元。不久，巨人公司决定盖 38 层的巨人大厦，后因各种原因，巨人大厦的建设方案一改再改，从 38 层蹿至 72 层，号称当时中国第一高楼，所需资金超过 10 亿元。史玉柱基本上以集资和卖“楼花”的方式筹款，集资超过 1 亿元。

1993 年，中国经济发展过热，只要有房子就能卖掉。甚至连“楼花”都能卖掉。深圳写字楼价格涨到了一万五、两万。当时珠海在修大港口、大机场，还有跨海大桥，史玉柱受这样的经济环境影响，认为珠海也会像深圳一样成为国际大都市，不管盖多高的楼都能卖出去，将巨人大厦定为 72 层。

盖 72 层的巨人大厦需要 12 亿元，此时，史玉柱手中只有 1 亿现金。史玉柱将赌注压在了卖“楼花”上。1993 年，珠海西区别墅在中国香港卖出十多亿“楼花”。可等到 1994 年史玉柱卖“楼花”的时候，中国宏观调控已经开始，对卖“楼花”开始限制，必须投资到一定数额才能拿到预售许可证，后来越来越规范，限制越来越多。史玉柱使出浑身解数、竭尽所能，也只卖掉了 1 亿多“楼花”。

盖高楼，地下部分最花钱。地下 20 米之后都是岩层。巨人大厦一共打了 68 根桩，最短的桩打了 68 米，最长的桩打了 82 米，仅打桩花了史玉柱 1 亿多。

1995 年，巨人推出 12 种保健品，投放广告 1 个亿。史玉柱被《福布斯》列为大陆富豪第 8 位。脑黄金取代巨人汉卡成为巨人新的摇钱树。1995 年，仍然认为形式一片大好的史玉柱往巨人大厦地下三层又砸了 1 亿多元。

1996 年巨人大厦资金告急，史玉柱贷不到款，决定将保健品方面的全部资金调往巨人大厦。此时,脑黄金每年已经能为巨人贡献 1 个多亿利润。“我可以用脑黄金的利润先将巨人大厦盖到 20 层。先装修 20 层。卖掉这 20 层,再盖上面的。”没承想,保健品业务因资金“抽血”过量,再加上管理不善,迅速盛极而衰,脑黄金卖不动了。

1997 年初巨人大厦未按期完工,国内购“楼花”者天天上门要求退款。媒体“地毯式”报道巨人财务危机。得知巨人现金流断了之后,“巨人 3 个多亿的应收款收不回,全部烂在了外面。”不久,只建至地面三层的巨人大厦停工。

此时的巨人集团已经名存实亡,但一直未申请破产。这个时候的史玉柱,已经变得身无分文,同时还背负着巨人集团几个亿的债务,身边仅跟随了二十几名“中心员工”,这二十几个人也已经有好几个月没有发工资。

2000 年,史玉柱“从人间蒸发”两年后,又在媒体露面。据其介绍,他和原班人马在上海及江浙创业,试图东山再起,做的是“脑白金”业务,据说还不错。他一再表示:“老百姓的钱,我一定要还。”当时人们都说,史玉柱又回来了,而史玉柱自己说:“我是回来还钱的。”压力、困难都没有打倒史玉柱,几年后,凭借新产品脑白金优越的市场表现,史玉柱真的还清了巨人集团所背负的债务。

1989 年,27 岁的史玉柱放弃了政府机关的优越位置,带着自己研制的 M-6410 桌面文字处理系统和 4000 元资金到深圳发展。面对竞争激烈的市场,史玉柱顶住压力,经过艰苦努力,初步站住了脚跟。

但是,计算机技术发展飞速,史玉柱懂得研发的重要性。为了研究先进的 M-6402 系统,史玉柱带上一名伙伴,背着热水器,将两人反锁在一间房子里进行“全封闭的开发”。他们一个星期才下楼一次,冒着酷暑、消耗了 20 箱方便面、整整苦干了 150 天,终于研制出先进的 M-6402 系统。到 1991 年,已经小有成就的史玉柱又重演上述激情故事,再次进行“全封闭的开发”,研制出更为先进 M-6403 系统。此后,史玉柱不断地进行研发,逐步推出中文笔记计算机、手写计算机等产品。

江泽民主席视察“巨人”集团时说:“年轻人,就是要做一番事业”。

也许就是抱着“年轻人,就是要做一番事业”的理想,有着不怕吃苦、不服输的精神,史玉柱终于有了今天的成就。也许将来他还会遭遇失败和挫折,但是我们相信史玉柱的一生,终究是辉煌而又精彩的。

史玉柱成了很多年轻人的偶像,不仅仅是因为他的成功和他的不拘一格,更是因为他不屈不挠的精神,只要生命尚在,就不轻言失败,就要前进。IT 行业从不缺乏令人斗志激扬、心潮澎湃的案例,这种起伏跌宕、峰回路转的传奇非常吸引年轻人,但是成功的背后所隐藏的东西才更值得我们去学习、去品位。

(资料来源:http://baike.baidu.com/view/16308.html)

讨论:我们应该学习史玉柱的什么精神?如何去做才能成功?

1.6 实践训练

1.6.1 思考与练习

(1) 你为什么选择与 IT 有关的行业?从事 IT 行业的优缺点是什么?你打算如何去

面对?

(2) 根据当前社会情况,该如何扬长避短获取成功?

(3) 毕业后你想选择创业还是就业?按照下列表格列出你对创业和就业的理解,并逐条详细填写。

优点与缺点 创业与就业	优点	缺点
创业		
就业		

(4) 从你对教师的态度来思考一下你对老板可能是什么态度,你是如何对待班干部的呢?

(5) 为什么一些企业喜欢招聘担任过班干部的人?仅仅是因为他们能够勇于承担责任吗?你怎么看待这个问题?

(6) 你注重形象吗?你说普通话吗?你觉得这些在你与人交往的过程中有没有作用?请参考一下《杜拉拉升职记》中对衣着的见解,并表述你的观点。

(7) 调查问卷。

请选择所在学校或者是熟悉的地区,针对网购的情况进行调查,并根据调查结果,写出相关的报告。

问卷设计参考如下:

<table>
<tr><td>姓名(可不填)</td><td></td><td>调查时间</td><td></td></tr>
<tr><td>职业</td><td></td><td>年龄</td><td></td></tr>
<tr><td>经常购物的网站</td><td colspan="3">淘宝( ) 1号店( ) 京东( )
其他:</td></tr>
<tr><td>主要购买的物品</td><td colspan="3">衣服( ) 电子产品( ) 食品( )
其他:</td></tr>
<tr><td>平均每天浏览购物网站时间</td><td>30 分钟以下( )
30~60 分钟( )
60~300 分钟( )
300 分钟以上</td><td>每年大概花费</td><td>0~1000 元( )
1000~5000 元( )
5000~2 万元( )
2 万~5 万元( )
5 万元以上( )</td></tr>
<tr><td>网购是否为个人生活带来方便</td><td colspan="3">是( ) 否( )
说明:</td></tr>
<tr><td>网购是否影响到正常的生活</td><td colspan="3">是( ) 否( )
说明:</td></tr>
<tr><td>一段时间没有网购是否会觉得难受</td><td colspan="3">是( ) 否( )
说明:</td></tr>
</table>

1.6.2 热点话题：网络道德与网络推手

"立二拆四"在成为一个网络红人的代名词之前只是一个围棋术语：在树立的两个子旁边间隔 4 个交叉点的位置下子拆边，借此来尽可能围空，但容易被对手打入，通常用来比喻不切实际地做事。

然而"立二拆四"在网络上把事情做得过于不切实际了，屡屡挑战道德的底线。通过炒作"天仙妹妹"、"别针换别墅"、"封杀王老吉"、"干爹带我游奥运"等事件，获取了巨大的利润。

"立二拆四"原名杨秀宇，在遭遇两次生意失败后，杨秀宇迷上了网络，并从中发现了网络炒作的"商机"。2006 年 9 月杨秀宇成立了尔玛互动营销策划有限公司，仅北京公司就有 50 人，并设有多家分公司。通过网络炒作和推广，"立二拆四"的公司原来在北京市宣武区办公，后来公司慢慢积攒了人气，搬到位于 CBD 的 SOHO 现代城办公。2010 年，开设尔玛成都和尔玛上海等分公司，尔玛北京由于公司业务分类明晰化，北京总部分为执行部及客户部，高碑店为执行部，国贸为客户部。

对于大多数人来讲，并不清楚这样一个规模巨大的公司具体是做什么业务的。"网络就像一片海洋，不好的内容就像是石头，扔进去也不会激起骇浪""我是要在海底的石缝里放颗炸弹，炸得整个海面浪花四溅"，"立二拆四"如是说。

恐怕谁也不相信，"立二拆四"的公司只是一个在网络上说谎话的公司，然而就是这样的一个公司，通过对一些事件的炒作和炮制，其公司经营最好的时候，年收入将近千万元。在巨额利润的吸引下，"立二拆四"和他的公司进入了一种恶性循环，编造和炮制的虚假事件和话题越来越离谱，越来越没有底线。最后不得不接受法律的制裁，在审判面前他承认自己逐渐沦为一个骗子。

2014 年 11 月 18 日上午 9 时 30 分依法公开宣判，被告单位为北京尔玛天仙文化传播有限责任公司、北京尔玛互动营销策划有限公司，被告人杨秀宇、卢梅被控非法经营。经过法庭审理，被告均构成非法经营罪，其中杨秀宇一审获刑四年，罚金十五万，杨秀宇表示接受法庭判决。

因接受尔玛天仙、尔玛互动公司委托，帮助"立二拆四"有偿推荐、发布视频和删帖，原新浪网视频编辑吴俊犯非国家工作人员受贿罪、北京同科创世文化传媒公司法定代表人赵玉科犯非法经营罪，分别被法院一审判处有期徒刑一年六个月、一年四个月。

非法经营罪，是指未经许可经营专营、专卖物品或其他限制买卖的物品，买卖进出口许可证、进出口原产地证明以及其他法律、行政法规规定的经营许可证或者批准文件，以及从事其他非法经营活动，扰乱市场秩序，情节严重的行为。本罪在主观方面由故意构成，并且具有牟取非法利润的目的，这是本罪在主观方面应具有的两个主要内容。如果行为人没有以牟取非法利润为目的，而是由于不懂法律、法规，买卖经营许可证的，不应当以本罪论处，应当由主管部门对其追究行政责任。

中国政法大学教授洪道德表示，依据有关法律规定，"立二拆四"已涉嫌非法经营罪和寻衅滋事罪。虽然寻衅滋事罪构成上有要求现场行动的意思，但是不一定要网络发布谣言者直接组织人员现场实施，如果其他人在谣言的误导下有现场扰乱社会秩序的行为，造谣者也需要承担寻衅滋事的法律责任。

第2章 制订计划

导读资料：凡事预则立，不预则废

古往今来，诸葛亮可谓是做计划的第一高手，在"三顾茅庐"之前，刘备因被人追杀而东躲西藏，几次都险些丧命。直到得诸葛亮为军师，几把火烧稳军心，然后取荆州、益州，天下三分，终于开辟了蜀国，成为一方霸主。

诸葛亮未出山之前，与刘备的一番谈话，被后世称为"隆中对"，已然对天下形势做好了规划。首先，简单分析了一下乱世的具体情况，汉室积弱，董卓作乱以后，群雄并起，其中曹操、孙权为最大的霸主，雄踞南北两方，而且经过几代的经营根深蒂固，难以撼动；其次，指出荆州的重要战略地位，必须取荆州，取得荆州之后则可以联合孙权，共抗曹操，伺机取得益州，益州进可攻、退可守，且为高祖发家之地，取益州后勤劳经营、巩固周边，则可成就大业。

这一番计划，让刘备为之信服，对其推崇备至："孤之有孔明，犹鱼有水也。"

再看诸葛亮出山之后三把火，第一战博望烧屯，筹划已定，调兵遣将，自己静坐县中，一把火烧跑夏侯惇，烧服关羽、张飞等诸将，通过制订详细的军事计划，取得巨大的成功。随后又成功预测曹操必领兵来报仇，又一把火，奠定了自己的江湖地位。

无论这些故事是否是罗贯中杜撰，正所谓："运筹帷幄之中，决胜于千里之外。"诸葛亮通过计划，不仅帮助自己所在的利益集团取得胜利，而且也使得自己的人生职业生涯取得成功。

学习目标

- 计划的定义，制订计划的目的；
- 计划与成功；
- 个人计划与组织计划的异同；
- 计划的类型，影响计划的因素；
- 计划的制订工具；
- 目标的定义，目标管理的定义；
- 执行计划的重要性；
- 多重计划与计划的选择。

2.1 关于计划

2.1.1 计划的定义

而今商场上的争斗，其激烈程度甚至超过战场。我国古代很多战争的论述或者著作都被应用到商业上,例如著名的《孙子兵法》被很多企业家认为是必读的指导作品,其中大部分论述就是讲述如何筹划。无论是商场还是战场,无论职场还是日常生活,不打无准备的仗是一个必然的要求,做好计划,是踏上职场的一个基本要求。

在管理学中,计划具有两重含义。其一是计划工作,是指根据对组织外部环境与内部条件的分析,提出在未来一定时期内要达到的组织目标以及实现目标的方案途径。其二是计划形式,是指用文字和指标等形式所表述的组织以及组织内不同部门和不同成员,在未来一定时期内关于行动方向、内容和方式安排的管理事件。

个人计划不同于组织计划。在日常生活中,个人通常有意识和无意识地制订计划,例如有的人每天起床就开始考虑今天要完成哪些事件,哪个事件是最重要的,或者考虑几点到哪里去,通过什么方式到达目的地等,这些都是个人计划的组成。对于个人来讲,有意识的计划相对比较少,高考专业、学校的选择,毕业后就业公司选择,根据公司、岗位设定自己的目标等,这些是有意识的计划,有意识的计划只占生活中所面对的具体事件的一小部分。

而对于组织结构,尤其是企业来讲,计划则非常重要。企业中员工每天的工作都是按照计划来执行的,一旦某个事件在计划之外出现,就是企业的突发事件,出现这种事件,就说明企业执行计划产生了问题,甚至需要重新制订计划来应对突发事件。

对于企业或者项目管理人员,制订正确、合理的计划,是成功管理的关键,一个管理过程,就是根据组织的资源进行计划,组织生产,控制生产结果的过程。因此,计划是组织尤其是企业组织存在的基础,所有企业员工必须按照计划设定来完成工作。显而易见,良好的计划能够帮助企业成功,而失败的计划则很容易导致企业失败。

参考资料:几个成功和失败的计划

(1) 使用战略规划来获取行业领先

1914 年成立的 IBM 公司是电子信息领域中少有的百年企业,虽然公司错过了很多更大的发展机遇,但是一直侧重于技术领先和服务器发展战略,使得蓝色巨人一直伫立于 IT 企业的巅峰。

在 IT 发展的历史上,IBM 公司在很多领域都奉献了浓厚的一笔,虽然错失了操作系统、PC 等发展良机,但是长期致力于服务器的发展战略,让其成为 IT 企业界的常青树,并不断地获取成功。2004 年将 PC 的业务转让给联想,这使得 IBM 更加专注于创新和智慧地球业务的建设,截至目前的事实证明,这是一个双方都获利的交易。

(2) 尽量让每一位同事参与计划制订过程

这是 Palmetto GBA 最为信奉的一条经验,他是位于南卡罗莱那州的 BlueCross BlueShield 子公司的拥有者。通过调查发现并非公司所有的员工都了解公司的战略发展目标,为此,Palmetto GBA 努力创造一种能够驱使整个组织达成共同愿景的战略。他们在整个公司内部以新的合作方式制订计划,并不断加入到员工的绩效考核指标中。越多员工参与这种新的计划制订方式,这种计划可执行性越强。

(3) Adobe 对待计划的转变而导致战略失败

当年 Adobe 公司创始人约翰·沃诺克(John Warnock)和查尔斯·格什克(Charles Geschke)经常在办公大厅转悠,亲自测试产品,与产品开发团队的成员聊天。这样使得 Adobe 对开发的每个软件都有清晰的目标,希望它们能满足用户最挑剔的需求。整个公司，从最高层的主管到设计实验室中的工程师，都在为这个共同的目标而紧密合作。后来随着公司规模的扩大，Adobe 在响应行业变化方面逐渐变得迟钝起来，Android 平台和 IPhone 给其产品带来了巨大的冲击。但是该公司目前已经采取了官僚化的管理模式，多层级管理结构带来了缓慢的反应策略。Adobe 现在依赖一批精心挑选的中层经理网络，而他们并不能完全近距离地理解自己所做的决定，其中的一些经理甚至从来都不使用他们监督的产品，他们的决策逻辑不是基于对产品的利弊，而是为了保住自己的工作。

显而易见计划能够帮助个人或者组织获取成功，但是计划不是万能的，不仅要知其然，更要知其所以然，通过学习计划相关知识，规划事业，作为自己立足职场的第一种区别于他人的素养，成为职场制胜之道。

2.1.2　计划的类型

计划根据不同的方法可以划分为不同的类型(见表 2-1)，一般来讲，可以根据计划所涉及的广度、计划执行的时间和计划目标的明确性来划分。

表 2-1　计划的不同类型

分类标准	类　型
广度	战略计划 作业计划
时间框架	短期计划 中期计划 长期计划
明确性	具体性计划 指导性计划

应用于整体组织，为组织设立总体目标和寻求组织在环境中的地位的计划称为战略计划；规定总体目标如何实现的细节的计划称为作业计划。战略计划与作业计划在时间框架上、在范围上和在是否包含已知的一套组织目标方面是不同的。战略计划一般作用时间比较长，通常为 5 年甚至更长，它们覆盖较宽的领域，不规定具体的细节。此外，战略计划的一个重要任务是设立目标；而作业计划假定目标已经存在，只是提供实现目标的方法。

长期计划通常指 5 年以上，短期计划一般指 1 年以内，中期计划则介于两者之间。管理人员也采用长期、中期和短期来描述计划。长期计划描述了组织在较长时期(通常 5 年以上)的发展方向和方针，规定了组织各个部门在较长时期内从事某种活动应达到的目标和要求，绘制了组织的长期发展蓝图。短期计划具体地规定了组织各个部门在目前到未来的各个较短的时期阶段，特别是最近的时段中，应该从事何种活动，从事该种活动应达到何种要求，因而为各组织成员在近期内的行动提供了依据。

具体计划具有明确规定的目标，不存在模棱两可，没有容易引起误解的问题。而指导性计划则是一个模糊的指向目标的要求，并不是所有具体计划都优于指导性计划，在不确定性较高的时候，往往采取指导性计划。

需要指出的是，这些计划之间的分类并不是不相交的，例如战略性计划一般是指导性、长期计划,而作业计划则一般是具体性的短期计划。对于个人来讲,个人职业生涯规划属于战略性的指导性计划,而针对某个具体事情的计划则是短期的具体作业计划。对于企业来讲,战略性计划和作业计划一样重要,战略性计划决定了企业的发展方向,保障了投资的正确性,而作业计划则保障了战略的执行。

参考资料:装潢企业业务员一天个人工作计划

(1) 早会培训学习(8:00—8:40)

每个公司都可能举行早会培训,把业务员和设计师集中在一起。如果部门较大,也可以单开业务部门的早会。早会每天安排一名主持人,一名讲师,每人轮流做主持人和讲师,大家创造一个内部学习和培训、人人参与的平台。早会时间不能开得过长,半个小时到40分钟就行,内容可以循序渐进。

(2) 设计跟进(8:40—9:00)

参加完早会培训以后,要与设计师进行单独沟通。业务员可以将客户的新消息、新要求、新想法向设计师汇报,同时也要督促设计师的工作,以免设计师因自己的工作繁忙而耽误你的客户,与设计师沟通做到更好地协调与客户之间的关系。

(3) 打电话(电话拜访、电话跟进)(9:00—9:20)

与设计师沟通以后,业务员要对客户进行电话拜访或电话跟进。一般来说,到了9:00以后,客户也过了上班初的忙碌期了,打电话正是好时候。业务员最好在公司里打电话,一则方便电话记录,创造更好的电话沟通环境,二则如果有客户需要量房,也好及时与设计部取得联系,客户有新想法也可直接与设计师进行沟通。业务员要养成每天跟进客户的习惯。

(4) 到小区展开行动(9:30—17:00)

这一段时间主要用于联系新客户,培育自己的客户资源。当然也要根据实际情况,如果小区交房,就要提前去小区,早会可以不开,电话可以不打。晚上回公司的时间也可早可晚,如果小区客户下班后较多,就可以晚回去。

(5) 回公司打电话(17:00—18:00)

如果业务员搜集到了很多的客户电话号码,建议下午早回公司,在公司给客户打业务电话,这一段时间打电话的效果最理想。

(6) 晚上要进行客户分析

业务员晚上下班后,要养成对自己白天所联系的客户进行分析的习惯。可以结合公司推出的"客户分析表",只有对客户进行准确分析定位,才能找到与客户进行更好沟通的技巧和突破点。第二天早上,要将客户分析的内容与设计师或主管进行沟通。

(7) 晚上要列出当天名单(客户、人际关系)

如果你每天都能在自己的名单上增加新的人员,将客户信息和新结将近朋友的信息完整地进行登记,每天增长的名单,可以保持业务增长。

2.1.3 影响因素

三国时期诸葛亮曾经有过一段论述:为将者,不仅要智、信、仁、勇、严,还要晓得天时、地利、人和。这就要求一个计划,尤其是战略计划的制订者,不仅要通晓天文、知道地理,还要了解当前的形势政策,甚至一个人的命运等知识。而计划的制订,则必须依据这些因素,才能使计划取得成功。

不同的计划受不同的因素影响，不同类型的计划也需要采用不同的方法，在2.2节中我们将详细讨论如何利用一些工具来制订计划。相对于复杂的组织战略来讲，个人计划的制订比较简单，考虑的因素也比较少。下面先讨论一下影响个人计划的因素。

关于个人职业生涯的讨论将占据本书第14章整个章节的篇幅，这里简单讨论一下影响个人计划的因素。在个人计划中，个人能力是影响计划的主要因素，每个人都会自觉不自觉地根据自己的能力设定目标，以及达到目标的方法。例如，一个人在高中经常考第一名，他的最终大学选择目标及复习计划与班级考最后一名的选择基本上是不相同的。另外，性格（保守、冒险、内向、外向）、性别、学识、经验等因素都是影响计划制订的因素。

对于组织来讲，首先要了解影响组织的环境因素，然后对这些因素进行分析，才能得到具体影响因素，为制订计划做好准备。企业环境可分成微观环境和宏观环境。微观环境包括那些直接影响企业履行其使命状况的行动者、供应商、各种市场中间商、顾客、竞争对手等。宏观环境包括那些影响企业微观环境中所有行动者的较广泛的社会力量或因素，包括人口的、经济的、技术的、政治的、法律的以及社会文化方面的力量和因素。

参考案例：营销计划制订影响因素

（1）价格因素

不同的价格有不同的量，价格是达成销售计划的主要使用手段。针对经销商实行买五送一、买三送一、买一送一等买赠活动，可以刺激经销商进货。

（2）公司信用政策

信用政策控制得松紧，对销量影响很大。如果对经销商实行无账期、无信用额度、现结款的信用政策以及不退货政策，经销商进货就会比较谨慎，并尽量控制库存。反之，则会出现信用失控，应收款增加，到年底销量计划完成了，但欠账一大堆。销售代表忙于收款，变成收款员。要在信用控制与销量计划之间找到平衡点。

（3）每个产品的销售贡献率

每个产品的销量是不一样的，一个公司的畅销产品一般不会超过5个，根据二八原理，80%的销量来自20%的产品。销量计划应分解到每个产品，计算每个产品的销量贡献率，从而确定重点产品。

（4）毛利率

产品毛利率的高低会影响价格、扣点、奖励、促销政策，从而影响公司对市场销售部门的支持力度和支持时间。企业不可能长期亏损搞促销，一旦促销停止或减少，经销商、消费者会不进货、不购买，等待企业搞更大力度的促销。促销就像吃药、药吃多了，就会出现抗性。

（5）销售人员素质

在实际工作中，最让销售经理头痛的是销售人员的素质。销售人员能否理解、贯彻、执行公司的政策，销售代表的士气、销售代表的信心，对销量计划完成起主观的影响作用。

（6）公司整体协调

销量计划的完成不能仅仅只凭销售经理一个人的能力，也不是销售部门单独的工作，销量计划的制订和完成与生产、运输、财务等部门密不可分。往往旺季缺货、断货；有货了，运输又有困难。

(7) 经销商获利保证、获得空间和零售店获利率

企业在做年度销量时往往只考虑自己的利润、获利率,没有考虑经销商、零售店的利润期望和获利途径。经销商、零售店利大大干,利小小干,无利不干。

2.2 计划工具

2.2.1 BCG 矩阵

在现实职场中,几乎没有人能够像诸葛亮一样上知天文下知地理,甚至可以预测未来,通常我们都是借助一些工具来分析影响计划的因素,从而选择相应的策略。这里介绍制订计划时常用的 BCG 矩阵法、SWOT 分析法和头脑风暴法。这三种方法在个人计划和企业计划制订中都可以应用。

BCG 矩阵分析最常应用的场合是营销产品或新增业务的定位分析,即当一个产品或业务投放市场时,所采取的投资策略。

BCG 矩阵实际上是一个二乘二的矩阵,横轴是相对市场占有率(以公司业务的市场占有率除以同业最高的市场占有率而获得),纵轴是市场预期增长,再加上两轴各自的分界而成。负责人员分析企业内所有业务或产品的表现,通过分析将各业务或产品的表现标在图表内适当位置,并得出一个表现分布图(如图 2-1)。

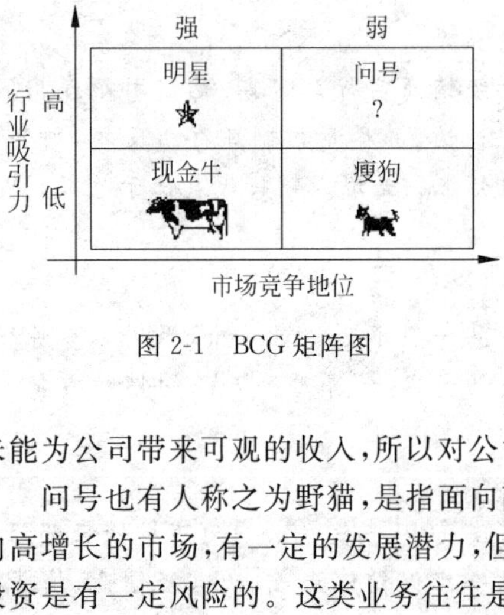

图 2-1 BCG 矩阵图

图 2-1 所示有四个区域,分别表示以下意思:

现金牛是指拥有高市场占有率及低预期增长的产品或业务。即能够给企业带来收入,但是市场基本饱和,没有什么发展前途的业务。在个人分析的时候,也可以代表没有发展潜力的人和事物。

瘦狗是指拥有低市场占有率及低预期增长的业务。这类业务通常只能维持收支平衡,虽然这些业务可能实际上协助其他业务,因为这类业务未能为公司带来可观的收入,所以对公司来说是没有用处的。

问号也有人称之为野猫,是指面向高增长的市场但市场占有率低的业务。由于业务面向高增长的市场,有一定的发展潜力,但是需要公司大量的投资,通常这样的产品或业务的投资是有一定风险的。这类业务往往是公司研究的重点,一旦投资成功,有可能成长为明星类产品,而且逐渐向现金牛的方向转变;但是一旦投资失败,或者错估了市场趋势,就会给企业背上财务包袱。对于个人来讲,发现身边的问号人物和事件也是个人能力的重要体现,在职场中,发掘未来的明日之星,能够很好地帮助自己。

明日之星是指面向高增长的市场而市场占有率高的业务。这些业务均被期望成为公司未来的龙头业务——即在“摇钱母牛”区域的业务。虽然这些业务需要投放更多的金钱以维持市场领导者的地位,但是当市场转趋成熟时,“星”区域的业务就会变为“摇钱母牛”区的业务。否则,“星”区的业务就会逐渐移向“狗”区域。

纵观古今中外,很多人都是 BCG 分析的高手,范蠡的故事在今天还在被人津津乐道。

当越王勾践被吴王夫差打败以后，他能够看出越王是一个未来的明星，时时伴随在勾践身边，陪着他卧薪尝胆，最终成为越国最大的功臣。当越王成为一个炙手可热的明星之后，他能够清楚地意识到，早晚有一天越王要"狡兔死，走狗烹；飞鸟尽，良弓藏"，在卸磨杀驴之前先一步辞官，做了个富可敌国的大商人，成为后世有名的陶朱公。反观韩信，没有做好分析，最后落得身败名裂的下场。

2.2.2 SWOT 分析

SWOT 分析是计划中经常用到的分析法则，它分别是优势、劣势、机会、威胁的英文首写字母。有的时候，即使我们不用它来做计划，仅仅是对个人或者组织本身进行分析，也能够产生巨大的效果。

参考资料：几个 SWOT 分析案例

案例 1：苹果公司 SWOT 分析

优势——苹果公司是著名的 PC 和移动终端品牌，它以技术先进、高端时尚闻名，其软硬件系统配合能够取得更强的领先地位，多项独特的专利技术使其利润非常可观。

劣势——虽然苹果公司拥有领先的 IT 技术，但是其产品相对价格较高，在大众化市场中市场占有率不高。

机会——移动终端市场方兴未艾，苹果商店模式获得巨大成功，产品持续不断地创新。

威胁——所有竞争对手赶超目标，IT 新技术和消费新观念的出现，缺乏引领全球的创新人物和能力。

案例 2：海尔 SWOT 分析

优势——国内家电市场领先地位已经确立，部分产品进入世界先进行列；管理规范，员工素质相对较高；重视产品质量，品牌效应良好。

劣势——公关和品牌传播能力较差，国际化经营能力欠缺，信息化经验不足。

机会——优秀的企业文化，借助于国内和青岛的优势打造人力资源优势，包括人才优势、艰苦奋斗的精神优势，在国际化和信息化上能够取得成就。

威胁——国内外家电行业竞争激烈，新产品和新技术欠缺。

案例 3：耐克 SWOT 分析

优势——耐克是一家极具竞争力的公司，公司创立者与 CEO 菲尔·奈特(Phil Knight)最常提及的一句话便是"商场如战场"。

劣势——没有重点产品。

机会——产品的不断研发。

威胁——受困于国际贸易。

案例 4：高职计算机应用专业毕业学生 SWOT 分析

优势——懂计算机操作与维护，有一定的网页设计、网站维护能力，有一定的文字组织能力。

劣势——没有工作经验，没有软件设计或者网络工程能力，不能从事高技术专业。

机会——通过不断学习，积累企业经验，升级成为高级白领。

威胁——本科和技校毕业生。

显而易见,相对于 BCG 矩阵作用于具体事宜计划分析,SWOT 分析更侧重于长期的战略计划分析,在工作中,往往要结合这两种工具对自己或者企业进行分析,通过分析来制订有效的计划。

值得注意的是:一是分析本身是否有效;二是环境的变化,对因素的确定是否正确。例如:BCG 矩阵分析中,问号、明星、现金牛、瘦狗的确定,你身边的普通同事,比如天天见面相貌普通的前台接待,看来像是一个没有任何发展前途的“瘦狗”,但是有一天突然发现她是公司集团董事长的女儿。而你一直尊敬的上司,突然某一天因为经济问题被赶出组织,这些都会导致你决策的严重失败。

在 SWOT 分析中,机会和威胁很难完全区分,对于国内的大多数公司来讲,没有任何明确的证据能够说明国际化和信息化到底是机会还是威胁。即使是非常明确的机会,也容易因为现实的不确定性而转变成为威胁。面对这些变化的因素,我们除了可以采用经验的方式来消除外,在制订计划的时候要做好两手准备。

2.2.3 头脑风暴法

所谓头脑风暴法,其实简单地讲就是尽量听从不同人员的意见。最常见的形式是经常在论坛上看到人们提问:对于××事情我该怎么办?于是不同路数、不同方面、互不相识的“专家”开始提出五花八门的解决方案。

为了使头脑风暴法发挥效率,如果需要正式利用该方法进行计划或者创新,使与会者互相启发和激励,达到较高效率,必须严格遵守下列原则:

——禁止批评和评论,也不要自谦。对别人提出的任何想法都不能批判、不得阻拦。即使自己认为是幼稚的、错误的,甚至是荒诞离奇的设想,亦不得予以驳斥;同时也不允许自我批判,在心理上调动每一个与会者的积极性,彻底防止出现一些“扼杀性语句”和“自我扼杀语句”。

——目标集中,追求设想数量,越多越好。在智力激励法实施会上,只强制大家提设想,越多越好。会议以谋取设想的数量为目标。

——鼓励巧妙地利用和改善他人的设想。这是激励的关键所在。每个与会者都要从他人的设想中激励自己,从中得到启示,或补充他人的设想,或将他人的若干设想综合起来提出新的设想等。

——与会人员一律平等,各种设想全部记录下来。与会人员,不论是该方面的专家、员工,还是其他领域的学者,以及该领域的外行,一律平等;各种设想,不论大小,甚至是最荒诞的设想,记录人员也要认真地将其完整记录下来。

——主张独立思考,不允许私下交谈,以免干扰别人的思维。

——提倡自由发言,畅所欲言,任意思考。会议提倡自由奔放、随便思考、任意想象、尽量发挥,主意越新、越怪越好,因为它能启发人推导出好的观念。

——不强调个人的成绩,应以小组的整体利益为重,注意和理解别人的贡献,人人创造民主环境,不以多数人的意见阻碍个人新观点的产生,激发个人追求更多更好的主意。

“头脑风暴法”(图 2-2)是一种西方管理理念的体现,在国内的企业中,以前往往不受重视,很多家族式企业往往是“一言堂”的管理方式。但是随着信息化和国际化的不断冲击,国内很多企业,尤其是 IT 企业,非常重视员工参与管理的理念,“头脑风暴法”越来越多地在各种企业中得到应用。

刚踏上职场的学生，在很多场合往往不敢发言，这与国内灌输式教育模式有一定的关系。在参加头脑风暴会议之前，一定要精心地准备，只有精心准备，了解讨论的话题，才能参与到该话题中。虽然会议上不对个人的言论进行批评，但是企业会议往往注重实效，自由发言一般要限定在业务范围内，如果真是完全自由地发言，那么是对企业资源的一种浪费，也是对自己职业生涯的不负责任。

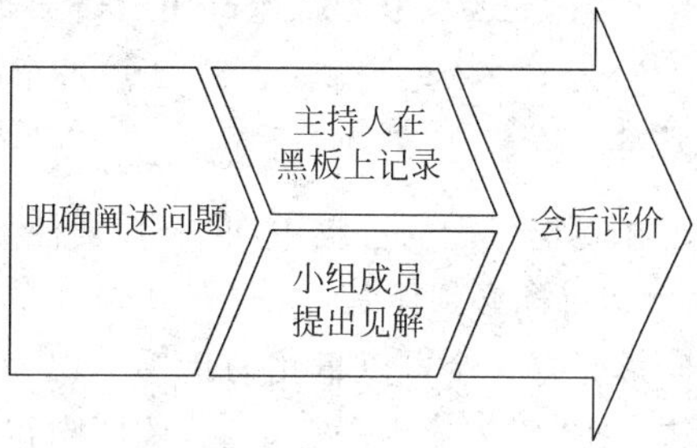

图 2-2　头脑风暴法

2.3　目标管理

2.3.1　目标与计划

目标就是我们真正想要的东西或者是预期达到的效果。在后面还要分别讨论目标和效率、目标和时间的关系，这里主要讨论目标与计划。

对于计划来讲，目标是基础，任何计划必须要有一个目标，这个目标可以是具体的，也可以是不确定性的，这在计划的类型中提及。计划的执行过程，就是根据目标设定的一次实现的过程，计划的执行离不开目标检测，通过与目标的对比，能够发现计划的执行是否顺利，并根据目标对计划进行修正。

参考资料：目标与计划

有个同学举手问老师："老师，我的目标是在一年内赚 100 万元！请问我应该如何计划我的目标呢？"

老师便问他："你相不相信你能达成？"他说："我相信！"老师又问："那你知不知道要通过哪个行业来达成？"他说："我现在从事保险行业。"老师接着又问他："你认为保险业能不能帮你达成这个目标？"他说："只要我努力，就一定能达成。"

"我们来看看，你要为自己的目标做出多大的努力，根据我们的提成比例，100 万的佣金大概要做 300 万的业绩。一年 300 万业绩，一个月 25 万业绩，每一天 8300 元业绩，"老师说。

"每一天 8300 元业绩，大概要拜访多少客户？"老师接着问。

"大概要 50 个人。"

"那么一天要 50 人，一个月要 1500 人，一年呢？就需要拜访 18000 个客户。"

这时老师又问他："请问你现在有没有 18000 个 A 类客户？"

他说没有。

"如果没有的话，就要靠陌生拜访。你平均一个人要谈上多长时间呢？"

他说："至少 20 分钟。"

老师说："每个人要谈 20 分钟，一天要谈 50 个人，也就是说你每天要花 16 个多小时在与客户交谈上，还不算路途时间。请问你能不能做到？”

他说：“不能。老师，我懂了。这个目标不是凭空想象的，而是需要凭着一个能达成的计划制定的。”

在制定目标的过程中，我们需要注意以下几个问题。

1. 目标必须清楚

最好有一个可以量化的指标。比如说：“我期望能够在 10 年内赚取 200 万元”就比“我期望在 10 年内成为一个富翁”要清晰得多。

制定一个清晰的目标，能够帮助你在事业上获取成功。如果不花时间去弄清你设法完成的究竟是什么，那就注定是将时间浪费在那些别人也在做的事情上。生活如果没有清楚的方向，你要么是在漫无目的地兜圈子，要么就是在经营一份连自己都不喜欢的事业。你也许能赚些钱，做些有趣的工作，但是最后当你审视当前的成果，绝对与有清楚的目标所得到的结果截然不同。最终你会沮丧地想：“我究竟是怎么到这里来的？我这一生究竟做了些什么？”

2. 定义一个“二元”的目标

在衡量是否实现了目标时，拒绝使用“可能”、“差不多”这样的词。在任何时刻，如果问你是否达成了目标，你必须能够给出一个确定的“是”或“否”的回答，“可能”不能成为选项。

例如，问你是否完成了“赚更多钱”的目标，你无法绝对地肯定。但是对于你此刻是否正在某个地点，你可以很明确地给我一个“二元”的答案。答案只有“是”或“否”的问题是一个“二元”的问题。对于一个组织，这样的目标更为重要，例如：你所在的部门今年总收入是 50 万美元或更多。这是你可以计算清楚的，在年底，你就能对是否达成了目标给出确切的“是”或“否”的答案。这就要求你的目标具有一个明确的答案，这样你的头脑能锁定目标，推动你快速前进。

3. 目标应该具有一定的难度和超前性

没有人把已经实现的事情作为自己将来要达到的目标，设定具有一定难度的目标能够激发你的斗志，从而促使你成功。如果目标过于简单，容易养成一种惰性，使自己丧失奋斗的欲望。

动物学家曾经做了这样一个实验，跳蚤很容易跳 1 米高，甚至超过 1 米的高度。他们捉了一些跳蚤，在这些跳蚤头顶 60 厘米的地方放置了一块玻璃板，然后让这些跳蚤起跳。起初这些跳蚤都想跳得高一些，结果狠狠地弹到了玻璃上，经过了很多次尝试以后，跳蚤知道了玻璃板的高度，每次起跳的时候都会避免碰到玻璃上。经过一段时间以后，把玻璃板撤去，但是这些跳蚤再也没有跳过 60 厘米，每次起跳总是保持在 60 厘米的高度。

显然，经过多次目标设定，60 厘米的高度已经成为跳蚤一生的奋斗目标，尽管它们能够很轻易突破这个目标。我们在设置目标的过程中，如果总是设置那些容易达成的目标，长此以往就会养成总是做简单事情的习惯，害怕面对困难。其实无论发生什么事情，如果你做对当然是最好的，即使你做错了，也好过什么都不做，难一点的目标总比没有目标要好得多。

4. 目标不可设置过难

避免让不切实际的目标磨灭自己的雄心壮志，目标应该符合自己的条件。设置的目标应该能够可以分解成具体的步骤，根据可执行的步骤来逐步实现目标。设置过难的目标，很容易成为一种空口号，成为偷懒的借口。

不要让过难的目标磨灭你的雄心，要知道目标不可能自动实现，你必须身体力行地去实现它。要事先预期，难度较大的目标，需要付出的努力也更多，如果你没有准备付出更多，或者没有付出更多的恒心和毅力，那么尽量将目标设置得实际一点。要时刻保持清醒的头脑，等着鼓舞和帮助自己的东西突然出现，和期盼天上掉馅饼一样，不过是个幻想。不要期盼突如其来的神力能够赋予你完成高难目标的力量，要脚踏实地，一步一个脚印。

5. 将目标细化，方便实现

当设定好目标后，要注意目标的细化工作。像做计划一样，先做一个整体的计划，然后再制订详细计划，通过详细计划分步实现，最终达到目标。比如一个人制订了一个要在10 年内赚 200 万元的计划，那么他接下来需要制订每年的赚钱计划，然后根据这些子计划的完成情况，不断修正下一个目标。通过目标细化，也能够发现目标执行中的问题。

2.3.2　目标管理

中国的很多企业喜欢为员工设定目标，甚至通过目标来考核员工，以为这就是目标管理，很多企业的老板喜欢用“我不管过程，我只看重结果”来刺激员工，实际上这是大错特错的。目标管理是通过与员工共同设定计划的目标，来激励员工完成企业目标，目标管理是一个激励过程，而不是一个控制、反馈过程。通过定期检查共同制定目标，并且通过对完成目标的员工的激励，来提高员工的工作效率，这是目标管理的核心。

目标管理中最经典、最容易理解的是六西格玛管理，这是摩托罗拉公司发明的术语，用来描述在实现质量改进时的目标和过程。简单点说就是将产品的合格率目标定在99.9999%上。而实现这一个目标的过程，叫作六西格玛管理过程。在很多企业，最终产品不是有形的物体，而是一种服务或者是业务，但是经过逐渐演变，六西格玛逐渐成为一种企业管理哲学，在这些企业中也能够得以应用，在这一哲学中有 6 个重要主旨，每项主旨背后都有很多工具和方法来支持。

1. 真诚关心顾客

六西格玛引导的目标管理技巧把顾客放在第一位。即使在衡量部门或员工绩效时，也要考量员工是否为顾客考虑，是否能够从顾客的角度出发。先了解顾客的需求是什么，再针对这些需求来设定企业目标，衡量绩效。

2. 绩效目标注重事实

六西格玛管理强调对业绩和过程的度量，通过度量标准，提出挑战性的目标和水平对比的平台。从企业所处的事实环境出发，与员工共同建立符合现实的目标，激励员工积极参与目标的改进过程中。

3. 以流程为重

通过连续的流程改进来改进产品，无论是设计产品，或提升顾客满意，六西格玛都把流程当作是通往成功的交通工具，是一种提供顾客价值与竞争优势的方法。定义每个流程的具体负责人，以达到真正改进质量的目的。

4. 主动管理

企业必须时常主动去做那些一般公司常忽略的事情，经常主动地评估短期目标，以不断地改进，避免问题积少成多。

5. 协力合作无界限

改进公司内部各部门之间、公司和供货商之间、公司和顾客之间的合作关系,可以为企业带来巨大商机。六西格玛强调无界限的合作,让员工了解自己应该如何配合组织大方向,并衡量企业的流程中,各部门活动之间有什么关联性。

6. 追求完美,但同时容忍失败

在六西格玛企业中,员工不断追求一个能够提供较好服务,又降低成本的方法。企业持续追求更完美,但也能接受或处理偶发的挫败,从错误中学习。六西格玛管理是一个持续不断的过程,并且能够不断地凝聚士气,建立良好的企业文化,为企业带来持续不断的管理提升和成功。

如果你所在的企业是一个采用了目标管理的企业,那么你需要了解目标管理的做法,并积极地参与到整个过程中去,这样能够避免你与企业之间出现问题,帮助你更好地认识和了解企业,成功立足职场。

2.4 实现计划

2.4.1 执行计划

参考资料:法兰克和斯特福的雪糕店

20世纪70年代,在美国加州萨德尔镇有一位名叫法兰克的年轻人,由于家境贫寒上不起学,他只好去芝加哥寻找出路。在繁华的芝加哥城转了好几天,法兰克也没找到一处容身之所。当他看到大街上不少人以擦皮鞋为生时,他也买了把鞋刷给人擦皮鞋。半年后,法兰克觉得擦皮鞋很辛苦,更重要的是不赚钱。

于是他将擦皮鞋赚来的一点微薄积蓄租了一间小店,边卖雪糕边给别人擦鞋。雪糕生意比擦鞋强多了,欢喜之余,他在小店附近又开了一家小店,同样是卖雪糕。谁知雪糕生意一天比一天好,后来他干脆不擦鞋了,专门卖雪糕,并将父母接到城里给他看摊,还请了两个帮工。从此法兰克开始经营雪糕生意。

如今,法兰克的"天使冰王"雪糕已稳居美国市场的领导地位,拥有全美70%以上的市场占有率,在全球60多个国家有超过4000多家专卖店。

巧的是,在落基山脉附近的比灵斯也有一位年轻人,他叫斯特福,他跟法兰克几乎是同时到达芝加哥的。斯特福的父亲是位富有的农场主,农场主送自己的儿子上了大学,还读了研究生,他希望自己的儿子能成为一位大商人。就在法兰克拿着刷子在大街上给别人擦鞋的时候,斯特福正住在芝加哥最豪华的酒店里进行自己的市场调查。耗资数十万,经过一年多时间的周密调查和精确分析,斯特福得出的结果是:卖雪糕。而法兰克此时已经拥有了数家雪糕专卖店。

当斯特福将自己调查的结果告诉父亲时,农场主气得差点晕倒,他怎么也想不到,他的研究生儿子眼光居然浅薄到了卖雪糕的程度。斯特福经过再次对市场的精确调研后,还是觉得只有卖雪糕才是最好的生意。又过了一年,斯特福终于说服了自己的父亲,准备打造雪糕连锁店。此时法兰克的雪糕店已经遍布全美。最终,斯特福无功而返。

世界上没有哪个成功是仅靠周密的计划实现的，而是一步一步通过实践得来的。

前面已经指出，良好的计划是成功的保证，无论是个人还是企业，良好的计划都是工作的重点。但是，显然任何事情都不仅需要仔细筹划，“纸上得来终觉浅，绝知此事要躬行”，实践行动比计划更重要，没有实践，计划只不过是最原始的纸上谈兵。像例子中所说的，即使斯特福拿出资金投资进入雪糕连锁市场，但是缺乏一线开店经验、缺乏市场运作能力，一样会无功而返。

在2.2节中提及的越王勾践“卧薪尝胆”灭亡吴国的故事，就是最好的说明，“灭吴九计”基本都得到了很好的执行，但是其中一条是利用美人计来祸害吴王。计谋易定，美女难寻，既要能够诱惑到吴王，同时又要能够爱国，而且还要智勇双全，最后范蠡终于找到了传说中的西施，而西施也出色地执行了范蠡的计策，成为压垮吴国的最后一根稻草，最终导致了吴国的灭亡。正如三国的诸葛亮，计划能力虽强，但是如果没有五虎上将的英勇，也不一定能形成鼎足的局面。

在当今社会，有的企业创新能力很强，但是这样的企业业绩始终竞争不过执行力超强的企业。比如Microsoft和SUN公司，Microsoft的业绩要远远领先于SUN公司，但是Microsoft的产品创新能力是不如SUN公司的。Microsoft靠良好管理能力一直占据着软件业霸主的地位。

再比如腾讯和金山，金山公司不断推出新的产品和新的创意，虽然为企业也带来了巨大的利润，但是始终不如腾讯。腾讯公司不是一个经常推出新产品的公司，而是经常模仿对手，或者并购小公司来推出新产品，但是腾讯公司的执行力很强，依靠在即时通信行业的垄断，腾讯能够迅速地将业务扩展到各个行业，从而攫取超额利润。

这些都说明，一个好的企业，不但要有好的计划和发展战略；还要有一流的计划执行能力，能够克服种种困难，按照既定计划步骤执行。

首先，计划制订之后，就面临着计划的落实。为使计划制订得符合实际，在计划制订之后，还需对计划进行反复的检查。运用图像思考法，把工作计划的布局与进度在头脑中反复过几遍，预见一下计划的落实过程和发展结果。

其次，强化计划落实的过程管理，可以将大目标划分成若干个小目标。切忌将行动与计划分离，形成计划一套行动又一套的两张皮的做法。一旦计划发生偏离以后，可以修正计划，但是绝对不要不顾计划，随意执行，另外注意在计划一开始要严格执行，避免“失之毫厘，差之千里”。

再次，对于具体执行计划的人，计划的目标要切合实际、可触可摸，具体工作要量化且具可操作性，切忌只是口号或原则性、方向性的东西。在计划执行的过程中，要注重协调。

最后，注重计划的反馈与评估，执行完一个阶段的计划后，要对计划的效果进行评估与检讨，以此作为新工作计划的参考依据。

2.4.2 两手准备

第二次世界大战中，盟军胜利登陆诺曼底之后，最高统帅艾森豪威尔将军发表了讲话：“我们已经胜利登陆，德军被打败，这是大家共同努力的结果，我向大家表示感谢和祝贺。”可是当时谁也不知道，在登陆之前，除了这份讲话稿之外，艾森豪威尔将军还准备了一份截然相反的讲稿，那其实是一份失败演讲稿。失败演讲稿是这样写的：“我很悲伤地宣布，我们登陆失败,这完全是我个人决策和指挥的失误,我愿意承担全部责任,并向所有人道歉。”

我们都知道,2008 年中国申办奥运会成功后,可口可乐公司第一时间发布祝贺广告,实际上,电视台制作了若干套预备方案,一旦申办失败后,观众见到的广告又会是另外一种形式。

多年前,“蜗居”中国台湾的何应钦以一级上将的身份跑到荷兰旅游,荷兰国防部接待了他,并带他参观了荷兰的国防设施。参观完毕,荷兰人又做了一个国防简报,向何应钦展示了一旦战争爆发,他们将如何应对的计划。这份计划之缜密、全面,让何应钦咋舌。但更令何应钦惊讶的是,他看到了一份更详细的计划,而且被放置在所有计划中最显眼的位置,以突出它的重要地位,这个计划的名称叫《投降计划》。何应钦表示很不理解,他说,在中国人眼里,投降是可耻的事情,是被所有人看不起的行为,为投降做计划会涣散军心,是战争大忌,中国文化崇尚舍生取义。

荷兰人的回答却很从容:“我们并不认为投降是可耻的事情,经过充分分析敌我力量和战争现状后,如果胜利付出的代价太大或者完全没有取胜的可能时,我们会投降。我们不想因为自己的顽抗招致毁灭性的打击,我们需要保存实力,需要保持国家的完整。我们将把土地、建筑、河流山川都留给子孙,韬光养晦,等某一天真正强大了,再去夺取胜利。”

庆祝成功容易,接受失败难,在很多工作中,我们只想到了成功,没有想到别人拒绝该怎么做。

很多公司的董事长或者总经理都是从销售人员开始做起的,这是因为销售人员是最容易、恐怕也是被人拒绝最多的岗位,能够适应销售岗位,养成了同时有良好的失败和成功的计划的习惯,最后才能够取得巨大的成功。计划执行中的不确定因素众多,因此制订计划最好能够有几套备用方案,避免在计划执行不顺利的时候陷入僵局。

2.5 总结讨论

2.5.1 本章小结

(1) 计划的定义包括两重含义,一个是动词含义,表示计划工作的过程,另外一个是名词含义,即计划的内容和表现形式。计划可以根据不同方式分类,根据时间可以分为长期计划、中期计划和短期计划;根据广度可以划分为战略计划和作业计划;根据明确性可以划分为指导性计划和具体计划。

(2) 无论对于组织还是个人,计划都是非常重要的,好的计划是成功的一半。影响计划制订的因素非常多,计划制订需要专业知识,掌握有关计划制订和执行的相关方法是必要的。

(3) BCG 矩阵式是一种简单实用的选择性计划方法,尤其通过对“产品”的未来趋势分析,可以确定投资方式和投资目标,从而节省资金。

(4) SWOT 分析方法是战略计划制订过程中常用的方法,这种方法不仅能够找到组织或个人的战略目标,最重要的是分析与竞争对手之间的差距,以便于制订更恰当的战略。

(5) 计划分析方法往往需要综合使用,同一个计划的不同方面可以用不同的方法。

(6) 类似于其他管理学概念,目标管理也没有一个统一的概念。在不同的领域,目标管理意义不同，对于大多数场合来讲，它是一种有效达到完成工作目的的方法。在计划领域，目标管理尤其重要，围绕目标来完成其他方面的内容，从而保障整个工作的顺利进行。

(7) 再合理的计划，没有实现，其效果为零，计划实现是最重要的。计划的权变因素即影响计划执行的因素，在计划执行过程中要根据权变因素进行调整，其中人的因素决定了计划调整是否正确，或者计划执行程度，不同性格、不同地区、不同文化的人对计划的认识不同，执行力也不同。

2.5.2 小组讨论：Inditex 公司的战略管理

Inditex 公司是西班牙排名第一，全球排名第三的服装零售商，在全球 52 个国家拥有近 2000 多家分店。旗下拥有 ZARA、Pull and Bear、Massimo Dutti、Bershka、Stradivarius、Oysho 等 9 个服装零售品牌，其中 ZARA 是这 9 个品牌中最出名的，是 Inditex 公司的旗舰品牌，是"时装行业中的戴尔计算机"、是"时装行业的斯沃琪手表"、被认为是欧洲最具研究价值的品牌。

之所以取得这样的成功，是因为公司制定了特定的发展战略："一流的形象、二流的产品、三流的价格"。"一流的形象"——超大的经营面积、与顶级品牌比邻的黄金商业地段以及高时尚度的货品，让顾客产生了强烈的心理体验。"二流的产品、三流的价格"保证在同样品质下，更优惠的价格。

根据这个战略，Inditex 公司围绕 ZARA 设计的 FastFashion 系统是建立在供应链各个部分的信息交换基础之上的，包括消费者与店铺经理、店铺经理与市场专员和设计师、设计师和成品流水线员工、买手和分销商、库房管理者与配送人员之间的信息交换，通过 IT 技术的高效运用，ZARA 实现了对市场的快速反应，使之成为企业的核心竞争力，从而实现了与其他品牌的不同，这种快速反应能力将成为未来阻碍竞争对手进入的有力武器。

ZARA 的战略要求公司在全年中不断地推出大量各种各样的新产品。ZARA 公司高级经理 Diaz 认为公司经营的是"时装"，不是传统卖衣服的。顾客购买是因为他们喜欢"时装"，而不是喜欢 ZARA 公司。对于顾客来说，ZARA 公司的连锁店意味着，他们可以在那里找到最新的、限量供应的"时装"。在某种程度上，由于公司经营的是"时装"(但价格却不高)的形象，连锁店的存货水平非常低，通常每种款式只有几件，换句话说这几件库存通常都是摆在展览的橱窗里的。由于低库存的方针，一天的销售后经常可以看到空空的货架，连锁店非常依赖有序而又迅速的新产品来补充货源。

根据公司发展战略，公司利用先进的 IT 技术，取得了成功，ZARA 公司成功的关键可以归纳为五个方面。

(1) IT 只能协助人做判断，不能取代人。不是计算机在做决定，是由 ZARA 的店经理在决定订什么货。计算机协助他们处理信息，而不能提供任何建议，甚至做任何决定。

(2) 信息化要标准化和阶段化，并且有焦点。公司的 IT 原则应该是："对你必须做的，做最多；对你可以做的，做最少。"例如，店面必须要能够储存业绩数据，并且传回总部。因此，一套 POS 系统，并且能够回传总部，就是很重要的功能。除此之外，必须抗拒想扩充其他功能的诱惑。

(3) 技术方案要从内部开始。应该是企业的目标决定 IT 的运用，而不是让公司被 IT 带着走。不是由信息部门来建议公司应该买什么，哪些东西会对公司有什么好处，而是信息人员和直线主管一起讨论，了解公司需要什么，再看看市场上有哪些解决方案可以协助解决这个问题。这个道理看起来好像很浅显，但很多公司的做法却恰恰相反，由外界所谓IT专家来告诉公司必须要有什么。

(4) 流程优化才是重点。虽然ZARA卖的是不断改变的产品，但事业运作非常简单：每天传送销售数据、订货、一周两次运送等。有些地方很有弹性，但有些不能改变，例如店经理可以决定要订什么，但是绝对不能更改价格。

(5) 业务流程必须与IT有效结合。ZARA的店经理讲话的感觉很像IT人员，而IT人员却像营业人员一般。大家都同意IT很重要，但也都认为必须以流程为焦点，并且应该采用由内而外的角度思考。

可以看出ZARA的IT技术是与战略管理联系在一起的，战略的英文Strategy一词出自希腊语Strategos，用以描述军队将领的指挥艺术，指军队将领有效利用自身优势和资源部署军队以获取战争胜利的计划。管理学家Kenneth Andrews在其1971年出版的《公司战略的概念》中第一次在企业竞争理论中提出了战略的概念和战略思考的两个方面：企业的优势和劣势是什么，企业面临的机会与风险是什么？后来，战略学家迈克尔·波特(Michael Porter)在其影响深远的经典著作《竞争战略》中进一步明确了战略的定义和战略规划的框架，他认为战略就是一种计划，其目的就是通过差异化为企业提供超越对手的竞争优势。与战略相对应的是战术，战略是策略层面的，即“做正确的事”，而战术是操作层面的，即“正确地做事”，战略明确了企业发展的方向，而战术则决定将如何实现战略目标。管理大师彼得·德鲁克(Peter F. Drucker)则说，战略规划并不是做未来的决策，而是为未来做现在的决策。战略规划是一种思考的工具——思考为了取得未来的结果现在应该做些什么。

彼德·德鲁克指出：“任何组织要想取得成功，就必须拥有一套自己的事业理论”。他在《事业理论：企业的灵魂》中认为，每一个组织，无论其是否为商业性的，都会形成自己的事业理论。一个清晰、一致和目标集中的有效理论是无比强大的。德鲁克的事业理论由三个部分构成。

第一，组织对其所处环境的假设：社会及其结构，市场、客户和技术。

第二，组织对其特殊使命的假设。例如，20世纪20年代，美国电话电报公司确定自己的使命为：“让每一个美国家庭、每一个美国企业都能安装上电话。”在这一使命的激励下，美国电话电报公司在其后的30年中取得了巨大的商业成功。

第三，组织对其完成使命所需的核心竞争力的假设。例如，创立于1802年的西点军校认为，自己的核心竞争力在于培养值得信赖的领导人。

讨论：战略分析和战略定位是一项非常专业的学问，感兴趣的同学可以查阅管理学相关资料。

2.6 实践训练

2.6.1 课外作业与练习

(1) 举例说明计划的重要性，试从计划制订的不同来说明个人计划和企业计划的异同。

(2) 计划有哪些类型？分别举出相应的例子。

(3) 对于一个企业来讲,影响企业计划的因素有哪些?

(4) 根据下列资料回答问题。

IBM 公司目前已经拥有 100 多年的历史,对于一家 IT 企业来说,其依然充满的活力使同行艳羡。在 IT 业消费类技术产品走俏的时代大背景下,IBM 继续依靠向公司和政府销售取胜。其产品和服务组合颇具实力,利润丰厚。2012 年上半年,IBM 的股价市值超过了谷歌,6 月份又超过微软,成为财富 500 强中十大技术公司中的第二位,这在有百年历史的老企业中实为罕见。回顾 20 世纪 90 年代初,IBM 公司也曾因大型机业务受到个人计算机低成本技术的挤压而举步维艰,公司能否生存尚成问题。但在公司引进新的领导层,辞退数千名职工,毅然转型后,又开始走向"后垄断时代"的繁荣历程。

问题:

① 尝试为 IBM 公司进行 SWOT 分析。

② 假设 IBM 公司要投资手机市场,请做一个 BCG 分析。

(5) 假如有一家公司想要聘用你,请根据公司的情况召开一次头脑风暴会议。

(6) 理解目标管理,根据你的经验,为你的学弟学妹制作一份大学学习计划。

(7) 每个计划要有执行计划方案,请给出学习计划的执行方案,并考虑这个计划是否可行,列出计划执行中的重点问题。

2.6.2　热点话题:云计算,帮助实现你的计划

最近几年,云计算成为人们的热点话题,什么是云计算呢? 云计算(cloud computing)是基于互联网的相关服务的增加、使用和交付模式,通常涉及通过互联网来提供动态易扩展且虚拟化的资源。狭义的云计算指 IT 基础设施的交付和使用模式,指通过网络以按需、易扩展的方式获得所需资源;广义云计算指服务的交付和使用模式,指通过网络以按需、易扩展的方式获得所需服务。

简单地说,云计算是一些不拥有计算能力的企业,想实现一些复杂的业务,可以在网络上找到有能力提供计算能力的机构,或者通过联合起来的方式,来获取相应的计算能力。也就是说,传统形式下不能实现的计划,可以通过云的方式借助网络的力量来实现。

大型专业企业架构好云计算平台,中小企业利用该平台提供的服务,进行改善自己的业务流程。例如在线 OA 系统,一个中小型企业要单独购买实现 OA 功能的软件和硬件,需要花费大量的资金,很多中小企业陷入了信息化两难:不实现信息化管理,则脱离现代社会特征,落后的管理形式不适应社会的变化,容易导致管理上的失败;一旦投入大量的资金来实现信息化管理方式,又容易背上沉重的包袱,信息化的设备和信息化技术都需要专门的人来管理维护,这对中小企业来讲是个沉重的负担。

在线 OA 系统很好地解决了这个问题,包括微软在内的许多大公司提供了这样的服务,不仅为用户提供软件的功能服务,甚至连带计算能力、服务一起为用户提供,用户只需要提供相应的业务流程,剩下的由专业的企业来完成。

1. 云计算机的几个特征

目前,在这种需求情况下,云计算演化出如下几个特征。

(1) 资源配置动态化

通常提供服务的企业根据需求动态划分或释放不同的物理和虚拟资源,当增加一个需

求时,可通过增加可用的资源进行匹配,实现资源的快速弹性供给;如果用户不再使用这部分资源时,可释放这些资源。提供云计算服务的企业,通过整合用户的服务,将资源优化配置,从而达到为客户提供更好的服务的目的。

(2) 需求服务自助化

云计算为客户提供自助化的资源服务,用户无需同云计算服务商交互就可自动得到自助的计算资源能力。云系统为客户提供一定的应用服务目录,客户可采用自助方式选择满足自身需求的服务项目和内容。

(3) 网络访问便捷化

客户可借助不同的终端设备,通过标准的应用实现对网络访问的可用能力,使对网络的访问无处不在。云计算通常是和物联网联系在一起的,通过各种嵌入式设备,将不同的终端结合在一起,用户可以随时通过网络对终端进行控制,甚至将终端的数据放入云存储中,以便于分析应用。

(4) 服务可计量化

在提供云服务过程中,针对客户不同的服务类型,通过计量的方法来自动控制和优化资源配置。即资源的使用可被监测和控制,是一种即付即用的服务模式。

(5) 资源的虚拟化

借助于虚拟化技术,将分布在不同地区的计算资源进行整合,实现基础设施资源的共享。提供云计算服务的企业,并不一定需要很高的硬件配置,可以通过整合异地、异构的硬件资源,把一些空闲的资源加以充分利用,实现基础设施资源的共享。

2. 云计算的应用领域

云计算的概念产生得比较早,但是其实现产业化却是最近几年的事,尤其是逐渐产生了经济利益,使得云计算在最近几年被广泛接受,主要体现在以下几个领域。

(1) 医药医疗领域

医药企业与医疗单位一直是国内信息化水平较高的行业用户,以"云信息平台"为核心的信息化集中应用模式将孕育而生,逐步取代各系统分散为主体的应用模式,进而提高医药企业的内部信息共享能力与医疗信息公共平台的整体服务能力。

(2) 制造领域

目前制造企业的竞争将日趋激烈,企业服务意识更新,物联网、虚拟化等新技术、新概念的提出对产品产生了新的革命。未来云计算将在制造企业供应链信息化建设方面得到广泛应用,特别是通过对各类业务系统的有机整合,形成企业云供应链信息平台,加速企业内部"研发—采购—生产—库存—销售"信息一体化进程,进而提升制造企业竞争实力。

(3) 金融与能源领域

金融、能源企业一直是国内信息化建设的"领军性"行业用户,中石化、中保、农行等行业内企业信息化建设已经进入"IT 资源整合集成"阶段,需要利用"云计算"模式,搭建基于 IAAS 的物理集成平台,对各类服务器基础设施应用进行集成,形成能够高度复用与统一管理的 IT 资源池,对外提供统一硬件资源服务,同时在信息系统整合方面,需要建立基于 PAAS 的系统整合平台,实现各异构系统间的互联互通。

(4) 电子政务领域

云计算将助力中国各级政府机构"公共服务平台"建设。各级政府机构正在积极开展

“公共服务平台”的建设，努力打造“公共服务型政府”的形象，在此期间，需要通过云计算技术来构建高效运营的技术平台。

(5) 教育科研领域

云计算将为高校与科研单位提供实效化的研发平台。云计算将在我国高校与科研领域得到广泛的应用普及，各大高校将根据自身研究领域与技术需求建立云计算平台，并对原来各下属研究所的服务器与存储资源加以有机整合，提供高效可复用的云计算平台，为科研与教学工作提供强大的计算机资源，进而大大提高研发工作效率。

(6) 电信领域

国内电信企业将成为云计算产业的主要受益者之一，从提供的各类付费性云服务产品中得到大量收入，实现电信企业利润增长，通过对不同国内行业用户需求分析与云产品服务研发、实施，打造自主品牌的云服务体系。

第3章 工作效率

导读资料：没有效率就没有生存

世界著名管理学大师彼得·德鲁克曾经做过这样一项实验：连续十年跟踪观察100家美国大型企业，考察企业效率的高低对于企业的影响是不是足以致命的。而彼得·德鲁克最后调研的结果是：破产的27家企业中，无一例外都因效率低下而倒闭。

"没有效率的企业就是一个等待死亡的生命，提升企业的效率就是为企业不断地输血，直到让企业重新焕发出活力。"微软前总裁比尔·盖茨这样阐释自己对于效率的理解。

对于企业来讲，效率管理分为两个方面，一个是人的工作效率，另外一个就是物的利用效率。物的利用效率可以依靠科学的安排和技术的改进来实现，而人的工作效率改进则相对难一些。个人有较高的工作效率不等于组织有较高的工作效率，但是每个人工作效率都很低下，那么组织肯定不会有较高的效率。

对于一个组织来讲，尤其是企业组织，低下的效率意味着倒闭，那么对于个人来讲，效率低下、拖拖拉拉就很难获取职业生涯的成功，甚至都很难在工作中立足。

管理是从科学管理发展而来，科学管理在一开始主要是注重研究个人的工作效率，例如著名管理学家泰勒，通过研究码头装卸工人的工作流程，提出了改进装卸工具，改进装卸流程等方法，大大地提高了装卸工人的效率。弗兰克和吉尔布雷斯夫妇，紧随泰勒的理念，研究了砌砖工人的动作，将砌砖的动作由18个改进到4个，并通过专门设计的脚手架来减少动作，从而使建筑工人砌墙速度得到极大的提高。

随着历史的发展，通过霍桑的研究表明，人是机器，人的工作效率仅仅依靠科学管理是不够的，后来又发展出了以马斯洛为代表的激励理论，这些都在一定的时期起到了一定的作用。对于从事无法衡量工作结果的服务和研究性质的人来讲，又如何激励他们呢？现在在很多机关事业单位，有一些开着宝马、奔驰上下班，每个月却拿着不到2000元工资的"富二代"，又怎样激励他们的工作效率？

学习目标

- 理解什么是效率；
- 理解为什么务实能够提升效率；
- 理解目标管理和效率之间的关系；
- 了解提高效率的灵活手段有哪些；
- 列出科学的提高效率的工具；
- 理解提高效率在工作中的重要性；
- 理解效率对企业发展的重要性；

• 学习关于服务外包的知识，理解为什么需要服务外包。

3.1 务 实

3.1.1 什么是效率

在已过去的十几年学习生涯中，我们身边有各种类型的同学，有的人似乎很少听讲，很少去完成作业，但是学习成绩却很好；有的人天天待在自习室中，却不能取得理想的成绩。在工作中也是一样，有的人在办公室里耗了 60 个小时，却只完成了 15 个小时的实质性工作，这就是效率。工作后，我们的收入和成就感仅仅来自那 15 个小时，而不是在办公室耗费的所有时间。

所谓效率就是投入和产出之间的关系，是个人工作中的一个重要组成部分，一般来讲，我们用"效率比＝实际工作时间/总的工作时间"来表示一个人的效率。当我们说一个人学习或者工作效率高时，意味着他能够投入较少的学习工作时间来完成较多的任务，当然也就有更多的时间由自己进行支配，在第 4 章中，我们将讨论时间管理。

一个人对自己的效率进行测定，可以通过记录每日效率比的方法，记录在实质性工作上耗费的时间除以在办公室耗费的总时间。一旦当你感觉到某段时间内效率不高的时候，你可以通过这种方式看看自己的效率比，将效率量化，然后想办法提高工作效率。

效率管理是通过对工作投入时间和有效工作时间进行管理，来提高工作效率的一种管理方法，组织的效率管理和个人的效率管理是有区别的。组织的效率管理还需要考虑到物的因素，这不属于本课程的范畴，这里讨论的效率管理只是个人工作效率管理。很明显，所有成员效率很高的组织，并不代表了整个组织的高效率，但是一个高效率的组织，其成员一定是高效率的。

首先要建立正确的效率标准。对于工作者而言，要建立一个参照物来考量自己是否能够有效地完成工作。对于传统的计件工作来讲，这种标准是比较容易建立的，而对于 IT 行业来讲，这种标准是比较难以建立的。个人工作的效率依靠自己的积极性和素养来提高。一个程序员不能以他每天完成的代码数量来衡量他工作的效率，同样，设计的质量也是无法衡量的，不同的客户有着不同的偏好。因此，IT 工作中衡量效率的标准往往通过任务完成的质量和速度来建立。

其次，提高效率要讲究方法，在本章中，通过务实、灵活和科学三个途径提出了个人提高工作效率的方法。对于组织来讲，规则能够有效地提高效率；对于个人来讲，培养好习惯则是大大提高个人效率的最佳途径。

另外，低效率有的时候是客观存在的，并且低效率并不一定产生差效果。在官僚组织中，效率是低下的，但是官僚组织通常被证明是社会运行的一种必然方式。尽管管理学上有各种各样的提高效率的方式，但是在现实社会中，企业的内部不经济往往是必然存在的，这与企业的规模和文化有很大的关系。

当然我们不能一味地追求效率，在工作中，往往还需要注重效果和个人的休闲。长时间高效的工作很容易使人产生疲劳感，甚至因为长时间高效、高压的工作，而牺牲了健康、家庭，更是得不偿失。例如，在大学的教育过程中，如果一味追求效率，将学生当作是产品，把课堂当作是流水线，忽视了学生的个性，那么教育的效果肯定不会很好。

3.1.2 务实与效率

政府组织是典型的官僚组织结构，其效率低下的主要原因就是在工作中不去务实，企业一旦达到了一定的规模时，也很容易产生这种问题，大量的时间花费在沟通和协调上，有可能一个非常简单的事情，却浪费大量的成本。一个人在政府、事业单位工作时间久了，也很容易感染上不务实的毛病，一说话经常满口的空话、大话，真正干事却没有什么能力。在企业中，尤其在一些中小企业中，通常收入都和业务能力挂钩，不允许混日子的人员存在，不务实的人比较少。

在工作中坚持务实的作风，主要包括以下几条。

第一，少用官话，套话。类似于重要讲话、高度重视、重大意义等话，被网友评为最不受欢迎的官话前三，另外像贯彻××精神，落实××计划，取得××成效；根据××要求，做了以下×点……还存在一些问题，今后做好以下×点……"您的建议已向相关部门反映"、"我们会处理，回去等消息吧"等也非常让人心烦。己所不欲，勿施于人，在汇报和计划中，尽量不要用类似的话语。例如：阐述某项目的重要性时，开门见山地说明实施该项目能够取得什么效果，不实施会导致什么问题。多用实际的数字说明问题，数字要准确，要从调研中来，侧重讲明实施过程，重要性和可行性只是分析的一个简要部分。

第二，勇于承担责任，尽量少解释。假如你负责的一个工程或项目没有按期完成，你的上司最想听到的是什么？是没有按期完成的原因还是你能够完成该项目的期限？领导的时间都非常宝贵，与其浪费时间在解释没有完成任务的原因上，不如立刻投身工作中，拿出实际行动。

第三，注重业务能力的提升。职业能力有很多种，比如与人交往、沟通的能力，比如处理各种问题的能力，而务实的态度则要求优先注重业务能力的提升。一个优秀的管理者，往往同时是业务能力很强的技术人员，另外管理能力本身就是业务能力的一种。无论你在哪个单位，最能够迅速赢得别人尊敬的方式就是较高的业务能力。

除此之外，实事求是、从实际出发等也是务实的一种体现。务实能够提高工作效率，但是有的时候并不是那么明显。对于务实与效率要注意以下几个方面。

首先，务实不是死心眼。本节所阐述的务实，是指务实的态度，而不是具体的工作方法，在具体工作中，当然灵活的工作方式能够更有效地提高工作效率。当我们从事一个具体事件时，已经是开始务实了，这个时候就应该考虑用一些灵活的或者科学的方法来提高工作效率，更好地安排工作以更好地完成工作。实际上本书的所有部分都是关于提高个人职场效率的方法，但是如果你只是简单地读了本书，而不去思考实践，就属于不务实，不一定会取得职场的成功。

其次，务实不等于不求改变。相反，务实要求在现有基础上积极改进效率低下的因素，因为效率低下的因素影响了整个人或者是整个组织的前进，是阻碍个人或组织发展的消极因素，而务实的态度正是要消除这些消极的、负面的因素影响，推动个人或组织发展。

再次，务实并不一定能立刻提高效率。务实对于效率的改善往往需要一段时间才能体现出来，务实的工作态度，对于个人来讲，是一个彻底改变工作方法的转变，这种转变通常需要量变累积才能引起质变，而不是一下子达到大幅度提高的目的。对于组织来讲，务实是构成企业文化的一部分，而企业文化的养成更不是一朝一夕的事情，需要长期持之以恒的坚持和不断重复的强调。

最后，务实与社会发展有关。当前社会是一个信息化的社会，在这种氛围长大的新一代年轻人，是比较讲究实际的。务实也是整个社会发展的要求。

3.1.3　目标与效率

在第2章中我们阐述了目标的概念，目标就是我们真正想要的东西或者是想达到的效果。什么是效率？从经济学角度来看，效率是给定投入和技术的条件下，经济资源没有浪费，或对经济资源做了能带来最大可能性的满足程度的利用。

学习期间我们经常会遇到这样的经历，在紧张的考试中我们遇到自己最不拿手的试题，匆匆地扫视一眼题目，马上拿出笔来展开激烈地演算，半个小时过去了，演算的过程已经写满了两张稿纸，不能再在这道题目上浪费时间了，于是放弃。等把其他题目好不容易完成的时候，回头再看这个题目，才发现原来自己漏掉了题目给出的某个明显条件，实际上题目很简单，5分钟就可以完成，遗憾的是，考试结束的钟声响了起来。

美国著名自然主义作家亨利大卫梭罗曾经说："光是忙碌是不够的。问题在于我们到底在忙些什么？"诚然，"失之毫厘，谬以千里。"如果目标不准确，无论你怎样想方设法提高效率，最终也不能准确完成工作，所以在工作过程中，要随时检验目标的准确性，以确保能够顺利地完成工作。

哈佛大学的研究人员曾经做过一个实验，跟踪调研一群环境、学历和智力水平都差不多的年轻人，通过研究发现只有3%的人有长期而且清晰的目标，10%有短期且比较清晰的目标，60%的人有模糊的目标，27%的人在生活中缺乏目标的指导。

二十五年以后，再调查发现，有长期而清晰目标的3%的人中，绝大部分生活在社会的最高层，在过去的二十五年中，他们一直向着这个目标努力，现在基本都成为行业精英。而具有短期目标的10%的人，他们的短期目标不断得到实现，生活状态稳步上升，成为医生、律师、工程师、高级主管等各行各业的不可或缺的专业人士。有模糊目标的60%的人，几乎都生活在社会的中下层面，他们能安稳地生活与工作，但都没有什么特别成绩。剩下27%缺乏指导目标的人，一生中基本没有什么成就，生活在社会的最底层。

那些没有目标的人，他们通常习惯于被动接受别人的指令，一旦没有指令下达，他们就停止了工作。没有工作目标，就缺乏创新的动力和激情，没有科学地安排工作，造成工作效率低下。当他们有空余时间，这些时间往往会被浪费掉，而不是用来学习或者提高工作技能。这样长期积累下来，与目标明确的人之间的差距也越来越大，最终造成了社会地位的不同。

明确目标能够提高人生的工作效率，通过对目标设定的讨论，相信我们可以为自己的一生设定一个明确的目标，有了明确目标以后，学习、工作效率就会大大地提高，从而向成功人生发起冲刺。

虽然有了明确的目标，有时候我们的工作效率仍然没有提高，或者一段时间过去以后，发现自己仍然没有成功的迹象。那么，是不是我们制定的目标毫无用处了呢？你有没有静下来想想为什么你的目标激励会失败呢？通常我们在实现目标的过程中，会遇到这样那样的困难,下面我们来讨论实现目标过程中经常会遇到的主要困难,并探索解决这些困难的方法。

- 长期目标有多个,经常发生变化。
- 没有认真整理、记录自己的目标。
- 缺乏一定的压力和动机。
- 缺乏有效的检测机制。
- 得不到别人的支持。

通过对以上问题的了解,能够帮助你检查生活中的日常行为,在制定有效目标的同时,改正不良习惯,消除在目标实现过程中容易出现的阻碍,在工作效率上使自己得到大幅度的提高。

3.2 灵　活

3.2.1 工具的作用

参考资料:磨斧不误砍柴工

两个小木匠跟随一位老师傅学艺,学得都很辛苦,两个人水平差不多,对师傅也同样尊敬。有一天大清早,老师傅把两个人叫到跟前,对他们说:"你们两个人跟随我学习多年,我的手艺你们基本上都学会了吧。"

"不敢说都学会了,可是基本上都能够按照师傅的要求完成。"两个人异口同声地回答。

"那么,现在我给你们两把斧子,你们两个中午之前每人帮我砍捆柴回来,谁砍的柴又多又好,就可以继承我的衣钵,剩下的那个人可以回去自立门户了。"老师傅一边说,一边拿出两把生锈了的钝斧,让两个徒弟拿着上山。

大师兄拿着斧头来到山上,开始拼命砍柴,可是斧头就跟一根铁条一样,每次挥动都需要使用非常大的力气,但是却没有什么效果。大师兄心想:"师傅怎么给了我这么一把斧头,是考验我的耐心,还是考验我们使用斧头的技巧呢?"于是大师兄继续用力地挥动斧头,直到日头偏西才凑合够了一捆柴。

回到师傅那里一看,师傅和小师弟坐在那里说笑,看样子等他已经好一阵子了,再看看小师弟砍的柴,每根都比自己的粗大,而且大大的一捆,比自己多出很多。不禁纳闷,就向小师弟问道:"师弟,你怎么这么快就回来了?"

小师弟不慌不忙地回答道:"我拿着斧头到了山里,发现斧头太钝了,根本砍不动柴,我又想,师兄比我出色得多,将来由师兄孝敬师傅老人家。或许明天我就要回家去了,师傅和师兄恐怕连一个磨斧子的人都找不到,于是我就回来把斧子磨光,再回山上砍柴的,我回来的时候快中午了,还以为师兄早就回来了呢。"

师兄听了,不禁目瞪口呆,这个时候师傅发话了,对他们两个人说:"你们两个都很好,师傅都很喜欢,今天的事情就是让你们记住,锋利的工具对我们木匠的重要性,磨斧不误砍柴工啊!"

“磨斧不误砍柴工”，这句话在日常生活中我们经常提到，也就是“工欲善其事，必先利其器”。老师傅在这里是要告诉师兄弟两个人，一定要重视工具的作用。

在工作中一定要讲究灵活，所谓灵活的工作方法，有的时候就是在工作中积累的经验。有一个故事讲，一名刚毕业的大学生来到了一个公司，中午吃饭的时候需要经过一个池塘，只见两位老员工“蹭蹭蹭”踩着水面过了水塘去食堂吃饭，大学生感到非常的吃惊，觉得公司的人都会“水上漂”的真功夫，绕行池塘需要走很远的路，他也只好硬着头皮踏上水面，结果可想而知，落水成为“落汤鸡”。其实道理很简单，水塘里面有石桥，只不过是下雨有水涨了一些，有点掩盖住小桥，而老员工都知道这个捷径，故此可以从水上“漂”过去，而大学生，其实只需要灵活地问问，就可以避免这个情况。请教老员工，灵活地动脑筋，是高效完成工作的良好手段。

在工作中，我们经常会看到一些老员工的办公桌四周贴满了小纸条，上面写满了形形色色工作中常遇到的事件。确实，工作中突发事件多、事件杂。我们经常会看见，年轻人在工作中，来一件事情赶紧处理一件，被撵的像没头苍蝇一样乱飞，而老员工则不是这样，他们往往把事情先记录到小纸条上，然后再按照顺序去处理，因此他们始终显得时间很充裕，这就是他们效率高的原因。

小纸条在这里是提高我们工作效率的工具之一。千万不要小看这种工具的作用，在工作的过程中，如果我们经常使用小纸条将日常工作记录下来，随时对完成的工作计划、突发事件进行归纳和总结，久而久之，必定会积累丰富的工作经验，提高业务技能。随着更多新的办公设备的出现，小纸条被新的电子设备所取代，我们的办公工具也越来越先进，但是这些工具出现的目的并没有发生改变，它们都是为了提高办公效率，改善办公方法而设计的。掌握办公工具，对提高办公效率有很大的帮助。

3.2.2　办公工具

如果你的老板让你将某本书的内容输入计算机，形成 Word 文档，你会怎么做？

方法一：把书每天晚上带回家，自己打字速度很快，一个小时可以输入 3 页，一个晚上加班 4 个小时可以完成 12 页，一个月的时间差不多可以干完。

方法二：自己拿钱请几名速度快的打字员，每个人分 100 页，一天就可以做完，前提是要有几本同样的书。

方法三：找个扫描仪，把书扫描下来，大约需要一天的时间，然后使用汉字识别软件将内容识别出来，再进行校对，又需要一天的时间。

如果是你，你会选择哪种方法？在没有扫描仪和识别软件的情况下，恐怕只能用方法一或方法二来完成，相信在有了扫描仪以后，没有人会采用方法一或方法二来完成这项工作。

高科技能够帮助你节省大量的工作时间，了解部分办公自动化工具（包括硬件和软件），并学会借助社会各界的力量，会让你工作起来得心应手，成为职场耀眼的明星。

1. 硬件

打印机、复印机和扫描仪是办公的必备器械，如果你现在还不会使用，应马上请教单位的老员工，不要等到老板布置给你任务的时候再学习，那就晚了。另外要拓展这些传统办公器械的功能，比如扫描仪，除了扫描照片和素材以外，还可以完成像上述例子中的文字扫描，同时你可以利用它制作你想要的图片。

传真机和摄像头是异地办公、与客户交流的法宝,与外地的客户谈好了合作,马上要签订合同,怎么办?传真机这个时候就大显身手,帮助你节省了出差的时间。而摄像头让你与客户可以随时召开视频会议,向客户展示你的产品。这种交流打破地域的限制,拓展了生存区域,降低了办公成本,使你进一步地获取了竞争优势。

计算机是IT工作人员必备的硬件之一,几乎要求人手一台。在本章开头我们讨论了提高计算机使用效率的一些小技巧。决定计算机运行快慢的基本因素,还是计算机的硬件和软件。作为IT从业人员,应该略微懂得一些计算机维护与维修的知识,懂得一点计算机硬件搭配的技巧,这样有利于提高我们工作的效率。很多存在历史比较长的公司,计算机购买得较早。由于更新换代的费用较高,会增加公司的办公成本,这种情况下我们需要注意计算机的使用原则,一是尽量使用较早版本的操作系统,这样有利于提高机器的运行速度;二是专机专用,集中更新,计算机上的软件安装得越多,计算机的运行速度越慢;三是计算机升级与更新相结合,为一些研发、设计部门先更换新机器,而一些打字、信息编辑的部门可以采用升级的方法;四是设计良好的办公网络,提高网络的速度,以方便在办公室中实现资源的共享。

参考资料:如何提高计算机的利用率

(1) 计算机的摆放位置

上学期间受空间的限制,我们往往不注意计算机的摆放位置。计算机是由很多电器元件组成的。如果空间足够,尽量不要将计算机安置在易被阳光照射、靠近暖气片、湿度过大的区域,以防止电器元件产生老化、磁化等现象,从而影响计算机的寿命和稳定性。保证计算机附近的空气流通,不妨将工作场所按自己的身材和体型等进行优化。

(2) 电脑桌

要在计算机前长时间平稳而安静地工作,并舒适地利用它,你需要好好地布置一下你的电脑桌。

(3) 安排好鼠标和键盘的位置

根据自己工作的侧重点不同来设置鼠标和键盘。如果你使用文字处理功能比较多,必须重点安排好键盘和鼠标的位置,在使用鼠标时应保证上肢放松且靠近身体,并且手放置到鼠标上感觉很舒适。以数据处理为主,应重点考虑放置数字小键盘或键盘的位置;以文字处理为主,应重点考虑将键盘放到最佳位置。其次是鼠标,以图形设计或网络浏览为主,应重点考虑将鼠标放到最佳位置;以玩游戏等娱乐为主,应重点考虑将鼠标和游戏杆放到最佳位置。

(4) 重视椅子的作用

一把好的椅子不仅应坐着舒适,在垂直方向和水平方向上也应有较高的自由度,即有较大的调节幅度。它可以让你在疲劳的时候休息片刻,工作的时候大部分时间都需要在椅子上度过,如果椅子不舒服,很容易让你产生疲劳从而导致工作效率下降。

(5) 笔记本附件

笔记本以其携带方便、功能强大等优点吸引了大多数人的青睐,日益成为生活必备品。然而很少有人注意到,花很少的钱为笔记本增加一些有用的附件,将大幅度地提高工作效率。

① USB笔记本专用键盘是必备利器。

② 外接鼠标。

③ 另外应准备一条电源线。

④ 各类数据线和外部设备则要看你的工作环境了，无线网卡可以让你在移动笔记本电脑的过程中上网，但不是不可缺少的配件。

(6) 保持正确的工作姿势

长期使用计算机，很容易造成手腕疼痛、脖子梗直或者腰酸等职业病，恰当的工作姿势能够使你避免这些问题的出现，提高工作的效率。

(7) 创造良好的环境

采光良好，光线强度合适(以不刺眼、不感觉到暗为宜)，光线角度合理。通风干燥，散热良好。

(8) 注意休息

很多从事设计的人都缺乏时间观念，经常在工作岗位上一坐，几个小时就过去了，熬夜、加班更是家常便饭，时间一长，身体健康难以保障。经常短暂的休息能够有效地防止工作疲劳。养成良好的工作习惯，不仅能够提高工作效率，而且还能够给你一个健康的身体，延长职业生涯。

手机现在也成为人们的必备工具。目前手机除了通话以外，还具有摄像、发送/接收短消息、上网、存储信息等功能，然而手机的办公功用似乎还没有完全得到开发，尽管一些手机的功能比较强大，但是其操作复杂，使用费用昂贵，这些都阻碍了这些功用的普及。未来的手机，在办公功能上还是很值得我们期待的，随着科技的发展，手机集成的功能越来越强大，同时价格也越来越低。

还有一些其他的特定工具，也能够帮助你提高办公效率。例如对讲机、录音笔、PDA等，这些现代化工具的广泛应用，使办公方式发生了一定改变，通过这些办公方式的改变，使工作效率得到一定的提高。

2. 软件

在一些办公事务的处理过程中，软件的正确应用能够起到事半功倍的作用。组织在向跨地域演变的过程中，提出远程办公的需求；在向无纸化演变的过程中，提出电子办公的需求；在面对激烈的社会竞争过程中，提出建立快速反应团队的需求。而这些需求的实现，需要建立健全组织内部现代管理体系，要在组织内部建设完善的计算机软件办公体制，充分利用普通应用软件、协同办公管理软件及与组织业务相关联的特殊辅助软件。

普通应用软件指的是Office系列软件，可帮助员工完成文字处理、邮件收发、数据统计等工作，是日常办公中不可缺少的软件，这些软件的应用能够提高员工个体的办公效率。

协同办公管理软件是整个组织实现信息化、加强科学管理必不可少的软件。组织一般需要一个对外进行宣传、业务交流的统一信息平台，对内需要一个发布内部通知、协同办公的管理信息系统，也有的组织将二者进行统一，方便员工之间信息共享，提高整体办公效率。组织很少能够在市场上找到与组织完全吻合的应用管理系统，因为组织文化与组织特色都很难体现在该办公软件中，一般来讲，组织需要专业的软件设计单位来针对本单位开发相应的管理信息系统。

辅助软件是指为了完成某些业务必须采用的软件，例如企业组织采用的会计电算化软件,建筑设计组织采用的 AutoCAD 软件,以及广告设计单位所采用的 Photoshop 软件等。在很多领域采用了与工作相关的软件,这些软件通常由所谓的专家来操作,通过应用相对应的软件,为单位带来具体的经济效益。

总而言之,适当的工具能够为工作带来高效率,在竞争激烈的信息化时代,效率能够为企业带来低成本、高收入。但是在工具的采用上要慎重,计算机及相关的软件价格不菲,并且每年还需要一定的维护、升级费用,如果不是有一定规模的组织,不一定要为组织设计一套管理系统,只有当组织的管理费用大于系统实施的费用的时候,采用管理软件才能够为组织带来高效益。

3.3 科　　学

3.3.1 提高效率的工具与手段

有了明确的目标和适当的工具,我们的工作效率会得到大幅度提升,但是我们还需要恰当的工作方法,科学的工作方法和良好的生活习惯,也能够帮助你快速高效地完成工作。

1. 养成建立工作计划表的习惯

俗话说:“好脑袋不如烂笔头。”每天我们都需要处理大量繁杂的工作,这些繁杂的工作如果不按照一定顺序整理记录,就会出现遗忘、经常手足无措的情形。要使生活变得井井有条,工作井然有序,从制作工作计划表开始是一个不错的主意。

在前面我们提到过,一些手机、计算机软件具有记事的功能,每天早上只要花费几分钟的时间将当天要做的事情记录下来,你就完全可以避免遗漏重要工作的问题。必须要注意,设计工作计划表不能像流水记事一样,应该区分事情的轻重缓急。

很多工作一个工作日是不能完成的,这个时候工作计划的作用就更大了,首先将你计划的工作分解,然后分阶段列出完成本计划的情况,方便日后进行对比,检测计划执行的效果。例如你计划在新学期背诵一本单词,以应付即将到来的英语等级考试,3 月初开始执行,5 月底完成,书厚度为 150 页,那么可以计划每天背诵两页半的单词。

但是这样平均制订的计划是不合理的,因为每天空闲的时间不一样多,一般来讲应该以周为单位来制订计划,按照每周工作量考核自己的进度,从而修正任务的完成情况。

2. 支配时间而不是被时间支配

在制订计划的同时,指出每件事情所耗费的时间,进而对工作效率进行控制。强化时间观念,避免让琐碎的事情浪费时间,对时间进行统筹规划,安排好每一天。在后面的章节中,我们还将详细讨论时间管理技巧,这里不再赘述。

3. 分解复杂的工作

对复杂的工作善于分解,分而治之,或寻求他人协助,协同完成。有时候,你需要集中精力专注于一件事情。但在一段时间里,单一的工作可能在遇到困难时停滞不前。在这个时候,展开多个工作有可能大大提高整体效率,因为你有机会根据情况调度你的工作,暂时搁置举步维艰的难题,在有思路的工作上大步前进。而那些难题经过酝酿,可能在你放松思考的时候会迎刃而解。所谓“山重水复疑无路,柳暗花明又一村”,当你在某件事情上陷入僵局的时候,不妨换个思维方式,也许灵感会迸发出来。

从事软件设计的人员都有这样的经历：当你苦苦思索的算法遇到层层阻碍而无法实现的时候，也许你转移一下自己的注意力，与同事聊聊天，或者喝杯茶，灵感一发，问题就自然解决了。

注意多个工作线索也可能使你思绪繁杂，降低效率，这需要合理安排，并提高转换思路状态的能力。

4. 工作态度与工作热情

对于学习，人们常说“学之不如好之，好之不如玩之”，说的就是激情的作用。比如在学习图形图像处理的过程中，如果你将它作为一门功课来学习，你会被色彩理论和复杂的命令组合搞得晕头转向、苦不堪言；但是如果你把它当作一个兴趣爱好，觉得它很有用，那么学习起来会很轻松，对设计的结果会感到满意，学习的过程也不会觉得累；而更进一步，如果你用玩的心态来看待它，把学习的过程当作一个玩的过程，那么有可能会产生层出不穷的效果，对整个软件的应用得心应手而不觉丝毫疲惫，从而使你在这个方面成就非凡。

同样是学习的过程，同样的付出，为什么会有不同的效果？原因在于心态的变化，一个积极的、充满激情的心态，会令你事半功倍。

5. 有备无患

假如我们要去旅行或者出差，我们都会准备大量的旅行工具。在教学过程中，很多教师也要提前动手制作课件、准备教学工具，目的是为了提高学生学习的效率，使学生更好地理解课程内容。

如果工作过程中再花时间去寻找所需的资料或工具，只会事倍功半，徒增出错的机会。因此一定要将一切所需都准备好。在平时，要注意收集与工作相关的“资料”，并且随时更新与整理，这样我们随时掌握到最新的信息，并随时将它做好整编、归类等工作，了解最新的状况，可迅速做出正确的思考判断。

上课前预习，见客户前了解客户的资料，设计系统前先搜集相关信息，这些都是事前准备，提前做好功课，自然会让你有备无患，工作效率大大地提高。

6. 不断学习新知识和新工作方法，并加以改进创新

很多成功的IT公司都有提高工作效率的方法和经验，我们应随时注意学习并加以整理，形成自己的“知识库”。同时将自己的知识、经验、技能等进行融会贯通，以便随时可以拿出来运用，或重新组合，从而提高工作效率，增加更多的成功几率。

在组织内外，向优秀的同学或者同事学习，了解他们先进的学习方法或工作理念，与自身情况相结合，逐步形成一套符合自己条件的工作方法，从而提高工作效率。随着工作经验的增加，不断地改进和创新这些工作方法，保持效率领先。纵观古今中外的成功人士，无不是经常主动发问、参加课程培训，从中学习知识、经验与技术，再消化出更适合自己的有效的做事方法与解决问题之道。

7. 不断进行经验的归纳、总结，找出缺点和不足

每隔一个时间段应进行工作总结，从中发现缺点和不足，积累教训，总结经验。养成书写工作日志的良好习惯。把工作中出现的问题记录到工作日志中，在日后遇到相似的问题，可以通过查看工作日志，找到解决问题的方法。

提高效率的科学方法很多，在日常生活中应时刻注意，多加学习，改善自己的工作方式，总有一天会成为效率大师。

3.3.2 少说废话

在日常工作中,不自觉地说废话主要牵涉到过度客气、不会提问和解释过多几个方面。每个人都喜欢表达自己的观点,没有人喜欢对着一个喋喋不休的人,周星驰主演的经典影片《大话西游》中,将啰嗦的唐僧演绎得登峰造极,以至于成为周星驰饰演的孙悟空弑师的主要原因之一,可见废话是多么地惹人讨厌。

对于销售人员来讲,不同的语言能力会使销售结果产生巨大的差异,每一个营销大师都是心理学、语言学大师,随时随地根据客户的心理说出最恰当的语言,才能够引导客户进行消费,达到最优的效率。例如:一个人到商场去采购,一个初入职场的导购可能会说:“你好,欢迎光临!”“您想要点什么?”“有什么可以帮您的吗?”“先生,请随便看看!”“你想看个什么价位的?”……这些看似没有什么问题的介绍都是错误的,这样说的下场往往对方会说“我随便看看”或者什么也不说转身走开。而高手通常都是很自然地告诉顾客:“我们这是××专柜,我们现在有××活动!”过分的客气,不着边际的提问,这些很容易引起对方反感,恐怕顾客要做的就是尽快逃离你,更不会对你的任何产品感兴趣。

初来乍到一个新单位,每个人都一头雾水,无论是否接受过岗前培训,向老员工请教都是在所难免的。在工作中,时常会遇到一些技术问题,这些问题是书本或者学习过程中没有遇到过的,向同事请教、与同事讨论是必需的。在课堂学习的过程中,很多问题不免产生疑问,向老师、同学提问也是经常的事情,然而你是否注意到,提问也是一个非常有技巧的事情。

参考资料:提高提问的效率

在学习、工作中,遇到技术上的问题,我们经常会到一些论坛去寻找问题的解决办法,很多论坛都有关于提问需要注意的事项,比如一个 Java 论坛中,发帖提问之前需要注意以下事情:

- 尝试搜索互联网以找到答案;
- 尝试阅读手册以找到答案;
- 尝试阅读 FAQ(常见问题)文档以找到答案;
- 尝试自己检查或试验以找到答案;
- 尝试请教懂行的朋友以找到答案;
- 如果你是程序员,尝试阅读源代码以找到答案。

提问时,请先表述你已经做了上述事情,这将有助于建立你不是寄生虫、浪费别人时间的印象。最好再表述你从中学到的东西,人们喜欢回答那些表现出能从答案中学习的人。有一些提问会让人根本就不想回答,下面是些典型的愚蠢问题。

问:“我到哪里可以找到程序或××资源?”

问:“我怎样用 Struts 做 MVC?”

问:“如何配置我的 LOG 文件?”

问:“我可以用 XML Transfer 文件转换工具将 XML 文档转为 Text 格式吗?”

问:“我的程序(配置、SQL 语句)为何不运行了?”

问:“我的 Windows 计算机出问题了,你能帮忙吗?”

问："我的程序不运行了，我认为系统工具有问题。"

问："我安装 Linux 或 Web 服务遇到困难，你能帮忙吗？"

对于这些问题，通常会得到如下的回答："在网页搜索引擎上。难道还有人不知道如何使用谷歌吗？"

能够恰当地提问，表明你对问题的理解程度和对知识掌握的深度，如果问题问得有技巧，会有很多人愿意与你分享心得，除了获得知识外，还能够交到朋友。在学习、工作中，以下提问的技巧对你可能会有帮助。

1. 提问之前先尝试解决这个问题

借助一些工具搜索遇到的问题，并且将其归纳，以方便向你要提问的对象讲述。比如在提问之前先用谷歌搜索你遇到的错误提示，即使没有得到你想要的结果，也可以在提问的时候向对方说明你搜索的过程，让对方了解你所做的工作，说明你很重视这个问题，并不是贸然地提问，同时避免对方浪费时间再做同样重复的工作，提高了工作效率。在提问之前认真准备你的问题，轻率的提问只会获得轻率的回答，甚至根本得不到回答，越是表现出做过思考并正在努力解决问题，你越有可能得到实际帮助。

提问的同时尽量表明你很乐意自己动手解决问题，表明自己喜欢得到建议而不仅仅是得到问题的答案："请给我指个方向？"、"我这还漏点什么？"、"我应该查询哪些材料或网站？"通常比"请告诉我完整步骤"更容易得到回复，因为你表明了只要有人能指个方向，你就很乐意完成剩下的工作，表明了自己对解决问题的渴望程度。

2. 寻找正确的问题表达方式

提问之前反复考虑一下问题的正确性和是否符合逻辑，避免出现提出错误问题的尴尬局面。很多问题表面上复杂，但是只要仔细加以思索就可以得到答案，如果冒失地提问，对方可能会一边想："愚蠢的问题……"，一边会用不着边际的答案敷衍你，希望你能从错误的回答中吸取教训。在学习中如果问题提的错误，老师很有可能批评你，让你回去再仔细看看课本或者笔记中的内容。

3. 告诉对方问题的前因后果，不要说自己的猜想和解决方式

某一天你发烧、咳嗽，头还有点晕，到医院去看病，你会对医生怎么讲？医生会怎么问你？一个理智的病人只会告诉医生自己发生症状的时间，发生症状之前自己做了哪些事情，详细描述自己的症状特征，感觉与健康时有哪些不同。医生最讨厌的病人会怎么做？他很有可能喋喋不休地跟医生讨论自己吃了哪些药，并认为自己应该吃哪些药，甚至告诉医生自己得了感冒或者是肺结核。

在提问的时候，不要说自己的猜想，当对方告诉你他的想法之后，如果与自己的想法有出入，可以提出自己的猜想，与对方进行讨论，最终得到正确的答案。如果你一开始就把自己的想法告诉对方，很可能让对方以为你是在考验他，引起对方的反感，或者影响了对方的思路，他只会依据你的思路来随便回答你。

4. 按照事件发生的顺序描叙问题，对问题有一个组织

对找出问题最有帮助的线索，往往就是问题发生前的一系列操作，像医生经常询问病人症状之前情况那样，帮助你解决问题的人需要了解你在出现问题之前做了哪些改动。提问的时候最好能够准备好操作记录，对方可以从操作记录中找到错误发生的原因，并且加以改正。

5. 不要问自己能够解决的问题

如果问了一个你能够解决的问题，对方就有可能会认为你在指示他做某事，而不是在求助他。显然在一个工作环境中，同级别的人是不愿意替你做任何事情的。不要养成一出问题马上找老师、同学和同事解决的习惯，尽量培养自己解决问题的能力，因为解决问题的过程是最好的学习过程。

如果你能够恰当地提出问题，就可能找到了恰当的学习和工作方法，就能够快速地解决自己面对的问题，在这种情况下，你的工作会一帆风顺，在事业上就没有什么能够阻挡你。现实生活中，很多情况是因为自己提问的方式不恰当，不仅得罪了同事，而且还失去了学习知识的机会。

除了过分客气和不会提问之外，废话大多数产生在解释过多上。很多人在写报告或者汇报中，过多解释了不相关的问题，用来在领导面前显示自己的业务，或者过多联想不相关的话题，殊不知领导一般都是业务中的专家，对大部分问题都明白，即使不明白，也不喜欢下属过多解释，显得自己无知。

3.3.3 竞争

在经济社会中，尽管没有人指挥，但是每个人都在尽力地工作。农民每天都很辛苦地种地，工人每天热火朝天地进行建设，社会上每个角落的人们都在努力地工作，并且人们总是在不断地进行创新，提高工作效率，以获得更多的工作成果。是什么造成了这一切，驱动人们工作的因素是什么？

竞争是导致社会资源优化配置、驱动人们更努力工作的主要因素之一。人们出于对自己利益的关心，在社会生产领域中不断地提高生产效率，不同生产领域之间生产效率的不同导致了竞争发生，工作效率落后的生产领域或者在同一生产领域中工作效率落后，很容易在竞争中失败，而失败的结果就是被社会淘汰。因此，人类社会在发展的过程中，竞争起了非常大的作用。

以前挪威人喜欢吃沙丁鱼，但是沙丁鱼死了以后味道远远不如活的沙丁鱼鲜美，因此市场上活鱼的价格要比死鱼高许多，所以渔民总是千方百计地想办法让沙丁鱼活着回到渔港。而捕获沙丁鱼通常要在离开海岸比较远的地方，虽然经过种种努力，绝大部分沙丁鱼还是在中途因窒息而死亡。但却有一条渔船总能让大部分沙丁鱼活着回到渔港，因此这条渔船比别的捕鱼船能够获得更多的利润。其他人一直好奇，但是船长严格保守着秘密，直到船长去世，谜底才揭开，原来是船长在装满沙丁鱼的鱼槽里放进了一条以鱼为主要食物的鲶鱼。鲶鱼进入鱼槽后，由于环境陌生，便四处游动。沙丁鱼见了鲶鱼十分紧张，左冲右突，四处躲避，加速游动。这样沙丁鱼缺氧的问题就迎刃而解了，沙丁鱼也就不会死了，一条条沙丁鱼欢蹦乱跳地回到了渔港。

事物的发展都遵循优胜劣汰的法则。企业在比较规范的市场条件下，在竞争的作用下，经过初级的优胜劣汰，终将会在企业间形成一定的平衡，在某一领域、某一产品上相关企业各占有一定的市场份额。在这种情况下，企业间的竞争就会转化成为发展而竞争。在一个有序的公平竞争环境中，企业为生存发展必须提高生产效率，以在较短的时间内获取较多的产品，从而取得低成本竞争优势。企业要想在竞争中健康发展，就必须以全新的意识营造全新的竞争条件和筹码，并以此来获得生存和发展空间。

IT 行业是一个发展迅速、竞争激烈的行业，由于信息透明、产品地域依赖性小，IT 行业在全球内进行非常激烈的竞争，对效率的要求更为严格。以半导体芯片的生产为例子，目前全球主要的计算机芯片生产厂商有 Intel 和 AMD 两家，我国从 20 世纪就开始进行芯片技术的研发工作，在技术上取得了一定的发展，但是却无法进行市场化批量生产，国内所有计算机生产厂商始终摆脱不了“组装车间”的称号，而国外厂商却赚取了大量利润。造成这种现象的主要原因之一就是工作效率的问题。众所周知，计算机芯片物理成本极低，是芯片售价的几百分之一，并且运输方便，这使得市场上的芯片厂商之间的竞争与地域关系不大，基本上是全球厂商直接对话。

这种情况下，拥有研发和生产效率优势的 Intel 和 AMD 垄断了市场。当然这两家公司之间也存在着竞争，这使得它们不断地提高工作效率，同时产品质量、服务等方面也在不断地提高，在同行业中始终保持领先地位。

著名战略管理学家波特对企业竞争理论进行归纳总结，他认为企业的竞争主要包括：新进入者的威胁、与供应商讨价还价的能力、与买方讨价还价的能力、替代品的威胁，以及竞争对手之间的竞争五方面因素。竞争的五个因素告诉我们在日常生活中需要注意的关键点，通过注意这些因素的发展变化，应及时调整自己的工作状态和工作方法，从而适应社会发展。

竞争主要是通过外部环境的变化刺激，引起组织之间和组织内部的竞争，这种竞争是有利于组织和个人发展的。通过外界环境的刺激，引发内部自身进步的欲望，竞争理论使我们明了要关注的主要环境因素，并使我们对自己的工作方法加以关注，这是我们提高工作效率的动因。无论组织还是个人，都可以通过竞争来提高效率。

3.4　总结讨论

3.4.1　本章小结

(1) 效率是组织竞争力的直接体现，是个人获得成功的基础因素之一。每个组织、每个人都追求高效率地完成工作。对于 IT 从业人员，由于缺乏直观的工作绩效测量手段，效率问题尤为重要，本章侧重讨论个人如何提高效率。

(2) 务实表面看起来似乎与效率并没有直接的关系，然而经过调研却发现，务实是影响效率的第一因素。要做到务实并不是一件很简单的事情，因为首先要找到实际问题，并养成少空谈、不分心的良好习惯。明确目标是务实的一部分，也有助于提高效率，恰当的目标更是决定了工作的效率，“南辕北辙”的做法只会浪费资源。

(3) “工欲善其事，必先利其器”，工具在工作效率中占有举足轻重的地位，尤其在当前的信息化社会中，多花一点时间将一些移动终端、办公应用研究一下，能够大大提高工作的效率。

(4) 竞争能够促进社会资源的优化配置，从某个角度来讲也能够提高工作效率。在工作中适当引进竞争手段，给自己树立竞争的目标和标准，从而提高工作效率。但是竞争在某些方面并不是完全有效的，经济危机就是竞争手段失效的表现之一。

(5) 效率并不是生活中的唯一，如果一个人无论做什么事都以效率为唯一衡量标准，那么他很容易丧失生活的乐趣,与机器人就毫无区别了。在工作中,既要了解效率之道,掌握提高效率的方法,又要劳逸结合,不断地调整自己,使工作成为一种享受、一种生活方式。

3.4.2 小组讨论:垄断与效率

通常来讲,垄断是没有效率的。例如:2000—2007 年 8 年间石油行业由于行政垄断导致应用效率降低,非成品油短缺年份,石油业行政垄断造成每年损失在 1400 亿～3300 亿元,占当年 GDP 的 1.14%～2.06%;而成品油短缺年份,损失达到 1.29 万亿～1.5 万亿元,占到当年 GDP 的 5.13%～7.15%。石油行业垄断导致的低效率和不公平全球闻名,欧佩克组织和反欧佩克组织每年都在不停地斗争。

但是有些垄断又能够将资源集中起来,提高资源的利用效率。

香港地区位于亚洲中心和繁盛的南中国珠江三角洲要地,地理位置优越,凭着水深港阔兼有天然屏障的优势,发展成为全球最繁忙的集装箱港及国际航运中心。多年来,香港地区的港口和航运业均以效率高且专业而著称,因而赢得"全能港"及"全能航运中心"的美誉。

2000 年左右,就有约 80 家国际航运公司,每周提供集装箱船运约 400 班次,往返全球 500 多个目的地,集装箱总数能够达到约 1900 万个。航运服务范围还遍及内地各大海港,同时提供广泛的内河航运服务,涵盖珠江三角洲大大小小的内河港口。

而这么多货物的吞吐量,却只有 4 家公司"垄断"经营,郑国汉、王于渐在《港口设施及货柜处理服务》中谈到,"香港地区货柜处理业是寡头垄断的市场,业内公司有充分的合作机会。由于以下原因:①市场上只有两家独立的大码头经营商。②香港地区没有有关的法规可以阻止像定价协议及互不侵犯协议等反竞争的行为。③找到有关寡头合作的辅助证据(如互不侵犯的协议),故确实需要为业内引入更多的竞争。从以上种种观察所得,可以认为码头经营商之间的寡头竞争实无异于单一经营商或经营商联营的市场结构。"

一般来讲,寡头垄断市场是一个效率低下、价格高昂的市场,市场发展到这个阶段是市场成熟的表现,基本上市场很难再进一步发展。然而香港地区的码头却一直保持了令人震惊的效率。从 1990 年到 2010 年,基本上保持了 30%以上的增长率,并且其岸上吊车每小时可处理 31 个货柜,货柜周转时间为 10 小时以内,而系泊在浮标上装卸货物的普通船只,平均留港期仅为 1.8 天,泊位停留时间在 10 小时以内,时间之短为全球之冠。

讨论:垄断不一定都是低效率的代表,关键在于管理和政策。

3.5 实践训练

3.5.1 课外作业与练习

(1) 阅读下面一段文字,讨论效率在生活中的作用。

在一个小山村里,一位母亲辛辛苦苦养大了自己的儿子,并供儿子上了大学。当儿子大学毕业参加工作的时候,母亲也已经白发苍苍了。能自己独立工作并挣钱的儿子开始寄生活费和保姆费给自己的母亲。

一开始，儿子的收入并不高，于是每个月除了自己的生活开销以外，余下的工资都按时寄给母亲。后来，他职位提升，工作越来越忙，变成了一季度寄一次钱给母亲，钱的数目也在一点点增加。再后来，寄钱的时间变成了半年。最后，也许是考虑到效率问题，儿子给母亲寄钱的时间变成了一年一次。

可是，当儿子一次性寄出了母亲全年的生活费和保姆费后，却收到了母亲的一张汇款单。母亲只接受了一千元钱，剩下的又全部寄回来了。随同汇款单寄出的，还有一封信。儿子有些奇怪，便连忙打开信看。

在信上，母亲说：以前，每次收到你的汇款单，我和村里的邻居们都要高兴好几天。每一个月，我们都等待着这样的欢喜和满足。我退回去的钱，希望你每月寄一点，这样，每个月我们都能够高兴一阵子。

儿子恍然大悟。同样多的钱，如果自己每个月都寄出一部分，带给母亲的欢乐将会大大增加。尽管自己花的时间多一点，但对于母亲来讲，快乐和心理的满足是难以用时间来计算的。而如果自己一次性寄出所有的钱，虽然减少了麻烦、提高了效率，但对于母亲来说，快乐的次数便大大减少了。

(2) 怎么看待务实提高效率的问题？

(3) 西方有懒人创造世界的说法，因为人是懒惰的，因此要逼迫自己发明工具来提高效率，对此你怎么看？

(4) 根据下列资料回答问题。

伯利恒钢铁公司总裁舒瓦普请效率专家卡文进行企业诊断。总裁介绍说："我们知道自己的目标，但不知道怎样更好地执行计划。"卡文说可以在10分钟内给总裁一样东西，这东西至少能把公司业绩提高50%。总裁十分惊讶。10分钟后，卡文递给总裁一张空白纸条，让他在纸上写下第二天要做的六件最重要的事。总裁写好后，卡文让他用数字标明这六件事对总裁及公司的重要性次序。卡文接着说："现在把这张纸放入口袋。明天早晨第一件事是把纸条拿出来，做第一项。不要看其他的，只看第一项。着手办第一件事，直到完成为止。然后用同样的方法做第二项、第三项……直到你下班为止。因为你只做最重要的事。"几个星期后，卡文收到一张2.5万美元的支票和一封信。舒瓦普在信中说，从钱的观点看，那是他一生中最有价值的一课。

(资料来源：张慧娴，闻尔．最伟大的励志书[M]．北京：北京出版社，2007.)

问题：

① 请你用卡文的方法试验一下，看看能否提高自己的学习、工作、生活效率。

② 在这个过程中，你发现了什么？

③ 结合这个故事和本章内容，谈谈你对效率的理解。

(5) 写出你认为能够提高效率的方法，并进行讨论。

3.5.2　热点话题：服务外包与效率

1. 什么是服务外包

我喜欢用一句玩笑话来定义它，即能让别人做的事情自己就不要去做。

一些组织和商业机构给服务外包赋予正规的定义，目前流行的说法将服务外包分为三个方面，即信息技术外包(ITO，Information Technology Outsourcing)、商业流程外包(BPO，

Business Process Outsourcing)和知识流程外包(KPO,Knowledge Process Outsourcing)。

ITO 是最早出现的服务外包形式,包括产品支持与专业服务的组合,用于向客户提供 IT 基础设施或企业应用服务,或同时提供这两方面的服务,从而确保客户在业务方面取得成功。在最低程度上看,外包将包括某些 IT 管理服务,ITO 则被进一步细分成数据中心、桌面、网络与企业应用外包等。

BPO 是"把一个或多个 IT 密集型业务流程委托给一家外部提供商,让其拥有管理和控制选定的流程。以上这些业务是基于已定义好和可测量的方法来执行的。"被外包给 ESP 的业务流程包括物流、采购、人力资源、财务会计、客户关系管理,或其他管理或面向消费者的业务功能等。

KPO 则是高级形式的服务外包,包括知识产权研究、医药和生物技术研发和测试、产品技术研发、工业设计、分析学和数据挖掘、动漫及网游设计研发、教育课件研发、工程设计等领域。

2. 发达国家为什么要把服务外包出去

第一,竞争的关键已由一般技术转向核心技术。企业把一般技术的生产和服务外包出去,专注于开发核心技术,以最大限度地保持企业的竞争力。

第二,竞争的地域已由区域转向全球。企业要在全球市场保持和扩大占有率,必须利用国外资源,服务外包就成为一种有效模式。

第三,信息技术的飞速发展,为服务外包提供了技术基础。信息技术特别是网络技术的发展,使服务外包从可能成为现实。

第四,企业成本最小化、利润最大化的需求为服务外包提供了强大动力。就短期效益而言,服务外包公司可节省20%～40%的运营成本。

3. 发展中国家为什么要大力发展服务外包业务

第一,有利于提升产业结构。承接外包服务,可以增大服务业占 GDP 的比重,提升产业结构,节省能源消耗,减少环境污染。服务外包产业是现代高端服务业的重要组成部分,具有信息技术承载度高、附加值大、资源消耗低等特点。承接服务外包对服务业发展和产业结构调整具有重要的推动作用,能够创造条件促进以制造业为主的经济向服务经济升级,推动增长方式向集约化发展。

第二,有利于转变对外贸易增长方式,形成新的出口支撑点。承接外包服务,可以扩大服务贸易的出口收入。近几年来我国外贸出口在稳步发展,但同时也遇到许多问题。如出口退税政策的调整、国外贸易设限不断增强、贸易摩擦不断增多、人民币汇率不断提高等,要保持持续快速增长已经越来越困难。而发展服务外包,因其对资源成本依赖程度较低、国外设限不强,具有快速增长的余地,从而有望成为新的出口增长动力。

第三,有利于提高利用外资水平,优化外商投资结构。中国制造业利用外资有20多年的历史,已取得长足进步。随着经济的不断发展,各个城市都将面临或已经面临着能源资源短缺、土地容量有限的现实问题。据相关资料披露,在全国15个副省级城市已经有许多外资的二产项目虽通过审批却很难落户。即便是三产,由于国家对房地产项目的限制,今后也将面临困难。而服务外包项目由于对土地资源要求不高,一旦外商有投资意向,落户概率将远高于二产项目。我国下一轮对外开放的重点是服务业,服务业的国际转移主要就是通过服务外包来实现的,承接服务外包产业,就能够实现国际先进服务业逐步转移,从而优化利用外资的结构，更加适合城市经济的和谐发展。

第四，有利于提高大学生的就业率。20世纪80年代以来，服务业吸收劳动力就业占社会劳动力比重逐年提高，而服务外包作为现代服务业的推动器，将创造大量的就业岗位，缓解知识分子尤其是大学生的就业压力。IT服务和IT相关服务与其他制造业相比，是典型的高收入行业。同时，它还将带动政府、高校、企业加强人才培训，提升劳动力素质，培养一批精通英语、掌握世界前沿科技、与海外市场联系广泛的人才。

因此，服务外包简单的理解是经济全球化的一种体现，是全球企业发展内部经济化的一种体现和需求，服务外包的出现和发展，正是提升全球经济效率的一种有效手段。

第4章 遵守时间

导读资料：你最喜欢孙悟空的哪项技能？

陈远是一个典型的IT界工薪族，尽管已经结婚并有一个不到一岁的孩子，但是他仍然经常为了加班住员工宿舍。他喜欢打篮球，可是却经常接连几个月都没有到过球场，一岁的孩子因为不认识他，一见到他就哭。

在一次公司聚会上，大家偶然谈论起一个话题，有人问陈远："孙悟空七十二变、分身术、筋斗云和耍金箍棒的本事你想要哪一个？"毫无疑问，陈远最想要的就是分身术，有了分身术，他就可以一边打篮球，一边应付没完没了地加班，一边陪家人，同时还可以应付喜欢晚宴的客户，和更多朋友聚会……

"没有时间"是很多上班族的口头禅，也毁了很多人的梦想。让我们来看看大前研一是怎么做的吧。他在日记本中把日程安排按其重要程度用不同颜色做记号：非常重要——绿色、一般重要——黄色、不太重要——绿色。例如：休息日陪家人和孩子——绿色、每周固定两次锻炼——黄色等。

通过简单而有效的时间管理法则，大前研一同时经营着几个公司，还在麦肯锡为全球的精英和企业家做咨询工作。每个月要完成十几篇报纸杂志和网站的约稿，每年出几本书——甚至包括英文版，但是大前研一先生一直都严守交稿的期限，一次都没有拖延过。除此之外，他还要参加很多的演讲，2004年还利用空闲时间完成对金砖四国(巴西、俄罗斯、印度和中国)的实地考察。

在完成这么多工作的同时，大前先生几乎从来不加班，每天按时下班以后，要么在公司宿舍的走廊上烤秋刀鱼，要么在海边玩游戏，或者去健身房健身。成家以后，几乎每个周末都能够和家人一起开车兜风，陪孩子玩耍。个人休闲方面，每个月都可以到世界各地潜水，每周都能去玩越野摩托车或雪地摩托车。

大多数公司都是"朝九晚五"，在大城市的再加上三个小时的交通时间，那么你每天大约还有4～6个小时的自由支配时间，这些时间足够你休息、充电、聚会和锻炼，只要你能合理安排，而不是拖拖拉拉地让时间偷走你的青春，你就能够管理好你的时间，让人生充实和谐，做时间的主人，主宰每一秒。

学习目标

- 你怎么看时间管理？
- 任务规划管理和"三色"日程管理是否能起到优化时间的作用？
- 使用时间管理方法管理自己一段时间；
- 简单了解甘特图；

- 理解关键路径法的应用场合；
- 目标管理与时间管理的关系；
- 归纳时间管理的小技巧；
- 我们是否需要时间管理？

4.1　时间管理

4.1.1　认识时间

古往今来很多人，都对时间发表了自己的感慨。高尔基慨叹世界上最快而又最慢，最长而又最短，最平凡而又最珍贵，最易被忽视而又最令人后悔的就是时间。文嘉为了提醒世人时间的重要性，写下《明日歌》和《今日诗》：明日复明日，明日何其多，我生待明日，万事成蹉跎。世人若被明日累，春去秋来老将至。朝看水东流，暮看日西坠。百年明日能几何，请君听我明日歌。今日复今日，今日何其少！今日又不为，此事何时了！人生百年几今日，今日不为真可惜！若言姑待明朝至，明朝又有明朝事。为君聊赋今日诗，努力请从今日始。

时间是公平的，每人每天都是24小时，每小时都是60分钟，每分钟都是60秒，并不因为个人的愿望加快流逝的速度，也不会为谁停留。时间又是不公平的，因为大多数人的生命是不一样的。

时间具有单向性，它总是默默地朝一个方向流逝。

在IT工作中最让人揪心的就是时间，无论你是从事程序设计、图形处理或者计算机维修维护，所需要的时间都不是能够确定的。IT工作时间不可衡量的特性，使得传统的管理理论经常彻底失效。

在工业时代，科学家们通过规范工人的动作、使用流水作业和设置更高的物质奖励的方法，提高工人的劳动效率，从而节省工作时间。这些方法在IT行业基本上是不可行的。一旦你的员工到达客户那里，为客户新购买的服务器进行现场调试，你不可能指望标准的动作或者流水作业来提高工作效率，只能依靠维修人员的现场发挥，希望他能够迅速地为客户找到解决的方案。

至于为客户做设计工作的人，时间管理对他们更是至关重要的，如果一个人全身心投入到设计工作中去，那么时间会很快地从身边流逝，工作效率受日常生活中养成的习惯影响很大。从本章开头的例子中我们也可以看出来，从事IT工作的员工，其时间管理关键依赖于两个方面，一是工作积极性，二是是否能够迅速从问题中找到解决的方法。对于那些希望提高工作效率的人来说，有一些时间管理的技巧能够帮助你提高时间利用率。

无论是谁，每天只要能够坚持学习一段时间某个方面的专业知识，那么他将成为这个方面的专家。哪怕一个兴趣爱好，或者是一个习惯，日积月累都有可能为你带来成功的机遇。

我们都知道，每天背诵几个英语单词，日积月累必定能学好英语，只要是能够正常说话的人，既然能够掌握一门语言，那么经过不断地摸索，必定也能够掌握其他的语言。篮球巨星姚明，并没有到大学里面接受系统的语言学习，在去美国之前，英语水平并不是很好。但是经过日积月累，现在不仅消除了语言的障碍，也逐渐适应了美国的文化，在 NBA 职业生涯中取得成功。

4.1.2 如何进行时间管理

你总是知道事情发生的先后顺序，并且按次序去完成它吗？你总是先做一些最紧急的事情吗？你总是把作业压到最后才完成吗？你有没有在临近期末突击学习的习惯？你总是到项目限定的最后期限才全身心地投入吗？

要进行时间管理，首先要知道时间管理实际上是一种个人的工作计划，那些能够充分利用时间的人，每时每刻都知道他们打算做什么，应该做什么，和正在做什么，知道手头所有活动中，依次完成的最佳次序是什么。

对于时间管理你必须进一步了解的是，时间并不一定都是你可支配的，上班的时候，你的时间是老板的；下班回家，你的时间是家庭成员的；交际的时候，你的时间是朋友的；除去吃饭、睡觉，你所能支配的时间寥寥无几。一个在社会工作的人，可支配的时间占所有时间的 25%左右，并且很不幸的是，这些时间并不是连在一起的，只是一些零碎的时间，比如你在等公交车的 5 分钟，你在下班前没有客户的 30 分钟，午饭后的 20 分钟。经常是这里 5 分钟，那里 5 分钟，要有效地利用是非常困难的。

陈远是一个精力充沛而且勤劳的人，凭借不屈不挠的精神和勤奋的工作，大学毕业四年后他就成为公司中层，负责两个团队的软件开发工作。尽管每天都要到凌晨 2 点才休息，但陈远必须要在 7 点起床准备上班，从宿舍到单位走路需要 15 分钟，在单位对面的一家快餐店，陈远总是边吃早餐，边思考着今天的工作计划。

陈远所就职的软件公司是以 ERP 软件为主的软件公司，公司的业务主要包括两个方面，一是自主研发的 ERP 软件，该软件集中解决化工行业企业信息化问题，为该类企业提供行业解决方案；一是公司代理的几个国际性大公司的软件，其中包括国内某著名厂商的财务软件、某国际数据库公司的数据库软件等。

陈远在公司负责 ERP 软件项目中的仓储系统的开发，手下共有 4 个人，目前仓储系统已经初步具有一定规模，他所管理的每个人的开发目标已经明确。陈远计划今天将 4 个人开发的模块收上来，并考虑将模块整合到一起，同时与负责整个系统开发的李林总工程师讨论一下仓储模块嵌入整个系统的问题。

8:30 正式开始上班。陈远利用吃完早饭到上班的这一段时间，快速处理了邮箱中的邮件，简单地浏览了一下新闻。到同事们基本来齐的时候，陈远打开昨天晚上部下交上来的工作日记，发现处理 JIT 部分的小齐仍然对存货量处理得不理想，于是把小齐找来，与之交流到 9:10，这个时候办公室的人过来通知，所有的项目经理 9:30 在小会议室开会。陈远挨个通知下属中午将已完成的模块交上来，9:25 来到小会议室。

单位的高管基本上都出席了会议，会议讨论的问题主要有两个，一是每个项目经理汇报开发情况，并提出开发过程的问题和系统的优点；二是考虑代理软件的问题，并要求为公司的发展献策。等到每个人都将自己的问题汇报完毕，时间已经到了 11:20。回到座位上，陈远查看了一下，4 名部下还有两人没有将模块交上来，再催促一次，心里想着快到吃饭的时间了，但桌上的电话又响了起来，是管客服的副总打过来的，公司代理的数据库在客户那里遇到了问题，单位里有经验的只有他，车已经准备好了，要到客户那里吃饭，下午抓紧时间调试。

陈远于 12:30 到客户那里，随便吃了点饭，开始调试数据库，14:30 调试完毕，一心想着回去与技术副总讨论接口问题的陈远马不停蹄地赶回单位，将部下交齐的模块放到一起，略微调试一下，此时时间已经到了 16:30，他发现李副总不在，所以抓紧时间把今天的工作日志写一下，又把几名部下召集起来讨论一下开发过程中遇到的问题，下班时间马上就要到了。李副总派人来找他，“小陈，明天我和张总乘 9:00 的飞机到北京，和某某公司谈论某软件代理的问题，你晚上能不能加一下班，给我准备一份合同。”

陈远迅速到周围的快餐店吃了晚饭，18:30 又回到公司准备第二天要用的合同，直到 22:00 才整理完毕，用电子邮件发送给李副总，23:00 回到宿舍，陈远觉得筋疲力尽，看了几眼新闻，准备睡觉的时候已经是凌晨 1:00，他躺在床上，想着自己计划的工作，明天又要把开发的软件进度推迟一下，该如何向老板汇报呢？

陈远结束了繁忙的一天，从中我们也许可以了解为什么时间对于 IT 职业人员来说，似乎永远都不够用。

我们经常遇到和陈远一样的问题，忙碌了一天，到最后却发现很多重要的事情还没有完成，在工作过程中不断地被琐碎的事情打断，每天疲于奔命，效率却非常低。我们可以将时间划分为工作时间和休闲时间，只有充分利用好工作时间，才能有更多的休闲时间来处理自己的事情。

陈远在一次偶然的机会中遇到了一位时间管理专家，专家给他提议，要求他注意以下几点，从而提高时间的利用效率。

首先，对工作任务进行分析。像本章开头大前研一先生一样，根据工作任务的重要性和紧急性进行划分，将划分的结果填入如图 4-1 所示的矩阵中。

显而易见，陈远应该最先完成那些重要而紧急的事情，然后完成重要而不是很紧急或者紧急不是很重要的事情，最后再完成那些既不重要也不紧急的事情。

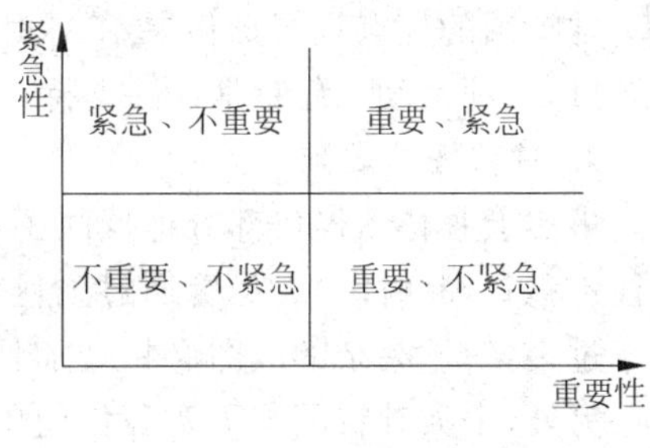

图 4-1　任务规划图

其次，采用目标管理的方法，为每件事情设定好目标。比如在 ERP 项目开发的过程中，设定好每次检查的目标，通过目标对时间的约束，以减少在项目上浪费的时间。

再次，避免将整块的时间拆散。充分利用完整的时间来完成工作，将一些不紧急的事情延续完成。

另外，当心糟糕的会议。作为一个项目经理，陈远经常会被邀请参加一些新产品和新技术的发布会，应该避免某些没有意义的、仅仅是广告性质的会议。如果自己部门开会，则一定要设计好会议的日程和时间要求，尽量缩短会议的议程，从而避免时间的浪费。

最后提醒大家一下，时间管理的技巧很多，关键在于是否主动有效地控制时间，而非被动地受制于时间。时间管理通常包含三个层次的问题：①意愿和决心，由人生观价值观等决定，靠个人自行解决；②原则和方法，需要在日常生活中多观察、多学习、多积累；③形成良好习惯，即在日常的生活中，养成良好的生活习惯。

4.2 时间管理工具

4.2.1 甘特图

1910 年亨利・甘特设计并第一个使用了甘特图(Gantt Chart)技术,通过条状图来显示项目进度和时间的关系,他将项目划分为若干个子项目,并规定好每个子项目的开始时间和结束时间,以方便随时了解系统的进展情况。

整个甘特图是一个只有第一象限的坐标轴,其中,横轴表示时间,纵轴表示子项目。将子项目的开始时间、计划完成时间和实际结束时间用线条连接起来,从而将项目计划和实际的活动完成情况进行对比,以达到了解项目进程、控制项目时间的目的。由于甘特图可以直观地表明任务计划在什么时候进行及实际进展与计划要求的对比,管理者由此可以非常便利地弄清楚每个子项目还剩下哪些工作要做,同时搞清楚每项工作是提前还是滞后,抑或正常进行,从而对这些子项目进行干预,以达到控制整个项目进程的目的。另外,甘特图还有简单、醒目和便于编制等特点。

1. 甘特图的使用方法

甘特图是以图形或表格的形式显示活动;甘特图现在是一种通用的显示进度的方法;构造甘特图时应包括实际日历天和持续时间,注意不要将周末和节假日算在进度之内。

2. 甘特图的优点

甘特图的优点是图形化展示,采用通用技术,易于理解。甘特图表达的中小型项目一般不超过 30 项活动;有专业软件支持,无须担心复杂的计算和分析。

3. 甘特图的局限

事实上甘特图仅仅部分地反映了项目管理的三重约束(时间、成本和范围),因为它主要关注进程管理(时间)。尽管通过项目管理软件能够描绘出项目活动的内在关系,但是如果关系过多,纷繁芜杂的线图必将增加甘特图的阅读难度。

另外,个人甘特图与平常我们使用的时间表是两种不同的任务表达方式。个人甘特图使用户可以直观地知道有哪些任务在什么时间段要做,而时间表则提供更精确的时间段数据。此外,用户还可以在时间表中直接更新任务进程。

4.2.2 关键路径原理

对于一个项目而言,从项目开始到结束的时间,是由关键路径决定的。项目中最长的活动路线就叫关键路径,组成关键路径的活动称为关键活动。对于一些时间紧迫,必须按时完成的工程项目而言,关键路径方法是一种有效的时间规划方法。运用该方法,可以合理地规划项目中所有的人力和物力资源,从而有效地对项目进行组织和实施。这里简单介绍一下寻找关键路径的方法,可以查阅相关资料学习详细的算法。

(1) 将项目中的各项活动视为有一个时间属性的结点,从项目起点到终点进行排列。

(2) 用有方向的线段标出各结点的紧前活动和紧后活动的关系,使之成为一个有方向的网络图。

(3) 用正推法和逆推法计算出各个活动的最早开始时间、最晚开始时间、最早完工时间和最迟完工时间，并计算出各个活动的时差。

(4) 找出所有时差为零的活动所组成的路线，即为关键路径。

(5) 识别出准关键路径，为网络优化提供约束条件。

关键路径具有以下特点：一是关键路径上的活动持续时间决定了项目的工期，关键路径上所有活动的持续时间总和就是项目的工期。二是关键路径上的任何一个活动都是关键活动，其中任何一个活动的延迟都会导致整个项目完工时间的延迟。三是关键路径上的耗时是可以完工的最短时间量，若缩短关键路径的总耗时，会缩短项目工期，反之，则会延长整个项目的总工期。但是即使缩短非关键路径上的各个活动所需要的时间，也不至于影响工程的完工时间。四是关键路径上的活动是总时差最小的活动，改变其中某个活动的耗时，可能使关键路径发生变化。五是可以存在多条关键路径，它们各自的时间总量肯定相等，即可完工的总工期。六是关键路径是相对的，也可以是变化的。在采取一定的技术组织措施之后，关键路径有可能变为非关键路径，而非关键路径也有可能变为关键路径。

下面我们给出一个使用关键路径进行管理的例子。

参考案例：开发房产的关键路径

例如：在开发房产的过程，可以分为几个活动，各项活动的顺序和时间要求如表 4-1 所示，根据表中的描述找出项目的关键活动和关键路径。

表　4-1

<table>
<tr><th>Ⅰ</th><th>Ⅱ</th><th>Ⅲ</th><th>Ⅳ</th><th>Ⅴ</th></tr>
<tr><td rowspan="3">A 挖地基(5 个月)</td><td>B 垒墙(6 个月)</td><td>E 内外部装修(6 个月)</td><td>F 房屋验收(1 个月)</td><td rowspan="3">H 交付使用(1 个月)</td></tr>
<tr><td>C 铺设管道(3 个月)</td><td colspan="2">G 绿化(3 个月)</td></tr>
<tr><td colspan="3">D 修建路面(3 个月)</td></tr>
</table>

说明：

① Ⅰ、Ⅱ、Ⅲ等表示活动发生的先后顺序。

② A、B、C 等表示活动编号。

③ 活动后面的括号内是活动时间，以月为单位。

根据前面对关键路径的描述，该项目的关键路径为 A—B—E—F—H，关键路径上的各项活动为关键活动，整个项目需要的时间为 19 个月。通过使用关键路径方法，管理人员可以发现，如果该项目要缩短开发时间，就需要缩减关键活动的时间。例如重新调配人手，减少垒墙或者内外部装修的时间，这样就可以缩短整个项目完成的时间。

4.3　目标与时间

4.3.1　分解你的目标

参考资料：马拉松世界冠军的目标方法

1984 年，在东京国际马拉松邀请赛中，一位名不见经传的日本选手出人意料地夺得了世界冠军,他的名字叫山田本一。人们对他的成绩感到十分惊奇,后来他在自己的传记中揭露了获取胜利的秘密。

每次比赛之前,山田都要乘车把比赛的线路仔细地看一遍,并把沿途比较醒目的标志画下来,比如第一个标志是银行;第二个标志是一棵大树;第三个标志是一座红房子……这样一直画到赛程的终点。比赛开始后,他就以百米的速度奋力地向第一个目标冲去,等到达第一个目标后,他又以同样的速度向第二个目标冲去。40多公里的赛程,就这样被分解成几个小目标跑完了。起初,山田并不懂这个道理,他把目标定在40多公里外终点线上的那面旗帜上,结果跑到十几公里时就疲惫不堪了,被前面那段遥远的路程给吓倒了。但是通过目标分解,山田不仅顺利地完成了比赛,而且获得了世界冠军。

(资料来源:葛拉西安.智慧书[M].王涌芬,译.北京:中央编译出版社,2008.)

山田通过恰当地设置目标,成功地提高了效率,缩短了时间,使目标成为有效的时间管理手段。这是因为,目标的心理作用是巨大的,当一个人为了完成一个目标,将自己的潜能充分地发挥出来,他能够取得的成绩也是巨大的。山田成功的故事告诉我们:如果大目标难以实现,那么在大目标下分出层次,分步实现。设定正确的目标不难,但要实现目标却不容易。如果目标太远大,我们会因为苦苦追求却无法得到而气馁。因此,将一个大目标科学地分解为若干个小目标,把任务具体落实到每周每天,能够帮助我们跟住时间的脚步,成功地实现目标。

目标又分成许多不同种类,如:人生终极目标、长期目标、中期目标、短期目标、小目标,这么多的目标并非处于同一个位置上,它们的关系就像一座金字塔。如果你一步一步地实现各层目标,取得成功是必然的;反之,你若想一步登天,那就相当困难了。在工作中,当你面临的任务、工程或项目是一个大目标,你可以将目标进行分解,逐步完成,能够帮助你最终实现总目标。

工作上如此,对于整个人生也是如此,我们已经了解到,人生要有明确而清晰的目标,不仅如此,还要对目标进行分解,并得到具体的实现方法。

第一步,你需要一张白纸,在纸上写下认为值得自己去花费一生完成的事情,这样你就能够得到一个目标清单。注意,要区分哪些不是目标的东西,例如实现目标的关键因素,将这些东西删除,最后得到单纯的人生目标。得到清晰的人生目标以后,为你的人生目标设置一个自己觉得可以实现的时间,比如,五年或者十年内要达到目标的什么程度,将目标与时间相结合。

第二步,把你制订好的实现目标的时间按阶段进行划分。远大的目标需要较长时间来实现,如何能够保证你的工作是围绕所制订的内容,不迷失方向?将大目标所需要的时间进行划分,得到具体的时间段,然后给每一个时间段指定一个具体的目标,这样过一段时间再检查自己的工作,防止偏移目标。须知"失之毫厘,谬以千里",在开始阶段很小的错误如果没有得到及时纠正,最后会与目标差之甚远。例如,你制订了一个5年内要赚取100万元的目标,那么你将5年划分为5个或10个阶段。可以按照时间的划分设计一个表格,在表格上填写每段时间内应该完成的工作,也就是将一个大目标分解为多个子目标。

第三步,在目标下方填写实现目标所需要的资源。任何目标都不会自动实现,把实现目标所需要的资金、人力等资源条件写在上面,然后写下如何去获得这些条件,把已经实现的条件也写下来，以方便自己从中获取灵感，更好地完成目标。通过对实现目标资源的分析，能较容易地发现实现目标过程中的关键问题。集中精力对付关键问题，即可达到充分利用时间的目的。

第四步，也是最后一步，将制定的目标保存好，在日后工作中随时拿出来，对照当前的工作进行比较。对已完成的目标加以总结，查看是否有更好地完成途径，对未完成的目标进行校正。在实现目标的道路上，难免会因为健康、家庭等原因耽误了目标的实现日期，导致目标被暂时搁置，在这种情况下，需要计算搁置时间的长短，顺延完成目标的日期，一旦机会重新来临，马上重新开始自己的计划，向着目标前进。

通过目标的设置与分解，能够有效地规划人生的大部分时间，从而使整个人生变得生机勃勃。人们常说，如果在你老去的时候，你回首往事，没有因为虚度光阴而感到后悔，那么你的人生就是十分成功的。

如果在青少年时期规划好人生，合理分配时间，相信你会使自己的一生都获得成功。

4.3.2 目标与实践

在第2章中我们讲述了目标的作用以及目标设定的理论，这里将继续阐述目标管理理论。目标管理源于美国管理专家杜拉克，他在1954年出版的《管理的实践》一书中，首先提出了“目标管理和自我控制”的主张，目标管理在组织管理中得到了广泛的应用。在一个组织中，如果缺乏总目标和分目标的指导，随着组织规模的变大、组织内人员的增多，组织内的员工在组织的生产管理活动中，很容易发生内耗和浪费资源的情况。

因此很多组织采用了目标管理的方式来提高组织效率，对产品成本的目标设定使组织能够控制原材料，对任务完成时间的限定使组织实现了时间管理。对于组织的目标管理，通常组织本身制订一个总体目标，各个部门制订适合自己部门的目标，例如财务部门制订节约目标，生产部门制订原材料节省目标，销售部门制订销售目标等，通过各个目标的每年实施情况，对单位内部的员工进行考核，从而达到控制的目的。

在IT组织中，由于工作缺乏量化，目标管理成为有效激励员工的手段。通过将组织的总体目标层层分解，每个部门都有确定的目标，而每个部门领导根据自己部门的目标，又为部门中的个人设定好具体目标，这样部门领导就不用随时在意员工每天在做什么，只需在一定的时间阶段考核员工的目标完成情况，通过目标完成的情况对员工进行掌控。很多IT工作人员习惯于在晚上加班完成工作，上班时间工作效率反而不高，就是由于这种情况造成的。

目标管理方式也存在缺点，第一，这是一种只重视结果、不重视过程的管理方式，很容易滋生出一种错误的组织文化，让组织中的人在实现目标的过程中出现错误。第二，目标管理中的目标不容易设定，较容易实现的目标让工作产生惰性，而难以实现的目标，则会将员工压垮，最终让员工逃离工作岗位。第三，容易使组织中的员工丧失组织荣誉感，为了实现目标而进行互相攻击，部门之间缺乏有效的配合，一旦出现问题，员工之间互相扯皮、推脱责任，每个部门都盯紧自己的目标，而忘记了相互之间的配合，使组织不能成为一个团队。第四，使组织成员丧失创新精神，为了完成目标，只能采用保守的方式，因为担心采用新方法带来风险，使组织逐渐丧失了改革的精神。

我们一旦参加工作，就必须要面对组织制定的目标，组织制定的目标不同于学习中自己制定的目标,组织设计的目标是必须要完成的,一旦不能顺利完成组织布置的任务,那么将面对失去奖金甚至失去工作的惩罚。通过对目标管理理论的学习和理解,在平日中养成一旦树立目标就必须完成的习惯,从而尽早适应社会的管理体制。

4.4 时间管理技巧

4.4.1 二八法则

参考资料:销售人员的二八法则

一位成功的计算机销售员讲述了一个关于推销的故事:“很多年前,当我刚开始销售的时候,整个人对工作充满了激情,每天不停地拜访客户。但是当我和客户谈得非常好的时候,他们往往会表示需要进一步地考虑,于是我不停地多次拜访他们,最后往往他们会改变主意,弄得我非常沮丧。”

“后来有那么一段时间,我开始记录工作日志,在日志中我发现,我的计算机大约70%是卖给了那些只见过一次面的客户,20%卖给了那些见面两次的客户,而拜访了三次以上的客户,买了不到10%的计算机。”

“后来我停止了多次拜访同一个客户,而致力于发掘新客户,不久我的业绩有了很大的提升,我成了公司最棒的销售人员之一。”

(资料来源:安雅宁.人生最重要的100条黄金法则[M].北京:北京出版社,2007.)

这位销售人员就是运用“二八法则”而获得成功的,他曾经把自己一半的精力浪费在不到10%的客户身上,后来改变了工作的方法,把大部分时间用来寻找新客户,因此业绩得到大幅度的提升。

“二八法则”说的是付出和收入之间的不平衡,了解该法则的目的是让我们尽量避免浪费,充分利用有限的时间。下列现象或许可以帮我们了解,少数现象造成了重大影响。

- 20%的产品或者客户,给你带来80%的收益。
- 20%的司机,引起80%的车祸。
- 世界上20%的人掌握了80%的财富,剩下20%的财富分布在80%的人手中。
- 世界上85%的资源被15%的人消耗。
- 一个国家或地区,20%的人耗费了80%的医疗资源。
- 汽油燃烧所产生的热量20%用于动力,80%浪费掉了。
- 计算机故障的80%由20%的硬件产生。
- 你与20%的朋友交往的时间占你所有交友时间的80%。

因此,我们要区分生活中哪些是没有效率的事情,应尽量避免,把时间集中到那些高效率、高回报的项目上。当然“二八法则”指的是原因和结果之间的这种不平衡关系,而不是绝对的80%和20%的界限,这是由意大利经济学家帕累托发现的统计法则,在告诉我们社会不公平的同时,也提醒我们把精力集中在那些为你带来80%收益的事情上,从而提高时间的利用率。

4.4.2　合并同类事项

生活中琐碎的事情非常多，通过将同类的事情合并，科学调度工作，能够节省时间，或者给自己创造整块的时间，将琐碎的时间连接起来，从而达到充分利用的目的。在前文的关键路径理论中，指出了完成关键事件对整个工程完成的重要性，我们通过关键路径的方法，挑出关键事件，将剩余的其他事件合并，再由多人在一起完成，达到节省时间的目的。

通过合并同类事项提高办事效率的典型例子就是行政审批中心。政府机构的办事效率一直是人们讨论最多的热门话题之一，以前到政府办事，往往需要来来回回在几个部门之间穿梭，一件事情办下来，浪费了大量的时间。通过建立行政审批中心，使办事人员能够在一个场所集中办理所有手续，为民众节省了大量的时间。对于个人来讲，可以通过以下三点来实现类似的目标：

第一点，降低工作的质量和精确度。

第二点，委托给其他人。

第三点，业务外包。

要想精简工作时间，将事情合并起来快速完成，合并后再处理的事情可能会降低工作的质，但是会大量节省时间，并提高工作效率，例如：假如我是第一次编写《IT职业素养》这本书，那么我需要花费很大的精力去搜集素材、阅读参考文献。现在我再编写第3版，同时我也在准备编写一本《职业素养》或者是类似于大前研一的《再启动》等方面的图书，那么我积累的素材可以同时供两本书甚至几本书共同使用，相信效率会大大地提升，但是很显然，这样做降低了工作的质量。

4.4.3　养成良好习惯

生活和工作中的习惯对一个人的成就甚至可以产生决定性的影响，关于这一点我们将在第6章进行更详尽的讨论，这里仅仅是列出与时间管理相关的好习惯和坏习惯。下面给出的习惯是坏习惯，其相反的一面就是好习惯。需要注意的是，这里不是给出你要这样做不要那样做的说教式理论，而是提供一种对照。每个人都有不同的做法，只不过没有意识到这些做法的危害。

1. 反复检查邮箱、博客或浏览某个网站

有的人一天五六次查看邮箱或博客，这样做的目的并不一定是出于对新邮件或评论的关心，而是习惯驱使。养成这样的习惯，很容易造成思维在工作中不断地被打断，甚至停滞，造成大脑不受控制地随意漫游。久而久之，养成了工作时间走神的习惯，浪费了大量的时间。也有一些人，上班时间总是不自觉地到新闻网站浏览新闻，精力不断地分散，工作效率自然低下，时间的利用率也就很难提高。

2. 依赖身边的人

在学习过程中，许多学生都有一个不好的习惯，一旦有问题出现，马上去问教师或者身边的同学，久而久之养成对身边的人过于依赖的习惯。可能从短时间来看，问题马上得到了解决，好像是节省了时间，实际上一方面没有掌握到应有的知识，日后每次遇到同样的问题都需要求救，这就大量地浪费了时间，另一方面使自己缺乏解决问题的能力，无论再遇到什么样的问题，恐怕都难以独立地解决。

3. 轻易动摇自己的计划

我们经常遇到这样的情况，明明是到网上查询某份资料，或者查看一下邮箱中的邮件，但是却不自觉地浏览了几页花边新闻，或者被某条奇异的信息吸引了过去，时间就不知不觉地溜走了，临下班忽然发现，自己什么也没有做。在实现计划的过程中，不可避免地会遇到各种各样的干扰，应避免干扰的出现，忠于自己的计划，才能在计划时间内完成自己的工作。

4. 盲目竞争

很多人将时间花费在生活的攀比上，而不是学习或工作上。人的苦难经历，只有亲身体会才能了解。我们往往将目光盯在别人开什么车、穿什么样的衣服上，浪费时间去研究如何在衣着、化妆上压倒其他人，除非你是专业的模特，否则还是多关注一下自己的学习和工作吧，因为你一旦在学习和工作上取得了非凡的成就，那么其他人会更多地羡慕你的生活。

5. 不能充分利用身边的资源

同样的目的地，乘车和走路到达的时间肯定不一样，在接到任务的时候，先坐下来想想，有哪些资源可以用。拜访曾经顺利完成同类工作的前辈，会使你获益匪浅，从他们那里了解工作的难度，同时避免犯他们曾经出现的错误，会少走弯路。有些事情表面看来很难解决，但是一旦找到合适的人和资源，也可能会轻而易举地解决。学会利用身边的资源要求我们在日常生活中要重视资源的积累，对不同的人力、物力应分门别类地管理，否则一旦出现“书到用时方恨少”的情况，就丧失了利用资源的时机。

6. 第二天才查看 E-mail 而不是睡觉前

这意味着“当天事，当天不能解决完毕”，你不得不在第二天上班或者是起床后去还前几天的时间债，无论你是管理人员也好，被管理人员也好，及时处理完你的邮件意味着及时地完成工作。如果你没有能够及时地处理邮件，那么最好的处理方式或许就是按照 4.4.2 中介绍的降低工作的质量和精确度的方式来处理该事项。

好的习惯不是一朝一夕就能够养成的，需要我们在日常生活中时刻注意。好的习惯一旦养成，你将终身受益，不仅能够帮助你顺利地完成学习生涯，成功地向社会过渡，也能帮助你顺利地实现自己的理想。

4.4.4 利用空闲时间

在日常的生活中我们经常会说：“我没有空，等有空的时候再一起坐坐。”、“等有空的时候我再联系你。”、“等有空的时候我再去参加学习。”、“等有空的时候我再处理这件事情。”……

事实上每次我们这样说的时候，都意味着我们的时间管理规划出现了一定的偏差。这些话让对方感觉我们似乎非常忙碌，事情很多，似乎多到一分一秒都没有办法抽出来去做“等我有空再做”的事情。事实是，我们从来都没有觉得自己有空闲的时间，要充分利用空闲时间，首先要做的是将工作时间、休闲时间和空闲时间区分开来。通常我们认为空闲时间就是休闲时间，这种想法是错误的。每个人都需要休闲时间来放松自己，在休闲时间里，我们要尽情地玩乐，以减少工作带来的压力，但是在空闲时间内，你却要规划好自己是利用这些时间来休闲，还是工作学习。

休闲时间和空闲时间往往是夹杂在一起的，例如：周末准备去郊游，整个周末的时间为休闲时间，然而在郊游的路上遇到了堵车，这段时间为空闲时间。一个人的空闲时间往往只是一小段时间，比如在午饭后短暂的消化时间，这些琐碎的时间如果能够被充分利用，会给你带来巨大的帮助。每个人利用空闲时间的方式不同，这里总结了在空闲时间可以做的一些事情，或许你能够从中找到适合你的。

1. 阅读

有的人不论走到那里都会携带一本书、报纸或者杂志，把自己喜欢看的东西随身携带，利用空闲时间读一段自己一直想看的东西，可能会得到意想不到的收获。一些知识需要反复品位才能理解其深刻的含义，在空闲时间品味一下，比起白白地将时间浪费掉会更有意义。

2. 整理邮箱

我们总是抱怨邮箱中充满垃圾邮件，没有时间清理，在等待上课或者开会之前的几分钟，清理一下邮箱，既能够帮助你平静心情，愉快地度过等待时间，又帮助你节省了额外的时间开支。

3. 打几个一直想打的电话

利用碎片时间给父母、给长期没有联系的同学打电话。我们不是经常抱怨没有时间联系吗？在开会之前或者等车的过程中，给一直想联系却没有联系的朋友打个电话或发个短信，会有很多意想不到的收获。

4. 挣钱

没有人不喜欢这个点子。在网上开个商店，有时间看看收支情况，把晚上看电视的时间用来挣钱。在空闲时间设计一下某个项目，某个长期以来自己一直想做的项目，不断地积累起来，整个项目就可能变得很不错，并且为你带来一定的收益。

5. 制订计划

在空闲的时候，检查一下自己刚刚完成的工作是否符合自己的计划，并为马上要进行的工作制订一个良好的计划，确定后面的工作步骤。

6. 整理内务

把水杯刷一下，办公桌整理一下，让自己整个身心都舒畅起来。每天都利用空闲时间打扫一下办公桌，避免在大扫除的时候出现难以整理的污点。

7. 锻炼身体

我们总是抱怨没有时间锻炼，在空闲的时候做套操，活动一下手脚，不仅使你能打发无聊的时间，而且在接下来的工作中你也将会变得精力充沛。

8. 小睡一会儿

你每天有很多时间可能花费在坐车上，利用这个时间小睡一会儿，不仅能够帮助你打发无聊的时间，也能够使你补上休息时间。

9. 检查工作日志

查看工作的完成情况。也许你每天的工作都很多，很容易遗忘一些工作，利用琐碎的时间检查工作的效果，回顾工作方法，查找工作的遗漏，有助于你更好地完成工作。

总而言之，利用好空闲时间，能够让你的生活更充实，同时也为你节省了大量时间，有利于将琐碎的时间整理成大片的时间，从而更好地完成工作。

4.4.5 拒绝额外事项

我们在生活中处处都有被打扰的经历，本来打算利用晚自习的时间完成作业，但是同宿舍的室友却想打牌，于是只好陪同。或者是本来计划好每天在某个时间段背诵一定量的单词，但却很容易被额外的事情打断，导致自己无法完成任务。那些能够专心致志完成自己工作的人，往往缺少与人的交往，被看作是一些怪人，然而正是这些怪人能够成为科学家或发明家。

以下方法能够帮助你集中精力，拒绝额外的事情。

(1) 把你当天需要完成的事情详细分解，把它写下来放在你的旁边，可以不断提醒你要集中注意力。

(2) 分配你的时间，在某一特定时间内完成一件事情，这样可以避免你被不断地打扰。如果你的工作角色要求其他成员和你交流，试着分配一段时间让大家和你交流。让他们知道一天中的某个时间，比如下午两点到四点你可以被打扰，而不是每 10 分钟就被打扰一次。这样在其他的时间，你就可以真正地做一些工作了。

(3) 对时间进行控制。养成在有限的时间段内完成一件事的习惯，比如 30 分钟，而不是做一件事直到完成。如果时间到了，工作可能已经完成。如果没有完成，再分配其他时间段，可能过几天再继续做。这样就可以保持工作的新鲜感，而不会因为老做一件事感到疲惫。

(4) 设置邮件过滤，同时不要在工作一开始的时候就检查邮箱或者打开一些即时通信软件。如果你在计算机面前花费大量的时间在计划和联系上，你可能要频繁地处理电子邮件。设置你的电子邮件客户端可以区分什么是重要的，什么是可以等待的。这样你就只需要处理根据项目、优先级和内容分类的文件夹而不是成百上千的未读邮件。

(5) 听合适的音乐，听音乐是一种很好的让你进入工作状态的办法。另外，听音乐可以让你不受打印机和聊天声音的干扰。但是要注意，根据个人情况的不同，有的音乐是不适合在工作的时候听的。对我来说，工作的时候如果听有很多歌词的音乐就会打断我的思维。

(6) 使用耳机但是关掉音乐，有些人喜欢在工作的时候是完全安静的。我想这也是根据工作类型决定的。如果你做一些严密的计划或计算工作，在耳边放音乐也许就不能让你集中注意力。这时你可以戴上没有放音乐的耳机以屏蔽外界的噪音。

(7) 把你的水瓶装满水，不管出于什么理由，足够的水对你的健康都很重要。在一天开始的时候就把水瓶装满足够的水，而不是每一小时就去装一次水。这样你就不需要每次排队等待打水，也不会和打水的人聊起天来。

(8) 把你的午饭带到办公桌，我不建议你每天都这么做，但如果你需要集中注意力并且在一个最后的期限前完成任务，在办公桌上吃午饭对完成工作会有很大的帮助。我发现当我在办公桌上吃午饭的时候，我的午休时间就会更短，也可以在吃饭的时候检查几封邮件。当我吃完后我又可以直接回去工作。

(9) 养成打电话长话短说的习惯，在尽可能短的时间内完成通话。

(10) 清理你的桌面，包括电脑桌面，找一个合适的文档管理工具，帮助你能够随时找到计算机中的文件。

(11) 找一张好的椅子。

(12) 在桌面上使用快捷方式。

(13) 关闭不需要的程序。

4.5 总结讨论

4.5.1 本章小结

(1) 时间对每一个人都是公平的,然而并不是每一个人都能意识到时间管理的重要性。恰当地认识时间,了解时间管理的技巧,对于学习、工作都非常重要。

(2) 对于个人来讲,最基本的方式就是将要做的事情找出来,并按照重要、紧急程度来划分,把重要的事情先完成,这样就不会造成每天忙忙碌碌而一事无成。时间管理的另外一个重要因素就是有预见性地工作,通过有预见性地工作来避免每天不断的应付。

(3) 对于 IT 工作者来讲,在工作中经常会用到甘特图和关键路径的方法,甘特图法能够直观地表示出项目的进度,方便项目管理人员随时掌控项目时间。关键路径方法则是有效地加快项目进度的方法,能够科学安排项目中的具体事项,加快项目进程。

(4) 本章再一次提及目标管理,分解目标不仅有助于更好地制订、实施计划,同时也是时间管理的好助手。通过分解目标,能够确定每项子目标完成的时间,从而制订整个大目标的实现时间。

(5) 在生活中,有很多小细节可以帮助你节省时间,并提高工作效率。二八法则告诉我们要做重点、有效率的事情;如果将同类事项加以合并,就能够同时完成几件事,达到事半功倍的效果;而良好的习惯则能够帮助你快速完成某件事,避免出现拖拖拉拉的局面;充分利用空闲时间,可以提高时间的利用率,甚至是决定成功的重要因素;拒绝额外事项,养成专注的习惯,则能够帮助你快速解决问题,避免浪费时间。

4.5.2 小组讨论:一再延迟的软件

产品生产需要一定的时间,软件也不例外,然而时间却成为软件开发的一个重大问题。即使当前最伟大的软件公司也不例外,作为全球第一的软件公司,微软经常推迟发布自己的软件产品。

2006 年微软宣布将下一代操作系统 Windows Vista 发布时间推迟至 2007 年 1 月份,Windows Vista 原计划于当年 11 月份进入大批量授权阶段。微软宣称 Vista 发布时间推迟数周,将继续改进 Vista 操作系统,这意味着 PC 生产商希望年内能够推出装有新版操作系统产品的计划落空。微软 Windows 主管 Jim Allchin 表示,该公司将 Vista 发布时间推迟至明年 1 月份。他说,"我们需要数周时间,部分合作伙伴可能将受到更大影响。"

同时微软表示,企业版 Office 2007 将推迟至 2006 年年底发布,而不是原定的 2006 年 10 月初。此外,企业版 Office 2007 的全面发货时间也由原来的 2007 年 1 月调整为 2007 年年初。企业版 Office 2007 的推迟是微软遭遇的又一挫折,在此之前该公司已经推迟了多款产品的发布。

NPD Techworld 副总裁 Stephen Baker 表示,Vista 发布时间的推迟将给 PC 零售商带来很大影响。以直销为主的戴尔能够应付数周时间,并不会产生太大影响。相比之下,惠普和 Gateway 往往要提前数周为零售商准备好产品。在问及 Vista 发布时间推迟对四季度 PC 销售造成的影响时,销售商 Baker 表示,四季度往往是产品销售旺季,而且此前原定于

2006 年 11 月份发布的 Vista 操作系统有望带动产品销量的增长。

2007 年,微软已经把"Office for Mac 2008"软件的推出时间从原定的 2007 年下半年推迟到了 2008 年 1 月份。Mac 计算机用户要等到明年才能看到升级版本的 Word、Excel 和 PowerPoint。

担任微软 Mac 业务部门总经理的 Craig Eisler 说:"我们原来希望这个软件在 2007 年圣诞节销售季节上市。但是,我们现在希望这个软件在 2008 年 1 月召开的 Macworld 大会期间推出,我们现在对这个产品的质量还不满意。"

微软公司打算在 2008 年第一季度前发布 Windows Server 2008,新的时间表打破了在 2007 年年底发布软件的原定计划。微软将最新推迟归结为未说明的质量问题担忧。微软公司服务器产品经理 Snell 在公司博客上写道:"我们宁愿花更多时间使产品质量达到更高标准,以满足客户和合作伙伴们的期望。"

为什么即使最优秀的 IT 企业也经常一而再、再而三地推迟自己的产品呢?

首先,我们来看这样的例子:假设一家快餐厅平时一位厨师做一个热狗需要 5 分钟,某一天顾客数量大增,一个小时需要制作 20 个热狗,怎么办呢?方法很简单,增加厨师或灶具的数量,临时增加一位厨师或者一个灶具,可以在一个小时内制作 24 个热狗,这足够应付紧张局面了。当然也可以开大火力,或者提前做几个。

然而如果一个软件在开发过程中突然发现时间不够用,怎么办?显然存货现象是不存在,因为一切都必须根据客户的需求进行开发。那么给项目增加人手是否可以解决问题呢?答案是否定的,因为新增加的人手必须要从头了解项目,而且那些原来在项目中的人要向新加入的人解释,他们之间的沟通会占据大量的时间,给项目团队中加派人手,无疑是火上浇油,所以,项目只能推迟。

那么为什么不留下足够的时间呢?

后面我们会论证,留下充裕时间不利于项目的开发。

第二,所有的编程人员都是乐观主义者。可能是这种"现代魔术"特别吸引那些相信美满结局的人;也可能是成百上千不断出现的挫折赶走了大多数人,只剩下那些习惯上只关注结果的人;还可能仅仅因为计算机还很年轻,程序员更加年轻,而年轻人大多属于乐观主义者——无论是什么样的程序,结果是毋庸置疑的:"这次它肯定会运行。"或者"我刚刚找出了最后一个错误。"所以系统编程的进度安排背后的第一个假设是:一切都将运作良好,每一项任务仅花费它所"应该"花费的时间。事实上,这些都是项目的表面现象,软件工程的理论告诉我们,在软件项目开发的过程中,我们可以查找到的 BUG,几乎始终占所有的 BUG 的 20%,如果我们修改它们,那么将会产生更多的问题。

在软件开发的时间分配上,以下经验法则被证明是非常有用的:1/3 的时间用来进行计划、技术准备,1/6 的时间用来编码,1/4 的时间用来进行单元测试修改和早期系统测试修改,1/4 的时间用来进行系统测试。

显然,很多软件公司在计算软件开发时间时,恐怕只意识到了编码所使用的时间,如果你与客户沟通的次数超过 3 次,那么经理很有可能会给你脸色看,或者认为你浪费了单位的时间。似乎只有趴在屏幕前进行编码才能证明你在辛苦工作,而翻看资料或者与客户交流则被认为是时间的浪费。

没有合理地利用时间,没有形成合适的团队,项目人员不断地流动,对客户问题估计不足等，这一切都造成了IT项目经常被延缓。

（资料来源：http://www.mie168.com/other/2004-11/37796.html；http://publish.it168.com/2008/0430/20080430027001.shtml）

讨论：结合材料，谈一下微软的时间管理。为什么像微软这样的大型国际公司，软件开发时间却仍然难以保证呢？你有没有遇到类似的问题？你是怎么处理这样的问题的？

4.6 实践训练

4.6.1 课外作业与练习

（1）你用电视来做什么？很多人特意把电视从家庭中移除，也有一部分人喜欢把电视作为计算机显示器，而不是用来看电视。如果你喜欢看电视，尝试假装电视坏了，或者没有信号，看看这样的生活和平时有什么不同？

（2）如何理解在工作中能应付的事情一定要应付，而不能应付的事情一定不应付？在学习生涯中，你一定会遇到很多时候老师布置了一些纯粹是为了布置作业而让学生完成的作业，工作中也会遇到这种情况，总结一下你的学习方法，看看有没有不合理的地方。

（3）加班是否应该给加班费？加班的目的是什么？很多人是为了加班费而加班吗？在政府和事业单位，基本没有加班费，什么样的行业应该有加班费？什么样的行业不应该有加班费呢？

（4）你有没有上课迟到的习惯？如果有，请说明原因。把你迟到和没有迟到的原因写下来。

（5）你是否总是感觉时间不够用，将平时最浪费时间的事情写出来。尝试使用本章介绍的事件重要性划分表格来管理事件，一段时间以后，看看有没有改善。

（6）除了本文中给出的时间管理技巧，你还能不能给出更多的技巧？

4.6.2 热点话题：移动终端，节省还是浪费了时间

不管你喜不喜欢，你不得不承认，移动终端已经成为一种趋势。截至2012年，中国移动统计结果表明，通过手机、iPad等移动终端上网的用户已经超过了传统计算机网络用户。在北、上、广、深这样的大城市，地铁、公交车上，随处可见拿着各式各样移动终端上网的用户，很多城市开始为市民提供免费的Wi-Fi，绝大多数西餐厅、休闲场所、商务宾馆都给客户提供了网线、wifi等方便的上网条件。

手机、iPad等移动终端不仅具备了上网功能，同时还提供大量的办公功能，在全球IT产业开始陷入低迷的背景下，移动互联网却发展迅速，成为新的增长点，新一代的移动终端主要具有以下几个特点。

1. 终端更加便捷轻快

根据IDC等市场研究机构发布的数据，2011年，全球智能手机出货量首次超过PC，达到4.91亿台，较PC多出1.38亿台；而在PC的3.53亿台出货量中，还包括了1700万台平板计算机。这表明越来越多的用户开始尝试并习惯以易携带的智能手机、平板计算机等轻

型“体验工具”来获取感兴趣的信息与应用,抑或是与他人沟通互动,至于 PC 则逐渐向重型“创造工具”的方向转变。

现在虽然还不能做到将各个领域相对专业的需求集成到一个装置中,但是未来肯定是这个趋势。像苹果公司听音乐用 iPod、玩游戏用 iPad、打电话用 iPhone、工作用 MacBook 这样的理念,只是一时的权宜之计,从长远来看,这些功能将会全面集成到一个轻便易携带的装置中。

2. 内容更加简洁明了

微博等新媒体的兴起迎合了用户快速浏览信息和及时与社交网络的朋友分享意见的需求,但更重要的是,“轻”内容更适合轻终端阅读,微博类应用与轻终端是相辅相成的“共谋”关系。生活的快节奏,也迫使人们没有时间去阅读长篇大论,人们更需要的是快餐式的简洁信息。

3. 应用简单易用了

以前,软件是被封装在光盘里交付给用户的,而今则可以从各种应用商店里下载;不仅如此,许多应用都是软件和云服务的整合,应用因此而变得更小更轻。此外,将数据保存在云中,更新由云中推送,这也优化了用户体验、简化了操作流程。在 Android 平台上开发的小型软件,针对固定专业的应用,帮助用户实现某个特定的功能,由于终端的普及面广泛,操作复杂、功能繁多的软件不容易为广大用户接受,因此难以快速普及。

移动终端的普及,一方面使人们办公更方便,沟通更顺畅,并且一些功能软件提供了日志、时间提醒等服务,能够协助人们进行时间管理;一些购物、电子商务软件,能够让人免除逛商店之苦,随时随地地购物,大大地缩短了时间,提高了效率。但是另一方面,大量的人沉浸在移动终端提供的游戏或者网络上,甚至很多人沉迷于其中不能自拔,例如很多的学生在上课时间玩智能手机,企业或者政府组织开会时,也会有很多人在不停地使用智能手机或者平板计算机从事一些事情,这些都导致了时间的大量浪费。

的确,很难说移动终端到底是节省了时间还是浪费了时间,但是它都是一个发展趋势,必将给我们的社会、生活带来巨大的变革。

第5章 注意事项

导读资料：能力有多大，责任就有多大。

多年以前，我在讲授管理信息系统时，和一些同学讨论过信息是什么。当然我们可以从信息论或者其他教科书上找到这个定义，但是对于当今的信息社会来讲，我觉得可以下如下定义：信息就是权力。例如在政府机关某局，局长把副局长和科长召集在一起，今天我们要开一个会，首先我把上级领导的文件精神给大家传达一下，然后各个部门的领导再向自己的人员传达文件，科员按照文件所承载的信息，要求社会各个单位来执行。

这里面局长最先得到了信息，因为他的权力最大。随着信息的传递，权力链依次传递下去。在传统社会中，纸质文件采用了一系列的保密方式传递，然而在当前的信息社会中，一般都采用办公系统来传递文件，E-mail、企业QQ等在企事业单位大量被采用。在采用了无纸化办公的单位，一般都需要一个或几个专业或者兼职的人来管理信息化系统。首先，这些人肯定不会是单位一把手或者老板；再次，单位的任何信息对于他们来讲几乎是透明的。那么如何来保证他们对信息保密呢？按照前面对信息的社会功能的认识可知，他们虽然可能只是一名普通科员，但是却在副局长甚至是局长之前了解信息，这种地位和权力的不匹配会造成什么样的情况？

老黄是一家银行的普通信息技术人员，在日常工作中，老黄发现系统会将客户存款的零头丢弃掉，而由于普通客户业务数量巨大，虽然这些零头都是以分甚至厘来计的，积累起来也是一个巨大的数额。于是老黄利用了这个漏洞和自己的信息管理地位，设计了一款软件将这些钱转到自己的一个账户中，为自己牟取了巨大的利益。

老李是一家事业单位的一名普通员工，负责单位的网络和信息系统的维护工作。虽然是一名普通的员工，但是在单位中却享有"超然"的地位。2010年单位从三位科长中选拔了一位副处长，一位与老李关系很好的落选科长从老李那里得到了领导与另外一位当选科长沟通的信息，并且将这个信息举报到了组织部，最后整个单位闹得鸡飞狗跳。

最近几年的"3·15"晚会连续地关注垃圾短信的问题，而垃圾短信所涉及的电话号码，几乎都来自于一些机构的信息化负责人员。他们利用手中掌握信息的便利，将这些信息出售以换取利益。

像老黄、老李这样缺乏监管、甚至无法监管的信息技术人员有很多，他们一般掌握着一些重要的信息，他们是否应该利用这些信息来为自己牟取利益呢？

学习目标

- 什么是敬业精神？为什么需要敬业精神？
- IT敬业精神有哪些？

- 如何看待知识产权?
- 专利和知识产权的区别和联系是什么?
- 怎么看待作弊?
- 黑客是怎么形成的?
- 计算机病毒与危害。
- 网络攻击与安全。

5.1 热情敬业

5.1.1 每个行业都需要敬业精神

参考资料:厨师的敬业精神

每个人都应该对自己所从事的职业充满敬意。很多在美国留学的中国学生都有在中餐厅打工的经历,一位叫作黄翰铭的留学生讲述了自己的经历:十几个小时连续工作得不到休息,跑得晕头转向,脚底都起了泡,而那些没有上过学的领班和主厨还要对自己吆三喝四。朋友都告诉他:"当侍应生没有什么别的条件,主要是能受气。"

在他刚刚当上侍应生的一段时间内,经历的一件事情影响了他一生。在餐厅中掌权的是一个中年的女主厨,经常对他大声呵骂。有一天下午 3 点钟,当吃饭的人逐渐散去,他累得头晕眼花,自己在冷库中将一些咖喱鸡浇在白米饭上,一个人躲在角落里吃。突然,主厨尖锐的声音响起:"黄翰铭,你死到哪里去了?糖水为什么还没有收起来?"这时,他的心里非常恐慌,心想,完蛋了,完蛋了,这下少不了一顿臭骂!正想着,主厨来到了面前。

"噢,在吃饭啊?慢慢吃,慢慢吃。"

他当时愣住了,这是什么意思?不会是因为这个就要被开除了吧?于是马上站起来对主厨说:"对不起,我马上就去收拾。"

"不用,不用,我可以叫小妹去收拾。吃饭皇帝大。"主厨对他笑笑,然后走开了。

吃饭皇帝大,是作为厨师对自己所从事职业的一种尊敬,这种敬业精神是超出利益之上的,是行业得以存在的基础。作为一名厨师,所从事的事业就是让客人吃饱、吃好,自己当然也要吃饭,对厨师来讲,吃饭就是最重要的事情,吃饭的过程中,一切事情都可以不做。

(资料来源:黄翰铭.吃饭皇帝大[J].特别关注,2007(12).)

敬业精神,是一种对从事某行业人员的特定道德约束,这种约束是行业产品交易的基础,也是行业从业人员生存的基石。例子中的主厨,脾气暴躁,蛮不讲理,但是即使这样的人,当她看到别人吃饭的时候也不打扰,因为她所从事行业的目的,就是让别人吃饱、吃好,这就是一种敬业精神的体现。很多厨师都认同一件事:即使是同样的材料、同样的工艺,如果一个人全心全意、精神饱满地制作一道菜,和一个人随意、应付地做同样的一道菜,口感完全不同。

市场经济理论告诉我们,在信息不对等的情况下,人们对物品的选择会遵从"逆向选择",以二手车交易为例,买车的人始终没有卖车的人了解的信息多。外表相同的车辆,在品质上可能相差很多,而无论车的品质好坏,买车的人总是倾向于他所购买车辆的价格是统一的,所以价格是由品质较差的车而不是品质较好的车决定的。

如果负责车辆交易的人具有良好的行业敬业精神,他会把外表相同而品质不同的车分开,让客户得到品质与价格相符合的车辆。只有这样,这个行业才能够得以存活下去。由此可见,敬业精神是很多行业存在的基础。对于IT行业的从业人员来讲,不管你从事的是软件设计、艺术设计、软件维护等软件方面的工作,还是从事网络维护、计算机维修等硬件方面的工作,敬业精神在工作中都是十分重要的。因为IT行业的工作大多数是靠从业人员的积极性去完成的,所完成产品的好坏是难以检测的,一般不能靠外界的检测来评价从业人员是否尽力。这里我们从诚信、全心全意、积极进取三个方面详细探讨一下IT职业的敬业精神。

5.1.2　诚信是IT行业的基础

当今社会的人才中,很多人要文凭有文凭,要才智有才智,但是你凭什么去打动老板?答案就是诚信,无论是老板还是客户,对诚信都十分重视。

IT行业是一个信息不对称的行业,不讲诚信虽然能够赢得一时的利润和胜利,但是一旦被人发现,就难在行业中立足。由于现在信息化发展非常迅速,社会上的人和组织的很多信息都是透明的,当依靠欺诈来骗取利益时,就会受到巨大的损失。

参考资料:三鹿"三聚氰胺"毒奶粉事件

2008年9月11日。

凌晨3时:三鹿作为毒奶粉的始作俑者,被新华网曝光,社会哗然。同时7名患儿的父母联名写下了申请书,上书甘肃省卫生厅,要求彻查病因。

10时:三鹿集团通过人民网公开回应:三鹿是奶粉行业品牌产品,严格按照国家标准生产,产品质量合格,目前尚无证据显示这些婴儿是因为吃了三鹿奶粉而致病。三鹿集团委托甘肃权威质检部门对三鹿奶粉进行了检验,结果显示质量是合格的。

19时:"我们可以肯定地说,我们所有的产品都是没有问题的!"成为三鹿对事件的统一回应口径。

20时50分:中国卫生部发布消息:经调查,高度怀疑石家庄三鹿集团股份有限公司生产的三鹿牌婴幼儿配方奶粉受到三聚氰胺污染。三聚氰胺可导致人体泌尿系统产生结石。

21时30分:三鹿集团股份有限公司发布产品召回声明,称经公司自检发现2008年8月6日前出厂的部分批次三鹿婴幼儿奶粉受到三聚氰胺的污染,市场上大约有700吨。

2008年9月12日。

凌晨1时:媒体:中国奶业协会常务理事王丁棉说三聚氰胺一般是来源于奶粉的包装材料,例如铁罐、软包装。此次事件应该从原料、环境、生产工艺等方面层层筛查。

凌晨2时:媒体爆料:今年6月,国家质检总局食品生产监管司网站就已有消费者投诉婴儿吃三鹿奶粉后患肾结石。

9时:卫生部会同中华医学会组织专家制定了《与食用受污染三鹿牌婴幼儿配方奶粉相关的婴幼儿泌尿系统结石诊疗方案》,供临床参考使用。国家质检总局表示对此事件也高度重视,在9月9日即组织开展调查,并对产品进行抽样检验。

9 时 30 分：卫生部要求各地统计医疗机构接诊患结石病婴幼儿的有关情况，于 2008 年 9 月 12 日 17 时前上报。

14 时：三鹿集团发布消息，此事件是由于不法奶农为获取更多的利润而向鲜牛奶中掺入了三聚氰胺。宣称通过对产品大量深入检测排查，在 8 月 1 日就得出结论：是不法奶农向鲜牛奶中掺入三聚氰胺而造成婴儿患肾结石，不法奶农才是这次事件的真凶。集团会立即上报，而且通过卫生部发布召回婴幼儿奶粉的声明。

15 时：三鹿集团品牌管理部苏长生发布消息，三鹿奶制品的蛋白质含量目前依靠检测氮含量，奶农向鲜奶中添加三聚氰胺可以提高氮含量。由于目前对三聚氰胺的监测没有标准，因此三鹿集团也没有监测。

16 时 50 分：河北省石家庄市长首次露面，开始说话——“三鹿集团经过多层次、多批次的检验，在 8 月初查出了奶粉中含有三聚氰胺物质。石家庄市委、市政府立即召开紧急会议，要求立即收回全部可疑产品，对产品进行全面检测，确保新上市产品批批合格，绝不能再含有三聚氰胺成分，同时各有关部门展开调查工作，确定事件性质。”

该事件最终结果大家都已经知道，三鹿集团最终被三元收购，其乳制品改名为君乐宝，三鹿以遗臭万年的惨淡结果收场。通过这个事件，再加上后来的皮革变酸奶事件，国内的整个食品行业的诚信度被打击到最低点，诚信已经成为整个社会关注的焦点。

社会越来越重视诚信的重要性，银行率先为企业和个人建立诚信数据库，如果一个企业或者个人的信用度比较低，那他就很难从银行贷款。在澳大利亚，居民的诚信度是政府管理的，个人违反社会道德都会造成信用度分数的减少，而做公益事业会增加你的信用度。信用度决定了每一个居民对社会福利设施的利用程度，由于澳大利亚社会福利状况非常好，如果诚信分数降到一个非常低的范围，那么你在澳大利亚可能会寸步难行。

对客户诚信，你将赢得更多客户，赚取更多的利润。对老板诚信，你将赢得更多机会，成就精彩人生。

5.1.3 全心全意地完成工作是 IT 行业的潜规则

2003 年，IT 行业对人才需求已经不像前两年那么旺盛，很多大企业致力于消化 2000 年左右引进的大批人才。小陈从大学应用数学专业本科毕业，来到一家 IT 企业从事软件开发工作。

报到后小陈才发现，工作中用的 Java 语言大学期间根本没有接触过，单位的领导知道小陈是数学专业毕业，加上处于半年的实习期，就没有直接布置开发任务给他，而是让他加入一个项目小组，和老员工一起开发一个应用软件。项目小组的组长给小陈布置了写需求分析、画软件流程图的工作。小陈知道单位对 Java 人才的需求很大，而自己对 Java 一窍不通，于是充分利用晚上和周末时间学习 Java 的开发，虽然他不负责项目中的程序开发部分，但是他还是向老员工积极地学习了 Java 的开发经验。

就这样，很快 4 个月的时间过去了，与小陈一起来的一些同学晚上和周末基本都在玩游戏，而小陈则基本上掌握了 Java 开发的技术。此时公司新接了几个软件开发任务，小陈趁机向上司表明自己可以进行 Java 的开发，公司领导决定让小陈参与程序开发工作。

到了年底，与小陈一起到公司实习的同学，由于不能胜任公司的工作被辞退，而小陈因为工作表现出色被任命为项目组组长，年薪达到 8 万元人民币。

在IT行业,由于所从事的工作具有主观能动性,因此组织一般不会规定每天必须完成的工作数量,这就需要你发挥主观能动性,全心全意地去完成工作。全心全意工作的含义包括模糊工作时间和注意工作细节,要求你能够自动自发地加班,并且做好工作中的每一个环节。像小陈这样的员工在IT行业中为数不少,像我们前文提到的全球首富盖茨,他的积极工作精神是促使他成功的主要原因之一。

IT行业的这个潜规则要求我们,在学校应养成良好的学习习惯。在学习计算机及其相关知识的过程中,必须要亲自动手,亲历过程,方能掌握。教师演示、讲解的相关知识点,学生必须动手操作才能领悟其中的关键点。

计算机课程的考核通常也比较注重操作。以网页设计为例,当课程结束的时候,传统的考试方式很难检测学生学习的结果,通常任课教师都会要求同学们设计一个具体的网页来进行考核。一些学生会全心全意、尽力按照老师的要求进行设计,但是一些学生也可能会投机取巧,以从网上下载模板并进行修改的方式应付了事。长期下去,那些投机取巧的学生,很难在IT行业获得成功。

"一分耕耘,一分收获",这个世界没有不劳而获的果实,在IT行业中,只要你付出努力,必将有丰厚的回报。很多从事IT行业工作的人都是因为喜欢,在工作中充满热情和激情,才会享受整个工作过程,也才能够不断地进行成果创新,而仅仅是为了有一份工作而工作的人,因为知识不断更新等原因,恐怕很难在IT行业中长期工作。

随着信息化的发展,出现了一些专门在网上承接设计的"威客",也有一些人干脆在家里办公,也就是所谓的SOHO一族。这些人存在的基础,就是他们并没有因为工作环境的改变而偷懒。在传统的制造业中,通常采用"计件工资"或者"监工"的方式来防止偷懒,但这在IT行业都是行不通的。

5.1.4 积极进取是IT行业的特征

众所周知,IT行业具有知识更新快、信息透明度高的特点。在IT组织中,年轻人升迁的机会多、速度快。但是如果你没有积极进取的精神,不能抓紧时间学习,恐怕很快就要被淘汰。

前面例子中,本科毕业的小陈通过全心全意地学习新知识,得到单位的认可,不仅能够在单位留下,并且还顺利地当上了项目组长,但是这并不意味着从此具有稳定的职业生涯,很快小陈发现自己面对三个方面的挑战:

(1) 来自组织新人的挑战。2005年公司因发展需要,从人才市场上招聘了15名计算机硕士研究生。2005年计算机人才就业更加困难,原本给予本科生待遇的职位,有大量的硕士研究生来应聘,这些人理论基础和学习能力很强。小陈的项目组中也加入了2名硕士研究生,虽然这些人初来乍到,但是小陈也感受到了来自他们巨大的压力。

(2) 来自Java庞大的知识体系和不断更新升级的挑战。作为一名项目组长,必须通晓Java的技术体系,但是Java技术在不断地升级,新的架构和技术方法层出不穷。

(3) 来自环境的压力。行业中开发相同产品的公司越来越多,不断有新的公司推出同类产品,并且新推出的产品通常有更新、更完备的功能。本公司产品所面临的市场竞争压力越来越大,虽然这不属于项目组长个人能够解决的问题,但是小陈却感受到明显的压力。

面对压力,小陈并没有选择气馁和颓废,而是冷静地分析现状,思考问题的解决方式,然后采取了一些措施,保证自己不会被公司淘汰。首先,小陈主动与新加入的硕士研究生交流,从他们身上学习新思想,保持与当前技术体系一致,开阔了视野。其次,小陈利用业余时间考取了计算机在职硕士研究生,丰富自己的理论体系,进一步学习软件设计理论,弥补了自己在计算机软件设计方面的不足。再次,小陈积极地向公司领导争取参加软件论坛和软件新技术讨论会等机会,同时经常通过互联网与业内人士交流 Java 最新技术和体系,从而保持技术的先进性。最后,小陈利用一切机会了解行业同类产品的开发情况,主动地向上司提出新软件的改革方案。

通过自己不懈的努力,小陈很快赢得了项目组成员的尊重,在激烈的竞争环境中稳定了自己的地位,并赢得了公司高层领导的认同,如今小陈成为公司研发部门副经理,带领公司员工继续前进。

敬业精神,是隐藏在行业内部的精神文明,也是从事一种行业的正面规则,一旦谁破坏了这个规则,就要受行业中从业人员的谴责。IT 行业是一个高回报的行业,同时也需要你付出比其他行业更多的辛勤和汗水。IT 行业对敬业精神的需要要高于一般的行业,因为这是一个几乎完全靠自动自发完成工作的行业。

5.2 知 识 产 权

5.2.1 知识产权概述

网络上的侵权行为与传统的侵权行为有所不同,往往更隐蔽,更难以发现,在不经意的情况下造成了对知识产权的侵犯。

互联网上存在海量的信息,这些信息的传递和获取通常是由搜索引擎通过链接的方式提供的。上网者通过链接获取的网上信息存在侵权问题时,一般应当追究上载该信息网站的法律责任,提供搜索引擎链接服务的网络经营者不承担侵权责任。但是,如果搜索引擎服务的经营者明知其他网站的网页上含有侵权内容的信息,还继续提供链接服务,则应承担侵权责任。作者刘京胜诉搜狐爱特信信息技术(北京)有限公司侵犯著作权案,就是因为搜索引擎服务商在明知其他网站上有侵权内容的情况下,仍然为其提供链接服务,因此对该服务商提起侵权诉讼。

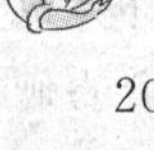

参考资料:刘京胜诉搜狐网站

2000 年 10 月,原告刘京胜在上网访问被告搜狐公司的搜狐网站时,发现通过点击该网站"文学"栏目下的"小说",即进入搜索引擎页面。根据页面提示顺序点击"外国小说→经典作品→堂吉诃德→塞万提斯→译本序言"后,可在页面上看到自己翻译的作品《堂吉诃德》。于是,原告刘京胜申请北京市公证处对以上上网的操作过程、路径和终端监视器上显示的页面内容进行公证,后据此于 24 日向北京市第二中级人民法院提起诉讼。

11 月 6 日,被告向北京市公证处申请按照原告上网的过程、路径进行公证。15 日,被告向北京市公证处申请对上 www.cj888.com、www.chenqinmyrice.com、www.yifan.net 网站访问《唐吉诃德》中文版的过程和路径进行公证。被告两次公证的目的在于要证明:①该作品不是由搜狐网站上传,亦不在搜狐网站的网页上,而是通过搜狐网站的搜索引擎进入他人的网页后才能看到该作品；②直接访问 www.yifan.net、www.cj888.com、www.chenqinmyrice.com 网站，即可看见载有原告翻译作品的网页；③由于搜狐网站与上述三个网站有链接关系，所以能通过搜狐网站访问这三个网站载有原告翻译作品的网页。

11月23日，本案开庭审理时，原告当庭明确要求被告断开与上传其翻译作品的网站的链接。被告以法律未规定链接是侵权为由拒绝。30日，被告才断开链接。

北京市第二中级人民法院认为：根据《中华人民共和国著作权法》第十二条的规定，原告对《堂吉诃德》享有翻译作品著作权，应当受到法律保护。未经著作权人许可使用其作品，是对著作权的侵害。当得知侵权行为发生或可能发生时，任何与该侵权行为或结果有一定关系的人，都应当采取积极的措施，防止侵权结果扩大。

被告向公众提供搜索引擎服务，通过搜索引擎与侵权网站发生了临时链接，其虽然难以控制搜索引擎的特定搜索结果及其附带的临时链接，但完全有能力控制对特定网站或网页的链接。原告提起侵权诉讼时，虽因不了解两种技术的不同而将搜狐公司链接行为指控为上传，但毕竟将自己是涉案作品的著作权人、其权利被侵害以及希望尽快制止侵权的意思表达清楚了。被告收到起诉书后，没有及时断开链接，使侵权结果得以扩大，起到了帮助侵权人实施侵权的作用。依照著作权法第四十五条第(八)项的规定，被告应当对自己的这种行为承担侵权的法律责任。

综上，北京市第二中级人民法院判决被告搜狐公司书面向原告刘京胜赔礼道歉，并赔偿原告刘京胜3000元。宣判后，双方当事人均未提起上诉，一审判决发生法律效力。

(资料来源：http://www.coapu.org/coapu/research/2008/0411/content_27.html)

网站经营者直接提供信息服务时，扮演与出版者类似的角色，具有类似于出版者的法律地位，故可以比照出版者承担相应责任。网站经营者通过链接服务向上网者提供信息时，该信息并非存储于其网站所在的服务器上，而是通过链接技术从其他服务器获得。在这种情况下，如果要求网站经营者承担严格责任显然是不合理的。因为互联网上各类信息内容庞杂、数量巨大，各网站之间既具有互联性、开放性，也具有独立性，通过搜索引擎搜索到的信息必然会良莠不齐。网站经营者无法对搜索引擎搜索到的信息先行判断是否存在侵权。因此，通过链接获取的网上信息为侵权信息时，一般应当追究上传该侵权信息网站的法律责任。但是，如果网站经营者明知其他网站网页上含有侵权内容的信息，还继续提供该种服务，则其行为应被认为构成侵权。

本案也说明，随着互联网技术的发展，越来越多超越原来法律认识的案件不断发生，在完善立法的同时，也要求我们加强法律意识，自觉遵守公共道德，养成文明上网的习惯。

5.2.2 著作权与专利

随着网络的普及，网络信息传播与共享日益便捷，与著作权相关的纠纷也越来越多，对信息传播的相关法律法规的了解，能够帮助我们更好地保护自己的作品，同时也避免与其他人或组织发生一些不必要的法律纠纷。著作权法为保护文学、艺术和科学作品作者的著作权，以及与著作相关的权益，鼓励有益于社会精神文明、物质文明建设的作品的创作和传播，促进社会主义文化和科学事业的发展与繁荣。根据宪法制定的法案，受著作权保护的作品范围非常广泛，涉及文学艺术、科学技术、工程技术等方面的内容，具体包括以下方面。

- 文学作品；

- 口述作品;
- 音乐、戏剧、曲艺、舞蹈、杂技艺术作品;
- 美术、建筑作品;
- 摄影作品;
- 电影作品和以类似摄制电影的方法创作的作品;
- 工程设计图、产品设计图、地图、示意图等图形作品和模型作品;
- 计算机软件;
- 法律、行政法规规定的其他作品。

当前大学毕业生越来越多,找工作越来越难,不少学生产生毕业后就去创业的想法。几个同学朋友凑在一起,设计一个网站进行运营。然而不知不觉之间,就违反了与著作权有关的法律。只要在网站中有以下现象的,都属于违反著作权法的行为。

- 未经著作权人许可,复制、发行、表演、放映、广播、汇编、通过信息网络向公众传播其作品的。
- 出版他人享有专有出版权的图书的。
- 未经表演者许可,复制、发行录有其表演的录音录像制品或者通过信息网络向公众传播其表演的。
- 未经录音录像制作者许可,复制、发行、通过信息网络向公众传播其制作的录音录像制品。
- 未经许可,播放或者复制广播或者电视的。
- 未经著作权人或者与著作权有关的权利人许可,故意避开或者破坏权利人为其作品、录音录像制品等采取的保护著作权或者与著作权有关的技术措施的。
- 未经著作人或者与著作权有关的权利人许可,故意删除或者改变作品、录音录像制品等的内容来管理电子信息的。
- 制作、出售假冒他人署名的作品的。

在公司使用计算机,如果你使用软件来获取经济利益,但是未经过许可,那么你很有可能就违反了专利权法。如果你复制软件并进行传播,那更是违反了法律,在工作中要时刻树立法律意识,在保护自己的知识产权的同时,也不要侵犯别人的劳动成果,要在社会上营造一种良好的氛围。

专利申请分发明、实用新型和外观设计三种类型。

专利法所称发明,是指对产品、方法或者其改进所提出的新的技术方案。

专利法所称实用新型,是指对产品的形状、构造或者其结合所提出的适于实用的新的技术方案。

专利法所称外观设计,是指对产品的形状、图案或者其结合以及色彩与形状、图案的结合所作出的富有美感并适于工业应用的新设计。

参考资料:可口可乐瓶子的由来

可口可乐作为一家全球知名的饮料公司,曾经为如何销售、分装可乐而烦恼,在20世纪20年代,可口可乐公司曾经征集过瓶子设计方案。

据说在印第安纳州,有一个以点子多而出名的人名叫凯普曼·罗特。一天,他和女朋友一同外出购物，两人走着走着，突然，罗特对女朋友说："停一下！"女朋友以为发生了什么事，马上站在原地不动。

"你今天穿的脚伴裙实在太漂亮了。"罗特边打量边说，"我有个想法，如果按照脚伴裙的形状去制造瓶子，而后卖给可口可乐公司，公司老板一定会非常欢迎的！"

"可口可乐公司不是有专用瓶子吗？"路德的女朋友说，"我前天还买过可口可乐呢！"

"是的，可口可乐最初是倒在杯子里出售的，后来改用瓶装，但是由于瓶子的形状不受顾客欢迎而影响了销路，这家公司正在为瓶子的式样而煞费苦心呢！"罗特说。罗特立即照脚伴裙的样子画了一幅瓶子设计图并加以研究。经过半个多月的努力，一种新式瓶子问世了。随后罗特在专利局申请了专利，而后带到了可口可乐公司。

专家分析，罗特设计的瓶子具有理想的瓶子应该具备的条件：①握住瓶子颈时，不会有滑落的感觉；②里面所装的液体，看起来比实际分量多；③外观别致。1923 年，罗特把这项专利权以接近 600 万美元的价格卖给可口可乐公司，因而一夜之间成为富翁。

（资料来源：http://www.poboo.com/default.asp? id=826）

罗特所做的设计，正是专利中的外观设计专利，当今商场竞争激烈，产品生产厂商都为产品的生产、包装、推广、宣传做了大量工作，而可口可乐的瓶子，已经成为近一个世纪以来的经典包装，甚至成为美国文化的一部分。罗特因为一个专利而成为富翁，这个故事鼓励着无数的发明家、设计者努力工作，也说明了专利权对劳动成果的保护作用。

5.2.3　作业与作弊

网络能够使我们更便捷、更快速地获得大量信息，对于这些信息的使用，大部分人缺乏法律道德观念，在大学生提交的课程论文甚至毕业论文设计中，有非常多的论文是属于"谷歌论文"或者是"百度论文"。这些文章缺乏主题思想，没有具体调研，而是采用东拼西凑的方法，甚至有一些人从网站直接下载论文。当作业提交上去时，经常发生教师接到学生交上教师发表的论文这种情况，令人啼笑皆非。

论文的抄袭和考试作弊一样属于恶劣的道德行为，是绝对不能姑息的，很多大学对作弊处理非常严格，基本上都有考试作弊开除学籍的规定。有一所大学将期末考试补考中 8 名替考和被替考的学生同时开除，无论学生家长如何求情，最终这 16 位同学还是被学校开除。然而，高校对论文抄袭的处罚力度一直不大，不过近年来各大高校逐渐加强了对论文抄袭的处罚力度。

哈佛大学校方每年都会颁发相关文件给所有新生，指导他们如何规范论文写作、恰当引用文献和尊重他人成果。北京大学公布了新的《本科考试工作与学术规范条例》，对于论文作弊的本科生，北大首次明确处以"极刑"，这也是国内高校对于本科生论文作弊做出的最严厉的处罚。

为了更好地管理学生论文，明确规章制度，北京大学将原来的《北京大学本科考试工作条例》更名为《北京大学本科考试工作与学术规范条例》，首次增加了有关论文写作中学术规范的内容。本科生有如下情况之一：已提交的论文、实验报告、本科生科研论文中存在抄袭事实，且抄袭篇幅超过总篇幅 50%者；已提交的毕业论文、设计中存在抄袭事实，且抄袭篇幅超过总篇幅 30%者；被使用的他人观点构成该学术违纪作品的全部、核心或主要观点者；由他人替自己撰写论文和替他人撰写论文者，都将开除学籍。

北京大学教务部副部长卢晓东表示,这是北京大学第一次把学术规范明确写进本科生校规,也对论文作弊等明确规定了处罚的标准。“北大对于论文抄袭的规范不仅适用于学生的毕业论文,而且也包括学生的课堂论文、科研论文。如今信息检索越来越方便,我们近年来有越来越多的本科生出现了网上抄袭论文的现象。以前,对这些学生的处罚没有一个明确的标准。即使是全文抄袭,处罚也就是取消学位。现在,对于抄袭论文的处罚比以前更明确,也更严格了。各学院还将有专门的论文评定部门来配合这一规定,以便条例获得顺利实施。”

近年来,不断发生有研究生因毕业论文抄袭被追回毕业证书的情况。一位教育部门的领导对这种情况进行了说明:“研究生都受过更高的教育,应该担负更高的社会责任,如果他们将这种弄虚作假的习惯带到工作岗位上,那对社会的贻害就更大。”高学历的人,对论文引用和抄袭制度都非常清楚,但是他们还要明知故犯。学校每年都强调对作弊学生要严肃处理,但是总是有人以身试法,对这样的人坚决不能纵容姑息,必须坚决制止,防止他们养成抄袭等不良习惯。

5.3 注意保密

5.3.1 银行——为客户保密的尴尬

我们之所以把钱存在银行,是因为银行能够替我们保守秘密。尤其是我国实行存款实名制,每个人的收入对政府而言都是透明的。但是对普通人来讲,银行更是需要加强为客户保密的观念。长期以来,因为恪守“沉默是金”、为客户保密的原则,瑞士银行一直被认为是全球最令人信赖的银行,世界上约有 1/4 的个人财富存放在这里,各国政要、商界巨贾和演艺明星都对把存款放在瑞士银行而感到放心,这也造就了瑞士闻名于世的金融业。

参考资料:保密?不保密?瑞士银行的尴尬

瑞士银行长期以来一直实行为客户保密至上的原则,瑞士在 1934 年就制定了西方第一部银行保密法,这是瑞士银行的立业之本,该法规要求对违反保密原则的银行职员给予严厉处罚,一旦发现,将对那些违反银行保密法规的雇员施以 6 个月的有期徒刑以及高达 33000 美元的罚金。

从历史上讲,瑞士就是一个中立国家,很多瑞士人认为银行保密原则正是瑞士经济繁荣的基石,这一原则让瑞士在全球金融业务的竞争当中立于不败之地。金融业在瑞士国民生产总值中所占的比例高达 10%,金融业提供的就业机会占到瑞士全部就业机会的 6%,由此可见金融业对于瑞士经济的重要性。在世界经济较为低迷的大环境下,瑞士银行自然会全力维护自己的客户,而替客户高度保密则是他们用以招揽国外存款的重要手段,换句话说,瑞士银行也怕得罪了自己的“财神爷”,否则客户就不敢再在瑞士存款了。

但是瑞士银行的美誉最近却面临空前的危机,美国“9·11”事件的主谋拉登的资金据说就存在瑞士银行,甚至第二次世界大战中臭名昭著的纳粹分子也在瑞士银行有存款。这种只认钱不认人的做法,使瑞士银行被视为白领犯罪、逃税和洗钱的天堂,为此以欧盟委员会为首的各国政府机构近日向瑞士提出了严正警告,如果瑞士银行继续为其客户隐瞒财务状况，将遭到欧盟委员会的金融制裁，甚至可能禁止瑞士继续在欧盟进行投资。

欧盟各国财长们对瑞士金融系统"沉默是金"的原则早就产生不满，虽然本国公民利用在瑞士银行的存款偷税漏税听起来并不如国家政要或是纳粹分子在瑞士的存款那么引人注目，但前者对于欧盟成员国而言同样具有重大影响。欧盟委员会计划建立的税收信息共享机制将有助于一个更统一的泛欧洲财政系统的形成，从而在欧盟成员国内部杜绝洗黑钱的非法活动。

近年来，欧盟各国一直在对偷漏税行为重拳出击，欧盟各国财长达成一致意见，准备在欧盟成员国内部实行税务信息共享，以尽可能地减少税款流失。虽然瑞士并非欧盟成员国，但布鲁塞尔方面还是希望瑞士银行能够在打击偷漏税问题上助欧盟一臂之力，把有关欧盟成员国公民在瑞士银行存款的账户情况透露给欧盟的税收部门。

瑞士方面却拒绝了这个要求，因为瑞士本国并不惧怕公民逃税，虽然逃税在瑞士并不属于刑事犯罪的范畴，但他们对本国公民征收了高达35%的存款利息税，这样就有效避免了税收外流。

瑞士政府拒绝合作的态度引起了欧盟许多国家的不满，英国金融官员表示，瑞士可能认为偷漏税不算犯罪，但如果逃税的是英国公民，英国政府就有权了解这些公民在瑞士银行的存款情况。法国、西班牙和德国政府也都表示了相同的意见。德国财长公开指责瑞士"是偷税漏税者的天堂，而且还因此获利颇丰"。一些欧盟官员认为，"瑞士银行获得的红利中也许很多都是犯罪分子聚揽的赃钱，难道银行不觉得这些钱烫手吗？"

事实上，为了改变自身形象，瑞士银行近年来已经开始加大打击洗黑钱的力度，其间颁布了一系列相关的法律并积极参与了打击国际金融犯罪的斗争，尤其是自"9·11"恐怖事件发生后，瑞士银行做了大量的工作来跟踪搜索恐怖组织在瑞士的银行账户往来情况，为全球性的反恐行动出了一份力。

(资料来源：http://www.infzm.com/culture/whtt/200804/t20080422_43373.html)

近来，欧盟各国财长们在会议上达成协议，决定对瑞士实行金融制裁，制裁内容可能包括禁止瑞士公民在欧盟各国内部进行投资活动，以敦促瑞士银行早日打破现在的僵局。目前，瑞士在坚持银行保密原则这一问题上显得越来越孤立。

我国通过法律的形式，采用了实名制的存款方式，就是为了有效地打击贪污、受贿等腐败问题，同时在最大程度上避免逃税、漏税等现象的发生。要取得储户的信息，必须要有非常高的权力机构的保障才可以。

5.3.2　信息产业——新的保密风波

信息产业中大多数企业经营的项目都是为传统产业提供服务，如通信、应用系统、基础服务提供商、广告公司、设计公司等，在为客户服务的同时，必须要恪守"沉默是金"的原则。在日常的工作中，也要时刻提高保密意识，注意为客户保密。

2008年"3·15"晚会中，反映的第一个问题就是有关手机的垃圾短信。很多人都有这样的经历，在某个网站上填写了自己的个人资料，结果不久收到的垃圾短信一波接一波，令人不胜其烦。这些垃圾短信的发送者固然令人可气，给发送者提供手机号码的泄密者更应该受到制裁和谴责，我国有关的法律规定，泄露私人信息属于违法行为，然而很多人为了利益，还是选择了与法律背道而驰。

参考资料：电话号码泄露案

陈某的妻子在医院顺利产下一个儿子，陈某刚刚沉浸在初为人父的喜悦中，然而他的手机却不停地接收到一些关于育婴、奶粉和婴儿保健的短信，很多短信夸大其词，甚至有些就是变相地威胁。虽然愤怒，但是陈某却毫无办法可言，他在医院留下了自己的联系方式。如果更换号码，自己大量的业务伙伴将失去联系。最后在专业法律人士的帮助下，陈某向法院提出诉讼，经过调查发现，该医院一位计算机维护工作人员王某将婴儿的家庭联系方式卖给了厂商。

王某的所作所为虽然为自己赚取了一定的“外快”，但是严重违反了职业道德，同时也构成了泄露客户信息的违法行为。他在被医院开除的同时，也受到了法律的惩罚。王某刚开始并没有想泄露客户的信息，但是禁不住推销人员的引诱，在义气、金钱的影响下走上了犯罪的道路。

IT 行业从业人员由于工作关系，经常能够接触到所服务企业或者所在企业的信息，遵守职业道德，为客户保密就成为从业的基本原则。而这种为客户保密的职业道德，恰巧是刚毕业的学生最缺乏的意识，他们很容易忽视这一原则，在一定情况下，有意或无意地容易泄露客户的信息。一旦客户的信息被泄露，不仅给客户带来巨大的损失，也严重地影响了自己的生活。

(资料来源：http://www.hb261.com/news/finance/20071130/857687106.html)

无论从事什么行业，都应遵守保密的原则。在广告公司工作，必须要注意客户的方案和创意得到足够的保密；在建筑设计公司工作，必须保证客户的设计方案得到保密；在软件公司工作，为客户安装软件的时候应注意客户信息的保密；从事其他性质的工作，例如杀毒服务、数据恢复服务，更是要对数据守口如瓶。

随时注意数据的保密性与安全性，这是对 IT 从业人员的基本职业道德要求。

5.4 不做黑客

5.4.1 网络攻击已形成黑色产业链

以前的病毒制造者攻击网站、窃取信息通常只是以炫耀技术、恶作剧或者仇视破坏为目的。随着互联网经济的发展，网络攻击等违法行为的目的已转变为追求“经济利益”，并已形成黑色产业链。

国家计算机网络应急技术处理协调中心公布的 2007 年上半年网络安全工作报告显示，2007 年上半年，网络仿冒事件和网页恶意代码事件，已分别超出 2006 年全年总数的 14.6% 和 12.5%。来自中国互联网协会的数据显示，2007 年上半年，新增计算机病毒样本超过 10 万种，与上年同期相比增加了 23%，其中木马病毒新增数占总病毒新增数的 68.71%，高达 76593 种。换言之，互联网已经陷入“病毒经济时代”。

近年来，病毒制造者和网络除了在病毒程序编写上越来越巧妙外，他们更加注重攻击“策略”和传播、网络流程。他们利用互联网基础网络应用、计算机系统漏洞、Web 程序的漏洞以及网民的疏忽，窃取 QQ 密码、网游密码、银行账号、信用卡账号、企业机密等个人资料和商业机密，通过出售这些信息换取金钱。同时，越来越多的网络团伙利用计算机病毒捆绑“肉鸡”，构建“僵尸网络”，用于敲诈和受雇攻击等，也成为主要的非法牟利行为。而且这些盗取信息或敲诈勒索等行为已呈组织化和集团化趋势。

病毒制造者从病毒程序开发、传播病毒到销售病毒，形成了分工明确的整条操作流程，并形成病毒地下交易市场，使这些人或组织获取利益的渠道更为广泛，病毒模块、“僵尸网络”、被攻陷的服务器管理权等都被用来出售。另外，很多国内网络开始利用拍卖网站、聊天室、地下社区等渠道，寻找买主和合作伙伴，取得现金收入，整个行业进入“良性循环”，使一大批人才、技术和资金进入这个黑色行业。“流氓软件”、“木马软件”、“钓鱼网站”等病毒和网络诈骗手段相结合，令人防不胜防。

但是互联网已成为企业、政府、个人不可或缺的日常应用，在这种情况下，网络用户要小心谨慎，轻易不要浏览一些不熟悉的网站，不要打开一些带附件的不明信件；IT从业人员应加强自律，不要贪图一时的利益或者为了出名而设计一些非法软件，来证明自己的能力。实际上病毒等非法软件的设计是很容易的，大多数从业人员出于遵守职业道德的原因，避免设计非法软件。此外，政府也要加强网络犯罪的监控和打击力度，加大对违法事件的监察和打击，完善法律法规，不断进行法律宣传，使互联网法律观念深入人心，从而最大限度地避免违法犯罪事件的发生，维护网络的正常秩序。

造成巨大影响的“熊猫烧香”病毒制作者，就是因为缺乏法律观念意识，开始是出于对计算机技术的爱好，只是为了证明自己的能力，最终却一步一步走上了犯罪的道路。事实告诉我们，网络犯罪和现实犯罪一样，只要你触犯了公众的利益，都要接受法律的制裁。

目前，我们政府也已颁布了《中华人民共和国计算机信息系统安全保护条例》、《中华人民共和国计算机网络国际联网管理暂行规定》等一系列安全法规。但在针对互联网违法行为的界定、处罚力度以及相关法律针对性范围等方面仍存在不足，需完善相关法律体系。

2007年8月28日，信息产业部、公安部、国务院法制办、国务院信息化办公室等八个政府部门的代表，来自20家专业机构及互联网企业的代表，联合召开了“2007安全中国——计算机恶意程序治理法律环境高层研讨会”，就中国目前的网络安全形势以及对网络木马等恶意程序的法律治理问题进行了深入的探讨和剖析，协商尽快制定《网络安全法》并提交人大审议。

“经济利益已经发展成为病毒等恶意程序制造者最大的驱动力，并形成盗取账号、负责销赃的黑色产业链，而成本低、收益大，调查处理成本较高，是其越演越烈的根本原因之一。”国家计算机网络应急处理协调中心副主任黄澄清曾提到过以上观点。国务院信息化工作办公室政策规划组负责人秦海说：“在运用互联网信息技术保障网络安全的同时，推进网络安全立法和执法工作十分迫切，这关系着国家信息化建设的健康、稳定发展。”

的确，网络犯罪调查取证困难，往往要牵涉到不同地方，不同层次的警务人员协同办公，才能够将犯罪分子绳之以法。要改善当前网络环境，只有在加强技术保障、提高防范意识的同时加快法律体系建设，推动《网络安全法》出台，才能保证互联网的健康发展，保障互联网用户的利益。

5.4.2 黑客与危害

2008年奥运会在我国举行，打击恐怖分子、保护与会人员安全是一项重大的责任，但是在互联网这个不见硝烟的战场上,其斗争的激烈程度不亚于现实生活中的反恐战争,黑客隐患正成为奥运网络安全无法回避的话题。假设男子 110 米栏决赛正在向全球转播,突然镜头被切换成与比赛无关的画面;田径比赛万米长跑正在进行中,计时系统突然出现故障;运动员成绩信息系统数据混乱,所有成绩被恶意删除……上述任何一幕如果成为现实,恐怕都将震惊世界。黑客隐患正成为奥运网络安全无法回避的话题之一,而保障网络信息安全就成为奥运会组织者一项重大的任务。

奥运会对网络的大规模应用,给黑客们提供了可乘之机。基于过去的经验,奥运会一直都是很多黑客希望借以"一举成名"的舞台。而北京奥运会因为目前的特殊国际环境,也很容易成为敌对势力发动网络攻击的靶子。

"虽然 CNN 最近面临着来自那些对西藏事件报道感到气愤的中国黑客的网络攻击,但中国安全官员却对北京奥运期间可能遭遇黑客攻击感到担忧。"2008 年 4 月 23 日美国《个人计算机世界》杂志对北京奥运可能遭遇黑客攻击做出如上表述。该杂志称,一些黑客可能正在等待北京奥运会的时机,对中国的网站发动报复性攻击。

无独有偶,4 月 24 日,罗马尼亚 softpedia 网站也发表文章,提到黑客正在把目光对准北京奥运会。文章称,随着北京奥运会的临近,运动员和黑客们都开始为奥运会做准备。而一家计算机技术公司已经检测到 13 种以奥运为题的恶意电子邮件。和以往的恶意邮件不同,这类邮件是要在阅读者的计算机上安装一些恶意软件,然后利用恶意软件执行其他恶意指令。

"黑客们可能正在等待机会,选择在奥运期间攻击中国的网站,那个时候任何意外事件都会产生最大的公众效应。"《个人计算机世界》分析说。

网络黑客真正威胁到奥运会应该始于 2000 年的悉尼。作为有史以来计算机化程度最高的一届奥运会,悉尼奥运会自身的计算机网络包括 7300 台个人计算机。当时,39 个比赛场馆的数千场比赛结果以电子传输的方式公布在组委会的官方网站上,网站的点击次数超过 10 亿。

而在悉尼奥运会开幕前,组委会官员就收到美国联邦调查局的警告,提醒他们预防不速之黑客对奥运网站的"拜访"。根据报告,黑客已经多次出入悉尼奥运会官方网站,他们可能以传入大量电子邮件"轰炸"、删改网页、切断网站服务,以及传入病毒等方式为主要攻击手段。各国计算机专家组成的小组迅速展开打击"网上恐怖主义袭击"行动,虽然最后并未出现预想中的情况,但组委会成员仍被惊出一身冷汗。

雅典奥运会上,网络安全也成为头疼的问题。由于这是"9·11"后举办的第一届奥运会,雅典方面对此格外小心。当地警方指出,从电子记分牌、成绩录入系统、安全监视系统等比赛必备的设施,到照明供电系统、交通运输等城市公共设施,都有可能成为黑客攻击的目标。奥运会期间,雅典联合其他国家,共同严密监控网络黑客的活动。

2006 年意大利都灵冬奥会的 17 天比赛期间,为其提供 IT 服务的公司每天记录了 310 万起可疑事件,并挫败了 158 起可能造成网络中断的重大事件,其中有 10 起事件被认为"非常严重"。

"自从悉尼奥运会以来,黑客和病毒对奥运会的威胁增加了很多。"一位安全专家告诉《国际先驱导报》,无论从覆盖范围还是计算机应用数量上,北京奥运会的规模都远远超越以往历届奥运会,"这也可能给黑客提供了可乘之机"。

但北京奥运会并非毫无准备。2008 年 4 月 1 日，中国首个城市信息安全应急响应与处置中心在北京成立，它将 24 小时紧盯网络安全，专门防范奥运黑客。一旦发现可疑情况，将立即采取相应措施。但是形势仍相当严峻。木马软件是网络安全很大的威胁，而据中国国家计算机网络应急技术处理协调中心(CERT)统计，2007 年中国约有 100 万台计算机感染木马软件，而 2006 年仅为 4.4 万台感染。

"我们预计明年北京奥运会可能会产生 2 亿个警报。当然，并非每个警报都是威胁，我们的智能监控系统会对每个警报进行相关性分析、累加分析，最后过滤出那些真正的威胁，然后提示、处理。"负责奥运会所有信息系统集成工作的法国源讯公司奥运会项目技术经理蒋升说。

为了维护奥运期间信息网络安全，从 2008 年 4 月 26 日起，公安部公共信息网络安全监察局开展了为期一个月的"2008 年全国信息网络安全状况和计算机病毒疫情调查活动"，活动期间，各地公安机关将组织本地网站开展病毒、木马等恶意代码清理工作。

5.4.3　网络安全

网络虽然是一个公众信息发布的平台，但并不代表在网络上可以不负责任地做任何事情，一个整洁、有序的网络环境才是大多数人想要的。网络安全不能仅靠技术或者道德来维护，还需要一定的管理章程甚至法律手段，让违反网络纪律的人受到严厉的惩罚，这样才能够约束一些"网络公民"彻底断了他们的念头。只有上网人的信息对于特殊部门来讲是透明的，才能达到这种目的。

我们都知道，网络上的每台计算机都有一个 IP 地址，每个网站都有一个域名，我们国家从 2005 年起，实行《互联网 IP 地址备案管理办法》，其中就规定了 IP 地址的管理制度。

"第六条　信息产业部统一建设并管理全国的互联网 IP 地址数据库，制定和调整 IP 地址分配机构需报备的 IP 地址信息；各省通信管理局通过使用全国互联网 IP 地址数据库管理本行政区域内各级 IP 地址分配机构报备的 IP 地址信息。

第七条　各级 IP 地址分配机构应当通过信息产业部指定的网站，按照 IP 地址备案的要求以电子形式报备 IP 地址信息。

第八条　各级 IP 地址分配机构在进行 IP 地址备案时，应当如实、完整地报备 IP 地址信息(需报备的 IP 地址信息参见本办法附录)。

第九条　各级 IP 地址分配机构应自取得 IP 地址之日起二十个工作日内完成 IP 地址信息的第一次报备。

第十条　各级 IP 地址分配机构申请和分配使用的 IP 地址信息发生变化的，IP 地址分配机构应自变化之日起五个工作日内通过信息产业部指定的网站，按照 IP 地址备案的要求以电子形式提交变更后的 IP 地址信息。

各级 IP 地址分配机构的联系人或联系方式发生变更的，应自变更之日起十个工作日内报备变更后的信息。"

管理办法同时规定，如果违反了上述规章制度，将要受到一定的惩罚。

"第十七条　违反本办法第八条、第九条、第十条、第十三条的规定的，由信息产业部或者省通信管理局依据职权责令限期改正；逾期不改的，给予警告或者处人民币一万元罚款，或者同时处以上两种处罚。

第十八条　违反本办法第十四条规定,未建立 IP 地址管理制度的,由信息产业部或者省通信管理局依据职权责令限期改正;逾期不改的,给予警告或者处人民币五千元以上一万元以下罚款,或者同时处以上两种处罚。”

对于域名管理,在 2004 年提出《中国互联网络域名管理办法》,其中第十三条说明了域名使用单位应当承担的责任。

“第二十七条　任何组织或个人注册和使用的域名,不得含有下列内容:

(一) 反对宪法所确定的基本原则的;

(二) 危害国家安全,泄露国家秘密,颠覆国家政权,破坏国家统一的;

(三) 损害国家荣誉和利益的;

(四) 煽动民族仇恨、民族歧视,破坏民族团结的;

(五) 破坏国家宗教政策,宣扬邪教和封建迷信的;

(六) 散布谣言,扰乱社会秩序,破坏社会稳定的;

(七) 散布淫秽、色情、赌博、暴力、凶杀、恐怖或者教唆犯罪的;

(八) 侮辱或者诽谤他人,侵害他人合法权益的;

(九) 含有法律、行政法规禁止的其他内容的。

第二十八条　域名注册申请者应当提交真实、准确、完整的域名注册信息,并与域名注册服务机构签订用户注册协议。

域名注册完成后,域名注册申请者即成为其注册域名的持有者。

第二十九条　域名持有者应当遵守国家有关互联网络的法律、行政法规和规章。

因持有或使用域名而侵害他人合法权益的责任,由域名持有者承担。

第三十条　注册域名应当按期缴纳域名运行费用。域名注册管理机构应当制定具体的域名运行费用收费办法,并报信息产业部备案。

第三十一条　域名注册信息发生变更的,域名持有者应当在变更后三十日内向域名注册服务机构申请变更注册信息。”

该管理办法同时也指出违反该规定的处罚方案,对一些违反网络安全、图谋不轨的网民会进行一定程度的处罚。对严重违反者,也制定了相应的刑事处罚方案。

像我们案例中指出的那样,那些违反网络纪律的人,最终必将受到惩罚。

IP 地址和域名是构成网络的最基本要素,通过对它们的管理,在一定的程度上能够遏制日益严重的网络上违反公众利益的行为。然而“道高一尺,魔高一丈”,随着技术和意识的发展,一些新的道德冲突也将日益显现出来,网络不是一个只有净土的乐园,网络环境的净化需要全体网民一起努力,共同遵守网络社会的秩序与道德,从而使网络更好地为社会服务。

5.5　总结讨论

5.5.1　本章小结

(1) 在工作中首先要有敬业精神,敬业精神是工作的态度总和,这里更多的是指职业道德和个人修养的结合，敬业与爱业是分不开的，是个人职业修养的基础。

(2) 诚信在IT行业中尤其重要，体现在整个行业的方方面面，包括虚拟交易、雇用关系、系统设计与开发等，在生活和工作中讲诚信是立足行业的根本。全心全意工作是诚信的基础内容，通过全身心的投入才会赢得更好的前途。由于IT行业不断更新，在工作中积极学习，不断运用新的方法，是IT行业从业者必须遵循的一项基本规则。

(3) 知识产权是对人们在发明创造中付出的心血的一种有效的保护。在IT行业中，由于物理成本较低，因此很多企业都是依靠维护知识产权来保护自己的产品，可以说知识产权是IT行业能够运行的基础。知识产权包括多种形式，对于IT行业来讲，最常见的是软件著作权和专利。

(4) 软件著作权是类似于传统图书等的知识产权保护手段，是对软件的有效保护。专利则可以分为发明专利、实用新型专利和外观设计专利。

(5) 信息社会由于信息的不对称，保密与否成为职业素养的重要体现。但是在多大程度上要保密、如何保密又是一个新的问题。

(6) 黑客并没有明显的贬义，原本只是指技术高手，但是现在却几乎成为危害网络的技术高手的代名词。在本书的开头已经讨论过，要将技术应用到正确的地方，切忌炫耀技术或者铤而走险，更不能利用技术来获取不正当利益。

5.5.2　小组讨论：我们是否应该制造病毒

1. CIH病毒

2000年左右，每年的4月25日全国各种媒体都会提醒民众，4月26日为CIH病毒发作日期，需要将计算机的日期更改，以免触发该病毒。更有甚者，4月26日当天不敢打开计算机，该病毒的威力可见一斑。最开始CIH病毒只有在4月26日这一天才会发作，而且当时的杀毒软件拿该病毒基本没有什么办法。

CIH病毒是迄今为止发现的最阴险的病毒之一，主要原因在于它发作时不仅破坏硬盘的引导区和分区表，而且还破坏计算机系统Flash BIOS芯片中的系统程序，导致主板损坏。CIH病毒是目前发现的首例直接破坏计算机系统硬件的病毒，当CIH病毒发作时，它会覆盖掉硬盘中的绝大多数数据，这样只能从最新的备份中恢复，而一旦主板遭到破坏，再恢复起来会非常困难。

该病毒通过破坏Flash BIOS中的数据，对主板造成破坏，一旦Flash BIOS被覆盖掉，那么机器将不能启动，只能将Flash BIOS进行重写之后才可以解决问题，而只有主板的生产厂商才能够对Flash BIOS进行重写，一旦病毒发作，计算机不能正常启动，显示器一片漆黑。直到后来，绝大多数主板生产厂商改进了主板的生产工艺，直接在主板上添加了对该病毒的防护，该病毒对计算机的影响才逐渐减少。

CIH病毒的破坏力巨大，能够在网上进行传播。由于平常感染该病毒的计算机并没有什么症状，而是到特定的某一天(例如4月26日)发作，因此该病毒在平时得到大量的传播。有一次大规模爆发，造成全球6000万台计算机瘫痪，其中韩国损失最为严重，共有30万台计算机中毒，占当时全国计算机总数的15%以上，损失高达两亿韩元以上。土耳其、孟加拉国、新加坡、马来西亚、俄罗斯、中国内地的计算机均惨遭CIH病毒的袭击。

是谁制造了给人们带来如此大麻烦的病毒，他的动机是什么呢？病毒爆发后，计算机专家很快发现这些病毒的制造者是一位中国台湾的大学毕业生,他的名字叫陈盈豪。CIH 正是他姓名的拼音缩写,计算机病毒风暴过后,有的把 CIH 的始作俑者陈盈豪抬升为"天才",有的把他贬为"鬼才"。那么,陈盈豪到底是一个什么样的人呢?

当陈盈豪被捕以后,人们非常想知道这位让全球计算机用户痛恨的人物是什么样子。当他踏入台北刑事局的大门时,数十名记者早早等在那里。让办案的警方人员大感意外的是,搞出震惊全球计算机病毒的陈盈豪在记者的闪光灯包围中差一点当场瘫倒在地,只见他浑身发抖,面无血色,两腿发软,几乎无法自己走路!正当警员们束手无策的时候,有多次侦办计算机黑客经验,摸透了这些自诩为一等计算机高手秉性的台北"刑事局侦讯室"主任一个箭步冲上前去,轻轻地揽住直往地下"出溜"的陈盈豪,半拖半架地把他弄进了侦讯室,并且劝走了仍在不停拍照的记者。

颇有经验的办案人员没有采取单刀直入的惯用方式对陈盈豪进行问讯,而是先跟他谈他过去在大学里的女朋友、他的家人、大学生活以及与计算机有关的知识,这才让陈盈豪的情绪逐渐恢复了平静。

为了进一步缓解陈盈豪的情绪,办案人员打开了侦讯室的计算机让他上网。非常巧的是,他一上网就发现他的母校——台湾大同工学院的一位学妹非常崇拜这位制造了震惊全球"计算机大屠杀"的老大哥,并且希望有机会约他吃饭。陈盈豪看了这封电子邮件后顿时精神奋发,脸上露出了笑容,很快就恢复了常态。这时陈盈豪已经不害怕警方对他拍照,表示愿意配合警方调查,跟几分钟前简直判若两人。

心情恢复平静的陈盈豪开始向警方侃侃而谈他制造病毒的"辉煌战果"。陈盈豪说,他从大学一年级开始就痴迷上了计算机,每天都要上网,下载最热门的软件、游戏,因此也经常遭遇计算机病毒。为了解决计算机屡屡"中毒的烦恼",他通过看报纸,买了不少广告做得天花乱坠的防病毒软件,结果往往什么用也没有,于是觉得自己被欺骗了。

令人震惊的是,他设计 CIH 病毒的目的,就是想让一家在广告上吹嘘"百分之百防毒"的软件公司出洋相。他一共设计了五个版本的 CIH 病毒,其中 V1.0、V1.1 两个版本没有流传出去,危害世界各国的病毒是 V1.2 版。病毒发作的时间之所以定在 4 月 26 日,其实跟苏联的切尔诺贝利核电站事件毫无关系,只是凑巧与苏联核电站事故同一天,所以国外部分专家给这种破坏力极强的病毒起了个"切尔诺贝利病毒"的别名。陈盈豪之所以把病毒的发作期定在 26 号,就因为那是他的高中座号,也是他的绰号。陈盈豪说,1998 年年初他读大学四年级的时候,他把 CIH 病毒放在他自己用的学校主机内,并且加上了"病毒"的警告语。然而,不知怎么回事,这种病毒竟然流传出去了。最让警方吃惊和意外的是,陈盈豪已经研制出第二代的 CIH 病毒。该病毒已经完成了 80%。如果第二代病毒完成,那么它不但可以破坏个人的计算机,而且还将使服务器的主机完全瘫痪!警方大感震惊,连忙劝说陈盈豪拿出解毒程序。又让办案警察感到意外的是,他竟然不会"解毒"。

陈盈豪告诉办案人员说,去年他从大同工学院毕业前,因为他的 CIH 病毒造成学校网络瘫痪而被学校记大过,并且要他写出解毒的程序。然而,陈盈豪却无能为力。1998 年 5 月,陈盈豪终于联系到专门对他的病毒有研究的台湾淡江大学学生翁世同,希望他能"拉"自己一把。那位翁姓学生很快就给他寄来了防止 CIH 的程序,并且公布在 SSCAN 网站上。至于正在研制的破坏力更强的第二代 CIH 病毒,陈盈豪当面答应警方予以销毁。

一个人为了证明自己的能力,没有选择正确的途径,却选择了偏激的方法,给全球的计算机用户都带来极大的不方便。陈盈豪的思维方式也存在于很多学习计算机程序设计技术的大学生中，他们通常个性非常偏激，不善于人际交往，对社会现状往往也不满意，但一旦进入计算机世界，他们就反应敏捷，表现出超出常人一等的天分。陈盈豪就是这种人，俗称“计算机自闭症”。这种人如果不能善加辅导，而被不法组织利用，那么对社会将会造成巨大的危害。

2. 熊猫烧香

从2006年年底到2007年年初，一只熊猫拿着三支香，这个图像一度令计算机用户胆战心惊。“熊猫烧香”在短时间内通过网络传遍全国，数百万台计算机中毒。2007年2月，“熊猫烧香”病毒设计者李俊归案，交出杀病毒软件。据李俊交代，其于2006年10月16日编制了“熊猫烧香”病毒并在网上广泛传播，还以自己出售和由他人代卖的方式，在网络上将该病毒销售给120余人，非法获利10万余元。9月24日，湖北省仙桃市法院一审以破坏计算机信息系统罪判处李俊有期徒刑4年，这是我国侦破的国内首例制作计算机病毒的大案。

值得注意的是，“熊猫烧香”不同于上面介绍的CIH病毒单纯地对计算机进行破坏，它同时还盗取用户的信息。一些制造“流氓软件”和“木马软件”的中小厂商甚至在有意识地推广这种病毒，以达到利用该病毒来非法赢利的目的。

据江民公司反病毒工程师称，已经发现了疯狂肆虐的“熊猫烧香”幕后势力的痕迹，“熊猫烧香”病毒被怀疑是由“超级巡警”软件的提供方在幕后推动。瑞星对截获的“熊猫烧香(Worm. Nimaya)”样本进行分析，发现不少变种运行后，会从网上下载并盗取“江湖”、“大话西游”、“魔兽”等网络游戏账号。用户的计算机一旦被这些病毒感染，游戏的账号、装备等就会被黑客窃取，黑客通过在网上倒卖网游账号、装备等获利，整个宣传、盗号、销售甚至形成一条龙的产业链。

北京瑞星股份有限公司反病毒工程师史瑀向《每日经济新闻》表示，迫于技术和舆论的压力，制作流氓软件的厂商开始两极分化。一些大牌互联网厂商逐渐“洗白”，将软件的“流氓”程度降低，还有一些厂商干脆放弃推广“流氓软件”。然而，仍有大量的中小厂商是通过“流氓软件”起家的，通过“流氓软件”进行广告推广已经成为其公司主要甚至是唯一的收入来源。从2006年下半年开始，一些厂商为了生存，不惜铤而走险，使用更加卑劣的手段进行推广，并且采用更加恶毒的技术公然向反病毒软件、反流氓软件工具挑战。在这种情况下，因为一时兴趣而设计“熊猫烧香”病毒的李俊，很快被这些公司利用，不知不觉走上了违法的道路，最终受到法律的制裁。经过劳改，李俊意识到自己的错误，在监狱中写下了如下的悔过书。

各位网友：

你们好！我是熊猫烧香的第一版作者。

我真的没有想到熊猫烧香在短短的两个月竟然疯狂感染到这个地步，真的是我的不对，或许真的是我低估了网络的力量，它的散播速度是我想不到的！对于所有中毒的网友、企业来说，可能是一个很大的打击，我对此表示深深的歉意！很对不起！

我要解释一些事情，有人说熊猫烧香更改熊猫的图标是我在诋毁大熊猫！这里我要解释一下，这是绝对没有的事情，完全是因为我个人比较喜欢这个图片，才会用的！

还有关于变种。我写这个病毒的初衷，纯粹是为了编程研究，对于出了这么多变种，我是根本想不到的，这个责任也不全是我的！还有人说熊猫病毒写出来是商业目的，这完全是无稽之谈。我在这里承诺,本人绝对没有更新过任何变种!

关于中毒后的一些现象。有人计算机中毒后会有蓝屏、无声、卡死、文件丢失等现象!蓝屏和死机的原因有很多可能,熊猫的主程序是不会造成计算机死机或蓝屏的,更不会把别人计算机里面的文件弄丢!

还有人说我心理变态。我在前面已经说了,该病毒感染的速度、变种的数量是我所料想不到的。还有,我编写这个病毒程序的初衷完全是为了编程研究。对于这个评论,我也就不多说什么了!

最后就是关于我的身份。大家不要再猜测我是谁了,15岁的武汉男生也好,是个女的也好,某公司老总也好,杀毒厂商也好,光是新闻的评论、网友的臭骂已经让我后悔之极了!希望熊猫病毒不要再成为炒作的娱乐新闻,不要再出任何关于熊猫病毒的新闻和评论!希望安全软件公司既不要吹嘘,也不要相互诋毁、相互炒作,应尽力做出让人们信赖的安全软件!谢谢大家!

这是我写的一个专杀熊猫病毒的程序,肯定是比不上专业级的杀毒软件了,但是我想这是我最后能为大家做的事情了。

熊猫走了,是结束吗?不是的,网络永远没有安全的时候,或许在不久,会有很多更厉害的病毒出来!所以我在这里提醒大家,提高网络安全意识,并不是你应该注意的,而是你必须懂得和去做的一些事情!

再一次表示深深的歉意,同时我发出这个"专杀程序",愿能给大家带来帮助!

熊猫烧香的作者
2007年2月9日于仙桃市第一看守所

(资料来源:http://ks.cn.yahoo.com/question/1406050404640.html; http://baike.baidu.com/view/614228.html)

讨论:学习信息技术的目的是什么?为什么制造病毒是违法的?

5.6 实践训练

5.6.1 课外作业与练习

(1) 举一个你身边的敬业的例子,通过该例子谈谈你对全心全意工作的理解。

(2) 阅读材料并回答问题。

苹果公司是技术创新的典范,并且得益于专利保护和经营。有资料显示:苹果公司的创始人乔布斯本人作为主要发明人的专利多达313项专利,苹果公司2011年仅在美国就获得676项专利,排名第39位,在全球其他国家的授权尚未计算在内。

但苹果公司却在中国内地出现过iPad商标危机,以iPad为商标的平板计算机面临在中国内地被禁止销售的境地。iPad商标在中国内地的商标权的所有者唯冠科技(深圳)有限公司(简称深圳唯冠)向上海浦东法院提起的诉讼中,新增了"诉前禁令"申请,即在提起诉讼前法院责令侵权人停止有关行为的措施。这意味着,如果上海浦东法院颁布禁令,苹果旗下标有iPad商标的产品将在上海遭到禁售。深圳唯冠曾向多地法院、工商局起诉和申诉,苹果公司面临着数亿甚至百亿元的巨额赔付或禁售危机。该官司最后以苹果公司拿出数千万美金赔付唯冠公司为终结,唯冠公司成功地“咬了苹果一口”。

很多科技类公司依靠出售专利来赚钱,IBM公司每年依靠专利即可收入数十亿美元。我国很多公司,由于缺乏研发实力,一直在充当加工厂的角色,虽然营业额较高,但是获取利润却很少。随着苹果公司专利意识的加强,大量的手机芯片、外形设计都属于苹果的专利,虽然苹果在与唯冠公司的官司中输了几千万美元,但是在与三星的专利纠纷中,却赢了10亿美元,全球大量手机用户在购买手机时都需要向苹果缴纳“专利税”。

问题:

(1) 结合本案例说明,唯冠与苹果的专利纠纷属于哪种专利?

(2) 为什么全球大部分手机用户都要向苹果缴纳“专利税”。

(3) 采用不正当手段查看别人邮箱是否属于违法行为?

(4) 什么是职业道德? 职业道德中最重要的是什么?

(5) 如果有朋友请你攻击别人的计算机或者网络,你会怎么办?

(6) 根据阅读材料,谈谈你对计算机病毒或木马的体会。

(7) 结合平时所学过的专业知识,说说如何防止网络攻击。

5.6.2 热点话题:离职后原单位的成果是否可以任意使用

随着社会主义市场经济体制的逐步建立和完善,科技、经济体制改革的不断深入和发展,我国的科技人员更换工作有了新的发展,对促进科技成果转化、科研结构调整、人才分流,实现在社会主义市场经济体制下科技人才和技术资源的优化配置,深化科技体制改革,发挥了积极的作用。当前,随着社会经济生活的日益活跃,经济、技术的竞争日益加剧,在科技人员流动中,也出现了一些值得重视的问题,如少数承担国家重点科技计划项目或者在科研、国防、军工等关键岗位上工作的科技人员擅自离职,给国家利益造成重大损失;科技人员在离职后侵犯原单位的知识产权和技术权益,特别是将原单位拥有的技术秘密,甚至经法定程序确定的国家科技秘密擅自披露、使用或允许他人使用;一些单位采取不正当手段挖走人才,破坏正常的科研秩序和市场竞争秩序,等等。因此,如何正确处理科技人员流动中所涉及的国家、单位和个人三者的利益关系,鼓励正当的人才流动活动,制止在流动中对国家科技秘密和单位技术秘密的侵犯行为,是当前科技体制改革中亟待解决的一个重要问题,需要明确有关具体的政策界限和管理措施,为此,提出如下意见。

(1) 科技人员流动是社会主义市场经济体制下劳动择业自由的体现,也是深化科技体制改革,促进科学结构调整、人才分流,实现科技人才和技术资源优化配置的一项重要措施。鼓励和支持部分科技人员以调离、辞职等方式到社会主义现代化建设中最能发挥其作用的岗位去工作。

科技人员流动应当依法有序地进行。科技人员在流动中,应当遵守国家的有关法律、法规和本单位的各项管理制度,自觉维护国家或者单位的合法权益。国家机关和企业事业单位要加强对科技人员流动的管理工作,对科研任务不饱满或者学科专业不适合本单位发展需要、自愿流动的科技人员,在组织和人事管理上应提供便利和支持。各级科技行政主管部门也应当加强对科技人员流动的宏观管理和政策引导,支持正当合理的科技人员流动活动。

(2) 本单位所拥有的技术秘密,是指由单位研制开发或者以其他合法方式掌握的、未公开的、能给单位带来经济利益或竞争优势，具有实用性且本单位采取了保密措施的技术信息，包括但不限于设计图纸(含草图)、试验结果和试验记录、工艺、配方、样品、数据、计算机程序等。技术信息可以是有特定的完整的技术内容，构成一项产品、工艺、材料及其改进的技术方案，也可以是某一产品、工艺、材料等技术或产品中的部分技术要素。

技术秘密是一种重要的知识产权，其开发和完成凝聚着国家或者有关单位大量的人力、物力投入。因此，科技人员在流动中不得将本人在工作中掌握的、由本单位拥有的技术秘密(包括本人完成或参与完成的职务技术成果)非法披露给用人单位、转让给第三者或者自行使用。

(3) 企事业单位要加强对承担国家科技计划项目或者本单位重要科研任务的科技人员进行管理。对列入确定为国家重大科技计划项目的计划任务书或者有关合同课题组成员名单的科技人员，在科研任务尚未结束前要求调离、辞职，并可能泄露国家重大科技计划项目或者科研任务所涉及的技术秘密，危及国家安全和利益的，原则上不予批准。擅自离职，并给国家或者原单位造成经济损失或泄露有关技术秘密的，可以依据有关法律规定，要求其承担经济责任；用人单位有过错的，也应依法承担连带赔偿责任。

(4) 企事业单位所拥有的技术秘密，凡依据国家科委、国家保密局发布的《科学技术保密规定》确定为国家科学技术秘密的，应当按该规定并参照本意见进行管理。各企事业单位和科技人员负有保守国家科学技术秘密的义务。在依据国家科委、国家保密局《科学技术保密规定》确定国家科学技术秘密时，应当确定涉密人员范围。涉密人员调离、辞职时，应当经确定密级的主管部门批准，并对其进行保密教育，未经批准擅自离职的，依法追究当事人及用人单位负责人的行政责任。故意或者过失泄露国家科学技术秘密，情节严重，并致使国家利益遭受重大损失的，依法追究当事人的刑事责任。

(5) 企事业单位应当对本单位拥有的技术秘密采取合法、有效的保密措施，并使这些措施有针对性地适用于科技成果的完成人、与因业务上可能知悉该技术秘密的人员或者业务相关人员，以及有关的行政管理人员。这些措施包括订立保密协议、建立保密制度、采用保密技术、采用适当的保密设施和装置以及采用其他合理的保密方法。有关保密措施应当是明确、明示的，并能够具体确定本单位所拥有的技术秘密的范围、种类、保密期限、保密方法以及泄密责任。单位未采取适当保密措施，或者有关信息的内容已公开、能够从公开渠道直接得到的，科技人员可以自行使用。

科技人员可以与其工作单位就该单位的技术秘密、职务技术成果的使用、转让等有关事项签订书面协议，约定科技人员可以自行使用的范围、方式、条件等具体问题。

(6) 企事业单位可以按照有关法律规定，与本单位的科技人员、行政管理人员，以及因业务上可能知悉技术秘密的人员或业务相关人员签订技术保密协议。该保密协议可以与劳动聘用合同订为一个合同，也可以与有关知识产权权利归属协议合同订为一个合同，也可以单独签订。

签订技术保密协议，应当遵循公平、合理的原则，其主要内容包括：保密的内容和范围、双方的权利和义务、保密期限、违约责任等。技术保密协议可以在有关人员调入本单位时签订，也可以与已在本单位工作的人员协商后签订。拒不签订保密协议的，单位有权不调入，或者不予聘用。但是，有关技术保密协议不得违反法律、法规规定，或非法限制科技人员的正当流动。协议条款所确定的双方权利义务不得有失公平。

承担保密义务的科技人员享有因从事技术开发活动而获取相应报酬和奖励的权利。单位无正当理由，拒不支付奖励和报酬的，科技人员或者有关人员有权要求变更或者终止技术保密协议。技术保密协议一经双方当事人签字盖章，即发生法律效力，任何一方违反协议的，另一方可以依法向有关仲裁机构申请仲裁或向人民法院提起诉讼。

（7）单位可以在劳动聘用合同、知识产权权利归属协议或者技术保密协议中，与对本单位技术权益和经济利益有重要影响的有关行政管理人员、科技人员和其他相关人员协商，约定竞业限制条款，约定有关人员在离开单位后一定期限内不得在生产同类产品或经营同类业务且有竞争关系或者其他利害关系的其他单位内任职，或者自己生产、经营与原单位有竞争关系的同类产品或业务。凡有这种约定的，单位应向有关人员支付一定数额的补偿费。竞业限制的期限最长不得超过三年。

竞业限制条款一般应当包括竞业限制的具体范围、竞业限制的期限、补偿费的数额及支付方法、违约责任等内容。但与竞业限制内容相关的技术秘密已为公众所知悉，或者已不能为本单位带来经济利益或竞争优势，不具有实用性，或负有竞业限制义务的人员有足够证据证明该单位未执行国家有关科技人员的政策，受到显失公平待遇以本单位违反竞业限制条款，不支付或者无正当理由拖欠补偿费的，竞业限制条款自行终止。

单位与有关人员就竞业限制条款发生争议的，任何一方有权依法向有关仲裁机构申请仲裁或向人民法院起诉。

（8）企事业单位应当在科技人员或者有关人员离开本单位时，以书面或者口头形式向该人员重申其保密义务和竞业限制义务，并可以向其新任职的单位通报该人员在原单位所承担的保密义务和竞业限制义务。用人单位在科技人员或有关人员调入本单位时，应当主动了解该人员在原单位所承担的保密义务和竞业限制义务，并自觉尊重上述协议。明知该人员承担原单位保密义务或者竞业限制义务，并以获取有关技术秘密为目的故意聘用的，应当承担相应的法律责任。

（9）科技人员或者其他有关人员在离开原单位后，利用在原单位掌握或接触的由原单位所拥有的技术秘密，并在此基础上做出新的技术成果或技术创新，有权就新的技术成果或技术创新予以实施或者使用，但在实施或者使用时利用了原单位所拥有的，且其本人负有保密义务的技术秘密时，应当征得原单位的同意，并支付一定的使用费；未征得原单位同意或者无证据证明有关技术内容为自行开发的新的技术成果或技术创新的，有关人员和用人单位应当承担相应的法律责任。

（10）在工作期间接触或掌握本单位所拥有的技术秘密的离退休人员、行政管理人员以及其他因业务上可能知悉本单位拥有的技术秘密的人员，可以依照本意见进行管理。

（11）科技人员在完成本职工作和不侵犯本单位技术权益、经济利益的前提下，业余兼职从事技术开发和技术创新等活动的，应当依照国家有关法律、法规和1998年1月国务院批准的《国家科委关于科技人员业余兼职若干问题的意见》的规定，正确处理本职和兼职关系，不得在业余兼职活动中将本单位的技术秘密擅自提供给兼职单位，也不得利用兼职关系从兼职单位套取技术秘密，侵害兼职单位的技术权益。企事业单位可以参照本意见对有关兼职人员进行管理。

第 6 章　习惯是基础

导读资料：思维定式与逆向思维

把 6 只蜜蜂和同样多的苍蝇装进一个玻璃瓶中，然后将瓶子平放，让瓶底朝着窗户，看它们能否逃出玻璃瓶。

蜜蜂不停地想在瓶底上找到出口，一直到它们力竭倒毙或饿死；而苍蝇则会在不到 2 分钟穿过另一端的瓶颈逃逸一空。

这是因为蜜蜂基于出口就在光亮处的思维方式，想当然地设定了出口的方位，并且不停地重复着这种合乎逻辑的行动。可以说，正是由于这种思维定势，它们才没有飞出玻璃瓶。而那些苍蝇则对所谓的逻辑毫不留意，全然没有对亮光的定势，而是四下乱飞，终于飞出玻璃瓶，头脑简单者在智者消亡的地方顺利得救，在偶然当中有很深的必然性。

所谓思维定势，就是按照积累的思维活动经验教训和已有的思维规律，在反复使用中所形成的比较稳定的、定型化了的思维路线、方式、程序、模式，即一种不自觉的发现问题、思考问题、解决问题的习惯。

思维定势是一种按常规处理问题的思维方式。它可以省去许多摸索、试探的步骤，缩短思考时间，提高效率。在日常生活中，思维定势可以帮助人们解决每天碰到的 90% 以上的问题。

逆向思维也叫求异思维，它是对司空见惯的似乎已成定论的事物或观点反过来思考的一种思维方式。敢于"反其道而思之"，让思维向对立面的方向发展，打破习惯的约束，从问题的相反面进行探索。

逆向思维在很多情况下可以更快速、更有效地解决问题，比如司马光砸缸就是逆向思维中的一个重要案例，突破了一般小孩奔走呼救这种习惯性思维，而拿石头砸碎大缸。司马光砸的不仅仅是一个缸，更是一种思维定势，是一种习惯。

思维定势与逆向思维都有其优点和缺点，也都有其应用场合，怎样去把握和应用这两种思考问题的不同方式，在什么场合去应用思想上的习惯和打破习惯的束缚，这是本章研究的内容。

学习目标

- 习惯的定义，习惯的内涵。
- 在工作中应该养成的一些好习惯？
- 坏习惯的坏处与特点。
- 容易被忽视的习惯。
- 不能有的习惯具有什么样的特点？

- 如何去发现自身的习惯？
- 如何培养习惯？
- 简单了解数据挖掘的应用。

6.1　习惯与好的习惯

6.1.1　习惯的力量

人就是一种习惯性的动物。无论我们是否愿意，习惯总是无孔不入，渗透在我们生活的方方面面。华理克(Rick Warren)在他的作品《目标驱动生活》(*The Purpose Driven Life*)中有这样的论述："性格其实就是习惯的总和，就是你习惯性的表现。"

习惯是长期养成的一种生活方式，包括思维、动作、言语等方面。而社会经过长久发展形成的习惯，就是社会风俗甚至演变成为社会道德和法律。

人们在过马路的时候，遇到红灯会自然地停止，而遇到绿灯则会通行，灯本身并没有阻挡或者放你通行的功能，而是人们本身根据这种人为的交通规则养成的一种控制大脑的习惯。

人的日常生活中，90%以上的活动都是由习惯支配的。因此，如果你的习惯大多数都是良好的习惯，那么你的每日工作、生活就可以做到 90 分。如果一个人每日工作生活都可以做到 90 分，那么他必然能够成为一个成功的人。反之亦然，一旦每日行为受到不良习惯的控制，那么他将会离成功越来越远。习惯的力量是巨大的，几乎没有什么事情比习惯更重要，亚里士多德说："人的行为总是一再重复。因此，卓越不是单一的举动，而是习惯。"

对于年轻人来讲，习惯尤其重要，比如说尽管大部分人离井背乡到不同地域工作，但是在 18 岁以前养成的口音、风俗、饮食等习惯，在剩余的一辈子时间都改变不了。因此，青少年时期养成的习惯，对日后的成就影响非常巨大，中国有句俗语叫作"三岁看老"，说的就是这个意思。

青少年时期是习惯的养成期，但是往往由于好奇心强、克制力差，会追求一些不良的习惯，这些习惯一旦养成就很难改变。因此，在青少年时期学习什么是好的习惯，什么是成功人士的习惯，是非常重要的，本章将在阅读讨论中列举美国著名成功学家科维父子关于习惯的归纳。

同样的道理，对于刚踏上工作岗位的大学生来讲，初次接触工作中养成的习惯也非常重要，这将影响你整个职业生涯。在刚刚踏上工作岗位的时期如果能够知道什么是好习惯，哪些是工作中要不得的生活习惯，努力做到好习惯，克服不良习惯，相信对个人的职业生涯会有很大的帮助。

参考资料：习惯的力量

托马斯·爱迪生(Thomas Edison)，毋庸置疑，是人类历史上最伟大的发明家，他一生共创造了 1093 项发明，包括白炽灯泡、留声机、电影等。在大家眼里，爱迪生确实堪称天才，但他本人却把成就归功于勤于思考的习惯。他说："就像锻炼肌肉一样，我们同样可以锻炼和开发我们的大脑……恰当地锻炼、恰当地使用大脑，将使我们的思维能力得到加强和提高。而思维能力的锻炼,又将进一步拓展大脑的容量,并使我们获得新的能力。"爱迪生进一步解释道:"缺乏思考习惯的人,其实错过了生活中最大的快乐。不仅如此,他也会因此无法最大化地发挥和展现自己的才能。"爱迪生真正明白,正是勤于思考的好习惯,让人们把自身更多的潜能开发出来。

19世纪西班牙最伟大的小提琴家萨拉萨蒂曾被媒体称为天才,对此,萨拉萨蒂回击说:"天才?37年来我每天苦练14个小时,现在,有人叫我天才!"显然,萨拉萨蒂知道,并不是什么天才或天赋就能造就一个时代最杰出的小提琴家,而是每日坚持不懈的练习成就了他的卓尔不群和耀眼的辉煌。

坚韧不拔的习惯更是造就了一位篮球场上的巨星,拉里·伯德——一代NBA的传奇人物,历史上最杰出的篮球明星之一。毫无疑问,伯德是一位不可思议的运动员,但我们也不得不承认,伯德并不是最具运动天赋的人选。然而,正是天赋有限的伯德,率领波士顿凯尔特人队(Boston Celtics)三次登上了总冠军的领奖台,当之无愧地成为历史上最伟大的运动员之一。既然天赋有限,那这一切又是如何做到的呢?你或许已经猜到了答案,是的,正是"习惯"。伯德堪称NBA历史上最出色的三分球投手之一,早在加入NBA之前的少年时代,每天早晨伯德总是先练习500次三分投篮再去上学。有了这种习惯,不论天赋几分,都有可能成为一个好的三分球投手。拉里·伯德就是这样一位依靠良好的习惯把自己先天的才能和天赋发挥到极致的典范。事实上,贯穿他整个职业生涯的正是这些帮助他发挥出所有运动潜能的自律习惯。

6.1.2 好的工作习惯

1. 遵守制度

很多同学在毕业之际都会有这样的想法:"哎,终于不用受学校和老师约束了,终于自由了。"可是当同学们真的踏入社会并进入工作岗位时却发现自己还要受到公司制度的约束,并且这种制度的约束远远强于学校制度的约束。

公司与公司制度是经济基础与上层建筑的关系。经济基础是指由社会一定发展阶段的生产力所决定的生产关系的总和,是构成一定社会的基础;上层建筑是建立在经济基础之上的意识形态以及与其相适应的制度、组织和设施,在阶级社会主要指政治法律制度和设施。从上面的定义中不难看出,公司由生产力决定的生产关系构成。公司制度是与公司意识形态相一致的一系列措施,反过来左右着产生生产关系的生产力——即员工本身,我们可以用图6-1表示。

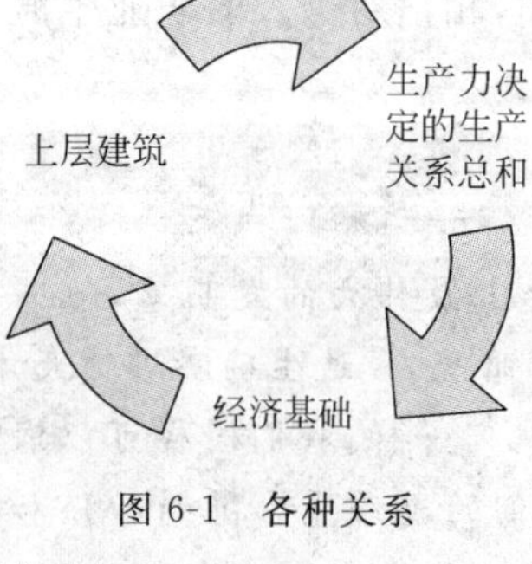

图6-1 各种关系

公司要保证向既定的目标发展,要保证所有的员工具有统一的思想向既定的目标前进,最终实现公司的愿景。在这个过程中,需要通过不同的制度来左右员工思想、行为、世界观及工作态度等不同方面的形成、发展和方向,对员工行为和思想起到引领和导向作用。那么我们如果在工作中不遵守公司的制度,就不能保持与公司发展方向的一致性,近看会给自己的工作造成障碍,远看必定被公司所淘汰,不是被公司炒掉就是自己把公司炒掉。正所谓没有规矩不成方圆,虽然"制度是死的,人是活的。"但是不遵守公司制度,在工作中必定是寸步难行的。

要在一个环境中生存、发展，就要去学会适应所赖以生存的环境。达尔文说“适者生存”，不“适”，又如何“生与存”呢？所以，从踏上工作岗位的第一天起，必须了解和学习所在公司制度，把公司制度慢慢融入自己的工作中、生活中，变成一种习惯。“播下一种行为，收获一种习惯；播下一种习惯，收获一种性格；播下一种性格，收获一种命运。”

2. 遵守时间

每天，当上课铃声响起的时候，你是伴着铃声慌忙地跑进教室，还是早早地来到教室做好上课前的准备工作，还是在上课的铃声响过之后才偷偷地溜进教室坐好呢？我们来换一个场景：假如现在你是某公司的一员，公司定于9点整开全体员工大会。9点整，你是已经提前在会议室里坐好等待会议的开始，还是9点的时候匆忙走进会议室，还是在会议开始后偷偷地溜进会议室呢？遵守时间是一种道德，是一个人的基本素养。

从当学生起，你就得为你自己制定并养成遵守时间的行为准则和习惯。在学校，通过准时上课、赴约、完成老师交代的作业来向他人表示礼貌和尊重。在职业生涯中，每件事能够准时，包含公司会议、讲演、专案进度，以及最重要的“交货时间”等，来实现个人和公司的发展。

世界著名的英特尔公司，不但开发技术领先于世界，还领导着整个芯片的革命，是微处理器的龙头老大。由于IT行业的特殊性，英特尔公司也和许多IT公司一样实行人性化管理，让员工有充分的自由来发挥自己的创造力和研发力。然而，它却拥有严谨的纪律，强调纪律重于一切，守时，是英特尔公司所有员工，更是经理们的重要品质。这一点是英特尔公司与其他高科技公司的不同之处，英特尔公司要求全体员工守时，从总裁做起，要求中层经理带头垂范。

每天早上8点是英特尔铁定的上班时间，不管是总裁还是部门经理，任何人必须守时。即便是前一天加班或开会到深夜，第二天上班时间依然还是8点。如果谁在8点零5分以后上班，那就对不起了，都必须到公司“英雄榜”（签到簿）上签名，将背负迟到的“罪名”。

上面我们所谈到的遵守时间，是指遵守自己以外的时间，换言之就是按照既定的时间安排去完成计划，这仅仅是遵守时间的一部分。遵守时间还应该包括遵守自己的时间。屠格涅夫说：“‘明天，明天，还有明天’，大多数情况下，人们都在这样安慰自己。殊不知这个‘明天’就足以把他们自己送进坟墓。”我们是不是会遇到某些事情应该今天做，而由于自己的惰性想拖到明天做，而明天到了，又想可以明天再做呢？这是不是就由不遵守时间变成了浪费时间了呢？是不是还可以说遵守时间就是惜时呢？与浪费时间之间其实仅仅是措辞改变了呢？要知道“一寸光阴一寸金”，遵守时间就是延长生命，是人生最重要的良好习惯之一，也是人的一项重要品格。遵守时间的人，才会有信用，才容易获得成功，这也是古往今来不变的法则。

遵守时间对别人来讲是最高的礼貌。但是，自己遵守时间的同时不要期待别人也遵守时间。那么，怎么做才能遵守约定时间呢？例如：

- 把手表时间拨快5分钟。
- 把路上的时间估算得多一些。
- 每天检查一下自己的日程安排计划，做一下时间估算。
- 提前认真地做好准备工作。

这些都是保证遵守时间的方法。需要特别指出的是,在做时间估算的时候,不要过分乐观地分配时间。比如说,计划两天完成某个工作任务,可是大家都知道工作在完成的过程中会出现这样或那样的问题,这样可能两天要完成的工作变成了三天没有完成。再例如,你本该一小时结束的会议拖到了两小时才结束。为了更好地遵守时间,在制订日程安排工作时必须留有余地。另外,对在出发前临时插进来的事项,先拒之门外,再进行合理地安排。

3. 集体荣誉

“万夫一力,天下无敌”、“三个臭皮匠,顶个诸葛亮”、“人心齐,泰山移”,这些谚语所指向的道理只有一个,那就是“团结就是力量”,换言之,它们所蕴含的就是团队精神!

团队是由员工和管理层组成的为了实现某一共同目标而相互协作所组成的正式群体。在团队中,能合理利用每一个成员的知识和技能协同工作,以己之长补彼之短,共同解决问题,最终达到共同的目标。团队精神,就是以团队为基础,以协同合作为核心,充分反映个体利益与整体利益相统一,集中体现出的全体成员的大局意识、协作精神和服务精神。团队精神是组织文化的一部分,团队精神要求组织成员之间有高度的凝聚力和向心力,它不要求组织成员的自我牺牲和千篇一律,它要求组织成员在求同存异之间最大能力的发挥团队的潜能,完成共同的任务目标。

2004 年 6 月,拥有 NBA 历史上最豪华阵容的湖人队在总决赛中的对手是 14 年来第一次闯入总决赛的东部球队活塞队。从球队的人员结构来看,科比、奥尼尔、马龙、佩顿,湖人队是一个由巨星组成的“超级团队”,每一个位置上成员几乎都是全联盟最优秀的,再加上由传奇教练菲尔·杰克逊对其整合,在许多人眼中,这是 20 年来 NBA 历史上最强大的一支球队,要在总决赛中将其战胜只存在理论上的可能性,更何况对手是一支缺乏大牌明星的平民球队。然而,最终的结果却出乎所有人的意料,湖人几乎没有做多少抵抗便以 1∶4 败下阵来。湖人失败的理由很简单:内部相互争风吃醋,都觉得自己才是球队的领袖,在比赛中单打独斗,全然没有配合,缺乏凝聚力的团队如同一盘散沙,其战斗力自然也就会大打折扣。

可见,团队精神是一种集体意识、大局意识的体现,需要团队每一个成员保持高度的一致性和凝聚力。通常情况下,团队的工作绩效会大于个人的工作绩效,也就是 $1+1>2$。但在上面的案例中却出现了 $1+1<2$ 的情况,那么,个人与团队精神之间有什么关系呢?

人是各种资源中唯一具有能动性的资源。企业的发展必须合理配置人、财、物,而调动人的积极性和创造性是资源配置的核心,团队精神就是将人的智慧、力量、经验等资源进行合理的调动,使之产生最大的规模效益。“一滴水只有融入大海,才不会干涸”。个人离不开团队,团队也离不了个人。离开了团队的个人孤立无援,离了个人的团队削弱少助。团队精神是个体利益和整体利益的有机统一,在统一的基础上保证组织和个人的高效运行。

团队精神的基础是重视成员的不同想法,真正使每一个成员参与到团队工作中,风险共担,利益共享,相互配合,共同完成团队工作目标。

从根本上说,团队所依赖的是每个成员的共同贡献而得到的集体成果。这里要求团队成员都发挥自己的积极性去做好一件事情,而不是要求团队的成员压抑个性。只有每个人都充分发挥自己的主观能动性,完成好自己的分内工作,整个团队才能不断前进。

遇到困难时团队成员如果都只是被动地服从指令或因循守旧,而不发挥自身才智,主动寻求突破,那么这个团队将无法迅速扭转困境。团队要想前进离不开每个个体的努力,只有每个成员都不断发挥自身潜能,全身心地投入自己的智慧和努力,才能推动整个团队目标的实现。只有科学统筹、合理搭配，充分发挥每个成员的特长、优势，才能在困难中寻求突破，在问题前提出见解，在思路上不断创新，只有这样工作才能越做越好，总体目标才能得以实现。

团队精神的核心是合作，求同存异，在容纳个人的不同中共同寻求集体的一致。团队的成员需要由不同的个体组成，团队的存在就必须能允许容纳不同的观点、想法和作风等存在，在不同中激励团队成员追求共同目标，实现共同价值。

“尺有所短，寸有所长”，在团队的运行中，成员之间除了相互支持，也必然会出现成员间的竞争。团队需要发展一种成员之间互相激励和支持的文化，鼓励不同的观点存在。在这种文化环境下，团队成员之间就会产生一种内聚性，从心底里能够接受并采纳其他成员的建议，而停止相互之间的对抗，保持相互之间的和谐与友好关系。在前面英特尔公司的案例中大家可以发现，英特尔这样做的目的很单纯，就是为了进一步提高团队合作的效率。团队合作，绝不答应任何人以任何借口影响团队的其他人。同时，英特尔也通过这种方式能确保每件事能够准时，包含公司会议、讲演、专案进度，以及交货时间等。

因此，我们在工作中，必须牢固树立团队意识，互相帮助、互相支持，通过合理的分工和有效的规则，共同进步，共同完成工作任务，通过团队的成功实现自己的人生价值。

团队精神的最高境界是凝聚力，它为个人的发展提供保障。凝聚力是企业发展的源泉和集体创造力的源泉，只有步调一致，凝聚力的作用才能有效发挥，它来自于团队成员的内心动力和共同的价值观，只有每位成员都热爱这个团队，才能形成团队的凝聚力，这种向心力和凝聚力一致的精神我们通常比喻为“企业之魂”。由此可见，团队为个人发展提供了物质和精神保障，是个人发展的坚强后盾。

4. 条理有序

条理有序，从文字意义上来讲就是做事情有秩序，不混乱。当你在学校的时候，有没有注意到身边有两种人呢？一种人，无论你什么时候见到他，他都风风火火，很着急的样子。如果你跟他在一起你会发现他一会儿看看这本书，一会儿又学习那本书，每天都在不停地学习，时间很紧张。可是虽然每天都不停地学习，他的成绩还是不如意。究其原因，是因为他在学习上安排得乱七八糟、毫无条理可言，毫无秩序。他的学习材料经常找不到，他的生活用品杂乱无章，他的宿舍就像一个垃圾场，他忙碌的从来没时间整理自己的东西。另一种人，与上述的人恰恰相反。他做任何事情的时候总是很镇静，无论你什么时候见到他都显得生机盎然。他的东西有条不紊，每天都会整理自己的学习用品，每天都按照制订好的学习计划一丝不苟地进行，他的学习成绩总是名列前茅。

做事情条理有序，是人生中必须养成的良好习惯之一，因为这绝对不会浪费你的时间，反而会提高你的工作效率和生活品质。做事情杂乱无章、头脑一团糨糊的人，无论做什么事情也不会有成功可言，因为在杂乱中他已无法找到成功的机会。要使自己做事情条理有序，必须要坚持以下几点。

首先，要明确目标，清楚自己的学习和工作内容。当目标明确了，再进一步思考实现目标的方法，从中选择最优的可行方案。

其次，合理安排学习和工作时间，做好时间表。根据自己的学习习惯和工作习惯合理分配自己的时间，制订好时间表。时间表是一种辅助手段，制订的时间表应切实可行，绝不要制订那种看上去就无法实现的计划，也不可让时间表完全控制了自己，因为生活是多变的，只有利用好时间表才能真正出效率。

再次,定期清理自己的抽屉和计算机。一天的学习和工作结束前,将用不着的材料清理掉,删除不再需要的文档。这也将大大缩短寻找所需要材料的时间。

最后,学会总结。"每日三省其身",一天的学习工作结束了,要有总结。在总结中发现自己犯了什么错误,遇到什么问题,以至于在下次遇到同样的问题时不再犯错误。我们通过总结反省,保证再处理类似的事情时得心应手。

上面仅仅是讲述了几条在工作时能够帮助成功的习惯。在实际生活中还有更多的好习惯,比如积极向上、助人为乐等习惯,这些都对成功有很大的作用。好的习惯需要不断被发现,并逐渐培养。当然一个人不可能具有所有好的习惯,先从一两个好习惯的培养开始,逐渐改善自己,日积月累,相信成功就在眼前。

6.2 容易被忽视的好习惯

6.2.1 健康

健康不仅仅是指没有疾病或病痛,而是一种身体上、精神上和社会上的完全良好状态。也就是说健康的人要有强壮的体魄和乐观向上的精神状态,并能与其所处的社会及自然环境保持协调的关系和良好的心理素质。

众所周知,人要是没有健康,就没有快乐的生活可言,更不要提拥有成功的事业了。有了健康,我们才能做任何想做的事情。健康是生命的基石,是人生幸福的源泉,没有任何事物能替代健康,健康永远是列在人生好习惯中第一位的。

但是矛盾总是存在的,当你生病的时候会想着以后要如何去保证自己身体健康,但是当你康复的时候就会把生病时的痛苦抛到九霄云外去了。举个例子来说,现在很多人都在减肥,但是瘦下来之后,有多少人能有效地维持和控制呢?

健康是事业成功的保障。一个不健康的人,思想经常是消极和极端的。身体不健康,就会受病痛的折磨,伴随着精神上的悲观、不自信。精神上不健康,身体便不受支配,不能向良好的方向发展。无论是精神不健康还是身体不健康,都不可能产生创造性的思维,都不可能有足够的精力去思考和完成事业。因此要成就事业,就必须以健康为基石,有健康作支撑。

1978年世界卫生组织(WHO)给健康所下的正式定义、衡量是否健康的十项标准如下:

- 精力充沛,能从容不迫地应付日常生活和工作的压力而不感到过分紧张。
- 处事乐观,态度积极,乐于承担责任,事无巨细不挑剔。
- 善于休息,睡眠良好。
- 应变能力强,能适应环境的各种变化。
- 能够抵抗一般性感冒和传染病。
- 体重得当,身材均匀,站立时头、肩、臂位置协调。
- 眼睛明亮,反应敏锐,眼睑不发炎。
- 牙齿清洁,无空洞,无痛感;齿龈颜色正常,不出血。
- 头发有光泽,无头屑。
- 肌肉、皮肤富有弹性,走路轻松有力。

6.2.2 进取心

有人说进取心是成功的起点。进取心更是推动人们创新和进步的动力。只有把眼光放远一些，把位置定高一些，时时刻刻把提高和进步列入自己的人生规则，并当作一种习惯，才能充分发掘人生的潜能，实现人生的价值。

参考资料：齐瓦勃的成功

在宾夕法尼亚的一个山村里住着一位卑微的马夫查尔斯·齐瓦勃，后来他竟然成了美国最著名的企业家之一。

齐瓦勃先生的成功秘诀是：每谋得一个职位，他从不把薪水的多少视为重要的因素，他最关心的是新的位置和过去的位置相比前途和希望是否更远大。

他最初在钢铁大王安德鲁·卡耐基的工厂做工，当时他就对自己说："总有一天，我要做到本厂的经理。我一定要努力做出成绩来给老板看，使老板主动来提拔我。我不会计较薪水的高低，我只要记住，要拼命工作，要使自己的工作产生的价值远远超过我的薪水。"他下定决心后，便以十分乐观的态度心情愉快地工作。在30岁时，他成了卡耐基钢铁公司的总经理，39岁时，他又出任全美钢铁公司的总经理。

齐瓦勃只要获得一个位置，就决心做所有同事中最优秀的人。当同事抱怨待遇低微时，齐瓦勃把注意力集中在工作上。他明白，目前的待遇或多或少，与他将来注定要获得的财富相比是微不足道的，计较这几美元是很无聊的。他看清了周围人的卑微愿望和平庸命运，也在自己的卓越之路上默默努力。他做任何事情都保持乐观的心态、愉快的情绪，他在业务上尽可能做到尽善尽美、精益求精。人们习惯于把难度高的事情都交给他来处理，他渐渐成了公司的主心骨。

一个人的进取心有多少，他所能达到的高度就有多高。一个人的进步，无不始于这个人的内心状态。如果一直满足现状，就很难追求卓越而做出成就。只有拥有进取心，才会不断地向上，才会打破束缚，才可能给你带来成功的机会。个人的进取心，是一个人在追求人生目标中不可缺少的因素，能让一个人化被动为主动。

钢铁大王卡内基曾经说过："有两种人绝不会成大器，一种是非得别人要他做，否则绝不主动做事的人；另一种人则是即使别人要他做，也做不好事情的人。那些不需要别人催促，就会主动去做应做的事，而且不会半途而废的人必将成功，这种人懂得要求自己多付出一点点，而且做得比别人预期的更多。"

任何一个企业都喜欢主动性强、做事积极的员工，这一类员工往往做事情能坚持并且有良好的控制能力，也会把做事情的主动认真传递给身边的其他人。试想，如果一个毫无进取心的人面对工作，怎么会积极主动地解决问题呢？在生活和学习中，如果只被动地等待别人告诉你要做什么，怎么去做，而不是自己主动去做、去规划，那又怎么能取得成功呢？

总之，一个不思进取的人不会做出大成绩。只有拥有崇高目标、不断进取的人，在个人的进取中不断超越，不断充实自己，才能比周围的人走得更远。

6.2.3 责任心

要养成有责任心这一好习惯，就要首先了解什么是责任心，以及实现责任心需要做到什么。所谓责任心是指一个人对自己、对家人、对企业乃至对社会应尽的责任和义务的认知态度,是对事情敢于负责、主动负责的态度,是对自己所负使命所具备的忠诚和信念。它是一个人应该具备的基本素养。实现目标是团队成员的责任,具有责任心的员工,会认识到自己的工作在组织中的重要性,并把实现组织目标当成是自己的目标。

责任心是做好本职工作的前提。“在其位,谋其职”,这是每个人对自己工作最基本的要求。工作离不开责任心,因为责任心会凝聚团队的力量,这个团队才会充满战斗力和竞争力。作为一名工作人员,能不能干好本职工作,是衡量我们责任心的唯一标准。

责任心是工作能力的体现。有强烈的责任心就会无条件地履行职责,就有完成工作任务的信心,就会按时、保质、保量地完成工作任务。

责任心是工作动力的源泉。有责任心就会有战胜困难并履行职责的强烈使命感,就会不断进取,就会有高涨的工作热情,就能够做到“鞠躬尽瘁,死而后已”。

责任心与执行力是相互联系、相辅相成的统一体。加强责任心是为提高执行力服务的,是提高执行力的基础和前提,没有责任心,执行力无从谈起,执行力是责任心的体现和最终落脚点,二者共同构成优秀员工立足岗位、奉献企业的重要素质和能力。

责任心可分为如下等级。

A－1级:对自己的工作不满意,工作不够投入;对自己的工作认识不够,不知道其重要性,更无法从工作中获得满足。

A－0级:对自己的工作有比较充分的认识,工作比较投入,比较热情;能从工作中获得较大的满足,工作任劳任怨,能为实现团队的目标而牺牲自我的利益。

A＋1级:能够与企业或团队共患难,在组织需要时愿意做出“自我牺牲”;热爱自己的工作,能够倾情投入;懂得自己工作对整个企业运作的重要性,因此会尽心尽力;能够不拘泥于工作本身,心怀全局;工作一丝不苟,有始有终;经常对工作中的问题进行思考,提出建议。

A＋2级:强烈的企业主人翁意识,充分认识到自己工作的重要性,对工作几乎狂热,全情投入;在工作中获得极大的满足与成就,愿意为企业贡献自己的最大力量。

6.3 不能有的习惯

6.3.1 电子邮件处理方式不当

随着科技的发展,无纸化办公已体现在工作中的方方面面。你可能在一天当中要通过处理很多封电子邮件来保障工作进行下去。你是否一整天都处于“电子邮件响应模式”?或者不按时回复邮件或信息?或者不知道应该在邮件中如何清楚地表达自己的想法呢?以上所述的三个情况,都是电子邮件处理不当的种类。

如果你每收到一封电子邮件就立刻去回复,这种状态可能会表现出你工作积极性的一面,但这并不一定是高效的。Valerie Frederickson 的 CEO 和创始人 Valerie Frederickson 说:“你感觉自己像个英雄,因为你处理完了所有的电子邮件,但是这对于完成目标没帮助。”如果你养成了不按时回复邮件或是写个邮件也写不清楚这种坏习惯的话,你就有可能错过重要的工作或者错失机会,或者给你的客户留下一种不专业不敬业的印象。

当然不仅仅是电子邮件，在工作中，有人每天不停检查手机是否有短信、办公系统是否有通知、QQ 上是否有留言……一旦手机几个小时没响，就立刻对手机质量产生了疑问，或者担心自己的手机欠费。

出现这种症状，往往表明你在工作中有这样的几个坏习惯：

第一，效率低下。你不能专心致志于某项工作，在干一项工作的时候总是担心另外的工作，杂乱无章、浪费时间或是喋喋不休这些坏习惯会让你的工作效率变得低下。"或许你尚未意识到，你的同事是来工作而非跟你聊天的，他们是碍于面子才不打断你。"胡佛说，"你若不想变成同事们唯恐避之不及的人，那就不要在饮水机前跟人聊太久，保持办公桌整洁有序，也不要在与本职工作无关的事情上花太多时间。"

第二，沉迷娱乐或者网络等其他与工作无关的内容。许多员工丢掉饭碗的另一常见原因就是，他们过分沉迷于网络游戏或者其他。"若你说一天上 20 次网络看新闻或者读小说却不影响工作，那就是撒谎。"许多公司采取措施监控或是限制员工使用网络，但是现在的工作却离不开网络，一旦被网络上的内容分心，那么很容易导致工作混乱。

第三，工作拖拖拉拉，缺乏果断的精神。娱乐、工作、家庭、兴趣、事业不能兼顾，如果不能集中到一个方面，或者某个方面出了问题，必将导致问题不断，如果因你的拖沓而导致别人也不得不跟着你在最后一分钟拼命赶工，你就会被同事们所反感。而一旦工作出现问题或是没能按期完成，你将会是第一个被指责的人。不断地查看电话、邮箱、QQ 等通信工具，说明你对工作没有信心，是一种拖拖拉拉的表现。

第四，不能够正确地处理邮件，正是做事情缺乏条理性、缺乏计划的一种表现。人的一只脚不能同时踏入两条河流，同样一个人也不能在同一时间处理两件事情，必须按照事件的先后、重要程度来处理。在第 4 章中讲述了如何处按照时间顺序处理好每日的工作，做到工作条理有序，准时完成。

6.3.2　对企业不忠诚

无论从事什么样的工作，无论在公司的什么岗位上，需要时时刻刻牢记"忠诚敬业的人才是最受企业欢迎的人"。一个人无论在何时何地，都应该树立主人翁责任感、事业心，认真踏实、恪尽职守、精益求精；努力成为本行业的行家里手，这就是敬业。

对企业信赖和执着，就是对企业忠诚。员工忠诚决定了员工的工作绩效。员工对企业忠诚将会激发员工的主人翁责任感，使员工的能力得到充分发挥。公司与员工的关系，就像是家与家庭成员的关系。企业强，员工强；企业弱，员工弱。与其"这山望着那山高"，不如脚踏实地地做好本职工作，增强企业的竞争力，在企业所提供的舞台上做出一番成绩。

对企业不忠诚容易产生消极感，一旦对企业没有了认同感，那么你对企业周围的人会觉得非常不舒服，对待工作和生活比较消极，系列问题就容易产生。你的生活将不断地产生负能量，导致不停地抱怨，引发多米诺效应。

一些诸如文凭造假、剽窃、出勤卡或时薪记录单造假、虚开发票及滥用公司名义、窃取同事成果和欺上瞒下等种种行为都会令你丢掉工作。"毫无疑问的是，掩盖真相或是撒谎的习惯，无论大事小事，都会给你的职业生涯画上一个悲惨的终止符。"同样在与人交往的过程中，如果你表现出对公司或者组织的不忠诚，会让人对你的人格品质产生怀疑，对所在的组织忠诚，是你立足社会的根本。

6.3.3 抱怨

比尔·盖茨说:"人生是不公平的,习惯去接受它吧。请记住,永远都不要抱怨!"试着改变一下,停止抱怨,用心工作,把你用来抱怨的时间全部用在工作上,你的工作一定会更出色。另外,需要指出的是,我们虽然说抱怨不如改变,抱怨不如行动,但不是说明要让你的想法与你所抱怨的事项、人相一致,更甚者,你可以继续讨厌也没关系。但重要的是,不要让你所厌烦的事由成为影响你情绪和生活的麻烦。

参考资料:山不过来,我就过去

在《古兰经》中有一个故事。一位大师经过几十年的修炼,终于练就一身"移山大法"。有一天,他宣布:"明天早上我要当众表演'移山大法',把广场对面的那座大山移过来。"

消息像长了翅膀一样四处传开了。果然,第二天一早,黑压压的人群开始聚集在广场上,等待观看大师的表演。时辰一到,只见穿戴整齐的大师口中念念有词,然后面对大山高喊:"山过来,山过来!"半晌,他问人群:"山是不是过来了?"人群中开始窃窃私语,有的说好像过来一点点,有的说好像没有。大师继续高喊,整整一个上午过去了。此时陆陆续续有人离开,也许他们觉得没有什么意思,甚至觉得此人可能是个骗子。

大师没有理会那些离去的人,继续高喊"山过来",转眼间一个中午过去了,一个下午也过去了,已近黄昏。整天的高喊,大师的嗓子已完全沙哑。最后当他用嘶哑的声音问周围为数不多的人:山有没有过来?此时大家异口同声地告诉他:"大师,山真的没有过来。"听罢,大师开始做最后的努力。只见他口中边高喊:"山过来!"边移动脚步朝那座大山走过去。最后,大师又问:"山有没有过来?"人群中鸦雀无声。于是大师用他嘶哑的声音说:"诸位,你们都看见了,我用了一整天的时间,用尽了我的全身力气叫'山过来',山都不过来,怎么办?那我就只好过去了,山不过来,我就过去!"

山不过来,我就过去,道理何其简单。如果抱怨、发牢骚无济于事的话,为何你不改变自己。中国人一直崇尚天人合一的最高境界,然而得道者,由古至今,却何其稀少。道无处不在,它也在我们工作和生活中。工作和生活也是悟道的修行。人唯有找到自我,才能明白生活的意义。

抱怨不能产生任何作用,反之会伴生一系列不良习惯。首先,经常抱怨会导致不假思索地乱说话。"君不密则失臣,臣不密则失身",在工作中,更要保持沉默是金的原则,你抱怨的对象很可能是抱怨听众关系非常紧密的人,如果经常抱怨,势必会养成不假思索乱说话的后果,这也必将会影响你的职业生涯。

其次,经常抱怨会导致乱发脾气,即使你抱怨的不是工作中的问题,经常抱怨生活或者是其他方面的问题也会给你的情绪带来负面的影响。而工作中发脾气是一个非常不好的习惯,解决之道是练习一些减压技巧,比如冥想或是深呼吸练习等,同时也不要把生活中的问题带到工作中。

对待工作的正确态度是停止抱怨,马上执行,无论是什么样的组织或者企业,只有适合你和不适合你,如果你觉得组织或者企业真的不符合你个人,那么你可以选择离开,否则你就只有适应它,适应企业或者组织的缺点。抱怨是毫无用处的,只能使你的工作环境和生活更糟糕,停止抱怨,尝试着发现组织和身边人的优点,宽容地对待,你会发现一个新的世界。

6.4　总结讨论

6.4.1　本章小结

(1) 习惯是客观存在的，在生活和工作认识习惯的存在性，刻意养成好习惯，去除不良习惯，会在很大程度上影响个人职业生涯发展和成功。习惯具有强大的力量，基本上成功人士都拥有良好的习惯。

(2) 遵守规章制度是一项基本的习惯，在教育过程中，我们有时候会鼓励质疑和挑战权威的精神，但是并不是要每件事都去怀疑，生活中 99% 的情况是求我们服从，比如按时上课、按时上下班等。另外，养成合作分享的好习惯，也是成功的必要因素之一。

(3) 健康是生活的基础，要获取健康，首先，不能有不良的生活习惯，例如抽烟、酗酒等，养成良好的生活习惯；其次，运动是有效保持健康的方式，通过运动能够舒缓学习工作压力；最后，健康是最重要的，包括精神的健康，培养一个正常的、符合社会要求的心态。

(4) 进取心和责任心是非常容易被忽视的习惯，太多的时候我们只是在忙忙碌碌，缺乏停下来思考的时间和习惯。时刻保持进取心和责任心是一件非常困难的事情，随着大家陆续踏入社会，总会有太多烦琐的事情来不断地干扰，家庭、身体等一些客观因素也会制约和影响努力工作的愿望。只有克服和坚持不懈地反省，才能始终保持一颗进取心。

(5) 不良的习惯就像细菌一样，总是在不知不觉的时候寄生在我们身上，并且难以根除，时时刻刻注意生活中的不良习惯，并且与之斗争。所谓战胜自我，就是消除这些不良习惯的影响。尽管人无完人，但是追求进步的道路是永无止境的。

6.4.2　小组讨论：改变人生的七个习惯

史蒂芬·柯维，哈佛大学工商管理学硕士、杨百翰大学博士，他的代表作《高效能人士的七个习惯》自出书以来，高居美国畅销书排行榜长达七年，在全球以 32 种语言发行共超过一亿册。2002 年，《福布斯》将《高效能人士的七个习惯》评为有史以来最具影响力的十大管理类书籍之一。

《高效能人士的七个习惯》中的第一个习惯是积极主动。无论个人身处的外部环境如何恶劣，个人都不应仅仅简单地处在“刺激—反应”的行为模式中。也就是说，人有自己的选择自由。这一习惯告诉我们，“实际上伤我们最深的，既不是别人的所作所为，也不是自己所犯的错误，而是我们对错误的回应。”正确的做法，应该是“学会做照亮他人的蜡烛，而不是评判对错的法官；以身作则，而不是一心挑错；解决问题，而不是制造事端。”

习惯二以终为始的原则，讲的是，确定自己的人生最终目标，然后以此目标来作为衡量一切的标准，由个人最重视的价值观和最终期望来决定所作所为。柯维说，你不妨假定自己要去参加一场死者是自己的葬礼，然后想一想希望朋友们在葬礼上如何描述你。这会有助于个人确定自己的核心价值观。这个习惯希望的是：“我们要在此确立自己的愿景和价值观；利用自我意识检查我们的地图或思维定式是否符合实际，是否基于正确的原则；利用良知作为罗盘来审视我们独特的才智和贡献手段；利用想象力制订我们所渴求的人生目标，确定奋斗的方向，搜罗使命宣言的素材。”

习惯三是“要事第一”。我们可以将自己必须面对和处理的事情分为四类：重要而紧迫的；重要但不紧迫的；不重要但紧迫的；不重要和不紧迫的。

习惯四是“双赢思维”。在这里柯维的意思是要人们打破常见的零和博弈思维，即在双方的博弈中，总有一方会有所损失，赢家只有一方。即要建立起双赢的交往模式，“公众领域的成功不是要压倒旁人，而是通过成功的有效交往让所有参与者获利”。如果难以建立起双赢的合作模式，那么，柯维的建议是，干脆就不要合作。

习惯五是知己知彼。这也是一个人际交往的原则，即先去寻求了解对方，然后尝试让对方了解自己。

第六个习惯是“综合综效”，指得仍是与人合作中的心态。要“重视不同个体的不同心理、情绪与职能，以及个人眼中所见到的不同世界。”“敞开胸怀，接纳一切奇怪的想法，同时也贡献自己的浅见”。如果两个人的意见完全一致，那么在一个团队中就必然有一个人是多余的。

最后一个习惯是不断更新。包括身体上的不断更新和在智力上的不断更新。前者无外乎要爱惜自己的身体并且坚持锻炼，后者则指要坚持阅读和学习。

肖恩·柯维是史蒂芬的儿子，哈佛大学企业管理硕士，目前在世界一流生活领导力权威机构富兰克林·柯维公司担任副总裁，在其父亲代表作的基础上，撰写了《杰出青少年的七个习惯》，也成为全球超级畅销书，已被翻译成 16 种语言，在 120 个国家出版。

在本书中，肖恩·柯维将《高效能人士的七个习惯》从青少年的角度重新诠释，好的习惯培养主要在青少年时期养成。人的性格、习惯是可以慢慢养成的，青少年时期是身体和思维、性格习惯的长成期，在青少年时期就能够接触并学会运用令人成功的七个习惯，相信对人生会产生巨大的帮助。

6.5 实践训练

6.5.1 课外作业与练习

(1) 你怎么理解习惯？怎么看待习惯与成功？

(2) 思维定式是由先前的活动而造成的一种对活动的特殊的心理准备状态，或活动的倾向性。在环境不变的条件下，定势使人能够应用已掌握的方法迅速解决问题。而在情境发生变化时，它则会妨碍人采用新的方法。消极的思维定式是束缚创造性思维的枷锁。

写下对你自己有积极作用的思维定式：

写下对你自己有消极作用的思维定式：

(3) 根据你自身情况填写表 6-1,并思考在工作中应该如何做。

表 6-1　个人的习惯

	好的习惯	坏的习惯
学习		
生活		
与人交往		

(4) 从你不具备的好习惯中挑选出一条,尝试养成一下,并归纳这个习惯给你带来什么样的改变。

(5) 如何理解当前社会下的责任心含义？如何培养自己的责任心？

(6) 在网上找找《高效能人士的七个习惯》或《杰出青少年的七个习惯》,对比一下自己是否具有这七个习惯,如果没有,请思考应该如何培养。

6.5.2　热点话题：数据挖掘——帮你发现你没发现的习惯

这是一个老故事,但每次看总是能从中想到点什么。

在一家超市里,有一个有趣的现象：尿布和啤酒赫然摆在一起出售。但是这个奇怪的举措却使尿布和啤酒的销量双双增加了。这不是一个笑话,而是发生在美国沃尔玛连锁店超市的真实案例,并一直为商家所津津乐道。原来,美国的妇女们经常会嘱咐她们的丈夫下班以后要为孩子买尿布。而丈夫在买完尿布之后又要顺手买回自己爱喝的啤酒,因此啤酒和尿布在一起购买的机会还是很多的。

无独有偶,美国密歇根州有一家名为"阿汉"的小餐馆有个异常奇特的做法：经常光顾该餐馆的顾客,只要愿意,便可报上自己的常住地址,在客户登记簿上注册,开一个"户头",以后顾客每次到这里来就餐,餐馆都会如实地在其户头上记下用餐款额。每年的 9 月 30 日,餐馆便会按客户登记簿上的记载算出每位顾客从上年 9 月 30 日以来在餐馆的消费总额,然后再按餐馆纯利 10%的比例算出每位顾客应得的利润分发给顾客,这样,餐馆自然就常常门庭若市。

上面的这两个例子都说明,在商业活动中,人们也遵循着一些规律,或者通俗地称为习惯,这种习惯虽然一直存在,但是却并没有被发现。随着信息技术的发展,数据越来越多,一些商业上人们消费的习惯隐藏在海量的数据信息中,如果能够将这些规律发掘出来,那么对于商业行为是非常有帮助的,而计算机科学研究的热点领域之一——数据挖掘,其中的一个应用就是针对如何发现这种规律,即根据人们的生活习惯来进行推理。

数据挖掘是数据库知识发现中的一个步骤。数据挖掘一般是指从大量的数据中自动搜索隐藏于其中有着特殊关系性的信息的过程。数据挖掘通常与计算机科学有关,并通过统计、在线分析处理、情报检索、机器学习、专家系统和模式识别等诸多方法来实现上述目标。

现在,人们已经意识到,利用数据挖掘技术不仅可以被动地发现规律,还可以设计个性化推荐系统。

个性化推荐是根据用户的兴趣特点和购买行为,向用户推荐用户感兴趣的信息和商品。随着电子商务规模的不断扩大,商品个数和种类快速增长,顾客需要花费大量的时间才能找到自己想买的商品。这种浏览大量无关的信息和产品的过程无疑会使淹没在信息过载问题中的消费者不断流失。为了解决这些问题,个性化推荐系统应运而生。个性化推荐系统是建立在海量数据挖掘基础上的一种高级商务智能平台,以帮助电子商务网站为其顾客购物提供完全个性化的决策支持和信息服务。近几年,智能推荐系统逐步走上市场化。

2001 年,IBM 公司在其电子商务平台 Websphere 中增加了个性化功能,以便商家开发个性化电子商务网站。

2003 年,谷歌开创了 AdWards 盈利模式,通过用户搜索的关键词来提供相关的广告。AdWords 的点击率很高,是谷歌广告收入的主要来源。2007 年 3 月开始,谷歌为 AdWords 添加了个性化元素。不仅仅关注单次搜索的关键词,而是对用户近期的搜索历史进行记录和分析,据此了解用户的喜好和需求,更为精确地呈现相关的广告内容。

2007 年,雅虎推出了 SmartAds 广告方案。雅虎掌握了海量的用户信息,如用户的性别、年龄、收入水平、地理位置以及生活方式等,再加上对用户搜索、浏览行为的记录,使得雅虎可以为用户呈现个性化的横幅广告。

2009 年,Overstock(美国著名的网上零售商)开始运用 ChoiceStream 公司制作的个性化横幅广告方案,在一些高流量的网站上投放产品广告。Overstock 在运行这项个性化横幅广告的初期就取得了惊人的成果,公司称:“广告的点击率是以前的两倍,伴随而来的销售增长也高达 20%~30%。”

2009 年 7 月,国内首个推荐系统科研团队北京百分点信息科技有限公司成立,该团队专注于推荐引擎技术与解决方案,在其推荐引擎技术与数据平台上汇集了国内外百余家知名电子商务网站与信息类网站,并通过这些 B2C 网站每天为数以千万计的消费者提供实时智能的商品推荐。

2011 年 9 月,在“百度世界大会 2011”上,李彦宏将推荐引擎与云计算、搜索引擎并列为未来互联网重要战略规划以及发展方向。百度新首页将逐步实现个性化,智能地推荐出用户喜欢的网站和经常使用的 App。

鼎鼎有名的 FaceBook,也是大量运用了智能推荐技术而取得了巨大的成功。

第7章　胜在沟通

导读资料：失败的巴比伦塔

《创世纪》里记载了这样的一个故事：在整个大地上人们都采用一种语言，只包括为数不多的单词。在一次从东方往西方迁徙的过程中，人们发现了苏美尔地区，并在那里定居下来。

接着他们奔走相告地说："来，让我们制造砖块，并把它们烧好。"于是，他们用砖块代替石头，用沥青代替灰泥来建造房屋，他们很快建好了很多又高又大的房子。然后，他们又说："来，让我们建造一座带有高塔的城市，这个塔将高达云霄，也将让我们声名远扬，同时，有了这个城市，我们就可以聚居在这里，再也不会分散在广阔的大地上了。"

他们建造高塔的工程惊动了上帝，于是上帝决定下来看看人们建造的城市和高塔，看了以后，上帝说："他们只是一个种族，使用一种的语言，如果他们一开始就能建造城市和高塔，那以后就没有什么难得倒他们了。让我在他们的语言里制造些混淆，让他们相互之间不能听懂。"这样，上帝把人们分散到世界各地，于是人们不得不停止建造那座城市。人们当初设计制造的那座塔，就叫作巴比伦塔。

巴比伦塔是人类的第二大工程(第一是诺亚方舟)，但巴比伦塔同时也是第一个彻底失败的工程。巴比伦塔的建造为什么会失败呢？该工程具有以下有利的条件：

(1) 清晰的目标？是的，尽管幼稚得近乎不可能。

(2) 人力？非常充足。

(3) 材料？在美索不达米亚有着丰富的泥土和柏油沥青。

(4) 足够的时间？没有任何时间限制的迹象。

(5) 足够的技术？是的，金字塔、锥形的结构本身就是稳定的，可以很好分散压力负载。

对砖石建筑技术，人们有过深入的研究。同样，项目在达到技术限制前就已经失败了。那么，既然他们具备了所有的这些条件，为什么项目还会失败呢？他们还缺乏什么？如果再深一步进行研究，就会发现主要是两个方面的原因导致了项目的失败。

一方面是缺乏有效的交流；另一方面是缺乏建设的团队。他们无法相互交谈，从而无法合作。当建造无法进行时，工作陷入了停顿，交流的缺乏导致了争辩、沮丧和猜忌。随着工程的进行，缺乏解决问题的团队使得他们互相独立，于是整个群体分裂形成了若干个部落，再也没有将他们聚合到一起的力量，最终导致项目失败。

学习目标

- 理解沟通过程以及沟通中的双方。
- 掌握倾听的相关理论。

- 与客户沟通的技巧。
- 与同事沟通的技巧。
- 与上级沟通的技巧。
- 有效沟通的几个方面。
- 肯定在沟通中的作用。
- 冲突的处理。

7.1 沟通的基础

7.1.1 沟通理论

沟通就是将信息传送给对方,并期望得到对方做出相应反应效果的过程。日常生活中我们所做的很多事情都是在沟通,沟通无处不在,在学校教师给学生上课的过程是一个沟通的过程;在宿舍中舍友之间交流是一个沟通的过程;回到家中与父母之间的交流是一个沟通的过程,除非你是流浪到孤岛上的鲁宾逊,否则沟通随时随地出现在你身边并且影响着你的生活。

首先,沟通过程是信息的传递。在沟通的过程中,信息的发送者将信息通过语言、表情、肢体等表达方式,通过一定的渠道,发送给要沟通的对象,接受信息的一方通过理解感受到的信息,从而对你要表达的意思获取理解。如图 7-1 所示展示了沟通的过程。

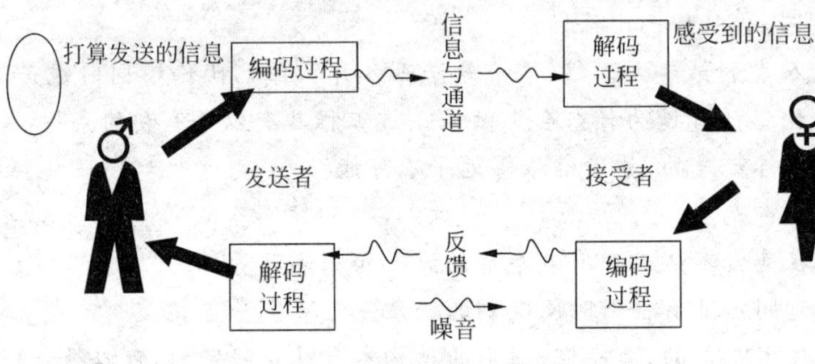

图 7-1　沟通的过程

其次,沟通过程存在表达方式、沟通渠道、噪音等重要因素,这些因素影响着沟通的效果。例如一个美国人和一个中国人通电话,他们所使用的语言就是沟通的表达方式,从双方的思想意图到形成语言的过程称为编码过程。而他们所使用的电话是沟通的渠道。双方语言所存在的障碍和电话信号对声音质量造成的影响,统称为噪音。

再次,人的沟通通常有一个由小及大的过程。一个刚出生的人,只熟悉家庭的成员,他沟通的范围也仅限于家庭的成员。随着他年龄的增长,他与邻居产生了沟通,然后是小学、中学、大学时期的同学,然后是同事以及社会上各种场合所结识的朋友等,个人可沟通的圈子越来越大,可沟通的人也越来越多。

沟通的扩张过程如图 7-2 所示。

图 7-2 沟通的扩张

最后，与客户的沟通是一个科学的过程。虽然日常生活中的大多数沟通都是在没有准备的情况下发生的，但是在工作中与客户之间的沟通，必须要认真地准备。通常情况下与客户的沟通有以下几步：

第一步，准备材料，了解客户需求，了解客户的背景、兴趣、爱好。要做到知己知彼，尽量避免突然无准备地与客户进行交流。

第二步，确认客户需求，了解客户意图。

第三步，叙述自己所代表组织的观点。

第四步，如果与客户有分歧，则需要充分利用对客户的了解，消除分歧，达成共识。

第五步，与客户共同实施所达成的共识。

沟通是一个人生活在社会上的基本需要之一，根据现在人们对健康的定义，缺乏沟通或者沟通观念不正确的人，是一个不健康的人。

7.1.2 角色和地位

参考案例

我刚刚参加工作的时候，有一件事情给我留下了深刻的印象。我所在单位的组织机构情况是主任、科长和普通科员，作为一个刚刚走出校门的大学生，我在一个普通科员的岗位上兢兢业业地工作着，经常加班到夜间很晚的时候。单位有三位副主任，当时我并不知道，虽然都是副主任，也有等级区别。

有一天晚上 9：30 左右，分管我们部门的第三副主任张××和我还在为第二天的会议做最后的准备，突然他接到第一副主任的电话，要求通知单位所有人第二天早上 7 点必须赶到会议现场，第三副主任放下电话对我说："你去找个电话本，通知一下所有人第二天早上 7 点到会议现场。"

单位人并不多，一会儿电话通知得差不多了，唯独第二副主任没有通知，这个时候我感觉有点为难。一来时间已经很晚了；二来我思量着平时很少与之打交道，直接与第二副主任通话就是属于越级了。

为难归为难，我还是拨通了电话："李主任吗？……您好，打扰您休息了，我是单位小陈，张主任让我紧急通知您，明天早上 7 点钟要到达会议现场。"

"嗯，你让张主任给我打电话。"

"好的。"

"小陈啊，以后要注意，这是原则上的问题，有什么事情让张主任通知我。"第二副主任又增加了一句。

这只是发生在我们身边千百件小事中的一件，然而它却有深刻的含义。每个副主任都处理不同的事务,管理不同的员工,如果随便每个员工都将一些琐碎的事情汇报过去,他们就很难处理本职的工作。

中国有句谚语叫作“不在其位,不谋其政”,讲究的就是一个人处于什么的角色,就要负责处理什么样的问题。管理学上有一个管理跨度的理论,说的是一个组织的管理角色最多只能管理 6～8 个人,再多就管不过来了。所以一个组织越大,其产生的管理成本也就越高,有的时候明明是一件非常简单的事情,为什么要层层汇报、审批,也就是我们常说的官僚主义作风。官僚主义作风产生的根本是因为每个人处理事情的能力是有限的,在这种情况下需要每个人遵守所处地位的规章制度,承担起应尽的责任和义务,这样才能最大限度地避免官僚主义,提高组织效率。官僚是一个中性词,来源于官僚组织结构,而不应该是一个贬义词。

角色是指在组织中所处的位置,而地位是指通过人为地将组织划分为不同的阶层团体,组织中的地位就是指组织中的人处在组织的哪个团体中。在上面的例子中,虽然三位主任级别相同,位置相同,但是在组织中的角色是不同的,第一副主任是其他两位副主任的上级,通常他不和员工直接沟通,而是由其余两位副主任和他进行沟通。

组织中的人都处于一个属于自己的角色和地位上,作为组织中的一员,了解组织的角色和地位有助于你更好地融入组织,最明显的是政府组织,我国的政府组织机构中,根据所负责事务和区域的不同,划分了不同的级别和角色。国家的最高层次的管理角色分别为总书记(国家最高负责人、行政长官)、其次是总理(负责经济、国家发展)、委员长(负责监督)。其次为各部的部长、省委书记、直辖市书记、行政区长官,这些人一般负责一个地区内的事务,通常我们称他们为省、部级,在他们之下分别为厅级、处级、科级干部,在每个级别上都有正副的区分,比如处级,有正处级和副处级干部的区分。

学校组织中也存在同样的角色问题。在学校中,整个学校是一个组织。党委书记和校长是学校的最高领导者,副职则一般是协助书记和校长分管不同的部门,而各个下一级的单位,通常是学院或者系,则由院系的党委书记负责。院系下面分各个班级,每个班级都有负责的教管人员。班级中又选出了班级干部和学生会的人员,负责协助教师与所有学生进行交流,从而及时发现学生的问题。

以北京大学为例,北京大学集教学、科研、产业化于一体,代表了中国文化教育的最高单位。北京大学采用学校—院—系的管理方式,由于学院众多,为方便管理,北京大学又将学院划分为不同的学部。系的下面划分班级,采用这样的组织结构方式,将一个几万人的团体管理得井井有条。因此组织结构中角色和地位的划分是非常重要的,它是一个组织的文化和规章制度的基础。

7.1.3 倾听

通常来讲,那些上课听讲认真的学生比不认真听的学生成绩会好一些,成绩好的学生升学的概率也大,将来在社会上获得成功的机会也就大一些。在工作中,倾听也是同样重要的,在与上级沟通的过程中,必须学会听的技巧,通过倾听理解领导的意图,顺利完成工作。倾听已被看作是获得初始职位、管理能力、工作成功、事业有成、公司出色的重要必备技能之一。

倾听是沟通的基础,有一个古老的哲学问题:“森林中一棵树倒了下来,那儿不会有人听到,那么能说它发出声响了吗?”对于树木的倒下是一个事实,然而它在倒下的过程中是否发出声音却无法得以证明，按照道理来讲，树倒下一定会发出声音，可是这个声音无法被证明，因此人们对声音的存在产生了疑惑。这里并非讨论唯物主义或者唯心主义世界观的问题，而是想借助这个例子来说明：如果你想和某人沟通，但是你说的话没人听，那么能说你和他进行沟通了吗？

日常生活中，我们经常会遇到这样的人："我怎么想便怎么说，别人喜欢与否，听见与否，跟我没有关系！这就叫作说自己的话，让别人去听吧。"

显然，这是没有道理的。沟通，是一种信息的相互交流，沟通是共同磋商的意思，即队员们必须交换和适应相互的思维模式，直到每个人都能对所讨论的意见有一个共同的认识。简单地说，就是让他人懂得自己的本意，自己也明白他人的意思。只有达成了共识才可以认为是有效的沟通。一个项目中参与的人员越多，沟通越困难，人们相互之间越难形成共识。

在项目成员沟通中，人们通常采用语言作为沟通的基本方式，有效的言谈沟通很大程度上取决于倾听。群体成员的倾听能力是保持团队有效沟通和旺盛生命力的必要条件，作为个体，要想在群体中获得成功，倾听是基本要求。美国的调研公司曾经进行过一项研究，在500家最大公司进行调研，接受调研的公司中，超过50%的公司为他们的员工提供倾听技巧的培训。绝大多数公司认为，通过对员工的倾听技巧的培训，公司的办事效率得到提高，员工之间互相交流更加通畅。

我们常常将听和倾听混为一谈，事实上听是对声波振动的获得，而倾听则是理解所听到的内容，它要求做到对声音刺激给予注意、解释和记忆。要真正做到的是"倾听"而不仅仅是"听"，就要求人们做出一定的努力。有人认为，只要耳朵没有什么问题，都能够做到倾听，实际上这是一种错误的意识，倾听是一门学问："积极倾听的人会把全部精力——包括具体的知觉、态度、信仰、感情以及直觉——都或多或少地加入到倾听的活动中去。消极地听，则仅仅把自己当作一个接受声音的机器，既不加入任何个人的感觉或印象，也不产生什么好奇心。"

沟通的过程中，造成信息失真、影响倾听效率的障碍很多，归结起来主要有以下几个方面。

1. 噪音干扰

噪音是指双方沟通的过程中有用信息传递以外的信息，在语言沟通中，噪音的声波对有用的声波所产生的干扰，除此之外，一些对倾听效果产生影响的因素，我们也可以称之为噪音。噪音对人的听觉与心理活动有重要影响，环境中的声音、气味、光线以及色彩、布局，都会影响人的注意力与感知，都可以称之为噪音。布局杂乱、声音嘈杂的环境会导致沟通效率低下。

2. 沟通信息质量不高

双方在试图说服、影响对方时，并不一定总能发出有效信息，有时会有一些过激的言辞、过度的抱怨，甚至出现对抗性的态度。语言本身存在一些缺陷，无法完整地将要传递的意图表现出来，我们经常遇到一些"只可意会，不能言传"的事情，甚至更有可能由于言语表达的失误而造成误解。现实中我们经常遇到满怀抱怨的顾客，心怀不满的员工，剑拔弩张的争论者，这些信息的发出者受自身情绪的影响，很难发出有效的信息，从而影响了倾听的效率。

信息质量不高的另一个原因是，信息发出者不善于表达或缺乏表达的愿望。例如，当人们面对比自己优越或地位高的人,害怕说话过多导致说错话,以致留下坏印象,从而不愿意发表自己的意见,使沟通失效。

3. 倾听者个人偏见

在倾听的过程中,造成效率低下的最大原因就在于倾听者本身。研究表明,信息的失真主要是在理解和传播阶段,很多是由于倾听者的主观障碍造成的。个人偏见是造成倾听失效的最常见障碍。由于后天教育、生活习惯和社会环境的影响,不同的人形成了各自不同的思想观念和价值尺度,在倾听的过程中不免形成偏见。人们习惯按照自己的尺度去看待别人,这样就不可避免地出现了偏见。

团队成员的差异性较大时,由于偏见而导致沟通无法继续的情况很常见。例如:在一次国际会议上,以色列代表团的成员在阐述观点时,用了非常激烈的方式,他们抱怨泰国代表对会议不表示任何兴趣或热情,因为他们“只是坐在那里”,而泰国代表则认为以色列教授非常愤怒,因为他们“用了那么大的嗓门”。所以,在团队中成员的背景多样化时,倾听者的最大障碍就在于自己对信息传播者的偏见,而无法获得准确的信息。

4. 先入为主

行为学中的“首因效应”,是指在进行社会知觉的过程中,对象最先给人留下的印象,对以后的社会知觉发生重大影响。“首因效应”也就是我们常说的第一印象,它往往决定了你对某个人的看法。人们在倾听过程中,对对方最先提出的观点印象最深刻,如果对方最先提出的观点与倾听者的观点大相径庭,倾听者可能会产生抵触情绪,而不愿意继续认真倾听下去。

5. 近因现象

如果一个人长时间发表言论,那么倾听的人往往只会留意他最后听到的信息。在接受信息的过程中,由于本身记忆的特点,后面发生的事情很容易将前面发生的事情覆盖,因此我们在听人讲话的过程中,很容易将对方前半部分忘记,而只记得对方最后讲话的内容。

6. 自我中心

人们习惯于关注自我,总认为自己才是对的。在倾听过程中,过于注意自己的观点,喜欢听与自己观点一致的意见,对不同的意见往往是置若罔闻,这样往往错过了聆听他人观点的机会。

积极的倾听要做到四项基本要求。

第一是专注。人脑处理信息的速度,是普通人说话速度的 6 倍,这使得大脑容易在处理谈话内容的空闲时间内,为一些无关的、容易吸引你的念头(NBA 的消息、异性朋友、金钱、网络游戏)所占有,如果任由这些念头发展下去,你就容易失去对所听到的信息的理解,也就是我们常说的走神。那么一个积极的倾听者应该在这个空闲的时间内想什么呢?概括和综合所听到的信息,与以前获得的信息进行归纳分类存储记忆。

第二是换位思考,即要求你从说话者的角度调整自己的观念和感受,这样可以更好地理解说话者的本意。

第三是接受,仅仅客观地倾听对方讲话的内容,不加以判断。

第四是对完整性负责,千方百计地从对方所讲述的内容中获取对方所要表达的完整信息,这不是一件容易做到的事情,要求你在倾听的同时必须注意对方其他表达方式(肢体语言、情感等)所表达的信息,以及需要通过提问来保证理解的正确性。

7.2　沟通的对象

7.2.1　与客户沟通

与客户沟通首先要考虑的是自己所代表组织的利益，要具有组织荣誉感，这是所有沟通谈判的基础。不论客户代表是谁，都应该以组织的利益为主，也只有这样，才能在组织中获取成功。商场如战场，在与客户交流的过程中，虽然要坚持客户第一的原则，但是也要坚持组织利益、社会利益不容侵犯的原则。服务客户是重要的，前提条件是不能损害大众的利益，不能损害组织集体的利益。

“普通的企业卖产品，一流的企业卖技术，超一流的企业卖服务。”善待每一位顾客，必定能够得到巨大的回报。美国著名的推销员吉拉德总结出一套“250 理论”，即社会上每个人大约有 250 个左右比较亲近的人，包括亲戚、同学、同事、朋友，如果你得罪其中的一个，那么你就相当于得罪了这 250 个；而如果你取悦其中的某一个，你就可能取悦了其背后 250 个潜在的顾客。

这一定律充分说明了客户就是上帝，在产品质量差别很少的时代，服务就成为决定成败的主要因素。联想集团成立时间不长，作为一个计算机组装销售厂商，与同一时期成立的长城、同方、方正等在产品质量和技术上区别不大，然而经过几年的发展历程，联想集团毫无争议地成为计算机销售业的老大，在 PC、笔记本甚至服务器领域都取得了领先地位。联想不仅在国内做到了行业老大的地位，而且在国际上也取得了很大的成功，逐步并购国际计算机业巨头 IBM 的个人计算机业务，一举成为全球举足轻重的计算机销售厂商。

同样取得成功的还有海尔集团，能够在竞争激烈的家电行业中脱颖而出，凭借的也正是过硬的售后服务技术。

银行等服务性大型企业，在国内其服务态度历来为广大人民所诟病，一位曾经在银行长期工作的员工谈到自己的体会：“以前遇到有人来开户，我通常只是将表格递给他们，有些顾客填写得很清楚，有些顾客由于种种原因填写得不是很周全，对于那些填写不周全的顾客，通常会拒绝他的存款，这样利用一些规则使自己的态度很强硬，会让我觉得很痛快。”

“但是我那个时候的业绩非常差，整天绷着脸，生活一点也不开心，因为基本上每天都要跟顾客争吵，觉得整个世界糟糕透了。”

“后来我改变了工作方法，对于那些初次开户没有什么经验的客户，详细给他们解说一次，并将一些顾客经常出现的错误总结下来，遇到新客户的时候提醒他们不要再犯类似的错误。尽量对每位顾客保持微笑，从他们的角度出发，去理解他们的感受。”

“经过一段时间，我发现每位顾客对我都很友好，我的业务量也上去了，每天都生活得很开心。”

客户是上帝，因为客户给你带来的不仅仅是财富，还有幸福的生活。

参考资料：设计师小唐的体会

小唐是一位国内著名高校计算机设计专业毕业的高才生，毕业后在某著名广告公司从事广告设计工作，半年后小唐发现自己的作品屡屡被客户送回修改，经理对自己的作品也越来越不满意，小唐感到很郁闷，单位里很多老员工都向自己请教最新版本软件的使用方法和新功能，然而他们的作品却很少被“回炉”，终于有一天小唐忍不住，将平时与自己相处的不错的同事老李请到饭店，几杯酒下肚，小唐向老李倾诉：“李哥，当初我在学校读书的时候，屡次在学校举办的设计大赛上获奖，技术上在咱们单位也数得着，可是为什么我设计的作品‘回炉’次数最多，是不是经理对我有成见？”

“兄弟，老哥问你，当你接到一个客户的需求的时候你是怎么想的？”

“当然是用我最擅长的技术，用最先进的手法来设计啦。”

“哦，那在没有计算机的年代，不也有那么多的经典作品吗？”

“那倒是。”

“老弟，工作中设计作品与在学校设计的作品不一样，学校是考察你对技术掌握得怎么样，现在你设计的东西要满足客户的口味，要去迎合客户的品位，客户付了钱，是你现在的衣食父母，所以你的作品要全力地从客户的角度出发，什么技术，什么美学，都先放一边。”

“老哥，那我不是白学了很多技术？”

“你现在是在工作，不是在美术学院搞研究。”

“老哥说得有理，今天没有白请，来，我再敬你一杯。”

回去以后小唐仔细琢磨，又拿出以前的作品和客户需求相比较，豁然开朗。在以后的工作中，他大展身手，成为单位的骨干。

(资料来源：http://www.20ju.com/content/V21481.htm)

从设计师小唐的经历中我们可以知道：在设计或者研发的过程中，切记不要只为炫耀艺术与技术而工作，如果客户需要一个简单的两层菜单，你没有必要为他开发一个树形结构让他进行动态维护。用最简单的方法将客户需求实现，客户喜欢简单的系统维护，老板也会为你能够迅速完成工作而高兴。从事程序设计工作的人经常犯这样的错误，客户要求一个简单的功能，经过设计却变成了一个复杂的项目，客户和老板都不满意。

在实际工作中，忘掉你在学校中所学习的和所获取的一切，对每个项目而言，你都是白纸一张，考虑客户需要的技术和方法，然后熟悉它们，使用它们，为客户设计出最优秀的结果来。不要长期使用自己擅长的技巧和方法，从自己的角度出发为客户进行设计，如果这样，你不是在为客户进行设计，而是在继续玩设计的游戏，这样很难在工作中取得进展，只有遵循客户的意志，辅助于相关的技巧和方法，才能取得成功。

这里谈的与客户沟通，不是营销学中的与客户沟通，不是产品销售人员如何通过自己的技巧说服顾客、销售产品，而是指 IT 行业中，IT 从业人员在 IT 项目中，通过与客户的沟通和交流，更好地完成项目。

7.2.2 与同事的沟通

在一个单位的内部，同事之间需要互相交流，在交流的过程中，知识既得到传递分享，同时也会增加。然而同事之间的交流与朋友之间的交流不同。下面我们将提出一些交流的技巧。

1. 交流的过程尽量言简意赅，只说有用的话

同事不是同学，也不是朋友，尽量使用简单的语言将问题说明白。这样做有很多好处：第一，表现出你为简化交流付出了努力，使同事喜欢与你交流；第二，避免老板认为你喜欢在上班时间聊天，浪费他的资源；第三，避免祸从口出，让同事认为你是一个喜欢搬弄是非的人；第四，简化问题使你得到有用答案的机会增加，让人容易直接明了的问题；第五，在提炼你的问题的过程中，也许你自己就能找出问题所在或做出更正，从而提高了自己的业务能力。

交流通常从问题提出开始，漫无边际的提问近乎无休无止的时间黑洞，最能给你有用答案的人也正是最忙的人，这样的人对无节制的时间黑洞不会感兴趣，因此也可以说他们对漫无边际的提问不会关注，如果你经常这么做，以后他们不太可能喜欢与你交流。

我们都希望能够与那些有经验的前辈和专家多进行交流，但是要理解专家们生活的世界，要把专业技能想象为充裕的资源，而回复的时间则是贫乏的资源。尽量快速地使他们明了你交流的目的，这样很容易得到回复。直接向他们提问："我想更好地理解×，能给点提示吗?"通常比问"你能帮我解释一下×吗?"更好。如果你设计程序或者艺术效果不能令人满意，问问他有什么地方不对，比要求别人替你修改要明智得多。

2. 谦逊绝对没有害处，而且常帮大忙

彬彬有礼，多用"请"和"先道个谢了"，让大家都知道你对他们花费时间而义务提供的帮助心存感激。要知道，任何人没有义务为你解决问题，要对经常为你介绍经验的人心存感激。

从事IT工作的人员一般更喜欢直截了当地交流技术，而不是彬彬有礼的废话，这就需要你掌握礼貌的技巧和量度。在交流结束之后，如果交流的过程有一些技术上的问题，向所有帮助过你的人发个说明，让他们知道问题是怎样解决的，并再一次向他们表示感谢，这是非常重要的。同事们都喜欢看到问题被解决，而不是越拖越久，事后主动向他们说明情况，会让他们感觉到交流的好处，从而产生主动与你交流的欲望。

3. 尽量避免私下的交流

如果你要求同事与你进行私下交流，很容易引起别人的误解，产生误会。公开、透明的交流，一方面能够让同你沟通的人产生荣誉感，使他感到得到了尊敬；另一方面通过公开的交流，使其他同事了解你所面对的问题，你也可能从旁听者那里得到解答。

4. 注意时间和对象

也许你是一位精力充沛的工作者，但是你的同事可能和你的作息时间不一样，没有十分紧急的事情，一般的人都不喜欢在工作以外的时间处理工作以内的事情，即使经常需要加班的IT工作人员也是如此。很多中年人都有午休的习惯，想象一下，你刚刚睡着却又被电话铃惊起，而对方却只不过是拨错了电话号码，或者是重复一件并不重要的事情，在交流的过程中要学会区分上班和下班时间，即使作为领导也不可以在下班时间去打扰下属，因为每个人都有属于自己的私密时间，而这个时间是不可侵犯的。

另外，根据交流对象慎重选择你的语言是很重要的。沟通的对象不仅有男女老幼之分，也要根据文化背景、知识层次、民族特征以及性格特点进行交流，如果你在一个大型的跨国公司进行工作，与你身边国外的同事进行交流，一方面，要注意语言的选择，选择一种双方都能听懂的语言；另一方面，在交流的过程中，要注意不要与对方的宗教文化信仰产生冲突。

5. 理解对方题外话

由于交流的双方是同事关系，因此大家都会尽量避免一些直接的冲突，在言语上尽量显得客气一些。在第6章我们曾经给出了一个从客户那里发现隐藏的需求的例子，同事之间的交流也许比这种情况更复杂。

比如你邀请同事一起吃晚饭,他可能回答:“我晚上可能有事情,需要看看再说。”有的时候这表示他不想与你一起去吃晚饭;而有的情况却可能是他想与你一起去,使用这句话来表示一下客气;有的时候他想试探一下,你是否真心邀请他去参加。你需要根据具体的情况去判断,了解对方真正的意思,很多人会觉得与同事交往比较累,主要就是大家说话比较隐晦。要注意同事之间大家只会彼此地表扬对方,只有亲戚、同学或者朋友才会指出你的缺点,对你进行批评。

6. 学会与粗鲁的同事交流

如果你觉得受到粗鲁的对待,请保持冷静,不要期待所有人都很会沟通,一些人可能性格和善,但是却缺乏表达的技巧,言语可能会比较粗鲁,对这类人要宽容一些。

人不仅是一个生物人,同时也是一个社会人,每一个人都有与其他人沟通交流的欲望。不仅如此,一个人或一个组织在社会上能否取得成功,与交流的技巧息息相关,很多组织机构都对内部员工进行一些有关交流技巧的培训,这些都说明了交流的重要性。每个人从小就被教育如何说话、如何讲礼貌,这些都是与人交流的教育。

7.2.3 跨部门沟通

在学校中,学生只与班级管理人员打交道,很少得到跨部门沟通的锻炼,因此也缺乏这个方面的意识。在第 1 章中我们谈到跨部门沟通的问题,这里我们将这个问题放在同事之间沟通的环境中进一步讨论。我们先看一下这样的一个例子。

小陈和小李从同一所大学毕业后,一起在某计算机公司工作,小陈在软件部从事软件项目开发工作,小李在网络部从事公司网络及服务器管理工作。两个人在大学是同学,一起来到同一个公司,又住在同一个宿舍中,感情自然是非常好。

一日午饭期间,小陈向小李说起自己正在给客户开发的网站,为了方便客户的调试,最好是能够将其放置到公司的服务器上,给客户开放一个 FTP 的权限,以方便客户操作,小李认为客户早晚要用公司的服务器,就一口答应,上班后为小陈在服务器上开了个 FTP 的权限。本来公司有详细的工作流程,为客户存放软件、开启 FTP 权限需要软件部主任与网络部主任协商,但是小李因为与小陈是同学的关系,又考虑到都是公司的业务,于是直接为小陈开启了该项服务。

时隔不久,公司服务器遭到了病毒的侵袭,公司损失颇为惨重。后来经过调查,病毒正是由小陈的客户不小心传播过来的,网络部主任发现了小李未经批准,私自操作服务器的事情,非常恼火,过了不久,小李被公司辞退。而软件部主任则认为小陈在单位内搞小团体,不请示领导自作主张,也找了个借口将小陈辞退了。

小陈与小李的失败在于,在跨部门的沟通中,没有按照规定的程序执行。任何一个单位都应该是一个权责明确的组织机构,在任何一个组织机构中,每个人都负责自己的业务,如果同事之间的沟通依靠个人关系的好坏,而不是规章制度,那么这个机构绝对不可能是一个发展良好的机构。在工作中,一定要养成良好的部门之间沟通的习惯,以下是部门沟通中要注意的问题:

- 区分自己是需要沟通,还是要了解公司的组织机构;
- 考虑一下组织内部的管理是否有问题;

- 了解组织部门职责及权限；
- 了解部门间职责不清或职责有交叉的地方；
- 学习跨部门的工作，提高自己工作的效率，减少没有效果的工作；
- 了解部门职责交叉的地方，避免出现交叉；
- 学习企业文化，掌握部门沟通原则；
- 学习团队精神，培养自己大局观能力；
- 通过会议来解决跨部门沟通的问题；
- 多听取组织内老员工的意见，以及他们对组织的情况介绍；
- 多向领导汇报自己的工作，需要沟通时一定要向领导请示；
- 重视跨部门的沟通；
- 尽量当着对方领导的面来解决协作的问题。

学会跨部门沟通，能够使你在单位如鱼得水，工作起来自然非常顺利。通常跨部门的沟通代表了一个人处理单位事务的能力，也就是你工作的能力，跨部门沟通做得好，工作能力自然高，发展前途自然远大。

7.2.4　与领导的沟通

一般来讲，与普通学生相比，高校学生干部与教师之间的沟通能力更强一些，这是一些行政事业单位喜欢招收学生干部的主要原因之一。一名学生能否成长为优秀的学生干部，除了其对事情的处理能力之外，是否能合理地与教师沟通也是主要因素之一。教师要通过学生干部了解班级学生的特点，掌握班级情况，并根据情况下达指令，通常情况下，班级干部传达指令是没有问题的，但是能否积极主动地向教师汇报指定完成的情况，这就反映了一个班级干部的水平。

前面提及的李老师，根据学生的特点和学生的高中任职情况，初步在班级中确立了一个团支部书记。期末，辅导员突然打电话给李老师，要求他核对班内优秀团员的名单，李老师很纳闷，班级什么时候进行过优秀团员的评选，自己怎么不知道？于是他将团支书找来一问，原来学校通知每个班级的团支书推选优秀团员，利用晚自习时间团支书在班级举行了投票选举，并将选举结果汇报给学校，该团支书很自豪地对李老师说："老师，我们都选定了，没有什么问题，同学们也没有什么意见！"

当时李老师就无语了，联想到平时该团支书基本不汇报工作，经常自作主张，第二学期就找了个借口，将该团支书撤职了。学生在学习期间，不注意养成主动自发汇报的良好习惯，将来走上社会是要吃亏的。特别是一个人的青年时期，往往觉得自己有能力处理好任何事情，觉得向教师和家长汇报很麻烦，虽然教师和家长可能给予的指令确实比较麻烦，但需要特别指出，向长辈或者领导汇报工作是非常重要的。注意这里汇报与打小报告不一样，汇报是指让上级了解你的工作。

尽管你可能将工作做得很好，但是你却没有思考这项工作是否该你去做。你越权去做一件事情，就算把这件事情做得完美无缺，也未必能够获得领导的认可，同时也说明了自己社会情商的欠缺。工作不是写散文，着重追求个性和自由。工作是一篇严格的公文，必须要遵守固定的格式。很多刚刚走上社会的大学生，不懂社会交往的"规矩"，往往在不该说话的时候随便说话、不该做主的时候随意做主，给上司留下了极坏的印象。

领导最害怕的是什么,就是工作一项项安排下去后,就像泥牛入了大海,再也没有踪迹可查,下属在那里鼓捣什么东西,自己根本不知道,工作完成到什么地步,也不汇报。尤其是从事 IT 行业,通常一个项目需要几个月的时间来完成,在这段时间内,员工完成的情况领导很难掌握,通常也就难以协调这个项目的进程,因此,员工主动向主管汇报工作进度就非常重要。很多公司要求员工每天下班时把当天完成的工作、明天要做的工作、当天工作中发现的问题记录下来并交给主管,主管将自己的意见批复下来再返给员工,实质上就是通过这样一种管理手段将汇报工作程序化,强迫员工向领导汇报工作。

参考资料:如何做办公室主任

凡是参加过工作的人都知道,单位中最难做的职位就是办公室主任。刘先生在一家销售公司供职,担任的就是办公室主任的职务,刘先生在这一位置上做了很多年,工作非常出色,有人向他请教如何处理与老板的关系时,刘先生没有发表长篇大论,却讲了这么一个故事。

一个客户来公司洽谈生意,公司进行宴请,酒足饭饱后要离开。陪同人员建议送点礼品给客户,刘先生请示老板,老板刚刚喝过酒,说:"要什么礼品?"刘先生阐述了客户的重要性,可老板坚持说,送件 300 元钱左右的西服就可以了。

老板的命令必须遵循。刘先生准备了几套 300 元钱左右的西服。可实在看不过去,人家客户也都是有身份的人,像这样的低廉货实在拿不出手。但老板酒还没有醒,说什么也没用,第二天客人要走,到时候再准备就迟了。于是刘先生暗自准备了几套高档西服,放在车上。

第二天在客户住的宾馆见面时,总经理第一句话就问刘先生:"礼品准备好了吗?"

"按您的意思都准备好了,300 元钱的西服。"

"这哪儿拿得出手啊? 赶快去换!"一晚上老板就变卦了。

幸亏刘先生昨天晚上就准备好了,于是把车开出去绕了一圈,就回来了。

总经理夸赞刘先生能干。但是,当时如果刘先生和总经理据理力争,那么就可能是另外一种结果了。刘先生的聪明之处就在于,无论何时何地都尊重老板的决定,虽然明显是老板犯了错误,但是老板是要面子的,别以为老板不知道自己犯了错误,他也许是在考察你对他的态度。

(资料来源:http://ks.cn.yahoo.com/question/1307052102495.html)

下级在与上级打交道的过程中,要勇于在上司面前承认自己的错误,不要狡辩;有了错误要积极改正,领导不喜欢拖拖拉拉的人。换句比较流行的话就是:"老板永远都是正确的,老板错了也没有错,如果老板错了,那么一定是我看错了,老板是不会犯错误的。"

这些事实都说明,和老板相处最重要的一点是尊重老板,因为你无法改变一个事实:老板是你的老板,除非你不想干了。尊重老板,首先要从细节上做起。比如开会时,不要随意打断老板的发言,也不要忙于表达自己的想法;会客的时候,不要抢在老板的面前喋喋不休;老板来视察工作,一定起身迎接,老板最恼火的是那些目中无人,看见老板来了无动于衷并只做自己事情的人,这样的员工肯定得不到老板的赏识;一同乘车,不要先于老板上车;不要在老板生气的时候说出你的想法,即使他有明显的错误也不要急于纠正,等过了缓冲期再适时提出。

不要和老板争辩什么。无论在公司内外，都要让人感觉你和老板是有等级的。不要说社会上人人平等，在人格上是平等的，但在地位上是不平等的。老板需要等级，一旦老板觉得你和他没有了等级，你的职业生涯也就到头了。

老板的命令无论对错都要执行，执行的过程需要分析，多做几手准备。有些员工背后会骂老板做事不到位，但是人家能够成为老板，还是有一定道理的。普通员工和老板之间主要有以下的差别，这些差别决定了老板永远是正确的。

1. 信息不对称

你的信息肯定不如大本营的信息全。有人说老板高高在上，我在低层最了解一些详细情况，所以我不执行老板的命令，这是很多不执行任务员工的借口。然而现实情况往往是，你受所处位置的限制造成信息不对称，难免成为井底之蛙；而老板不同，他知道整体情况。也许从你的角度看，老板做得不对，但是老板是从大局考虑。通常在执行细节上，老板会给你空间的，比如说你走的这个大方向必须是正确的，至于你走哪条路公司不会干扰你，这与你个人能力的展示不矛盾。

2. 资源不对称

你掌握的资源，人力、物力只是一小部分，而你的老板掌握的人、财、物都要比你多，如果你和总部的执行方向相反，这是分散人、财、物，是具有破坏性的，反方向作为会造成干扰，甚至产生副作用，把原来剩下的那部分资源也给侵占了，就失去了效用。

3. 目标、任务不对称

你不能站在高处理解公司的使命。比如说诺曼底登陆，咱们假设其中有一个军去佯攻，而且这个军要么被消灭半个军，要么全被歼灭，如果这个军的军长因担心伤亡惨重没有进行佯攻，希特勒的军队然后将全部军力都放到诺曼底，德国可能也就不会失败。大家都知道历史上诺曼底战役就是因为佯攻才成功的，希特勒就是因为不知道盟军从哪儿攻才失败的，尽管他做了大量的间谍工作。这种战略上的“耍花枪”使盟军赢得了最后胜利。

7.3 沟通效率

7.3.1 学会表达

一般来说，沟通能力主要体现在两个方面：一是理解别人的能力；二是表达能力。如何与客户有效地交谈是一项很重要的商业技能，与客户沟通不是举行辩论赛，说服客户不是靠论理明确、论据充分，而是依靠客户心甘情愿地认同。在与客户沟通的过程中，含蓄的语言往往暗示性较强，更容易令客户在心理上接受，许多难以用道理说明的事情，用含蓄的幽默表达方式会更方便些。针对不同的目标对象，注意语言的表达方式，有策略地沟通，才能成功地笼络住客户的心。

部分客户或许不了解你的专业设计，或许对你的想法不认同，这个时候你如何给客户演示，如何阐述你的思想，如何使客户了解，就非常重要。具体来说，就是在表达的过程中要注意以下几个方面的内容。

1. 要注意表达的场合和表达的对象

不同的场合对于表达的要求是不一样的，比如公司、聚会、会议室等，应采用不同的表达方式。另一方面,表达的对象也决定了表达的语言和形式,表达时应考虑表达对象对专业的了解程度,对业务的关心状况。在表达的过程中,切忌一味地将自己的想法不顾场合和对象、不分时间和机缘喋喋不休地讲述。

2. 经常客观地评价自己表达的能力

考虑以下问题:

- 在日常生活中,你在寻求讲话的机会吗?
- 当你站在演讲台时,能很清晰地表达自己的观点吗?
- 在会议中,你善于发表自己的观点吗?
- 你是否经常与朋友保持联系?
- 你能自行构思并写出一份报告吗?
- 对于一篇文章,你能很快区分出其优劣吗?
- 在与别人谈话的过程中,你都能清楚地传达想要表达的意思吗?

如果对上述问题的回答都是否定的,那么你应该从头考虑,一点点改善自己表达的能力。

3. 反思自己表达的方式

一般情况下,你经常主动与别人讲话,还是别人主动与你讲话?在与别人讲话的过程中,你会处于主导地位吗?你觉得别人适应你的讲话方式吗?

如果你迈出主动表达的第一步,就非常容易与别人建立广泛的人际关系,在与他人的交流中更能够处于主导地位。当你处于主导地位时,就会集中注意力,主动去了解对方的心理状态,并调节自己的表达方式,以便更好地完成表达过程。这时候的表达方式就是最合适的。

4. 恰当地运用肢体语言

很多人都知道肢体语言在表达中的作用。但是,要恰如其分地运用肢体语言还是有一定的困难。要明确的是,同样的肢体语言,如果是不同性格的人做出的,它的意义很有可能是不一样的。另外,同样的肢体语言在不同的语境中的意义也是不一样的。因此,不但要了解肢体语言的意义,而且要培养自己的观察能力,要站在对方的角度来思考,善于从对方不自觉的姿势表情或神态中发现对方的真实想法,千万不要武断地下结论。

在使用肢体语言的时候,要注意肢体语言使用的情境是否合适,是否与自己的角色相一致。少做无意义的动作,以免分散对方的注意力,影响沟通效果。

5. 讲话的内容需要是对方关心的问题

任何人都关心与自己的利益息息相关的问题,如果你的谈话缺乏目的性,没有实质内容,只是空洞的语言表达,即使你用再多华丽的辞藻,用再多优美的语言,也很难引起对方的注意,从而影响沟通的效果。要想使沟通达到预想的效果,需要在沟通之前做精心的准备,将你想要表达的内容通过整理,有条理、有逻辑地向对方说明,再加上一些讲话的技巧,引导对方与你交流的方向,一定会达到你预想的目的。了解客户关心的内容,从客户角度出发,让客户感受到对其利益的关心,帮助你真正赢得客户的心。

6. 学习一定的表达技巧

与人沟通,完全不讲策略性是不够的,但是颠倒黑白、混淆视听也是不足取的。平时与客户交流中,事前如果进行简单的分析,常常可以洞察问题的本质,并且针对这些分析,可以做出较明确的判断。高手们说话，虽然表面上看起来似乎轻松随意，但是仔细分析，你会发现他们所讲的每句话，并不是随随便便地脱口而出的，而是设下了很多前提，埋下了很多伏笔，这些就是讲话的技巧所在。

恰当的表达技巧能够帮助你减少不必要的冲突，为你赢得客户的心。只有赢得客户的认同，你才能获得成功。

7.3.2　肯定——管理者最有效的沟通方式

韦尔奇曾经这样说过："我的经营理论是要让每个人都能感觉到自己的贡献，这种贡献看得见，摸得着，还能数得清。"当员工完成了某项工作时，最需要得到的是上司对其工作的肯定。经理主管人员的认可是一个秘密武器，但认可的时效性最为关键。如果用得太多，价值将会减少，如果只在某些特殊场合和特有的成就时使用，价值就会增加。采用的方法可以是发一封邮件，或是打一个私人电话祝贺员工取得的成绩，或在公众面前跟他握手并表达对他/她的赏识。

参加工作的目的，除了获取基本的生活物质条件以外，更重要的事将自己所掌握的知识应用到工作中，将自己的能力发挥出来。对于员工来说，没有什么比得到老板、客户、同事的肯定更高兴的事情。

因此无论是在和上级还是同事、客户的沟通中，一句简单的肯定的话，会达到事半功倍效果，同样这也是最为有效的沟通方式，能够帮助你迅速地融入对方的环境中。

7.3.3　常汇报

导致员工与领导产生隔阂的原因很多，主要可能是心态问题——怕见领导。很多刚参加工作的学生往往都会经过这样一个时期，刚刚进入工作岗位，脸皮薄，总是想方设法躲着领导，进领导办公室，往往都是挨批评，时间长了就形成心理障碍。另一种原因可能是工作效率低，总是不能如期完成工作，所以不敢见领导。这种情况下一方面要提高自己的工作效率，及时完成工作；另一方面最好把工作完成的情况及时向领导汇报，让领导知道自己一直在竭尽所能地工作，表明自己的工作态度，自然会给领导留下一个好印象。

向领导请示工作要注意的问题。

1. 仔细聆听领导的命令

一项工作在确定了大致的方向和目标之后，领导通常会指定专人来负责该项工作。如果领导明确指示你去完成某项工作，那你一定要用最简洁有效的方式明白领导的意图和工作的重点，弄清楚该命令的时间(when)、地点(where)、执行者(who)、为了什么目的(why)、需要做什么工作(what)、怎么样去做(how)、需要多少工作量(how much)。在领导下达完命令之后，立即将自己的记录进行整理，再次简明扼要地向领导复述一遍，看是否还有遗漏或者自己没有领会清楚的地方，并请领导加以确认。

2. 与领导探讨目标的可行性

领导在下达了命令之后，往往会关注下属对该问题的解决方案，他希望下属能够对该问题有一个大致的思路，以便在宏观上把握工作的进展。在接受命令之后，应该积极开动脑筋，对即将负责的工作有一个初步认识，告诉领导你的初步解决方案，尤其是对于可能在工作中出现的困难要有充分的认识，对于在自己能力范围之外的困难，应提请领导协调别的部门加以解决。

3. 拟定详细的工作计划

在明确工作目标并和领导就该工作的可行性进行讨论之后,你应该尽快拟定一份工作计划,再次交与领导审批。在该工作计划中,你应该详细阐述你的行动方案与步骤,尤其是对工作进度给出明确的时间表,以便于领导进行监控。

4. 在工作进行中随时向领导汇报

现在,你已经按照计划开展工作了,那么,你应该留意自己工作的进度是否和计划书一致,无论是提前还是延迟了工期,都应该及时向领导汇报,让领导知道你现在在干什么,取得了什么成效,并及时听取领导的意见和建议。

5. 在工作完成后及时总结汇报

千万不要忽视请示与汇报的作用,因为它是你和领导进行沟通的主要渠道。你应该把每一次的请示汇报工作都做得完美无缺,领导对你的信任和赏识也就会慢慢加深了。

在请示汇报的过程中,作为下属,一定要充分尊重领导,在各方面维护领导的权威,支持领导的工作,这也是下属的本分。首先,对领导在工作上要支持、尊重和配合;其次,在生活上要关心;最后,在难题面前解围,有时领导处于矛盾的焦点上,下属要主动出面,勇于接触矛盾,承担责任,排忧解难。

一般说来,作为部门主管,在自己职权范围内大胆负责、创造性工作,是值得倡导的,也是为领导所欢迎的。下属也不能事事请示,遇事没有主见,大小事不做主。这样领导也许会觉得你办事不力,能力有限。该请示汇报的必须请示汇报,但绝不要依赖、等待。

7.4 处理冲突

7.4.1 多米诺效应

参考资料:"多米诺骨牌效应"

大不列颠哥伦比亚大学物理学家 A. 怀特海德曾经制造了一组骨牌,共 13 张。第一张最小,长 9.53mm、宽 4.76mm、厚 1.19mm,大小不到人的小手指甲。以后每张体积扩大 1.5 倍,这个因为前一张骨牌倒下时,能推倒一张比自己体积大 1.5 倍的骨牌。以此类推,最大的第 13 张长 61mm、宽 30.5mm、厚 7.6mm,牌面大小接近于扑克牌,厚度相当于扑克牌的 20 倍。把这套骨牌按适当间距排好,轻轻推倒第一张,会波及第 13 张。第 13 张骨牌倒下时释放的能量,比第一张牌倒下时要扩大 20 多亿倍。

多米诺骨牌效应的能量是按指数形式增长的,若推倒第一张骨牌要用 0.024 微焦的能量,倒下的第 13 张骨牌释放的能量能够达到 51 焦,多米诺骨牌效应产生的能量的确令人瞠目。当初 A. 怀特海德设想要制作类似的 32 张骨牌,不过他最后放弃了制作第 32 张骨牌,因为它将高达 415m,两倍于纽约帝国大厦的高度。如果真有人制作了这样的一套骨牌,那帝国大厦就会在一指之力下被轰然推倒!

(资料来源:安雅宁. 人生最重要的 100 条黄金法则[M]. 北京:北京出版社,2007.)

这就是“多米诺骨牌效应”，该效应产生的能量是十分巨大的。这种效应的物理原理是：骨牌竖着时，重心较高，倒下时重心下降，倒下过程中，将其重力势能转化为动能。它倒在第二张牌上，这个动能就转移到第二张牌上。第二张牌再将第一张牌的动能和它倒下过程中由本身的重力势能转化来的动能之和，再传到第三张牌上……所以每张牌倒下的时候，具有的动能都比前一张牌大，因此它们的速度一个比一个快，也就是说，它们依次推倒的能量一个比一个大。

“多米诺骨牌效应”经常被应用在生活中，来说明一些小事情对你产生的影响，它教育我们，客户的事情没有小事情，尽量减少与客户发生冲突，否则所引发的连锁反应，会远远超出你的预期。在商场上，每一步都如同大海行舟，随时要面对惊涛骇浪，如果缺乏风险意识，不注意一些小问题或者小隐患，很容易导致一些大的问题的发生。

在现实的商场中，一些看上去微不足道的事情，如果不加以处理，很容易引起轩然大波，对组织产生巨大的影响。

参考资料：“多米诺骨牌效应”举例——“三株口服液”的倒闭

“三株口服液”创立几年后，迅速发展成为一家年销售额高达80亿元——迄今中国尚无一家食品饮料或保健品企业超过这一记录——累计上缴利税18亿元、拥有15万员工的庞大“帝国”，然而没有一个人会想到，一位名叫陈伯顺的老汉成为“帝国”的终结者。

1996年6月3日，湖南常德汉寿县的退休老船工陈伯顺在三株“有病治病，无病保健”的广告承诺打动下，花428元买回了10瓶三株口服液。据陈家人介绍，患老年性尿频症的陈老汉服用了两瓶口服液后夜尿减少，饭量增多，但一停用又旧病复发，当服用到三四瓶时，老汉出现遍体红肿、全身瘙痒的症状，第八瓶服完，陈老汉全身溃烂，流脓流水。6月23日，老汉被送到县医院求诊，医院诊断为“三株药物高蛋白过敏症”。其后，陈老汉病情不断反复，于9月3日死亡。陈老汉死后，其妻子、儿女一纸诉状把三株告到了常德中级人民法院。

1998年3月31日，常德中级人民法院做出三株公司败诉的一审判决，要求三株向死者家属赔偿29.8万元。

到此时，由于各种原因，常德一案已引起了国内媒体的普遍关注。一审判决后，当即有20多家媒体进行了密集地报道，其标题均为“八瓶三株口服液喝死一条老汉”。

这条爆炸性新闻，对于已经处在风雨飘摇中的三株公司无疑是毁灭性一击。

从当年4月下旬开始，三株的全国销售急剧下滑，月销售额从数亿元，一下子跌到不足1000万元，4～7月全部亏损，生产三株口服液的两个工厂全面停产，6000名员工放假回家，口服液的库存积压达2400万瓶，市场价值相当于7亿元。5月，市场上四处传言，三株已向有关方面申请破产，由于欠下巨额贷款，其申请最终未被批准。就这样一个庞大的“保健品帝国”轰然倒塌，淡出历史舞台。

（资料来源：http://www.xumuren.cn/? uid-7393-action-viewspace-itemid-12050）

一个庞大的保健品“帝国”毁于一个小小的报道，这就是惊人的“多米诺效应”。所谓“千里之堤，溃于蚁穴”，如果平时不注意，很少的一件事情就可以引发很大的事件，与客户打交道，首先要注意“质量”，保证自己有过硬的产品；其次要注意细节，因为看似非常小的错误，也可能导致满盘皆输。

7.4.2 澄清事实

在人们日常交往中,具有口才天赋的人能把平淡的话题讲得非常吸引人,而口笨嘴拙的人就算他讲的话题内容很好,人们听起来也是索然无味。有些建议,口才好的人一说就通过了,而口才不好的人即使说很多次还是无法获得通过。如何把你想要说明的问题清晰简洁地向身边的人表达清楚,是一个职业工作者必备的基本素质之一。在工作中,你需要不断地与同事进行交流、向领导进行汇报、向客户进行解析和咨询,语言表达能力的重要性不言而喻,好口才越来越被认为是现代人所应具有的必备能力。

作为职业工作者,我们不仅要有新的思想和见解,还要在别人面前很好地表达出来;不仅要用自己的行为对组织做贡献,还要用自己的语言去感染、说服别人,让自己的思想或设计成果被组织认可、采纳。

首先,要做到说话简短、写作精练,要学会浓缩,浓缩就是语言的提炼,浓缩的语言是语言的精华。

参考资料:浓缩的《智慧录》

几百年前,一位聪明的老国王召集一群聪明的臣子,交代了一个任务:“我要你们编一本《智慧录》,好流传给子孙。”

这群聪明人离开老国王以后,便开始了艰苦的工作。他们用了很长一段时间,最终完成了一部十二卷的巨著。他们将《智慧录》交给老国王看,他看了后说:“各位大臣,我深信这是各时代的智慧结晶。但是,它太厚了,我担心没有人会去读完它,再把它浓缩一下吧!”这群聪明人又经过长期的努力工作,删减了很多内容,最后完成了一卷书。可老国王依然认为太长了,命令他们继续浓缩。

这群聪明人把一本书浓缩为一章、一页、一段,最后浓缩成一句话。当老国王看到这句话时很高兴,说:“各位大臣,这才是各时代的智慧结晶。各地的人只要知道这个真理,我们一直担心的大部分问题就可以顺利解决了。”

这句经典的话就是:“天下没有免费的午餐。”老国王很满意,这一句话就可以给子孙留下自己想要传达的思想:即使是满足自身生存的最基本需要,也必须自己去做;即使你的祖辈、父辈能为你提供丰厚的物质基础,也需要自己去做。否则,你就只能坐吃山空。

(资料来源:http://www.xj71.com/html/71/n-35671.html)

一本书最后可以浓缩为一句话,我国古代流传下来诸子百家的书,大部分言简意赅;爱因斯坦发表的相对论论文,只有两页。与同事、领导交流,一定要考虑到对方时间紧迫,必须将最精练的内容直接表达出来,以节省对方的时间。

其次,要提高自己的“语商”,可以根据以下原则来提高。

(1) 要实在,不要花言巧语。说话和办事一样,都讲究实在,不要一味追求使用华丽的辞藻来装饰,更不要哗众取宠。

(2) 要通俗,不要故作姿态。说话要避免深奥,尽量使用大众化的语言,像俗语、歇后语、幽默笑话等,这样,你办起事来可能会事半功倍。

(3) 要简明,不要模糊不清。说话要简明扼要、条理清楚,不要长篇大论、言之无物,否则别人很难听懂你讲话的核心内容。

第四,要谦虚,不要“摆架子”。假如你在言语中有“摆架子”的表现,倾听的人会十分反感。这样,你不但达不到说话的目的,还会影响听话人的情绪。希望你能牢记:谦虚是说话人的美德。

最后,在与人沟通的过程中,要注意恰当的礼仪,改正不良的礼仪,如果说话的时候唾沫星子横飞,恐怕没有几个人会喜欢站在你身边听你讲话。有的人讲话喜欢拍对方的肩膀,或者拉着对方的手,这些都是不文明的行为。与人沟通的过程中,应该注意目光与对方的接触,同时注意恰当的肢体语言的运用。

7.4.3　说服领导

“老板错了怎么办?”“如何说服领导同意自己观点?”在日常生活中,我们看到老板对一些人的话言听计从,而对另外一些人的提议,无论是否正确,一概否定,一棍子打死,这就说明,要说服领导,必须要掌握一定的技巧。在处理同领导的关系上要克服两种错误认识:一是领导说什么是什么,叫怎么着就怎么着,好坏没有自己的责任;二是自恃高明,对领导的工作思路不研究,不落实,甚至另搞一套,阳奉阴违。当然,下属的积极主动、大胆负责是有条件的,要有利于维护团体内部的团结,维护领导的权威,在某些工作上不能擅自超越自己的职权。

1. 选择恰当的时机

刚上班时,领导会因事情多而繁忙,到快下班时,领导又会疲倦心烦,显然,这都不是提议的好时机。总之,记住一点,当领导心情不太好时,无论多么好的建议,都难以细心静听。

那么,什么时候会比较好呢?我们通常推荐在上午10点左右,此时领导可能刚刚处理完清晨的业务,有一种如释重负的感觉,同时正在进行本日的工作安排,你适时地以委婉方式提出你的意见,会比较容易引起领导的思考和重视。还有一个较好的时间段是在午休结束后的半小时里,此时领导经过短暂的休息,可能会有更好的体力和精力,比较容易听取别人的建议。总之,要选择领导时间充分、心情舒畅的时候提出改进方案。

2. 提前做好整理

领导的时间非常宝贵,信息及数据都要具有说服力。对改进工作的建议,如果只凭嘴讲,是没有太大说服力的。但如果事先收集整理好有关数据和资料,做成书面材料,借助视觉力量,就会加强说服力。

3. 准备回答领导的问题

准备周全,考虑领导可能会提出的问题,事先准备答案。领导对于你的方案提出疑问,如果事先毫无准备,吞吞吐吐,前言不搭后语,自相矛盾,当然不能说服领导。因此,应事先设想领导会提什么问题,自己该如何回答。

4. 简明扼要,重点突出

在与领导交谈时,一定要简单明了。对于领导最关心的问题要重点突出、言简意赅。如对于设立新厂的方案,领导最关心的还是投资的回收问题。他希望了解投资的数额,投资回收期,项目的盈利点,盈利的持续性等问题。因此你在说服领导时,就要重点突出,简明扼要地回答领导最关心的问题,而不要东拉西扯,分散领导的注意力。

5. 面带微笑,充满自信

我们已经知道,在与人交谈的时候,一个人的语言和肢体语言所传达的信息各占50%。

一个人若是对自己的计划和建议充满信心,那么他无论面对的是谁,都会表情自然;反之,如果他对自己的提议缺乏必要的信心,就会在言谈举止上有所流露。试想一下,如果你的下属表情紧张、局促不安地对你说:“经理,我们对这个项目有信心。”你会不会相信他?

6. 尊敬领导,勿伤领导自尊

领导毕竟是领导,因此,无论你的可行性分析和项目计划有多么完美无缺,你也不能强迫领导接受。毕竟,领导统管全局,他需要考虑和协调的事情你并不完全明白,你应该在阐述完自己的意见之后礼貌地告辞,给领导一段思考和决策的时间。即使领导不愿采纳你的意见,也应该感谢领导倾听你的意见和建议,同时让领导感觉到你工作的积极性和主动性。

7.5 总结讨论

7.5.1 本章小结

(1) 沟通是学习和生活的基础,而沟通能力也需要不断地训练和培养,有时候我们会觉得自己不擅长沟通,通过学习可以大大提高沟通的技巧。可以从沟通的方法和心态两个方面去学习如何提高沟通的效率。提高沟通能力和效率的方法理论很多,但是首先要有一个好心态,积极地去参与沟通过程。

(2) 认识清楚自己所处的社会位置,对于沟通非常重要。当前社会体力劳动基本上都由机器来代替,我们所负责的工作基本上就是沟通协调,掌握沟通的技巧,就能大大提高工作效率。

(3) 倾听在沟通中非常重要并且经常被忽视,通过倾听可以了解沟通一方的意图,从而能够提高沟通效率。

(4) 工作中沟通的对象主要分为客户、同事、上下级、跨部门,不同的沟通对象沟通技巧有所不同,认识清楚沟通对象,是沟通的第一步。

(5) 很显然,把自己的意思表达清楚是和人沟通的基本,在表达中要抓住重点、考虑周到,刚开始训练的时候,可以刻意写下表达的大纲和草稿。

(6) 对于管理者而言,肯定身边人的工作,是一个非常好的沟通方式。即使不是一个管理者,对身边人的肯定也非常重要,不仅能够让你的意图得到认可,更能提高个人的人格魅力。

(7) 沟通是解决冲突的基本手段,对于普通人而言,冲突时时刻刻发生,很多冲突产生的基本原因就是缺乏沟通。只有通过不断有效的沟通,才能有效地解决冲突。任何冲突过程中,都要以事实为依据,以社会道德和法律基础为根本,注意在处理冲突的沟通过程中,尽量避免强加自己的观点,更不要带着情绪沟通。

(8) 最后讨论一下如何说服领导,在尊重老板的章节中我们讨论了如何和老板融洽相处,当发生冲突的时候,怎么样恰当地把自己的意思表达给老板,尽管每个冲突的处理方式因人而异、因事而不同,但是基本相同之处就是老板也是一个活生生的人,抓住与老板沟通的特点,在合适的时机,准备充分,慢慢地让老板接受你。

7.5.2　小组讨论：通用汽车公司的“无界限”组织理论

1. “界限”的危害

杰克·韦尔奇刚刚担任通用汽车公司首席执行官时，感到公司内部有太多的界限。无论他转到哪里，都能发现界限。

- 管理层之间
- 工程人员和营销人员之间
- 通用正式工和钟点工之间
- 通用和整个外部社区之间

界限，是障碍的同义语。界限减缓了公司的发展速度，使一切变得复杂而低效。韦尔奇感到通用汽车公司与外部世界存在的界限归因于一种长期盘踞于通用的信念，他称之为“外来”综合症，即一个观点如果不是在通用产生的，那它就没有价值。他在1996年写给股东的信中提到，“外来”综合征限制了我们向供应商、客户和其他跨国公司学习的主动性，这些跨国公司拥有能带给我们大有裨益的“好的实践案例”。

韦尔奇曾经有过一段著名的言论：“我们生活在封闭的圈子里，因此找不到解决问题的答案，但有人知道答案。因此我们每天走出去努力地寻找着那些知道答案的人，只有智力资本才能创造生产效率。”这就是为什么在今天的通用，无界限毫无疑问地成为公司最为重要的理念。

吉姆·博夫曼引述了一个界限如何损害通用的例子。某一时期，通用汽车公司向汽车行业销售了数十亿磅的塑胶产品、数十亿的灯具以及数百万的电动机产品。虽然每一个通用业务的销售部门都同汽车行业打交道，但是好像他们不是为同一公司工作。问题在于分权导致每一个独立核算收益和损失的单位太小，以至于削弱了竞争实力。分权也导致了太多层次的批准和其他职责界限。工程部门只负责设计，结果发现制造部门在生产时困难重重，销售部门不能为其找到销路。当产品被售出后，服务部门却发现很难维修。

博夫曼说，“没有横向交流的等级界限降低了决策效率，浪费了太多的时间。我们的业务之间存在着界限——在我们本应列队入场时，我们却单枪匹马独自上阵。”

2. 消除“界限”

韦尔奇在1990年3月做的一次演讲中，清楚地表达了无界限的内在含义：“变革的步伐在许多领域非常迅速，全球化已不再是一个议题而是迫在眉睫，市场开放和地域障碍变得日益模糊，甚至毫不相关……”

“20世纪80年代通用汽车公司所采取的重组、减少管理层次等策略不会再使我们高速增长。90年代的获胜者将是那些能够培养一种企业文化的人，这种文化让他们前进得更快，交流得更清楚，每个人都能加入到为更高要求客户服务的努力中去。”

“为了这种企业文化的发展，通用汽车公司已经创造了我们称之为‘无界限’的公司。我们没有时间来攀越横在诸如设计和营销等职责部门之间的障碍，地域障碍也必须消除，我们的人在马德里和首尔必须像在路易斯维尔和斯克内克塔迪一样的舒适。”无界限已经成为韦尔奇努力取得通用汽车公司生产目标的关键策略。这一策略不仅仅是简单地清除官僚浪费和迅速增加生产效率。

20世纪90年代，韦尔奇的观点建立在工作环境需要解放这一前提下：工人不再被告诉该做什么,而应被赋予权利和承担责任。发挥每个员工的最大潜能,需要一种全新的思维,一个员工能自由发挥的环境。在这个勇于开拓的新的环境中,所有的员工都可以参与决策,并充分地获得决策所需的重要信息。这在 1998 年或许已不是一种激进的思想,但是韦尔奇于 20 世纪 80 年代首次引入这些观点时,这确实是对统治美国公司多年的命令控制模式的一种反叛。韦尔奇解除了员工的各种束缚,让他们自由发挥,达到了"无界限"的目的。

在一次会议上,首席执行官向一位职员提出了一个他回答不上的问题。"我不知道该如何回答。"这个职员不知所措地坦白说。韦尔奇鼓起掌来,说:"这样很好,但是你必须确信你能找到结果,并且让我知道。"董事长很兴奋,他在员工之间创造了一种"无界限"的氛围,这些员工将会从浪费更少的时间和做更少的无用功中获得回报。

3. "无界限"的力量

1990 年,韦尔奇为消除通用汽车公司的界限所采取的最富进取的努力,就是在全公司的范围内开展被称为"倾力解决"计划的活动。1996 年韦尔奇注意到"倾力解决"克服并消除了"外来"综合征,通用汽车公司的隔离不再存在。通过"倾力解决"计划,通用汽车公司开始系统地考察全球知名的公司以获得更好的工作方法。这创造了通用汽车公司好学精神这一企业文化的基础,这种好学精神成为 20 世纪 90 年代后期另一个重要的韦尔奇经营策略。这一方法最初被用来消除通用汽车公司内部的界限,韦尔奇感到"倾力解决"通过加强与顾客和供应商的联系,也有助于消除公司的外部界限。韦尔奇说,发展"无界限"的好学精神是"倾力解决"计划最重要的成果,这种文化规范了通用员工的行为准则。"今天,我们绝不会有意雇用某一个不会或不可能接受这种规范的员工。"

1997 年秋,在克罗顿维尔对一组基层主管的讲话中,他解释道:"'无界限'规范指导我们怎样去行动。人们很自然地相互帮助,交谈是公开的,现在你可以争论一些事情。而十年前,你不会让我们了解你的想法,在此之前,如果你有想法,也只是自己知道。"韦尔奇的"无界限"观点长久地吸引着保罗·弗里斯科——通用汽车公司执行委员会副主席和执行官。

回到 20 世纪 80 年代初期,当韦尔奇开始使用开放这个词来描述'无界限'概念时,弗里斯科就感到韦尔奇正在做一件非常有意义的事情。他希望每个人都高度地参与其中,并且弗里斯科说,"他相信那概念里所提倡的事情,面对实际、借鉴其他优秀案例、反对官僚作风、清除所谓神圣的教条。假如你是一个年轻人,加入了一个传统的公司,你将服从于你所遇到的官僚机构的自大和傲慢,这在任何组织中都是如此。我们也曾经经历过其他人所遭受到的痛苦。这股清新的风(杰克·韦尔奇所提倡的)终于刮起来了,并且说:'你能挑战任何事情。'这是我所发现的最令人兴奋的事情"。

向"无界限"迈进是重要的一步,它将帮助公司的领导消除各种可能存在的路障,这些路障延缓了产品走向市场的速度。的确,"无界限"是一个不易掌握的术语。但是当韦尔奇坚决地在通用汽车公司贯彻时,正是这一观念真正带来了可观的回报。

(资料来源:韦尔奇,等.杰克·韦尔奇自传[M].曹彦博,译.北京:中信出版社,2002.)

讨论:通用汽车公司是怎样实现无"界限"组织的?这种情况在国内可行吗?

7.6 实践训练

7.6.1 课外作业与练习

(1) 沟通游戏：扮演婚宴上的宾客。

人只有面对变化的时候才是他们最能发挥出其潜在创造性的时刻。你的亲朋好友的婚礼也许正是这样一种场合。

游戏规则和程序如下。

① 找两个人扮演新郎、新娘，要求他们将预先准备好的婚礼请柬发给大家，确保每个角色都有一个人扮演，给大家一点时间让他们对自己的角色进行熟悉。

② 给每个人一张卡片，让他们写上自己的姓名和他们将要送给新郎、新娘的礼物，可以是最古怪的或者最俗气的，但一定要符合他所扮演的人的身份。他们可以选择在婚礼的任何时候将礼物交给教师指定扮演新郎、新娘的同学，以最能表现他们的情绪为佳。

③ 教师宣布婚礼开始，大家可以随意走动、聊天，在这期间他们要想方设法按照卡片给他的角色表达情感，他们必须不断地相互交流，直到双方都明白了对方的意思为止。

④ 10 分钟以后，结束游戏，让大家描述一下他所扮演的角色和他所送的礼物，以及他所用的表达情感的方式，选出最具创意的演员。

相关讨论：

① 处于不同的情感支配下的人是否会有不同的表现？

② 在日常生活中我们是怎样对待我们不同的情感的，掩饰还是释放出来？哪一种更为容易一些？如果你选择释放出来，应该怎样表达？

在游戏结束之后，请写出游戏过程中的心得与总结。

(2) 沟通游戏：借助动物来描述自己的性格。

每个人都有自己独特的性格，动物也是一样，有些时候，你会惊奇地发现，你的性格跟某种动物在某种程度上会非常的相像。

游戏规则和程序如下。

① 将各种各样的动物的漫画给大家看，也许是做成图片贴在教室的墙上，或者做成幻灯片，让大家分别描述不同的动物的性格，主要是讲述当他们遇到危险时的反应，比如说，乌龟遇到危险以后，就会缩到壳里。

② 让同学们回想一下，当他们面对矛盾的时候会有什么反应，面对矛盾，他们的第一反应是什么？这一点和图中的哪种动物最像？如果图里面没有，也可以找外面的，最主要是要言之有理。

③ 让每个人描述一下他所选择的动物性格，说出理由。比如说："我像刺猬，看上去浑身长满刺，很难惹的样子，其实我很温顺。"

相关讨论：

① 你所选的动物和别人所选的动物是不是有什么奇怪的地方？你所应用的是它的哪一部分性格？别人注意到了吗？

② 当用不同的动物性格指定扮演的人碰到一起的时候，应该如何相处？

(3) 沟通与谈判有什么区别？组织内的人与社会人之间有什么区别？

(4) 合作游戏：选取两名同学 A 和 B，同学 A 在黑板上写一个词，同学 B 在黑板后面，大家来回答 20 个问题，同学 B 通过问题找出答案。

(5) 你有没有和教师发生过冲突？和教师发生冲突以后怎么办？

(6) 阅读下列材料并回答问题。

学生是社会上最常见的倾听者，作为一名学生，必须要学会倾听的艺术，如果你想听清楚并理解别人说的话，必须先把干扰消除掉。你也许不同意对方说的每一句话，但假如你没有全神贯注地倾听，便很难提出问题并进行讨论。

假如你必须费力地理解老师的授课内容，别怕让他知道。思考下面列举的问题，看看自己是否存在这种情况，如果存在，一条一条地逐步改善。

- 我不喜欢做听课笔记。
- 如果我有疑问或脑海中突然有很好的想法，我不会举手发言。
- 笔记从来没有看过。
- 通常在考前一天才开始复习。
- 在课堂上大多数的时间里，我都不知道该记下哪些东西。
- 读书环境很糟糕。
- 几乎从来不看书。
- 当我阅读时，只是随手翻翻，没有在上面画出重点。
- 上课从来没有预习的习惯。
- 懒得动脑记忆资料。

① 你认为倾听的技巧是什么？

② 你平时都是怎么做的？

7.6.2 热点话题：为客户设计

小王是一家软件公司的工程师，具有丰富的与客户打交道的经验。一天老板找到小王，同时交给他两个任务，一个是某 D 化妆品经销公司需要制作一个办公软件；另一个是某民营机器制造企业 B 想建设一个企业网站。小王经过与老总交谈，初步了解到两个公司的基本情况，在以后的项目进行过程中，与客户沟通部分小王主要采取了以下几步。

1. 制订沟通计划。

针对公司 D 和企业 B 的具体情况，小王分别制订了与之进行沟通的计划，以通过与客户的沟通得到需求方案，从而进行系统开发。表 7-1 中列出了与企业 B、公司 D 的沟通计划。

表 7-1 与企业 B、公司 D 的沟通计划

第一次见面	企业 B	公司 D
是什么引发客户对信息化的兴趣	行业中客户需要通过网站了解公司；公司也希望能够通过网站推广自己的产品	公司人员分散，管理不易；产品零散，政策多，需要理清
组织中最重要的是什么	产品	人力资源管理

续表

第一次见面	企业B	公司D
公司各自的特点是什么	行业特色重，传统工业	在管理方法和体制上有自己独特的一套，这也是为什么必须单独开发软件的原因
规模有多大	1000多人，但是大多数为一线工人，使用计算机的管理人员不到100人	200人左右，人员比较分散；希望通过该系统进行管理
每个部门都有哪些管理人员？他们使用计算机的水平怎么样	传统的官僚式组织结构	公司有若干下属美容机构，希望了解美容机构走货的情况
公司都是哪些客户	重点的半固定的客户	不固定的客户
希望有哪些特点	尽量展示公司；最好能够给公司带来一些新的东西	理顺管理

2. 了解相关信息

尽管小王有着丰富的软件开发经验，为了完成工作任务，小王通过各种渠道查询相关资料。为顺利实现D公司办公系统的开发，小王一面查询相关管理系统的特征，一面熟悉一些通用管理系统，并结合自己公司的管理系统，对管理系统特征提出总结。通过几次与D公司相关人员的沟通，小王对客户关注的内容有了一定的了解；对客户公司、经营理念、组织结构形式及工作模式进行摸底；了解行业同类公司的成功案例和优秀的管理模式；了解相应的客户和关心的内容。要完成一个完美的OA系统开发，至少要了解两个方面的内容，一是客户在公司层面的外在表现、内部机制和运营管理手段；二是客户在项目中已经明确的需求和可能发生的需求，以及客户围绕其公司未来发展可能会遇到的问题。

3. 整理相关资料

对D公司提出的需求总结出文档、报表和工作数据，分析由D公司提供的表格，在此基础上构建数据库。分析每一个数据的含义以确定它的上下限，以及数据间的相关性。对D公司的组织机构及相互关系进行分析，同时确定组织成员在系统中的角色。从报表中分析客户关注的数据，发现被客户忽略的数据之间的关系，用系统分析语言描述客户需求。

4. 形成项目文档

通过一段时间的沟通，小王基本掌握了公司D和企业B的需求状况，并将其整理成文档，形成一份详尽的调研报告，接下来开发人员根据调研报告迅速地形成了需求分析和详细分析，展开了项目开发。

部分社会现象容易让人曲解与客户的沟通，认为与客户交流通常是吃吃喝喝，吃饭是在沟通完成以后进行，而不是作为沟通的过程。无论你从事的是软件设计工作还是广告设计工作，都需要根据客户的实际情况进行设计，因此对客户的了解越详细，对客户的行业背景、相关知识了解得越透彻，对你的工作帮助越大。

第8章 赢在执行

导读资料：变法

中国有着5000多年的历史，在历史长河中，武力是解决国家矛盾、调和生产力和生产关系的主要方式，但是也发生了几次政权从上至下变革来和平解决国家矛盾的方式，这就是历史上几次有名的变法，其中最著名是商鞅变法、王安石变法和戊戌变法。

公元前356—前350年。秦国在战国初期，社会经济的发展落后于齐、楚、燕、赵、魏、韩这6个大国。在这一时期，铁制农具的使用和牛耕的逐步推广，导致奴隶主的土地国有制化，并逐步被封建土地私有制所代替。因此纷纷要求在政治上进行改革，发展封建经济，建立地主阶级统治。各国纷纷掀起变法运动，如魏国的李悝变法、楚国的吴起变法等。这个时候秦孝公重用商鞅，开展了著名的商鞅变法，通过商鞅变法，秦国逐渐超越了其他国家，成为最强大的霸主。

王安石变法是中国历史上针对北宋当时"积贫积弱"的社会现实，以富国强兵为目的而掀起的一场轰轰烈烈的改革。

戊戌变法指1898年以康有为为首的改良主义者通过光绪皇帝所进行的资产阶级政治改革，是中国清朝光绪年间的一项政治改革运动。

这三项变法中，只有商鞅变法执行得比较彻底，取得了成功，而其他两项变法都没有得到贯彻执行，最终以失败告终。

商鞅变法取得成功的原因有：顺应了历史潮流的发展趋势；制定了一系列具体有效的办法；敢于同旧势力斗争；取信于民，得到百姓信任；国君的支持；长期遏制秦国的晋国分为韩、赵、魏三国。

王安石变法失败的原因有：变法事先缺乏宣传，导致在变法的过程中无法吸引到优秀的人才；政策执行不力——如青苗法、免役法之实行，与理想相去甚远；刚愎自用——王安石性情刚烈，与神宗议论国事有所抗辩，声色俱厉，神宗每为之改容听纳。

戊戌变法失败的原因有：势力过于弱小，而顽固势力十分强大；缺乏坚强的组织领导，依靠的是一个没有实权的皇帝；维新派没有势力，又不能发动广大的人民群众；对帝国主义列强抱有不切实际的幻想。

变法实际上是国家从上至下的一项政策的推行，是非常考验个人和政府执行力的一件事情，从变法的成功与失败中我们能够吸取大量的经验。

学习目标

- 执行力的内涵和外延。
- 个人执行力与组织执行力。

- 影响个人执行力与组织执行力的因素。
- 执行不力的因素。
- 借口与执行力。
- 理解没有借口。
- 提高执行力的途径。

8.1 执　行　力

8.1.1 个人执行力

个人执行力是指把想法、计划或者是其他人的指示变成行动，把行动变成结果，使结果与预期目标相一致，从而保证想法、计划或指示得到顺利完成。执行力有两个因素，一个是人的因素；一个是事的因素。

从人的角度来讲，一个成功的人，必定是一个执行力很高的人，如果一名学生从来不完成老师布置的作业，也不制订学习计划，上课经常开小差，即使他本身智商再高，恐怕也很难取得很好的成绩。而一名学生即使是一个智力平平的人，如果能够很好地执行学习计划，也可能会取得好成绩。

个人执行力取决于其本人是否有良好的工作方式与习惯，是否熟练掌握管人与管事的相关管理工具，是否有正确的工作思路与方法，是否具有执行力的管理风格与性格特质等。

一件事情成功与否与个人执行力有很大的关系，商鞅变法的法令已经准备就绪，但没有公布。他担心百姓不相信自己，就在国都集市的南门外竖起一根三丈高的木头，告示：有谁能把这根木条搬到集市北门，就给他十金。百姓们感到奇怪，没有人敢来搬动。商鞅又出示布告说："有能搬动的给他五十金。"有个人壮着胆子把木头搬到了集市北门，商鞅立刻命令给他五十金，以表明他说到做到。接着商鞅下令变法，新法很快在全国推行。而王安石变法的失败与他自己的性格有非常大的关系，尽管他很有才能，而同时代的苏轼、司马光等人，也都是有能力的人，并且思想比较先进，然而王安石却不能和他们团结一致，共推大事，最终导致变法失败。

全球著名的戴尔公司是由迈克尔·戴尔于 1984 年成立的，戴尔凭着 1000 美元的创业资本，注册了"戴尔计算机公司"，经营起个人计算机生意，"戴尔计算机"成为第一家根据顾客个人需求组装计算机的公司，而且不经过批量销售计算机的经销商控制系统，直接接触最终用户。戴尔公司之所以取得巨大的成功，与迈克尔·戴尔本人的高执行力息息相关，这种直销模式要求给用户提供贴身的服务，并协调供货商，自己进行组装与生产，任何一个环节出现任何问题，必将导致公司的失败。

在大学第一学年一结束，戴尔就打算退学创业，此举遭到了父母的坚决反对，为了打破僵局，戴尔提出了一个折中的方案，如果那个夏天的销售额不令人满意的话，他就继续读他的医学。从这件事情就可以看出，戴尔是一个执行力高的人。一般来讲，具有以下特征的人具有较高执行力：

- 自动自发地完成工作。孔子说过："知之者不如好之者，好之者不如乐之者。"不论面对的环境如何，具有较高执行力的人都能够积极地完成任务。

- 注重细节。对于大多数常规任务来讲,标准或规则越详细,执行效率越高。
- 为人诚信。严格按照标准完成工作,“言必信,行必果”,敢于负责,不怕失败,不怕承担责任。
- 善于分析判断,应变力强。信息化时代,重复性、机械式的工作大多数自动完成,人们主要处理复杂的、变化的、不确定性的事件,必须提高分析判断能力,这些事件才能获得更好的处理。
- 坚持学习,追求新知,具有创意。“未来的文盲不是不识字的人,而是没有学会怎样学习的人”,学习能力、思维能力、创新能力是构成现代人才体系的三大能力,善于学习又是最基本、最重要的第一能力,没有善于学习的能力,其他能力也就不可能存在,因此也就很难去具体执行相关的任务。
- 全心全意地投入工作。人的精力是有限的,总是让无关紧要的事情来分散你的精力,很难取得成功。
- 能够坚忍不拔地完成工作,“锲而不舍,金石可镂;锲而舍之,朽木不折。”
- 具有较高的沟通和协调技巧,有团队精神,人际关系良好。
- 求胜的欲望强烈,欲望越强,情绪就越高,意志就越坚定,强烈的求胜欲望可以使人的能力发挥到极致,为事业的成功献出一切。

从做事的角度来讲,一个任务或者一项工作要想得到较好的执行,一般可以采用5W3H分析方法,来分析和描述任务,理清任务的各个环节,从而提高任务得到贯彻执行的概率,或者使任务执行得更彻底。5W3H分析方法包括了What、Where、When、Who、Why、How、How much、How do you feel八个方面的因素分析。

What即任务目标分析。要想保证任务具有较高的执行力,制定任务的目标过程可以采用SMART原则,即任务的制定需要遵循S=Specific、M=Measurable、A=Attainable、R=Realistic、T=Time-boun五个原则。

- 绩效指标必须是具体的(Specific)
- 绩效指标必须是可以衡量的(Measurable)
- 绩效指标必须是可以达到的(Attainable)
- 绩效指标是要与其他目标具有一定的相关性(Realistic)
- 绩效指标必须具有明确的截止期限(Time-bound)

Where指的是工作切入点,即从哪里开始工作。很多任务不是完全独立的,都是上下衔接的,工作切入点分析能够理清楚任务和任务之间的关系。经常在工作中会遇到重复工作,或者工作超前等情况,就是没有做好工作切入点分析导致的。

Why是任务的目的,而目的正是驱动任务完成的动力,是人们设定任务、完成任务的关键。可以说,一项没有目的的任务或工作是不可能有执行力的,因此,对于一个任务,必须要有明确的目的,保证任务的执行。

Who表示任务由谁来完成。中国有句俗语叫作“千里马易得,伯乐难求”,由谁来完成任务是一件非常难确定的事情,千里马一直存在,但是把千里马安排到合适的位置上是一件不容易的事情。关于如何选择合适的任务人选,管理学大师彼得·德鲁克有如下论断:

- 不要冒险给新来的干部安排新的重要工作。
- 仔细推敲任命,尤其要把握好任命的核心和性质。

- 着眼于一定数目的候选人并扬长避短。
- 与几个曾和候选人一起工作过的人讨论每一位候选人。
- 确保被任命者了解职位。
- 及时纠错。

When 是任务程序步骤对应的工作日程与安排，正确的日程安排能够保障任务的执行，甚至能够节省任务的时间。常用的任务程序步骤安排工具有甘特图法、关键路径法等，这些在其他章节已有提及，这里不再详细阐述。

How 是指完成任务所需用到的工具及关键环节策划布置。所谓“工欲善其事，必先利其器”，工具在任务中的作用越来越重要。

How much 是指完成任务需要哪些资源与条件，分别需要多少。如：人、财、物、时间、信息、技术等资源，以及权力、政策、机制等条件的配合。

How do you feel 是任务结果预测，以及对别人的影响与别人的评价或感受。即对工作结果的反馈，用于改善任务的效果，以便更好地完成任务。

8.1.2　组织执行力

参考资料：沃尔玛的执行力

沃尔玛百货有限公司由美国零售业的传奇人物山姆·沃尔顿先生于 1962 年在阿肯色州创立，其前身只是沃尔顿在乡村开设的一个特价商店。经过四十多年的发展，沃尔玛公司已经成为美国最大的私人雇主和世界上最大的连锁零售企业。沃尔玛在全球 27 个国家开设了超过 10000 家商场，下设 69 个品牌，全球员工总数 220 多万人，每周光临沃尔玛的顾客 2 亿人次。

在零售业日益凋零的今天，沃尔玛却仍然发展迅猛，已拥有 2133 家沃尔玛商店，469 家山姆会员商店和 248 家沃尔玛购物广场，分布在美国、中国、墨西哥、加拿大、英国、波多黎各、巴西、阿根廷、南非、哥斯达黎加、危地马拉、洪都拉斯、萨尔瓦多、尼加拉瓜 14 个国家。它在短短几十年中有如此迅猛的发展，不得不说是零售业的一个奇迹。

沃尔玛提出“帮顾客节省每一分钱”的宗旨，实现了价格最便宜的承诺，沃尔玛还向顾客提供超一流服务的新享受。公司一贯坚持“服务胜人一筹、员工与众不同”的原则，使得走进沃尔玛，顾客便可以亲身感受到宾至如归的周到服务。沃尔玛推行“一站式”购物新概念，顾客可以在最短的时间内以最快的速度购齐所有需要的商品，正是这种快捷便利的购物方式吸引了现代消费者。

所有的大型连锁超市都采取低价经营策略，沃尔玛与众不同之处在于，它想尽一切办法从进货渠道、分销方式以及营销费用、行政开支等各方面节省资金，提出了“天天平价、始终如一”的口号，并努力实现价格比其他商号更便宜的承诺。严谨的采购态度，完善的发货系统和先进的存货管理是促成沃尔玛做到成本最低、价格最便宜的关键因素。其创始人沃尔顿曾说过，“我们重视每一分钱的价值，因为我们服务的宗旨之一就是帮每一名进店购物的顾客省钱。每当我们为顾客省下一元钱，就赢得了顾客的一分信任。”为此，他要求每位采购人员在采购货品时态度要坚决。他告诫说：“你们不是在为商店讨价还价，而是在为顾客讨价还价，我们应该为顾客争取到最好的价钱。”

沃尔玛的计算机系统仅次于美国军方系统,比微软总部的服务器还多。总部的高速计算机与全世界沃尔玛商店连接。通过商店付款台激光扫描器售出的每一件货物,都会自动记入计算机。当某一货品库存减少到一定数量时,计算机就会发出信号,自动订货并提醒商店及时向总部要求进货。总部安排货源后送往离商店最近的一个发货中心,再由发货中心的计算机安排发送时间和路线。在商店发出订单后 24 小时内所需货品就会出现在仓库的货架上。这种高效率的存货管理,使公司能迅速掌握销售情况和市场需求趋势,及时补充库存不足。这样可以减少存货风险、降低资金积压的额度,加速资金运转速度。

另外,在顾客服务态度、降低偷盗率等方面,沃尔玛都做得非常好,沃尔玛以这些看似平淡无奇的管理手方法,创造出全球最大的零售公司。在过去的四十年中,没有任何公司能成功地模仿沃尔玛,换言之,沃尔玛以其特有的执行力,具备了持续的竞争优势,培育了企业的核心能力。

实际上,"组织执行力"在世界级大公司被看得尤其重要。任何一个组织的各项战略规划,各项业务计划,各种改进方案,通过执行才能创造出实质性的价值。无论是政府、事业或者是企业,如果失去了执行力,则战略规划、业务计划、改进方案就失去了得以变成现实的可能,组织也就失去了长久生存、发展和成功的必要条件。对于一个组织而言,影响组织执行力的主要因素有以下几个方面。

1. 战略产生的过程

制定战略时应让那些与此战略有关的人员参与,如:将执行此战略的人员、将受到战略执行影响的人员、相关专业领域的专家、组织中高中低层的代表员工等。这些人员的参与将使制定的战略更具有执行性。同时,还会使战略在未执行前就获得了很多感情支持:这是"我们"制作出的战略,而不是"你们"下达的战略。当然让许多人员参与也有特别需要注意的地方。

第一,这样的战略制作程序可能耗时很长,企业领导可能在试用一两次后就失去了兴趣;

第二,制作出的战略因为折中了各方面方案而易于平庸化。

但企业领导绝不能因为遇到这些困难就半途而废,而应耐心地使程序和参与人员不断成熟。一旦跨越了这个阶段,组织的执行能力就上了一个新的台阶。

2. 工作计划系统

工作计划系统的目的是将战略细化为可执行的任务,将任务分配到合适的员工并确保每个员工理解个人任务与企业战略的联系。如果仅有方面性的口号,而期待下级员工去自行理解和筹划行动,将很容易产生大量浪费以及执行偏差。

3. 信息沟通系统

信息沟通系统包括企业内部的信息沟通及企业与外部环境的信息沟通。内部沟通的主要目的是用于战略制定完毕后辅助实施,外部沟通的作用是确保员工思想意识与外部经营环境保持同步。企业从上至下的沟通系统固然重要,但确保组织内成员适时地从多渠道收到全方位的信息,不是从上至下一个沟通系统就能实现的。

企业在信息系统的设置及实施中普遍存在的问题是:第一,不能向员工提供原始信息,而更多是经过企业内有关部门或领导剪辑过的信息。企业这样做的目的有时是为了节省员工的时间,但实际上这种方式减弱了员工自行推理企业战略的积极性与能力。第二,企业从上至下信息沟通的失真及损耗,结果导致信息到达最终执行层时已经不能起到辅助实施的作用。

4. 企业的培训与发展系统

企业所处的环境在变,企业的策略在变,执行战略的能力要求也在变。我们不能要求员工是全能的,同时也不能希冀能随时从外部市场找到足够的达到新战略要求的人,这就要求企业有一套行之有效的培训系统,能够迅速将新战略要求转化为培训发展方案,以帮助企业迅速获得新的思路、知识和能力,并淘汰旧的知识和能力。这一系统的关键是要能够调动员工学习及应用的积极性,而非仅仅提供培训。从时间和金钱上鼓励员工自我学习也很重要。培训的方式可以是多样化的,如师傅带徒弟、内部课堂培训、外部课堂培训、内部经验交流、外部参观学习,等等。

5. 组织结构设置

不合理的组织结构设置也会成为战略执行的障碍,比如当组织结构导致某些重要工作任务"责任者缺位"时,或组织结构与企业核心经营流程不配套,或部门之间的壁垒重重时。积极负责的员工在执行战略时会感到事倍功半,而比较现实的员工可能从一开始就会放弃。最后的结果是,企业领导认为员工不尽力,而员工在心底埋怨企业领导不为他们消除只有高层领导才能消除的结构性障碍。另外,保持核心业务流程中的人员与支持性部门人员的合理配比尤其重要,就如同确保肌肉和脂肪之间的合理配比一样。

6. 企业的决策系统

决策系统指企业内的授权结构及决策方式,也就是某决策节点上的个人或团队能不能做决定及如何做决定的问题。试想一下,如果企业的决策系统非常集权或非常分权,执行能力尤其是执行速度将大打折扣。

7. 奖励系统

奖励系统是确保执行能力的最后一项要素。如果战略的要求与奖励系统所鼓励的行为背道而驰,结果可想而知。对新战略充满热情的员工可以不计较短时间内的个人得失,但当奖励系统在嘲讽他们的努力时,作为一种社会动物的人是很难特立独行的。当支持战略的人变为极少数时,执行的效果就难以保证了。把此项要素放在最后并不代表它最不重要,但企业高层领导一定要注意在确保战略执行时先检查一下前 6 项要素。如果前 6 项中有重大缺陷,奖励系统是无法取得预期的效果的。

8.2 执行不力

8.2.1 执行不力的表现

参考资料:班级管理

在我刚刚毕业后来到学校任教,担任了一届班主任,在同年级的平行班级有 3 个,分别由 3 人担任了班主任,这三个班级后来在学院 15 个班级的排名中,我所在的班级在后面,另外两个老师所在的班级分别居中和居前。

学院的考核大概分为宿舍卫生、自习纪律、大环境卫生、上课情况等几个方面,之所以我所在的班级排名靠后,大概有以下几条:

第一,宿舍卫生不彻底,每次学生也辛辛苦苦地打扫,打扫完毕之后,总是在桌子上不小心留下一本书,或者是在床铺上留下一件衣服,几次如此循环,导致大家情绪低落,打扫卫生的积极性就不高了。

第二,没有坚持,学校是按月考核,有的时候一个月连续三个周成绩不错,可是某个周的考核成绩不好,拖累了整个月的成绩。

第三,对问题处理不及时到位,总是顾及大学生的心理,从纵容宿舍卫生到课堂考核纪律,没有下狠心。经常找学生谈话,但是谈话效果一般。比较理想主义地相信学生能够自动自觉地解决好自己的问题,却发现问题越来越严重。

后来我不断地反思这个过程,发现最主要的原因就是执行不力。其实班级管理是非常考验班主任执行力的一个事件,通常一个好的班级,我们经常说管理比较严格,就是说执行得比较到位,不太存在执行不力的情况。

一般来讲,没有执行力的人往往具有以下特点:

第一,经常对任务的困难性认识不足,比较乐观主义。尤其对于年轻人来讲,缺乏工作经验,在面临工作任务的时候往往忽视了其中的一些困难,对问题的难度准备不足。结果急匆匆地开始任务,在任务执行过程中发现问题,又缺乏"迎难而上"的决心,造成了执行不力。

第二,不注重细节,不追求完美。"千里之堤,溃于蚁穴"这些诫语都告诉我们要注重细节,尤其是做大事更要注意细节。美国的"哥伦比亚"号航天飞机、"挑战者"号航天飞机都在发射的时候发生了爆炸,主要就是细节出了问题。越是做大事,越是需要注重细节。

第三,对于任务的控制和把握能力不强,容易让事态超出自己的范围。"失之毫厘,谬以千里",一旦在任务执行初期目标不明确,就会造成后期的事态发展超出预期。有的人做事的时候容易马马虎虎,养成做事差不多的习惯,结果很多工作不能落实,最后结果和预期目标不一致。

第四,不能坚持。"行百里者半九十",在班级管理过程中,每个班级的制度都是一样的,成绩好的班级班主任也没有什么绝招,就是能够将制度执行下去。有家大型国有企业因为经营不善导致破产,后来被一家著名集团收购。厂里的员工都在翘首盼望集团公司能带来一些先进的管理方法。出乎意料的是,集团公司只派了几个人来,除了财务、管理、技术等要害部门的高级管理人员换成了集团公司派出的人员外,其他的根本没有任何变动——制度没变,人员没变,机器设备没变。集团公司只有一个要求:把以前制定的制度和标准坚定不移地执行下去,结果不到一年,企业就扭亏为盈了。

8.2.2 执行不力的原因

有这样一则古老的寓言:有一群老鼠,深为一只凶狠无比、善于捕鼠的猫所苦,这只猫总是无声无息地出现在老鼠的身边,把它们吃掉。于是,老鼠们齐聚一堂,讨论如何解决这个心腹大患。老鼠们颇有自知之明,并没有猎杀猫儿的雄心壮志,只不过想探知猫的行踪,早作防范。这个时候有只老鼠建议在猫的身上挂个铃铛,惹得大家一片叫好,一旦猫身上有了铃铛,就可以提前听到铃铛的响声,再也不用怕这只凶残的恶猫了。

正当大家为问题得到解决而高兴时,有只不识时务的老鼠突然问道:"谁来挂铃铛?"

对于这群老鼠来讲,给猫挂铃铛是一个不错的计划,但是缺乏可执行性,就成了竹篮子打水——一场空。一件任务执行不力,除了执行人本身的因素外,一般来讲,还有以下因素。

第一,任务本身不合理。上面讲的这个给猫挂铃铛就是属于这个范畴。一个好的任务或者制度要做到以下几点：

- 制度与实施过程的区别；
- 将工作规程文档化；
- 制度和实施的程序；
- 不要反复制定制度；
- 制度的制定和更新必须遵循相应程序。

第二，任务的制定者或者负责人没有常抓不懈。现在很多事情都需要有个领导小组，有个组长来对任务进行协调，并且对任务的执行要起到表率作用，通过身先士卒的表率作用，必定能够取得成功。

第三，任务没有规定严谨的执行步骤和策略。通常我们使用工作分解的方法来实现任务目标的分解，并将责任落实到人，通常我们在进行任务时候会组建一个项目小组，然后把工作进行分解，每人负责一摊活，然后进行汇总。制定工作分解结构的方法多种多样，主要包括类比法、自上而下法、自下而上法和使用指导方针等。

第四，执行过程过于死板。我们都知道纸上谈兵的故事，只知道照搬，不知道变通的人是很难取得成功的。一个好的将军，知道“将在外，君命有所不受”，必须根据实际情况进行变通，才能更好地执行任务。

第五，缺乏合适的执行方法。IBM 信用公司曾经要平均花费 7 天的时间，通过一系列的部门和程序为客户提供一项简单的融资服务：现场销售人员——总部办公室人员——信用部——经营部——核价部——办事组——快递到销售人员。在等待的 7 天中，销售的代表和顾客谁也不知道流程传递到哪一个“码头”，即便电话咨询也不得其解，可想而知问题的执行力如何。

第六，缺乏监督。监督就是追踪考核，确保任务目标达到、计划落实。虽然监督会令人产生不舒服的感觉，有些事情不及时加以监督，就会给组织带来损失。不断地监督和跟进，能够有效地暴露出规划和实际行动之间的差距和问题，并迫使管理者采取相应的行动来协调和纠偏整个工作进展，以期完成阶段性和整体性的目标。

第七，养成散漫的文化。对公司不负责任和懒惰是很容易传染的一种毛病，我们国家以前那么多效益非常好的国有企业，最后除了部分垄断性经营的企业外，大部分都倒闭或者转型成私营。究其原因就是大部分企业员工都比较散漫，认为在国企就是混日子养老，久而久之形成了一种没有执行力的文化，即使有新进员工，也很快学会了不干事、混日子，这种文化下很难有执行力。

8.3 没有借口

参考资料：西点规则

建校两百多年来，“没有任何借口”一直被美国西点军校奉为最重要的行为准则，是传授给每一个军校新生的第一个理念。它强调无论遇到什么样的境况，无论遭受什么样的压力与困难，人们都应全力以赴完成任务，而不是制造借口推卸责任，哪怕是看似合理的借口。

它体现出负责、果敢的精神,恪守着诚实、忠信的理念,不断激励人们去开创主动奋发、乐观激昂的人生境界。

秉承这一理念,无数西点人在人生的各个领域取得了卓越成就。在军界,西点人可谓“战功赫赫”,硕果累累。西点培育出了五位五星级上将,3700多名将军及众多军事高级将领。首度登陆月球的三位太空人当中,就有两位出身西点军校。更鲜为人知的是西点人在工商界竟然也大展身手,创造出一系列惊人的业绩。许多跨国公司的CEO、董事长、总经理等皆毕业于西点军校。比如可口可乐、通用电气、杜邦化学等大公司的总裁等。在政界,西点甚至为美国贡献出了三位能力超凡的总统:内战时期南部联盟总统杰斐逊·戴维斯、第18任总统尤利西斯·格兰特、第24任总统德怀特·艾森豪威尔。

参加西点军校学习时,新来的学员无论多么尊贵,一律被称作新兵蛋子。他们领到军服后要在“野兽营”待3个星期,学习如何敬礼,如何操练,如何整理内务。3周后他们领帐篷,然后行军到夏季营地。他们在那儿支起帐篷,每两个人住一顶,睡在木地板上。每天早晨5点30分,鼓笛乐队吹打着集合号鼓穿过营地,新的一天就开始了。新兵们整队去吃早餐,整队返回,然后换上白短夹克、白裤子和白头盔,准备参加卫兵换班仪式。通过这种训练,要使学员形成职业军人那种特有的自觉的纪律观念、责任观念和荣誉观念、自我牺牲精神、集体主义精神。为了达到上述目标,军校制定了名目繁多的规章制度,吃、喝、拉、撒、睡,事无巨细,面面俱到,使学员们整天忙于紧张而艰苦的学习和训练,无暇他顾。学员觉得他们简直成了一台台机器,在教官和校规的控制下行动,连思考的时间都没有,完全没有自己,但正是这种严格地按照规章制度办事的原则,养成了西点军校毕业生没有借口的完成任务的习惯。

一旦养成找借口的习惯,你的工作就会拖拖拉拉,没有效率,做起事来就往往不诚实,这样的人不可能是好员工,他们也不可能有完美的成功人生,在公司里这样的人迟早会被炒鱿鱼。任何一个任务没有完成,都能够找到借口,当一件任务没有达到要求时,每个人都去找借口,而不是寻找任务的解决方式,这样容易形成一种恶劣的文化氛围,是必须要消除的。归纳起来,在工作中经常听到的借口主要有以下五种表现形式。

1. 我不知道这个事情

在工作中,经常会遇到对方说“我不负责这个事情”,“对不起,我们部门不分管这块”……明明一件很小的事情,内部略微沟通就可以解决,但是却用借口来推辞,总是把“不”、“不是”、“没有”与“我”紧密联系在一起,其潜台词就是“这事与我无关”,不愿承担责任,把本应自己承担的责任推卸给别人。在一个组织中,是不应该有“我”与“别人”的区别的。一个没有责任感的员工,不可能获得同事的信任和支持,也不可能获得上司的信赖和尊重。如果人人都寻找借口,无形中会提高沟通成本,削弱团队协调作战的能力。

2. 最近事很多,比较忙,以后再说吧

这个借口的一个直接后果就是容易让人养成拖延的坏习惯。每个组织中都存在着这样的员工:他们每天看起来忙忙碌碌,似乎尽职尽责了,但是,他们把本应一个小时完成的工作变得需要半天的时间甚至更多时间才能完成。因为工作对于他们而言,只是一个接一个的任务,他们寻找各种各样的借口,拖延逃避,这样的员工会让每一个管理者头痛不堪。

3. 以前没有遇到过这种情况

因为怕承担责任,即使是与规章制度有一点出入的事件,立马推脱。不积极主动帮助解决问题,而是一味地推托任务。寻找借口的人总是因循守旧的人,他们缺乏一种创新精神和自动自发工作的能力，因此，期许他们在工作中做出创造性的成绩是徒劳的。借口会让他们躺在以前的经验、规则和思维惯性上舒服地睡大觉。

4. 从来没有学过怎么做

这其实是为自己的能力或经验不足而造成的失误寻找借口，这样做显然是非常不明智的。借口只能让人逃避一时，却不可能让人如意一世。没有谁天生就能力非凡，正确的态度是正视现实，以一种积极的心态去努力学习、不断进取。

5. 竞争对手太厉害了，在许多方面人家都超出我们一大截

当人们为不思进取寻找借口时，往往会这样表白。借口给人带来的严重危害是让人消极颓废，如果养成了寻找借口的习惯，当遇到困难和挫折时，不是积极地去想办法克服，而是去找各种各样的借口。其潜台词就是"我不行"、"我不可能"，这种消极心态剥夺了个人成功的机会，最终让人一事无成。

借口其实是一种对自己的自我否定，借口源于不自信，一旦长期养成了找借口的习惯，那么你就很可能因此而变得对自己的能力不信任，时间一长，自己原本的本事也丧失了，整个人处于一个负向的循环之中。

找借口就是推卸责任，在任何工作中，每一项任务都不可能是100%顺利完成的，工作也有失误的时候，在工作失误的时候不找借口，不推卸责任，就是一种锻炼。失败乃是成功之母，爱迪生发明灯泡的时候，必须找到一种能燃烧到白热的物质做灯丝，这种灯丝要经住热度在两千度一千小时以上的燃烧，结果爱迪生做了6000多次试验，才从一个偶然的机会中发现了合适的材料。在这个过程中，爱迪生没有抱怨，只是一次次地从失败中吸取教训。

很多人因为怕做错而不敢做，当面临任务的时候，不断地寻找借口以推卸任务。殊不知每次危机也都是机会，每次工作，都是你表现和出彩的好机会。不怕做错，就怕不做，每个人都不是一生下来就会任何事，我们学习走路、吃饭、穿衣、说话，都是经历了无数次错误，才训练得到正确的方法。在工作中也是这样，坚持学习，不怕做错，不断反省，一定能够取得成功。

8.4 提高执行力

8.4.1 提高个人执行力

首先，塑造积极向上，具有较高执行力的性格。性格是指表现在人对现实的态度和相应的行为方式中的比较稳定的、具有核心意义的个性心理特征，是一种与社会最密切相关的人格特征，在性格中包含有许多社会道德含义。性格具有18种基本的性质。

- 开放性：描述是否愿意与人交往，注重和谐发展。
- 完美性：描述追求完美，重视目标计划的程度。
- 较真性：描述对事物的钻研和完善程度。
- 认知性：描述是否重视积累知识，包括聪明程度。
- 成就性：描述是否注重成就的程度。
- 力量性：描述是否愿意支配和影响他人。
- 浪漫性：描述浪漫的程度。
- 给予性：描述是否愿意给予他人，包含仁爱，慈孝，正义等。

- 活跃性：描述情绪的兴奋和活跃程度。
- 形体性：描述形体特征的状况以及重视享受的程度。
- 疑惑性：描述是否倾向于探究他人的动机。
- 随和性：描述平静、随和与安静的程度。
- 传统性：描述对传统的坚守程度。
- 自由性：描述重视自由的程度。
- 智慧性：描述创造能力和智慧的程度。
- 想象性：描述重视想象，追求至善的程度。
- 多面性：描述性格的复杂程度。
- 多变性：描述机敏的程度。

很显然，越是与具有较高执行力相吻合的性格，越是能够具有较高的执行力，因此在培养提升个人执行力中，第一要素就是提升个人的性格特质，让自己变成一个具有执行力性格的人，这样才能从根本上提高执行力。

其次，利用科学的工作方法，提高自己的工作执行力。做好时间与日程管理，执行力高的人总是能够规划好自己的任务，工作非常有条理性。适当地授权，每个人的时间精力都是有限的，充分信任别人，让每个人发挥出自己的作用。利用好备忘录等工具，最好是能够有一个笔记本，随时随地提醒自己的工作。

随着信息技术的发展，有很多记事系统、记忆系统等，这些工具都能够很好地帮助人们提升执行力。

再次，提升个人执行力需要靠一定的人格魅力。人格是一种具有自我意识和自我控制能力，具有感觉、情感、意志等机能的主体，人格主要是指人所具有的与他人相区别的独特而稳定的思维方式和行为风格。人格魅力则指一个人在性格、气质、能力、道德品质等方面具有的很能吸引人的力量。诚信、尊重别人、自信等这些都是组成人格魅力的优秀因素，尤其对于一个领导人，人格魅力越强，则执行力越强。

最后，提升执行力是一个长期的过程。执行力提升需要不断地坚持与反馈，正如性格和人格魅力的培养不是一蹴而就一样，执行力也是在不断地改进中提升。人的执行力如同人的事业一样，总是有一个提升、平稳、再提升的时期。通过对这个规律的把握，要求我们在提升执行力一段时间以后，执行力会发展到一个高原阶段，在这个高原阶段中不断积累，通过这种积累促使向执行力的另外一个高峰攀进。

个人事业发展演变过程如图 8-1 所示。

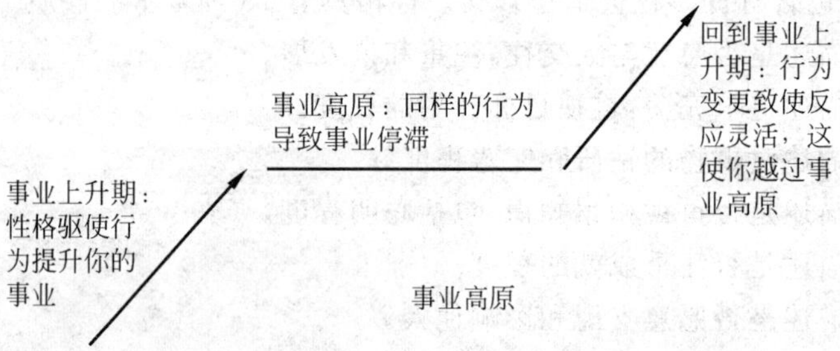

图 8-1　个人事业发展演变过程

8.4.2 提高组织执行力

(1) 建立起高度执行力的框架。GE前总裁杰克·韦尔奇曾有一个比喻:“企业的组织就像是一幢房子,当一个组织变大时,房子中的墙和门就越多,这些墙和门就阻碍了部门间的沟通和协调。而为了加强沟通和协调,你必须把这些墙和门拆除。”这就是执行组织框架的全部意义。企业领导人必须努力营造管理执行的有效氛围,形成执行框架。

(2) 建立有执行力的管理团队。企业发展需要资金、技术、人才,更需要发展企业的支撑点,这个支撑点不是某一个人,而是以某一个人为核心的团队,这个团队是否协调、发挥作用如何,首先,取决于这个团队的核心人物;其次,取决于这一团队的价值取向和整体素质。从主观上讲,团队成员都要增强大局观念和整体意识,不要强调“自我为中心”,而应该强调“整体利益为先导”,当发生不协调时,应该“求大同存小异”,多找出共同点。在工作中应发扬“有人负责我服从,无人负责我负责”的精神,但不主张盲目越位负责,特别是本职工作做不好而盲目越位负责的人,会严重影响管理的执行力。

(3) 建立规范的执行流程,借助有效的工具。企业的执行流程包括:战略流程、人员流程和运营流程。摩托罗拉做得十分出色,它的管理理念是:企业管理=人事管理,而人事管理=绩效管理,为此摩托罗拉建立了世上最为完善的绩效管理制度,这是这个家族企业长盛不衰的重要因素之一。

QMI(快速市场信息,主要是用于检测计划实施进度和让企业各部门分享其他部门的信息的工具)、Work-out(群策群力,是GE内注重变革、去除官僚、解决跨部门和跨地区问题的工具)和6Sigma(六西格玛,GE的重要管理语言,从客户的需求出发、提升生产力、提高产品质量、降低成本的工具)等一些非常高效的执行工具。通过这些工具的运用,能够有效地提高执行力。

(4) 建立与执行力相匹配的责、权、利制度。管理层责、权、利是否明晰对执行力的影响较大,不同层次的管理者应拥有权力、利益,应与其相承担的责任密切相关。责、权、利不清会使管理者出现大量的越位行为,部分管理者为迎合领导个人和监督理念,不把心思放在工作上,而是不惜时间和精力去挖掘其主管领导身上存在的问题,以求得对个别领导个人的忠诚和迎合时尚。

(5) 执行文化是组织执行能力提升的自然结果,而不必刻意地去追求。当你在设法提升管理者的执行力、完善执行流程和开发执行工具的同时,你已经为你的企业的执行文化定了基调。

8.4.3 提高领导力

首先,领导必须要勇于承担责任。敢于承担责任,关键时刻上得去,是管理者在管理到位中的作用体现。当自己分管的部门出现问题时,管理者不是推卸、溜肩膀、指责和埋怨,而是主动承担责任,从自身的管理中去寻找原因,这自然会给员工一种积极的力量。

第一,承担责任是获得尊敬的唯一办法。史蒂文·布朗认为:“管理者如果想发挥管理效能,就得勇于承担责任。”杜鲁门任美国总统后,便在自己的办公室挂了一条醒目的条幅:“扯皮到此为止。”工作中出了差错,不论是自己直接参加的还是下属做的,应该勇于承担责任,这是取得信任和尊敬的唯一办法。

第二,拒绝承担个人责任的表现在以下几个方面。

- 指责、批评下属;
- 让下属难堪,以"忙碌"为借口;
- 事必躬亲,对下属不信任;
- 不能正确面对失败;
- "努力地表现"与"不停地辩解"。

第三,可以通过以下几个方面培养勇于承担责任的精神。

- 不要猜测对方批评的目的;
- 不要急于表达自己的反对意见;
- 让对方说明批评的理由;
- 承认批评的可能性,但不急于下结论。

第四,领导应该承担的责任。

- 制订组织的战略与制度;
- 对资源分配并且进行调度;
- 创建于维护组织的文化;
- 设定组织的目标与计划;
- 鼓励员工;
- 培养下属。

其次,领导主要精力放在引导员工方面。作为企业的管理者,应该负起启发下属员工主动学习的职责。也许公司的培训部门可以利用一些工具为员工进行培训,或者为他们提供一些学习机会,但是大多数的知识需要员工在平时工作中不间断地学习获取,所以启发和引导员工也是一名管理者的重要职责。

就像一个足球学校的几个部分,由几名教练分别负责,有的教练专门训练守门员,有的教练专门训练前锋,有的教练专门训练后卫。当球队要比赛的时候,由主教练选拔各个小组中合适的人来参加比赛,这个时候教练没有办法代替球员出赛。如果球员不合格,教练要受到指责。如果在比赛过程中球员表现失误,主要责任在主教练和球员。归纳一下就是球员的成败,在训练和选拔的时候,主要责任在训练的教练;在比赛的时候,则主要责任在主教练。员工就是队员,制定战略战术,观察他们在场上的表现,及时纠正,才可能在比赛中胜出,这是最重要的。

再次,培养组织内部的团结精神,活跃工作氛围。对企业来说,团结有助于提升企业的工作效率,形成良好的企业文化,企业内部的团结也就是我们常说的凝聚力与团队精神,这是一种能够推动企业发展的巨大力量。民族团结有助于国家的安定,人民生活的幸福,这也是民族自尊心和自豪感的来源。

IBM 公司创始人 Tom Watson 总是及时认可每个成绩。例如,给完成一笔很棒的业务或者贡献出新思想的员工当场奖励 500 美元。有一天,一个年轻人走进他的办公室,告诉他一个了不起的成绩,高兴之余,沃特森遍寻衣袋和办公桌的抽屉,希望能找到什么马上作为奖品的东西,结果他只找到一根香蕉。他就把这根香蕉给了小伙子,年轻人恭敬地接受了奖品。从那时起,香蕉在 IBM 公司就成了成绩的象征。尽管一根香蕉并没有什么价值,但是我相信这个员工记住了他得到的不仅是领导给予一根香蕉,而是对他工作的认可,这大大激励了他的工作热情。

最后,要有使命感。工作的目的是获取利润,对于一个企业来讲,文化氛围再好,利润不客观,员工待遇不好,也留不住人才,执行力也不会很高。因此,对一个企业来说,重要的不是它涉及行业的多寡,而是其竞争力,最重要的是其核心竞争力。竞争力泛指一个企业在激烈市场竞争中的综合能力(包括市场拓展力、产品创新力等)。而核心竞争力是指企业在同行业中所具有专业性最强的竞争力。核心竞争力强的企业往往很"专一",不一定是大企业,而是最有希望、效率高、适应市场快的企业,其最重要的标志就是企业的利润。

8.5 总结讨论

8.5.1 本章小结

(1) 执行力是把计划、想法、指令等转变成为行动,并最终转化为结果。一个成功的人,必然是一个具有高执行力的人;同样,一个成功的组织,也是有高执行力的组织。执行力能够帮助个人和组织在竞争中获取竞争优势,成为社会竞争中的赢家。

(2) 要了解执行力,就要首先了解哪些是缺乏执行力的表现,找到执行不力的原因。不切实际的任务目标、没有落实具体负责人、没有严格规定的任务和策略、缺乏监督、缺乏适当的应变策略等这些都是执行不力的原因。执行不力造成的后果是非常严重的,使个人和组织丧失效率,在社会竞争中处于弱势地位。

(3) 各种借口极大地降低了执行力,最可怕的就是借口成为习惯,尤其是当借口成为理由并成功地成为托词以后,更助长了不断找借口的习惯。

(4) 个人执行力与性格和习惯、做事的行为方法等方面息息相关,除了一些性格和体质上的先天因素外,后天有意识地对执行力加以培养,可以逐渐提高执行力,从而提高工作效率。

(5) 执行力的核心就是人的因素,因此无论组织也好,个人也好,提高执行力都是从改变个人的习惯和做事方式开始,从人的影响因素角度进行改进。

8.5.2 小组讨论:华为的"狼性文化"

1. 发展历程

1987年,华为公司创立于深圳,成为一家生产用户交换机(PBX)的香港公司的销售代理。

1995年,华为公司销售额达15亿人民币,主要来自中国农村市场。成立知识产权部,成立北京研发中心,并于2003年通过了CMM4级认证。

1998年,产品数字微蜂窝服务器控制交换机获得了专利。成立南京研发中心,并于2003年6月通过了CMM4级认证。

1999年,在印度班加罗尔设立研发中心。该研发中心分别于2001年和2003年获得CMM4级认证、CMM5级认证。成为中国移动全国CAMEL Phase Ⅱ智能网的主要供应商,该网络是当时世界上最大和最先进的智能网络。班加罗尔研发中心于2001年通过了

CMM4级认证,在2003年通过CMM5级认证。

2000年,在瑞典首都斯德哥尔摩设立研发中心。合同销售额超过26.5亿美元,其中海外销售额超过1亿美元。在美国硅谷和达拉斯设立研发中心。

2003年,与3Com合作成立合资公司,专注于企业数据网络解决方案的研究。Cisco Systems指控华为侵犯部分Cisco技术专利;但是,Cisco最终撤回了诉状,双方解决了所有的专利纠纷,并承认华为没有侵权行为。在世界各地部署了1亿个C&C08端口,创造了行业纪录。与3Com成立合资企业,生产企业数据网络设备。

尽管2001年到2002年间,全球电信基础设施的投资下降了50%,华为的国际销售额还是增长了68%,从2001年的3.28亿美元上升到2002年的5.52亿美元。华为通过了UL的TL9000质量管理系统认证。为中国移动部署世界上第一个移动模式WLAN。

2004年,与西门子成立合资企业,针对中国市场开发TD-SCDMA移动通信技术。

2005年,海外合同销售额首次超过国内合同销售额。截至2005年6月,华为共有10所联合研发实验室。从1997年起,IBM、Towers Perrin、The Hay Group、Pricewaterhouse Coppers(PWC)和Fraunhofer-Gesellschaft(FhG)成为华为在流程变革、员工股权计划、人力资源管理、财务管理和质量控制方面的顾问。与这些主要的跨国咨询公司的合作,使华为可以随时了解行业的最新动态。

2006年,以8.8亿美元的价格出售H3C公司49%的股份。推出新的企业标识,新标识充分体现了聚焦客户、创新、稳健增长与和谐的精神。

2009年,无线接入市场份额跻身全球第二。获得IEEE标准组织2009年度杰出公司贡献奖,获英国《金融时报》颁发的“业务新锐奖”,并入选美国*Fast Company*杂志评选的最具创新力公司前五强,被商业周刊评为全球十大最有影响力的公司。

2010年,华为超越了诺基亚西门子和阿尔卡特朗讯,成为全球仅次于爱立信的第二大通信设备制造商。

2011年,华为与赛门铁克公司宣布双方已就华为收购华赛49%的股权达成协议,华为终端全球出货7200万台,同比增长近40%。在移动宽带市场,华为继续保持全球第一的市场地位,以较大优势引领全球市场发展。手机业务同比增长超过100%,智能手机的放量成为最大亮点,Android智能手机的出货量位居全球前五。此外,华为率先推出业界领先的云服务平台和首款云手机,并推出了全球首款7英寸Android 3.2蜂巢系统双核平板计算机Media Pad。

2012年7月30日华为在北京正式发布Emotion UI系统,实现了华为可分享自主独特的应用的目的。这是华为整合自身产品,探索研发独立操作系统的一次勇敢尝试,这也为华为在未来推出真正属于自身独立的操作系统提供了经验。

2. 核心价值观

外界总认为华为的企业文化就是总裁任正非的众多管理思想,例如“毛泽东思想”、“狼性文化”、“军事化管理”等一系列新式的企业管理文化,集中体现在“华为基本法”中。实际上,在全球化运营的发展时期,华为真正的企业文化在于其核心价值观,如下所述:

成就客户:为客户服务是华为存在的唯一理由,客户需求是华为发展的原动力。

艰苦奋斗:华为没有任何稀缺的资源可依赖,唯有艰苦奋斗才能赢得客户的尊重和信赖。坚持奋斗者为本,使奋斗者获得合理的回报。

自我批判：只有坚持自我批判，才能倾听、扬弃和持续超越，才能更容易尊重他人和与他人合作，实现客户、公司、团队和个人的共同发展。

开放进取：积极进取，勇于开拓，坚持开放与创新。

至诚守信：诚信是华为最重要的无形资产，华为坚持以诚信赢得客户。

团队合作：胜则举杯相庆，败则拼死相救。

愿景：丰富人们的沟通和生活。

使命：聚焦客户关注的挑战和压力，提供有竞争力的通信解决方案和服务，持续为客户创造最大价值。

战略：以客户为中心。

- 为客户服务是华为存在的唯一理由；客户需求是华为发展的原动力。
- 质量好、服务好、运作成本低，优先满足客户需求，提升客户竞争力和赢利能力。
- 持续管理变革，实现高效的流程化运作，确保端到端的优质交付。
- 与友商共同发展，既是竞争对手，也是合作伙伴，共同创造良好的生存空间，共享价值链的利益。

不难发现，华为有着一流的核心价值观，一流的执行力，在信息行业不缺乏一流创意的时代迅猛发展，最终取得了巨大的成功。经过二十几年的发展，从一个籍籍无名的私人小企业，成为全球影响力巨大、首屈一指的大公司。

华为面向全球提供创新的通信解决方案，帮助不同地区的人们更便于接入信息社会，积极履行企业公民职责(CR)，长期致力于社会经济与环境的可持续发展。

2008年，华为在全球开展了企业责任系列主题活动。2008年华为企业责任报告系统地介绍了这些活动，包括在消除数字鸿沟、绿色环保、回馈社会等领域的最新进展，以及在商业道德规范、员工、供应链等领域的情况。

同IBM、Hay Group、PwC和FhG等世界一流管理咨询公司合作，在集成产品开发(IPD)、集成供应链(ISC)、人力资源管理、财务管理和质量控制等方面进行深刻变革，引进业界最佳实践，建立了基于IT的管理体系。

8.6 实践训练

8.6.1 课外作业与练习

(1) 区分个人执行力与组织执行力，并指出分别有哪些影响因素。

(2) 一些企业初始条件相似，并且采用了几乎雷同的战略，但是最终结果却相去甚远，有的企业取得了成功，有的却失败了，请运用本章学到的知识分析可能的原因。

(3) 提高个人执行力有哪些方法？请举例说明。

(4) 组织执行力的影响因素有哪些？

(5) 结合本章8.3节的内容，检查在学习和生活中你是否经常有这些借口。如果一项工作没有完成，你会怎么做？

(6) 从日常生活中找出一两件你想坚持却没有坚持的事情，制订一个时间计划，看看你能坚持执行多久，并写出对你的生活产生了多大的影响。

8.6.2 热点话题:管理信息系统——新的执行力工具

1985 年,管理信息系统的创始人高登·戴维斯给出管理信息系统的定义:“它是一个利用计算机硬件和软件,手工作业,分析、计划、控制和决策模型,以及数据库的用户—机器系统。它能提供信息,支持企业或组织的运行、管理和决策。”

随着管理信息系统的广泛应用和发展,越来越多的人意识到,管理信息系统不仅是一个简单应用计算机的系统,更是一个加强组织管理和提高组织效率的工具。计算机只是管理信息系统的一个工具,在系统建设过程中不应该过分地强调技术的运用,而重点是在组织管理、决策能力的提升上。

管理信息系统主要包括办公自动化系统、决策支持系统、计算机综合制造系统、智能管理系统、战略信息系统、行政管理系统等。现代企业应用的管理信息系统,主要经历了 MRP、MRPII、ERP 三个阶段,目前正从深度和广度上进一步发展。MRP 阶段主要集中在生产制造上,而现代 ERP 阶段则侧重于从整个组织角度来考虑管理信息系统的建设。

ERP 是 Enterprise Resource Planning(企业资源计划)的简称,是指建立在信息技术基础上,以系统化的管理思想为企业决策层及员工提供决策运行手段的管理平台。ERP 系统集信息技术与先进管理思想于一身,成为现代企业的运行模式,反映了时代对企业合理调配资源,最大化地创造社会财富的要求,成为企业在信息时代生存、发展的基石。系统实际应用中更重要的是应该体现其“管理工具”的本质,对企业所拥有的人、财、物、信息、时间和空间等综合资源进行综合平衡和优化管理,将计划、组织、人事、控制过程统一在一个平台上,提高了组织管理的执行力。

国内 ERP 行业的发展经历了三个阶段。第一阶段为导入期(20 世纪 90 年代初至 1998 年):①用户的信息化需求刚刚起步,主要是部门级别的信息需求;②主要应用的软件为财务软件和进销存软件;③多半为标准系统,行业化特性较少;④项目型的定制开发是该阶段的主要方式。

第二阶段为成长期(1999—2006):①客户的信息化需求由部门级上升至企业级别;②开始重视生产制造管理等深层次需求,行业化需求开始显现;③行业化的 ERP 产品和 MES、DCS、PDM 等产品实现了高度集成,也形成了较为完善的二次开发平台。

第三阶段为成熟期(2007 年至今):①ERP 产业行业化特征明显;②开始覆盖供应链环节;③提供商为行业化的产品配备了专门的行业实施顾问与咨询人员,能为客户提供完整的行业化服务;④定制化需求显现。

在导入、成长期,主要是大型企业应用比较多,例如第一套 ERP 软件就是沈飞引进的 MRP 软件,随着 ERP 软件的实施和不断成熟,不少中小企业开始接触并逐渐实施应用 ERP 来改善企业流程,整合企业资源。虽然 ERP 实施发展的过程中有不少问题,但是仍然保持了比较快的发展速度。尤其是基于快速实施应用技术的小型 ERP 软件,由于成本低、价格便宜、实施简单等因素,深受广大中小企业喜爱。

下一步 ERP 将加深与电子商务、供应链 SCM、协同商务的系统整合性:中小企业定制 ERP 将面向协同商务(Collaborative Commerce),支持企业与贸易共同体的业务伙伴、客户之间的协作,支持数字化的业务交互过程;中小企业定制 ERP 供应链管理功能将进一步加强，并通过电子商务进行企业供需协作，如汽车行业要求 ERP 的销售和采购模块支持用电子商务或 EDI 实现客户或供应商之间的电子订货和销售开单过程；ERP 将支持企业面向全球化市场环境，建立供应商、制造商与分销商间基于价值链共享的新伙伴关系，并使企业在协同商务中做到过程优化、计划准确、管理协调，在各个方面提高企业业务过程的执行力。

第 9 章　细节决定成败

导读资料：昂贵的中国人力资源

希望集团董事长刘永行曾经是中国的首富，他讲过一个亲身经历的关于中国人力资源管理的故事。

因为希望集团规模渐渐增大，员工也多了起来，学习同行的管理经验，是提高自己管理水平的一条有效之路，所以经常出国去看别的国家的同类企业。一次到韩国的一家面粉企业去参观，它每天处理小麦的能力是 1500 吨，雇用了 66 个员工。中国同样的企业一般生产能力在几百吨，但是雇佣人手一般要到 100 多人。我们希望集团效率要高一些，250 吨处理能力的厂一般用 70～80 人，但也已经是它这个厂的 6 倍了。

后来我和这个工厂管理层交谈的时候，他们说，他们也在中国办过厂，地址在内蒙古的乌兰浩特。250 吨的处理能力，他们雇用了 155 人，效率与韩国企业比居然有 10 倍的差距，这是什么原因呢？是设备的先进程度不如韩国吗？不是。韩国的这个厂是 20 世纪 80 年代投入生产的，而内蒙古的那个厂是在 20 世纪 90 年代建起来的，设备全套进口，比老厂还先进。管理者同样是韩国人，我问：为什么同样的设备，同样的管理层，中国那个厂就要雇佣那么多人。那位厂长很含蓄地回答我："中国人做事不到位。"

就是这句话，让我回来以后几个晚上睡不好。就我自己所见，我们中国人在企业里做事，确实不如韩国人认真。首先他们是手脚不停，无论是工人还是管理人员，手头的工作做完了，就一定安排有别的事做；另外他们是一专多能，比如说一个厂长，如果他觉得他的岗位比较空闲，他就会做一些其他事，以节省人力。而在我们希望，还存在我把自己的事情做得差不多就够了的想法，所以我们的效率就低了。

但我还是觉得有问题。因为即使是这样，就算他们每个人干了我们 1.2 个人的事，我们也不会与他们有 10 倍的人力效率差距。琢磨了好几个晚上，我想到的是，这种人力效率上的差距，绝不是简单的加减关系。并不是他们一个人做了我们 1.2 个人的事，10 个人就相当于我们 12 个人。效率是乘积关系，一个人的效率是我们的 1.2 倍，10 个人的效率是我们的 12 的 10 倍，所以他们的 10 个人就相当于我们的 100 多个人。这样才能解释为什么在企业里他们用较少的几个人就能办到我们那么多人才能办到的事。

这样一算，我得出了一个很惊人的结论：中国的人力资源成本是非常高的。不要光看我们每个人的薪水很低，我们做事情的效率也比人家低，而每个人低那么一点点，体现在一个企业、一个社会，那就是一个非常大的差距。

"做事不到位"实际上是指我们的工作态度不够认真，工作方法和完成的工作达不到精细的标准，有很多理论研究企业的精细化管理，但是对于一名员工来讲，精细化工作方法和精细化服务意识，也是一个现代高效员工必须具备的。在以绩效为目标的当前社会，高效意味着成功、高回报，而精细化工作则能够帮助你实现高效率。

学习目标

- 工作中粗心的危害；
- 避免工作中粗心的方法；
- 决策性工作和事务性工作；
- 精细服务概念；
- 精细服务的内涵和具体表现方面；
- 区别追求完美的工作和尽善尽美；
- 为什么在工作中要拒绝诱惑；
- 工作中专注的意义，专注与成功。

9.1　像程序一样准确

9.1.1　粗心要不得

参考资料："沁阳"写成"泌阳"的一撇之误

1930年4月，阎锡山与冯玉祥结成反蒋联盟，发动了讨伐蒋介石的中原大战。为了集中精锐兵力消灭蒋介石在河南的有生力量，阎锡山和冯玉祥召开了联席军事作战会议，分别制订了作战计划。会上决定，阎锡山和冯玉祥各派出一支精锐部队，在现为河南沁阳市的区域会师，集中兵力，优势合围，一举聚歼驻在河南省的蒋介石军队。

沁阳在河南省的北部，离黄河北岸70公里，这个地方北靠山西，而阎锡山的军队绝大部分驻扎在山西。之所以选择沁阳为两军的集结地，当然是信赖阎锡山部队的地域优势。对阎锡山来说，沁阳离山西较近，进可攻、退可守，非常有利。散会后，冯玉祥的作战参谋很快就拟定了一份命令："命令某某部，昼夜兼程，直插沁阳，与阎锡山部会师……"

谁知这个撰写命令的作战参谋官粗心大意，把沁阳的"沁"字，多写了一撇，写成了"泌"字，这样一来，集结地点"沁阳"变成"泌阳"。偏偏河南省真的有"泌阳"这个地方，这泌阳在河南省的南部，离湖北省只有几十公里路程。当时湖北还是蒋介石重兵驻防之地，在那里集结当然对冯阎联军不利。

冯玉祥这支奉调集结参战的部队长官，接到调动军令后，非常惊讶，脑子里闪过一个问号？总部到底是怎么搞的，怎么到泌阳与阎锡山部会师？这是靠近蒋介石势力范围的地方啊！但是因为冯玉祥平时治军颇严，部下养成了"军人以服从命令为天职"的习惯，故他不再向总部询问，立即带领部队星夜赶赴离真正会师地点相隔250多公里的泌阳。

再说阎锡山部队按预定时间赶到沁阳，左等右等，眼看会师时间已过，还是看不到冯玉祥部队的影子。阎锡山部队因人数少，不敢单独作战，眼看不妙，立即打电报询问冯玉祥，冯玉祥向参谋部一查，才知道奉调的部队已经奉命挥师南下，赶去泌阳了，而蒋介石的部队却已经在湖北集结，这里离泌阳很近，眼看就要被蒋介石部队重兵包围。冯玉祥大惊，急令该部从泌阳北部撤退,但想完成原定的作战计划已经来不及了。

就是粗心参谋多写的这一撇,使阎锡山和冯玉祥的联军陷于被动,导致联合作战计划失败。这名参谋也因这一撇受到军法处置,断送了性命。

由于粗心,多写了一撇,对于阎锡山和冯玉祥来讲,丢掉了整个中原大战。对于这位参谋来讲,则丢掉了性命,更不用谈职场成功了。我们不妨大胆假设一下:假如这位参谋没有写错,中原大战阎冯联军取得胜利,冯玉祥很可能将来成为蒋介石一样的人物,而这位参谋也自然前途不可限量。但是这一切就因为一撇葬送了,可见工作中粗心要不得。

现在计算机在很多工作场合取代了原来人的工作,对于一个计算机系统来讲,无论系统是大是小,都由三个部分组成:输入、处理过程、输出。输入和输出过程可能包含了人机交互的过程。计算机根据输入,按照设定的流程对问题进行处理,然后输出处理结果。很显然,无论系统设计得多精密,处理过程多么准确无误,但是即使一点点的粗心输入错误,也不会得到正确的结果。系统处理过程如图 9-1 所示。

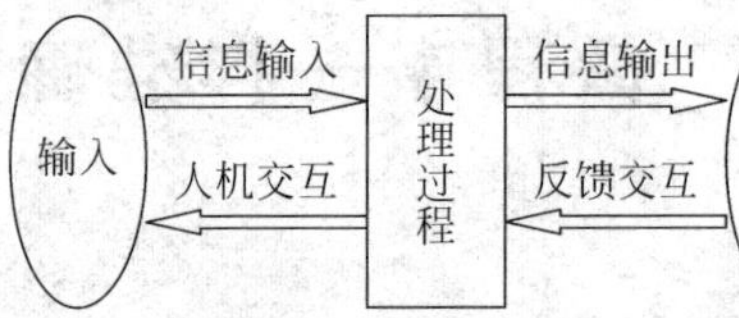

图 9-1　系统处理过程

避免工作中因粗心坏事的几个方法。

1. 认真的工作态度

认真可以避免粗心,或者说粗心就是由于不认真造成的。对于个人生活来讲,可以粗心,但是对于工作来讲,一点马虎都要不得。一项工作完成后,需要尽量审视该项工作的前因后果,多做检查。所谓认真的工作态度,就是做好工作中的每一个细节,即像计算机系统处理事项一样,保障输入、处理过程和输出的正确,就能够精细地完成该项工作。

2. 换位思考、换位工作

现在大量的简单、循环性的工作都由机械或者计算机来代替我们完成,我们的工作很多都是需要和人打交道或者是根据具体的环境来判断。为了避免在工作中因粗心造成失误,就需要多换位思考,从上下级、他人的角度来考虑工作。

3. 积累渊博的知识

知识包括与工作相关的信息和一些能够拓宽人的认识的知识,我们可以比较一下为冯玉祥制订命令的这位参谋和诸葛亮,这位参谋既然能够在冯玉祥手下占有一席之地,就说明他还是有一定才华的。但是作为一名参谋,一个战争时期长期在河南混的军事家,居然不熟悉"沁阳"和"泌阳"之间的形势与关系,致使自己在这种紧要关头出现这种不应该的错误。反观诸葛亮,之所以取得成功,是因为事必躬亲,时时刻刻都不放松战略侦察,经常能从一个很细小的侧面看出敌方的优劣,找到战争的突破口。相信冯玉祥的这位参谋,即使在这次不出现错误,下次也可能会出现相似的问题。

对于 IT 从业者来讲,很多岗位是与设计或技术维护工作有关,这些岗位本身都是精细化岗位。在工作中,最重要的是时时刻刻都要坚持从客户的角度出发,时时刻刻为客户着想,这样才能尽量避免工作中因为粗心大意而导致不必要的损失。职场上大家工作能力基本上差不多，如果你能够将工作做仔细、做认真，那么你就能够比其他人工作成效更好一些，这样也就更容易取得成功。

9.1.2 重复准确执行

任何一个计算机软件系统都是由一个个程序模块组成，而所有的程序结构都可以划分为三种类型，即顺序结构、分支结构和循环结构。计算机系统能够辅助完成人的日常工作，就说明职场上的日常工作也可以分为这三种类型。银行、交通运输、会计、机械操作等，尽管客户不同，但是一线所处理的工作基本上是一些事务性的循环工作。

管理学理论告诉我们，日常工作主要分为事务性工作和决策性工作，大部分岗位的事务性工作是重复地执行或者是按照固定的流程来处理事件，而决策性工作则是依据信息来进行决策，因此应选择最适合组织长期发展的战略决策。

如图 9-2 所示为决策性工作和事务性工作的比较。

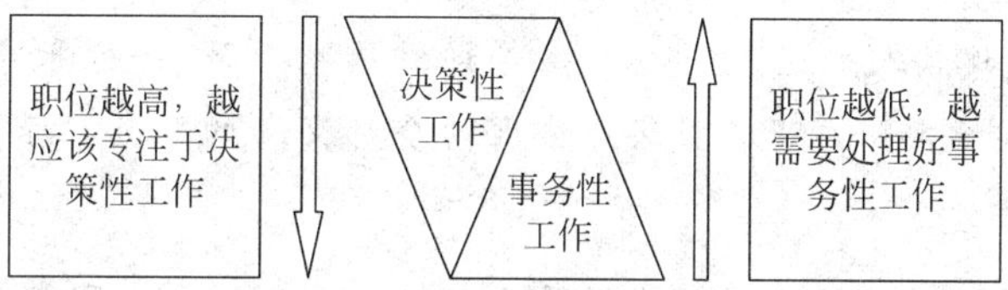

图 9-2　决策性工作与事务性工作的比较

刚毕业不久的大学生，通常都是从一线岗位开始干起，日常所处理的大部分工作主要是事务性工作，需要决策的工作比较少，做好日常性、事务性的工作，就表明你能够立足职场，为日后的职业生涯发展奠定良好的基础。即使是个人生活中，也每天需要处理很多例行的事物，做好这些日常事务，会给你带来优质的生活。

参考资料：容易出错但不能出错的个人网银

网银越来越受到个人和单位的青睐，不用东奔西跑找网点，不用守在柜台排长队，交易手续费往往还可以打折——交易自由、快捷的个人网上银行已经成为目前不少个人和单位操作银行业务的首选。但是由于网银交易全程由客户自己掌控，不少人都曾有过因粗心险些误事的经历。

唐女士使用工商银行网银已经有好几年了，中间因为经常参与团购、淘宝网购等业务，网银里留下了不少只交易过一两次的交易对象。唐女士回忆道，每次交易成功后，系统都会提示她是否需要将交易对象保留到收款人信息中，她都是直接按确认的。

有一次，她发现这样选择很容易造成失误，“我打算转账给朋友马×，刚按下银行卡的前几个数字，系统就显示了一串曾经交易过的对象。我居然把其中一个只交易过一次的外地客户冯×看成了马×。一点击他的名字，系统就帮我补全了账号等信息。我又输入了付款金额和密码、K 宝后，正准备确认付款，发现要收手续费，这才留意到账号备注信息却写着桂林，而马×的账号是南宁的。”唐女士说，她吓了一跳，连忙检查，才发现自己选错了用户。

如何防止网银使用时因粗心大意而导致损失？一些在银行工作的人员给出一些办法。

唐女士所指的“自动填写”是银行网银的快速转账功能，是客户事先保存好的常用的账户信息,这样就无须每次转账时都填写相关信息。但为了避免因选错历史记录而出现的误转账的情况,用户一方面可以不收录所有的客户信息,在成功交易后的确认窗口选择“否”,另一方面还可以使用“收款方管理”的功能,对曾经交易的历史客户进行分组,及时删除不会再往来的历史客户,防止在操作中造成失误。

对于跨行汇款,由于银行无法事先检查收款账户的信息是否准确,因此如果是账号户名不符或汇入行名称、行号不正确等原因被退款,手续费是不退的。如果用户不知道自己的开户银行,可以拨打该银行的全国客服热线,报上自己的卡号,客服就会告知。工作人员还提醒,跨境汇款业务对收款人的信息要求更严格更详细,只要遇到填写不合格的情况就会被银行退回。因此,进行跨行、跨境转账等操作前,用户一定要事先与收款人进行沟通,等全面掌握收款人信息后再进行操作。

此外,中行工作人员还介绍,中行网银“转账汇款”菜单中的“转账记录”功能,用户可以查询最近一年内通过中行网银进行的转账汇款交易明细信息,记录内包含有交易成功和交易失败的信息,以及收款人姓名、账号、备注等详细信息。而“银行账户”菜单中的“交易明细”功能,还可以查询选定账户下各种渠道办理的全部交易的账务记录,这些记录则只记录成功交易的账务信息。

那么如何能够做到准确地完成日常性的重复性工作呢?首先我们考虑一下计算机程序是如何使循环结构正确执行的,要保证一个循环结构正常有序地执行,就要做到运行环境稳定、输入输出在范围之内、执行过程没有异常,则计算机能够按照既定的设计,一次又一次准确地完成任务。

借鉴于这种思想,可以总结几条有助于做好日常性、事务性工作的方法:

- 熟记组织为你的工作制定的规则。对于职场新手来讲,80%的工作问题都是前面的人遇到过的,都是由于对组织环境、资源、工作流程等不熟悉而引起的,在入职培训的时候认真掌握并理解组织的规章制度,能够帮助你处理好工作中遇到的大部分问题。
- 对于突发事件不要擅作主张,不属于你“输入、输出”范围内的事件要及时地沟通和处理,并且可以根据事务性事件处理经验,给出新的事件处理“算法”。
- 不要把情绪带到工作中,给日常事务性事件创造一个稳定的环境。
- 把工作做到位,把基础工作做扎实,不在检查前进行突击,避免因为紧张等导致胡乱应付,工作不到位自然做不到精细化。
- 如果可以,尽量给自己创造良好的工作心情,充满激情地对待例行性工作。
- 轻易不要试图改进工作流程,因为事务性工作经过无数次地循环测试过,一旦对工作流程重新改进,则需要考虑大量与其他工作的衔接因素。有时候,即使你的工作在你看来毫无用处,也可能是另外一个同事或者客户的重要“参数”。

最后,必须对这些常规性工作保持激情,让我们记住 2012 年奥运冠军为 CCTV 制作宣传片中的一段话:“天才就是不断地重复再重复,冠军就是重复最多的人。”职场,不需要你经常来做生死攸关的决策,不需要你做出多么出色的创新,而是准确、快速、最多、最好地完成日常重复的工作,才是制胜之道。

9.2 精细服务

9.2.1 为老板提供精细服务

参考资料："不断追求完美的工作表现"

IBM已经成为一个百年企业，并且仍然保持了良好的创新能力和灵活的机制，这在IT企业界是为数不多的。在促进IBM保持成功的众多因素中，"不断追求完美的工作表现"是一个不可或缺的因素。

"不断追求完美的工作表现"——这是老托马斯·沃森在1914年创办IBM公司时，为公司的所有员工，包括管理层设立的"行为准则"，这个"行为准则"被其受益者称为"沃森哲学"。

"不断追求完美的工作表现"，IBM公司希望所有的人对任何事情都以追求最理想状态的观念去对待，无论是产品质量，还是服务品质，都要永远追求完美无缺。老托马斯·沃森经常告诫自己的员工们："在工作中追求完美，就算没有做到也会比按照一般的标准做要好得多。"

小托马斯·沃森对于IBM公司的这一行为准则也曾表示说："这个信念能够如变魔术一般引起人们对尽善尽美的狂热追求，当然，一个求全责备的完美主义者，几乎不可能成为一个让人感到舒服的人；一个要求人们达到完美的环境，也不会是一个舒适安逸的'乐居'。但是，追求完美的工作表现，一直是我们不断发展进步的一种驱动力。"

"追求完美"，今天已经成为许多公司的工作准则。其实，它更应是我们为人处世的一种态度、一种精神、一种境界。"天下大事，必做于细"，把每一件小事做好了就是不简单，把每一个细节做好了就会不断趋向完美的境界。

在上面我们已经分析了，工作中避免粗心，并且在工作中，最重要的是做好日常工作，做好日常工作，要树立起为老板提供精细化服务的理念。职业学院也好，本科院校也好，毕业生中很少有从事体力劳动的，甚至连一些常规化的事件也由计算机取代了，我们要做的主要工作很大比例上是一种服务。按照产业划分的概念，服务产业所占的比重越来越大，政府等行政事业机构也非常注重服务意识的建设。

工作即是一种服务，逐渐成为现实。在工作的过程中，为老板提供的是你综合性素质——人力资源的服务；为客户提供的是公司流程规定的——有形的或无形的产品服务；甚至还有为自己和家人提供的——高品质生活追求服务。

为老板提供精细服务，主要是指在固定的组织环境下，如何利用好自身的资源，在精细地完成工作的同时，更好地为组织提供优秀的服务。具体表现在以下方面：

- 追求完美的工作表现。做好每一个细节，以尽职尽责的态度来完成工作，把自己的潜力挖掘出来，开发自己的潜能，在组织中成为越来越重要的人。
- 工作到位，不要差不多。
- 从小事开始，把小事做细、做透。对于一个企业的员工来讲，工作台周围的卫生、个人的衣着都能反映出这个人的工作态度,因为个人的卫生并不仅仅代表个人,而是代表了组织,也代表你能否把工作做细致。

- 主动地改善工作,从组织利益的角度考虑。
- 自觉为公司避免损失,作为公司一线人员,能够最了解公司在哪些地方损失了利益,不钻公司空子,不占一时的小便宜。

读到这里,肯定会有人不赞同这个观点,也很少有人能够做到为老板精细服务,一般来讲,老板是依靠剥削员工的人力资源从而获取财富,为什么还要精心为他工作,树立起为他精细服务的理念呢?这是因为,对待工作的态度、热情、敬业等,这一切的基础都是你对老板和组织的尊敬和精细服务精神,只有树立起这种理念,才能使自己全心全意地投入到工作中去,才能得到老板的认可,才能取得成功。

当然,为老板提供精细服务并不意味着对老板阿谀奉承,一味满足老板的要求,甚至采用一些不正当手段来获取和老板亲近的机会,这些都是不对的。尽管通过一些非工作的方法能够迅速和老板结识,但是业务始终是老板最看重的,在第 7 章我们讲述过和老板沟通的原则,要想关系保持长久,并且能够得到老板看重,还是要坚持合理沟通,重视能力的培养,时间长了,你就成为公司或者老板不可或缺的人,自己的能力也得到了提升和发展,个人价值也得到了展现。为老板提供精细服务,与追求自我实现、展示自我能力并不矛盾,而是相辅相成。

9.2.2 为客户提供精细服务

相比于为老板提供精细服务,我们更容易理解为客户提供精细服务。树立起为客户精细服务的意识,能够帮助组织和个人获得成功。

美国一家公司在中国订购了一批价格昂贵的玻璃杯,为此美国公司专门派了一位代表来监督生产。来到中国以后他发现,这家玻璃厂的技术水平和生产质量都是世界一流的,生产的产品几乎完美无缺。他很满意,就没有刻意去挑剔什么,因为中方自己的要求比美方还要严格。

一天,他无意中来到生产车间,发现工人们正从生产线上挑出一部分杯子放在旁边。他上去仔细看了一下,没有发现这种杯子有什么特别,就奇怪地问:“挑出来的杯子是干什么用的?”

“那是不合格的次品。”工人一边工作一边回答。

“可是我并没有发现这种杯子和其他的杯子有什么不同啊?”美方代表不解地问。

“你自己看,这里多了一个小气泡,这说明这种杯子在吹制的过程中漏进了空气。”

“可是那并不影响使用啊!”

工人很自然地回答:“我们既然工作,就一定要精益求精,做到最好,任何缺点,哪怕是客户看不出来的缺点,对于我们来说,也是不允许的。”

“那么这些次品一般能卖多少钱?”

“一块钱左右啊。”

当天晚上,这位美方代表给总部写信汇报道:“一个完全合乎我们的检验和使用标准、价值 20 元的杯子,在这里却被在无人监督的情况下,用几乎苛刻的标准挑选出来,只卖一块钱。这样的员工堪称典范,这样的企业又有什么不可以信任的?我建议公司马上与该企业签订长期的供销合同。”

在这个故事中，我们发现为客户提供服务，主要有这么几点：第一，讲究诚信，不欺诈客户，不以次充好，这个是根本。第二，按照客户的标准完成工作，不因为客户要求低而降低自己产品或者服务的标准。第三，充分为客户考虑，无论大小，尽量从客户的角度出发来完成。为客户提供精细服务是竞争取得成功的重要因素，对企业来讲，长期的尊重客户，为客户提供精心服务，就能够养成良好的企业文化。对于员工来讲，养成为客户提供精细服务的习惯，也能够引发工作乐趣，从客户的满足中享受到实现自我价值的快乐，从而得到满足。

9.2.3　为自己提供精细服务

有一个关于建筑工人的故事，能说明一个人如何对待自己的工作，就会取得什么样的成就。一位记者到建筑工地采访，分别问了三个建筑工人一个相同的问题。他问第一个建筑工人正在干什么活，那位建筑工人头也不抬地回答：“我正在砌一堵墙。”他问第二个建筑工人同样的问题，第二个建筑工人回答：“我正在盖房子。”记者又问第三个工人，这次他得到的回答是：“我在为人们建造漂亮的家园。”记者觉得三个建筑工人的回答很有趣，就将其写进了自己的报道。

若干年后，记者在整理过去的采访记录时，突然看到了这三个回答，三个不同的回答让他产生了强烈的欲望，想去看看这三个工人现在的生活怎么样。

当他找到这三个工人的时候，结果令他大吃一惊：当年的第一个建筑工人现在还是一个建筑工人，仍然像从前一样砌着他的墙；而在施工现场拿着图纸的设计师竟然是当年的第二个工人；至于第三个工人，记者没费多少工夫就找到了，他现在成了一家房地产公司的老板，前两个工人正在为他工作。

第三个工人之所以成功，是因为他对待工作的态度，他觉得自己不是为了砌墙而砌墙，他是在为人们建设一个漂亮的家园。在这个过程中，他肯定工作起来比前两个人更精细，而且也能够在工作中得到更多的快乐，促使他更好地干下去，对工作进行钻研，成为业务的精英，然后把这种态度运用到每个他所从事的工作中，把工作当作事业来做，自然就能够取得成功。

现代社会中，几乎没有一个人能够做到自给自足，农民基本上也实现了专业化，种田的不种菜、种菜的不种水果、种水果基本上不种粮食，即使水果、粮食和蔬菜都是自己种，那么奶制品、调味品、禽畜等也不是自己养殖制造的。如果种水果的人过分使用农药，自己不吃自己的水果；种粮食的人过分使用化肥，卖给其他人；种蔬菜的人使用膨大剂，养殖的人使用激素等；最终的结果是易毒而食。如果反过来，每个人都用心精耕细作，那么每个人都能享受到可口的事物。

著名的美国作家海明威引用过英国玄学诗人约翰·邓恩一段著名的布道词，“谁都不是一座孤岛，任何人的死亡都使我受到损失，因为我包孕在人类之中，所以不要问丧钟为谁而鸣，它就是为你敲响。”

所以，把每一项工作做细，不是为了任何人，就是为了自己，因为如果人人都树立起这样的观念，那么每个人生产的产品、提供的服务就是最精细的，你也能够享受到最好的产品、最精细的服务。

对于个人来讲，工作中获取最大的乐趣不是你赚到了多少金钱，金钱开始是你生活的根本,后来会给你带来享受,但绝对不会给你带来根本上的快乐;工作中获取最大的乐趣就是你的工作得到用户、同事和老板的认可。他们的认可会使你感到实现了自己的人生价值,而实现自我正是马斯洛人的需求理论中最高层次、最重要的、最终的需求。

9.3 学会放弃

9.3.1 完美是有限的

每个人精力有限,谁也不是万能的,要想把事情做好、做到精细,那么就必须要放弃一些事情,或者是降低对其他方面的要求。很多著名科学家,他们潜心研究,对待科学严谨细致,但是对待自己的生活方面,却是要求很低。例如:牛顿潜心工作,废寝忘食,将手表当作鸡蛋煮食,甚至连自己是否吃过饭都不知道;爱迪生醉心于发明事业,对自己的衣食住行根本不在意,只要能进行科学研究,比什么都重要;而诺贝尔为了找到高效率、安全的炸药,甚至连自己的生命都不顾,好几次都差点儿被炸死。所谓有所得就必须要有所失,鱼与熊掌不能兼得,就是这个道理。

在美国的成功学中流传着这样一个经典故事:在好多年前有个年轻人,暂且叫作贾金斯。有一次他看见一个人正要将一块木板钉在树上当隔板,贾金斯便走过去管闲事,说要帮那人一把。他说:"你应该先把木板头锯掉再钉上去。"于是,他找来锯子之后,还没有锯到两三下又撒手了,说要把锯子磨快些。

于是他又去找锉刀。接着又发现必须先在锉刀上安一个顺手的手柄。于是,他又去灌木丛中寻找小树,可砍树又得先磨快斧头。

磨快斧头需将磨石固定好,这又免不了要制作支撑磨石的木条。制作木条少不了木匠用的长凳,可这没有一套齐全的工具是不行的。于是,贾金斯到村里去找他所需要的工具,然而这一走,就再也不见回来了。

贾金斯无论学什么都是虎头蛇尾、有始无终、半途而废。他曾经废寝忘食地攻读法语,但要真正掌握法语,必须首先对古法语有透彻的了解,而没有对拉丁语的全面掌握和理解,要想学好古法语是绝不可能的。贾金斯进而发现,掌握拉丁语的唯一途径是学习梵文,因此他便一头扑进梵文的学习之中,可这就更加旷日废时了。

贾金斯从未获得过什么学位,他所受过的教育也始终没有用武之地。但他的先辈为他留下了一些本钱。他拿出 10 万美元投资办了一家煤气厂,可是煤气所需的煤炭价钱昂贵,这使他大为亏本。于是,他以 9 万美元的售价把煤气厂转让出去,又开办起煤矿来。可这又不走运,因为采矿机械的耗资大得吓人。因此,贾金斯把在矿里拥有的股份变卖成 8 万美元,转入了煤矿机器制造业。从那以后,他便像一个内行的滑冰者,在有关的各种工业部门中滑进滑出,没完没了……

在现实职场中,有很多人就像故事中的贾金斯一样,做事表面看来是追求精细化,是要把事情做好,但实际上却是虎头蛇尾、半途而废,尤其是一遇到困难就开始找借口、推卸责任。这样做,造成的不仅仅是工作没有完成的结果,更重要的是,它有可能给你带来心理上的挫折感,甚至可能使你养成虎头蛇尾的工作习惯,这将是一个人最大的损失。所以对很多事情,并不一定要达到全部尽善尽美。

不全部做到尽善尽美与精细化工作追求完美并不矛盾。首先，精细化工作追求完美是指工作态度要尽全力，是一种调动主观能动性的方法；而实现全部完美是一种理想的状态，甚至很容易挫伤工作积极性。其次，精细化工作要求抓住主要矛盾，将主要精力放在需要完成的工作上，而不是分神在一些不重要的东西上。因此在工作中追求完美的工作状态和全部做到尽善尽美在根本上不同的，一个人不能花费大量的时间处理个人事务，同时又将工作做得很好，要想达到工作上的完美状态，就必须舍弃一些兴趣爱好、生活享受等方面的追求。

9.3.2　拒绝额外诱惑

中国反腐统计报告指出，“仅 2007 年 11 月至 2012 年 6 月，全国纪检监察机关就立案 64.3 万余件，结案 63.9 万余件，给予党纪政纪处分 66.8 万余人，涉嫌犯罪被移送司法机关处理 24 584 人……”其中不乏一些省部级高官，如陈良宇、黄胜等。

普通人甚至很难想象，作为一个公务员，尤其是处级以上干部，既然能够得到很大的权力，为什么还要贪污腐败呢？

很大的一个原因是因为没有追求工作的完美，而是追求生活的完美，权力、金钱和学问就像鱼与熊掌一样，是不能兼得的，而有些人就是想全部得到，这就导致了最终的腐败和堕落。因为人的欲望是无穷的，即使一个人得到了权力和金钱，他又想得到不受约束的特权，甚至又追求一些超出道德约束体系以外的东西，最终落得一个身败名裂的下场。

拒绝工作中的诱惑首先就是拒绝利用工作关系获取不正当收入，中国有句古语叫作“马无夜草不肥，人无外财不富”，在这句话的误导下，一些人在通过正常手段获取利益的同时，还借助工作关系，利用企业或者组织的资源来获取利益。天长日久就会养成一个不好的习惯，即不自觉地会研究如何利用工作来为自己获取利益，获取物质上的满足，而不是研究如何做好工作，如何为组织、为老板、为客户提供精细工作和精细服务，导致整个人的堕落。

对于初入职场的新手来讲，这些事情给我们的启发就是，不能每项工作都做到最好，也不要有朝三暮四的想法，找到一个方向，坚持做下去，就会成功。而如果想得到太多，每个方面都想获得超然的地位，最终只会导致失败。

很多人小时候都有上特长班的经历，如果选择过多的特长班，比如学了钢琴想学古筝，学了绘画又想学书法，学了足球又想练乒乓球，古今中外、琴棋书画都想学个遍，这是不可能的。当前 IT 专业之间划分很细，一个人想同时精通 J2EE 和.NET 体系都很难做到，更不用说精通网络和编程，最好在某个方面深入研究，成为该领域的专家。在你所从事的业务上不精通，就很难做到工作精细化，因此，拒绝一些工作之外的兴趣诱惑，也是一个保持良好工作的非常重要的方面。

最后，拒绝额外诱惑主要是指工作中的心态锻炼。工作中所面临的环境与学校不同之处就在于，工作所处的环境四处充满了利益，这种利益会时时刻刻诱惑着每一个人，并且社会上各种物质上的诱惑随处可见，如果心态不能放平衡，那么工作中就会只有物质目标，而不是为了更好地为客户服务而工作，不是为了实现自己的理想而工作，这样工作的性质和目的就发生了根本的变化，工作自然就很难做精细，也很难到位。

总而言之，现在社会中诱惑非常多，不仅仅是物质的诱惑，还有各种各样的非物质方面的诱惑。一个人如果太在乎某一个非工作方面的因素，那么这个因素很容易就成为你的缺点，就这给一些别有用心的人制造了可乘之机，所以，在工作中时刻反省自己，避免过度沉迷于一项兴趣,拒绝工作之外的诱惑,是非常重要的。

9.4 专　　注

笔者所在的系有 5 个专业,分别是计算机应用、计算机网络、软件设计、广告设计与制作和动漫艺术设计,据统计最近三年毕业生的工作变动情况如表 9-1 所示。

表 9-1　各个专业毕业生工作变动情况

年份 / 专业	2009		2010		2011	
	没有更换单位的比例	平均更换单位个数	没有更换单位的比例	平均更换单位个数	没有更换单位的比例	平均更换单位个数
应用	25%	3.2	33%	2.7	42%	1.8
网络	30%	3.6	39%	2.6	47%	2.1
软件	13%	3.6	35%	3.1	45%	2.5
广告	5%	4.1	8%	3.6	20%	2.7
动漫	6%	4.0	6%	3.0	24%	1.8

统计情况表明,毕业生基本上在三年内都更换过一个以上的单位,没有更换单位的为极少数,而且大部分同学更换过不止一个单位,尤其广告和动漫等专业的毕业生更换得最为频繁。在更换单位的原因中,最主要的是待遇方面的原因,因为随着毕业生工作年限的变长,工作能力和接触的范围逐渐增长,因此更换工作的机会也增长,所以在第三年特别容易更换工作单位。

虽然没有深入调研,但是能够坚持在同一个单位工作下去,基本上比跳来跳去的同学更容易成功。有一些毕业生匆匆选择一个行业或一家公司,总是在做一件事情时同时想着其他更多的事情,把大部分时间用在遐想、探索、选择和尝试中,因而无法集中精力和资源做好眼前该做的事情。最终会发现,多年之后,自己仍一事无成。而当初和他在同一起点的有些人,如今已经在某个领域成为有用之才甚至是专家。这些经常跳动的人不得不承认,自己被社会远远地抛在了后面。

在工作中需要有专注精神。在社会分工越来越细的今天,没有一个人可以做到行行通、样样精。要想在当今社会中有所建树,必须要专注于一行一职。把自己全部的精力、时间和所能调动的一切资源,都投入到所选择的事业中,去创造尽可能大的成绩。而有些人则想法太多、目标分散,总是一心多用、左顾右盼,因为不专注,所以力量无法凝聚,因此无法在本职工作上取得成绩。因为没有成绩,所以在竞争中落后,并一输再输,最终只能被淘汰出局。

世界著名的物理学家丁肇中先生在 40 岁时就获得了诺贝尔物理学奖。丁先生说:“与物理无关的事情我从来不参与。”

迈克尔·乔丹从 15 岁开始从事篮球事业,在此期间有很多机会从事很多行业,但他坚持只投身篮球运动。因为专注,使他成为 NBA 历史上最伟大的球星。

世界首富比尔·盖茨,以他的财力和智慧,他可以做的事情实在太多。然而,他和他创办的微软公司20多年来始终专注于软件技术和软件产品研发、推广事业。所以比尔·盖茨至今仍是世界首富，微软至今仍是世界上最成功的企业。盖茨2008年退出微软日常运营，专注于慈善事业。很多人都评价，盖茨对慈善事业和他当初对计算机一样专注，他肯定会成为世界上最伟大的慈善家。

巴菲特从11岁开始买第一只股票，现在七十几岁了，还没有改行的迹象，看来，他要做一辈子的投资大师了。巴菲特肯定知道很多赚钱的行业，但他没有去做，不管股市是牛市还是熊市，他都"吊在这棵树上"。

1987年，任正非创立了华为技术公司，经过二十年的发展，华为成为销售额600多亿的跨国电信供应商，这其中任正非和华为面临着无数的机会和诱惑。但任正非和华为始终坚持只做通信设备，并于1997年将之写进了《华为基本法》。应该说，是专注成就了华为的今天。

2001年PC巨头联想推行多元化发展战略，实施多元化战略的三年中，联想的发展并不尽如人意，与预期差距甚大。在三年的时间里，联想累计只完成了50%的销售增长，26%的利润增长，这份业绩在被称为"IT行业的春天"的那几年里算是很失败的。联想不仅新拓业务前景暗淡，核心业务也面临来自戴尔等竞争对手的严峻挑战。直到2004年年底，联想决定收购IBM在全球的PC业务，从多元化重新回归到专业化，这才使联想集团的发展进入了一个崭新的阶段。杨元庆将联想的这种转型称之为"专注"。

任何行业及职业都是博大精深的，够一个人花一辈子的精力去钻研和奋斗。任何一个大师级的人物，都只是某一个领域内的大师。比尔·盖茨最聪明的地方不是他做了什么，而是他没做什么。凭借他的实力，如果去股市淘金，也许可以翻云覆雨；如果去做房地产，可能会搞得翻天覆地。但如果这样做了，比尔·盖茨也许做不了IT界的领袖，微软也成就不了今天的辉煌。

古人云，十鸟在林，不如一鸟在手。既然选定了一项事业、一份职业，就专注地投入进去。做到思之、想之、谈之、研究之、坚持之；把它弄懂、弄通、弄透、弄专、弄精，尽最大努力，调动自身全部资源和力量做到最好。只有这种心无旁骛的坚定信仰和十年磨一剑的专注精神，才有可能在有生之年成就一番事业，实现自己的理想和价值。

专注的精神需要刻意培养和联系，最终对某项工作形成一个习惯，类似于运动员一样，通过无数次专注的练习，养成了肌肉记忆的习惯，是一个肉体的自动反应，根本不需要大脑反射。培养专注的能力可以从以下几条开始：

- 要学着心平气和地对待一切已发生的事情，始终坚持住你当前的主要工作，尽量忽视干扰因素的影响。
- 培养专注的目的是为了提高绩效；需要反复重复练习；对结果的反馈是可持续得到的；它是非常费神的；培养专注的过程并没有多少乐趣。
- 每天都要学得更深一点而不是更广一点，因为学得更深可以让我们把我们潜力中那些看不到、感受不到但又极具创造力的部分挖掘出来。
- 任何动作演练到一定次数，就都可以做到甚至在无意识的情况下都可以准确完成的地步。
- 大多数事情都需要提前准备，也都可以提前准备；平日注重素材的累积，能够在关键时刻起到重要的帮助。

- 要钻研微观的细节事物，从而来理解是什么促成了宏观上的问题；经常对已发生的事物回顾思考，有助于更好地完成工作。

9.5 总结讨论

9.5.1 本章小结

(1) 细节管理是管理学最近几年新兴起的一个内容，也是一个普遍得到认可的内容。强调细节的作用，这也是学校学习和社会工作的主要不同之一。社会工作中，一旦犯了错误，就必须承担后果，而不是像学校实习一样，可以允许犯错。因此在工作中，必须注意每一个细节，尽量减少错误，从而尽量避免不必要的损失。

(2) 做好例行工作，像程序一样不断循环却不厌其烦地完成重复性工作，并且坚持在每一次重复中都做好每一个细节。

(3) 注重细节就是要树立起精细化工作和服务的意识，精细化工作的最终目的是为自己，每一项工作最终的目的都是为自己更好地发展，因此，从根本上树立精细化工作服务的意识，这样细节工作必定能够做到出色。

(4) 在注重细节的同时，还要知道每个人的精力是有限的，要学会放弃。注重细节和学会放弃之间并不矛盾，当决定做一件事时，就需要投入精力把这件事情做好，把每一个细节做好。而适当的放弃一些事情或者某件事情的某个部分，则可以有更多的精力放到当前工作的细节上，从而可以更好地完成当前工作。

(5) 做好细节和追求完美并不相同，做好细节是确保任务正常完成，而追求完美则是对任务完成水平的要求。每一件事都要求注重细节，而不可能每一件事都追求完美。

(6) 专注和拒绝额外诱惑有助于在完成任务时更好地实现细节管理，通过专注于某事，做好这件事的细节，从而提高事件完成的水平。

9.5.2 小组讨论：海尔精细管理与精细工作文化

2009 年前后，就在全球许多企业纷纷为裁员、减产或出售资产而焦头烂额之际，中国最大的家电制造商海尔却在为另外的事情烦恼不已：如何继续提高产能，以平息经销商们每日催货的急切情绪。

冬季，在海尔冰箱位于青岛的一个车间里，工人们正在紧张忙碌地进行生产。即使不考虑全球经济衰退的影响，每年冬季也通常是冰箱产品的淡季，“但这样热火朝天的生产情形即使在往年的淡季也是不多见的”。海尔冰箱中一事业部堪称是全球最有效率的冰箱生产车间之一，2009 年 12 月的产量同比增长了 22%。

世界著名的消费市场研究机构 Euromonitor International(欧睿国际)发布的监测数据显示，以单一品牌计，2008 年海尔品牌在全球冰箱市场份额已达 6.3%，超过 LG 和伊莱克斯等，跃居全球第一。这也是中国家电制造商首次以自有品牌——而非计入 OEM 制造在内的产量——成为这一领域的冠军。

令人称奇的是，即使在弥漫着悲观情绪的欧美市场，海尔 2008 年全年亦继续保持强劲增长，其中在美国增长 88%。时任国务院总理温家宝在考察海尔时说：“海尔已经取得的成就，说明自主品牌和自主创新是企业的生命。”面对金融危机引发的这一轮全球经济不景气，对于海尔集团董事局主席兼CEO张瑞敏来说，他反而可以利用不同国家市场表现出的差异性，从而更有效地调配资源。“禅宗上有句话：凡墙都是门。”张瑞敏意味深长地说。

1. 精确的定位战略

海尔成功的关键就在于，摒弃了那种为内陆消费者仅是提供另一个低价选择的做法。“相反，品牌商应该侧重于消费者在价值和质量上未被满足的愿望，以及他们乐于消费升级的态度。”

海尔具备这种制造“疯狂商品”的能力。在家电下乡中投放市场的一款名为215DF的海尔冰箱，在第一个月里卖出了3万多台，甚至在很多地方出现脱销的情形——刚刚到货的冰箱被直接拉到消费者家中。有意思的是，这款冰箱定价2499元，事实上是所有家电下乡冰箱产品中最贵的。

“在全球两门冰箱产品中，这款产品已将性价比发挥到极致了。”海尔冰箱国内市场部部长告诉《环球企业家》。与其他品牌简单地将旧有型号改型从而投放农村市场不同，海尔从一开始就针对农村消费者的需求来开发新品。

2. 精细的质量保障

从2007年8月开始，海尔冰箱中国区企划部部长蒲显开就带着其他调研人员下乡，在江苏省金坛市直溪镇这类东部富裕的农村地区，他们发现这些新兴消费者更重视冰箱的节能和降噪能力，同时由于当地超市较发达，消费者对大冷冻能力也有很高的需求。在河南商丘和四川彭州这类较不发达的内陆农村地区，消费者则更重视价格和售后服务，而农村不稳定的电压也纳入到蒲显开设计的出发点中。215DF冰箱就此诞生——日耗电0.39度，符合国家即将推出的6A级能耗标准；有计算机显示屏，噪声小；它还有16千克的冰冻能力，是普通冰箱的5倍多。

海尔发现用户需求并提供创新解决方案的能力令人叹为观止。家电的电源线绝缘层是老鼠喜欢啃噬的材料，海尔在调研中发现，农村以前主要是土坯房，大老鼠能出入，现在是水泥砖瓦，小老鼠才能进屋。于是专门设计了能防止身长只有4厘米的小老鼠的空调防鼠网、冰箱防鼠后盖板、洗衣机防鼠底座，配备到相关产品中。

3. 精细管理

海尔冰箱事业部部长段志国是典型的海尔型制造专家，他懂得如何激发员工的斗志，如何精细化管理，以及完成种种看似不可能的任务。而类似215DF热销这样的故事也对其提出了新挑战：在降低成本、提高效率的同时，还需要随需应变地应对市场变化。

海尔冰箱最近完成的一项流程再造工作是：实现“真单直发”。过去，海尔在全国有42个工贸公司仓库，它们负责发货以及收集订单信息，但由于订单到发货的周期长达14天，市场需求一旦变化，总会造成库存。现在，海尔取消了仓库这一周转环节，客户直接向海尔下订单，不仅消灭了成品库存，而且周期一下子缩短到4天。对受经济不景气影响的整个供应链而言，此举也减少了资金周转的时长。

但这一变化对生产提出了更高要求，现在，段志国只能安排好7天的生产计划。这同时也意味着原材料供应节奏的变化，由过去的30天库存清零提高到7天(在一个时间段内用完配送的所有零部件)。如此高的产销协同要求即使对过去20多年来最擅长制造的海尔而言，也是巨大的挑战。

海尔希望以此提高单型号的竞争力,从设计、研发、生产到销售,制造出更多像215DF这样的"黄金杀手级"产品。

这就要求海尔必须以更精细化的管理方式来提升基础制造能力:质量、效率以及准时交付。"我们必须思考,有竞争力的标准是什么?"段志国说。比如,一位员工采用新的操作方法让设备每月可节约50度电,但真相可能是,能够有效达到的节能幅度是300度——对管理者而言,这意味着需要更精细地制定生产的管理规范。海尔在著名的"人单合一"思想基础上,进一步提出了"人损合一"的概念,要求每位员工都要对工作中的质量负责,减少浪费。

类似这样的克服组织惰性、力图更为灵活的变革似乎永无止境。同时,海尔在战术安排上的灵活主动也让其在此轮经济不景气周期中受益。过去一年来,受人民币升值、原材料涨价等因素影响,中国出口的竞争力日趋下降,海尔灵活地将国内的制造产能转移,其在海外建立的29个营销、设计、制造"三位一体"的本土化基地开始发挥更大效应,承担了分化汇率风险、降低供应链成本的使命。2008年海尔在海外市场销售的冰箱,海外制造与国内制造的比率为59∶41;而仅在3年前,这一比例还是30∶70。

对张瑞敏而言,这将是一次升级海尔全球化的新征程。海尔的"走出去",是以缝隙产品进入特定市场,比如小冰箱、公寓电脑桌冰箱分别占到美国50%和20%的市场份额;"走进去",是以大众产品满足当地化的需求,在大型连锁店销售符合当地需求的产品;"走上去",则是以高端差异化的产品,创立一个来自中国的全球性的消费电子品牌。

(资料来源:http://bschool.hexun.com/2009-02-04/113967645.html)

讨论:

(1) 海尔是如何利用精细化管理来渡过经济危机的?

(2) 海尔的员工是如何将工作做精细化,帮助公司取得成功的?

9.6 实践训练

9.6.1 课外作业与练习

(1) 怎样理解精细化是一种精神、一种意识、一种理念、一种作风、一种认真工作的态度、一种精益求精的工作方式。精细化在我们的实际工作中无处不在,具体到企业中表现为:管理精细化、质量精细化、工作精细化、成本管控精细化、安全生产精细化、销售服务精细化、营销精细化、业务流程精细化、产品开发精细化、企业文化精细化等。

(2) 阅读下列资料,回答问题。

美国肯德基公司为何能顺利地进入中国市场,很重要的一条就在于它对中国市场进行了充分的预测。通过预测,广泛地收集了信息,在此基础上,进行了科学的决策。

起初,肯德基公司派了一位执行经理来北京考察中国市场,他来到北京街头,看到川流不息的车辆、熙熙攘攘的人群,非常兴奋地向总公司汇报说:中国的市场潜力很大。当总公司向他询问具体数据资料时,他却张口结舌,说不上来了。总公司对此非常恼火,以不称职为由将其降职了。

紧接着总公司又派出了一位执行经理来考察。这位经理做事很到位，他没有走马观花，而是实实在在地做了几件事，精心地进行了调查和实测。

首先，这位经理在北京的几个街道上，用秒表测出人流量，大致估算出每日每条不同街道上的客流量。他利用暑期，临时招聘了一些经济类专业的大学生做职员，在北京设置品尝点，请不同年龄、不同职业的人免费品尝肯德基炸鸡，尤其是在北海公园这座皇家园林，利用这里游人众多的特点，广泛征求各种意见。他们详细询问品尝者对炸鸡味道、价格、店堂设计方面的意见和建议。不仅如此，这位经理还对北京鸡源、油、盐、茶及北京鸡饲料进行了调查，并将样品数据带回美国逐一作分析，经计算机汇总得出"肯德基"进入北京市场会有巨大竞争力的结论。

问题：

① 为什么同样是中国市场潜力很大的结果，两位调研人员得出的方法却不同？

② 结合本章中第一节、第二节的内容，谈谈你对第二位员工工作方法的理解，你从中学到了什么？

(3) 如何理解精细服务的理念？结合产业变化进行阐述。

(4) 为什么工作中要学会拒绝诱惑？结合现实中的案例来说说你对拒绝诱惑的理解。

(5) 说说专心工作的优点。

9.6.2　热点话题：电子政务——打造精细化服务政府

1. 为什么要实施电子政务

电子政务是指政府机构利用科技协同工作，更好地为社会民众和商业机构提供服务和信息，政府通过互联网及其延伸设施向民众提供在线的服务和信息。电子政务迅速地将其影响范围扩大到整个社会，将政府、商业机构和民众联系起来，通过电子政务的建设实施，政府提高了协同工作能力，增强了工作透明性，从而能更好地为社会服务。实际上，从政治经济学的角度出发，上层建筑要与经济基础的发展相吻合，当今社会已经进入到了信息化社会，企业、民众的信息化水平已经很高，这也必然要求政府改变传统的办公方式，提供具有更高、更快捷、更准确的网上办公、移动办公等方式，来符合经济的进一步发展。

并且，随着技术和人们社会意识的发展，电子政务也需要不断深化发展的过程，也就是政府利用信息技术改善管理、提升服务、适应变革的过程。信息技术在政府部门的深度应用，其目标是提供公共服务，提升管理效率和促进民主价值的提升。从这个意义上来理解，电子政务建设应该是信息化环境下现代政府的自觉转型，即从全能、粗放、管制、低效的政府向法治、精细、服务、高效的政府转变。实施电子政务，是推动政府提供精细化服务的有效途径。

2. 电子政务发展与现状

20世纪90年代，政府各个部门逐渐采用计算机作为办公辅助工具，这是信息化建设的第一阶段。

21世纪初，随着大多数政府机构的核心业务已完成不同程度的信息化，并且网络化公共服务的提供已在不同深度上普及。部委、省级、地级和县级政府网站的拥有率分别为96%、100%、98.5%和83%，金关、金税、金盾、金审、金信、金水、金农、金保等一批网上办公项目开始运营，电子政务进入飞速发展阶段。

目前电子政务的发展处于第三阶段，电子政务总体架构开始构筑，电子政务的建设侧重于网站之间信息的共享,部门之间的协同办公,网上审批的完善等工作。电子政务系统趋向于智能化,更便捷,更精细化。

3. 电子政务发展趋势

(1) 智能办公

借助于新的计算机技术,将传统办公自动化(OA)系统改造成为智能办公系统。智能办公系统可以对公务员的办公行为进行记忆,能够根据公务员的职责、偏好、使用频率等,对用户界面、系统功能等进行自动优化。

智能办公系统具有待办事件提醒、邮件提醒、会议通知提醒等功能,公务员不需要去查询就知道哪些事情需要处理,并且将这些功能与移动终端互联,方便随时随地查看。智能办公系统可以对待办事项根据重要程度、紧急程度等进行排序。智能办公系统集成了政府知识库,使公务员方便查询政策法规、办事流程等,分享他人的工作经验。

(2) 智能监管

通过新的图形图像技术,智能化的监管系统可以对监管对象实现自动感知、自动识别、自动跟踪。例如,在主要路口安装具有人脸识别功能的监视器,就能够自动识别在逃犯等;在服刑人员、嫌疑犯等身上植入生物芯片,就可以对他们进行追踪。

智能化的监管系统可以对突发性事件进行自动报警、自动处置等。例如,利用物联网技术对山体形变进行监测,可以对滑坡进行预警。当探测到火情,建筑内立即自动切断电源。智能化的监管系统可以自动比对企业数据,发现企业偷逃税等行为。智能化的移动执法系统可以根据执法人员需求自动调取有关材料,生成罚单,方便执法人员执行公务。

(3) 智能服务

在智能服务方面,能够自动感知、预测民众所需的服务,为民众提供个性化的服务。例如,如果某个市民想去某地,智能交通系统可以根据交通情况选择一条最优线路,并给市民实时导航。在斑马线上安装传感器,当老人、残疾人或小孩过马路时,智能交通系统就能感知,适当延长红灯时间,保证这些人顺利通过。政府网站为民众提供场景式服务,引导民众办理有关事项。

(4) 智能决策

在智能决策方面,采用数据仓库、数据挖掘、知识库系统等技术手段建立智能决策系统,该系统能够根据领导需要自动生成统计报表;开发用于辅助政府领导干部决策的“仪表盘”系统,把经济运行情况、社会管理情况等形象地呈现在政府领导干部面前,使他们可以像开汽车一样驾驭所赋予的本地区、本部门职责。

总而言之,随着信息化的推进,电子政务不仅仅是改进管理的战术工具,更为重要的是促进政府转型的战略举措,政府逐渐转变为精细服务型政府,为社会提供更多更精准的决策、监管、服务。

第 10 章　团队超过一切

导读资料：上帝与经商团队

有一天，一群人打开了天堂之门，见到了上帝。

有人便问上帝说："上帝啊！你为什么要创造我们呢？"上帝先是一愣，然后反问道："如果这个宇宙危在旦夕，而凭我一人之力，根本就无力回天的话，假如你是我，你会怎么做？"大家沉思了一段时间，突然有人冒出一句话来："难道是繁衍自己？""你猜中了，奖励十分！"那么也就是说：你们都是上帝的儿女，而上帝的儿女长大之后也便成了上帝。

大家都惊讶不已，过了些时候又有人问道："这个宇宙真的会灭亡吗？如果那样的话，我们该怎么办？"上帝回答道："是的，宇宙是一个整体，也包括进化了这么久的一切生物，而一个整体的存亡是相当微妙的，所以宇宙无人看管，就必然灭亡。"

"然而一旦宇宙灭亡，那么你们当然也就完了，所以宇宙的存亡和你们息息相关。""但是请记住一句话：目前唯有商业才能够挽救地球，挽救宇宙，挽救全人类！""好了，既然你们都已经明白了这些道理，我想你们也应该可以回去经商了吧！"

"慢着！"有人说道，"经商应该有它自己的规律吧！你何不直接告诉我们呢？而且为什么只有经商才能救世，你也得讲啊！"上帝有点不好意思地笑道："刚才不好意思了，因为我老婆在给我熬鸡汤，我太想回去喝了，所以就忽略了这一点。"上帝润了润喉咙，说道："首先，经商是我们所有人合作的根本模式，所以只有经商才能够让所有人一起分工、合作、分享，从而最快地使每个人的生活水平都得到提高！""而经商呢，是有三大定律的，它们分别是：①只有我为人人，人人才可能为我；②如果要得到更多的水，就必须增多容器，或增大容器的围度和深度；③把不可能变成可能，把偶然变成必然。"

于是大家便高高兴兴地往回走，就在这个时候，又有人猛地发现一个问题，便转过身来叫住上帝说："为什么这个'天堂'这么美丽、和谐，但又这么像是'人间'呢？"上帝笑着说："废话！既然你们长大之后也便成了'上帝'，那么你们长大之后的'人间'，当然也便成了'天堂'喽！"

这个故事初看起来似乎与团队关系不大，但是仔细思考一下，再结合本章的内容，思考一下团队是什么。

学习目标

- 团队与群体的概念；
- 工作中团队的形成与高效团队的特点；
- 团队管理技巧；
- IT 团队的开发与管理；

- IT 团队的建设与维护；
- 团队冲突的类型；
- 团队冲突的处理；
- 企业文化的定义，企业文化与团队；
- 企业文化的培养。

10.1 团队基础

10.1.1 群体与团队

团队和群体经常容易被混为一谈，但它们之间有根本性的区别。群体是两个以上互相依赖的个体为了某个目标而聚在一起的集合体，但是并不是所有的群体都可以成为团队，团队除了是一个群体以外，还必须具有其他的一些特征，它们之间是存在区别与联系的。

1. 目标明确

团队具有明确的目标，并且团队成员的目标与整个团队的目标保持一致，团队成员能够自动自觉地围绕这个目标而努力。而群体则不一定具有一个明确的目标，即使拥有明确的目标，群体成员和群体的目标并不一定保持一致。例如：在抗日战争时期，共产党和国民党之间形成了一个共同的目标——驱除日本帝国主义侵略者，这个时候彼此之间形成一个团体。而在抗日战争结束以后，双方的目标发生了改变，这个时候他们由团队变成群体，并且成为敌对的群体。

2. 共同决策

群体通常要求有一个领导人，而团队可能就不一样，尤其团队发展到成熟阶段，成员可能是共享决策权。比如在原始的社会体制下，人们以部落的形式群居在一起，一般由部落的酋长或首领决定部落的日常事项。当社会体制进一步发展，社会管理方式向更高级的管理方式转变，到社会主义阶段，社会的统治发生了变化，社会上的日常事务通常由团体进行表决。我们国家实行的人民代表大会制度，就是对国家实行团队管理的一个典型情况。

3. 相互协作

协作性是群体和团队最根本的差异，群体的协作性比较低，有时成员还有些消极，有些对立，但团队中是一种齐心协力的气氛。大雁是一种具有很强迁徙能力的候鸟，它们经常跋山涉水，作长距离的飞行。然而，它们的长距离飞行是必须以团队为基础的，一旦某只大雁脱离了团队，它就丧失了迁徙的能力。按队形飞行的距离比独自飞行的距离至少可以增加71%，某只大雁脱离了队伍，它会突然感到增大的飞行阻力，这使它立即返回原位以借助其团队的力量。当头雁体力不支时，它将退到队尾。另外一只大雁担当头雁，后面大雁会大声地鸣叫，鼓励前面的大雁保持速度。当某只大雁生病或因受伤而掉队时，就会有两只大雁离开队伍来帮助或保护这只伤病雁，它们会跟随其他的大雁一同飞行直至赶上它们自己的队伍。一个大雁的飞行团队，就是一个有良好分工、齐心协力合作的团队。

4. 共担责任

团队的成员要承担起各自的责任，群体通常是由领导者来承担具体的责任，而团队中除了领导者要负责之外，每一个团队成员也要负责，甚至要一起相互作用，共同负责。一支足球队必须成为真正意义上的团队，才能够取得胜利，球队中的每个球员都承担起自己的责任，前锋、中场、后卫、守门员、教练及其他球队成员必须要尽职尽责，做好属于自己的工作，这样球队才能取得好成绩。如果成员之间互相埋怨，彼此指责，球队必然要走向衰败。

5. 各有所长

团队成员之间最好能够形成技能互补，群体成员的技能可能是不同的，也可能是相同的，而团队成员的技能是相互补充的，把不同的知识、技能和经验综合在一起，形成角色互补，从而达到整个团队的有效组合。《西游记》中，唐僧师徒构成了一个技能互补的良好团队，虽然这个团队的成员之间也产生过矛盾，但是他们彼此之间组成了一个高效率的团队。唐僧是整个团队实现目标的关键人物；孙悟空能够斩妖除魔；猪八戒起到辅助作用，一路上帮大家解闷，承担起看护马匹和物资的作用；沙僧则保障后勤运输工作。整个团队分工明确，大家合作非常愉快。如果团队中的每个人都是孙悟空或者都是唐僧，那么恐怕完不成取经的任务。

6. 合作力量

群体的绩效是每一个个体的绩效相加之和，团队的结果或绩效是由大家共同合作完成的产品，其结果可能要远远大于群体的绩效。前面我们曾经提到过，劳动分工对生产效率的促进，生产流水线上的每一个小组形成一个团队，他们共同完成某个产品所产生的绩效，要远远高于每个人单独完成整个产品的绩效。

以上是团队的一些特征，一个组织形成团队，则能够获得竞争对手无法仿效的竞争优势。成本的控制、生产的效率和科技的使用等手段，行业之间互相可以借鉴，而一个运行有效的团队，则是每个组织独有的。

阿里巴巴作为一家电子商务贸易服务的提供商，其技术、设备、资金等与行业内其他的企业相比较都不具备优势，为什么在互联网经济泡沫时期，阿里巴巴能够安然度过并取得巨大成就呢？主要就是得益于组织良好的员工团队。

10.1.2　工作团队

每个组织都努力建立属于自己的工作团队，前面我们已经了解了群体的概念，那么，什么是工作团队呢？工作团队是为了实现某个目标而互相依赖的个体组合而成的群体。为什么要组成工作团队呢？从阿里巴巴的团队制胜中我们可以得到一些关于形成工作团队的优点，简单归纳如下：

(1) 能够推动员工之间的团结，一旦形成高效的工作团队，员工之间像一个大家庭一样，彼此之间非常团结。

(2) 工作团队有利于提高工作绩效。

(3) 员工高度自制，管理者不必将时间花费在员工管理层面上，从而可以利用更多的时间来制定组织的发展战略。

(4) 组织的灵活性得到大幅度的提高，在员工中能够实行一些灵活的、先进的管理方式。

(5) 团队成员之间技能互补，从而组织能够从多元化的员工中获取利益。

随着社会的发展，工作团队也得到了发展，组织中的工作团队越来越多样化。在一个组织中可能划分为若干个团队，组织中的某个人可能在不同的团队中起到不同的作用。在现在的各种组织中,常见的工作团队的类型有：职能型团队、自我管理型团队、虚拟工作团队和跨职能团队。

职能型团队是在同一职能领域中,根据工作性质和范围设计的团队。职能型团队经常在工作规定的范围内合作,解决相关问题,这种类型的团队管理、领导相对比较容易。在学校中,每个班级的学习委员所构成的团队就是一个职能型团队,他们所要处理的是学习上的事务,具体工作就是解决同学们的学习问题。

自我管理型团队是一个没有管理者负责全局的团队,在给团队员工分配任务、监督任务完成情况的过程中,都是由团队成员共同完成的。例如由欧洲国家组成的欧盟,它们之间并没有具体的负责人,而是通过轮值的方式,隔一段时间由一个国家推举出一个人来负责,解决整个联盟内所遇到的问题。

虚拟工作团队是伴随信息技术的高度发展而产生的,随着网络技术的发展,组织成员之间的沟通不再受地域的限制,通过互联网可以在不同的地域召开可视电话会议,通过这种虚拟的会议来解决工作中所遇到的问题,包括任务决策、分享信息等。

跨职能团队通常由来自不同领域内的专家组成的一个混合群体共同完成一项工作。例如在高考结束以后,召集不同领域内的教师,共同参加试卷批阅工作。在试卷批阅的过程中,这些不同领域内的专家构成一个跨职能型的团队,解决高考录取的问题。

10.1.3 高效团队的特点

工作团队成立以后,并不能自动地为管理者带来高效率,也可能成为一个令人失望的团队。社会上的每一个组织,领导者都期望建立一个有效的团队,一个高效的团队应该包括以下特点。

1. 清晰的目标

高效的团队应该像个体一样,明确他们要达到的目标,并坚信这一目标具有重大的价值。团队成员能够积极主动为这一目标奉献自己的力量,成员非常清楚团队在干什么,团队中其他成员在干什么,彼此之间应该如何协作才能够推动团队的发展。

2. 技能互补

团队成员不仅要有一定的能力,并且彼此之间的能力还应该互补。在阅读材料中,我们可看到阿里巴巴的团队不允许有“野狗”的存在；唐僧的团队成员各有所长,彼此之间的技能是互补的；我们经常在电视、电影中看到的寻宝团队,通常也是由各个方面的专家组成的。通常“一山不容二虎”。一个高效率的团队中如果有太多的某一个方面的专家,彼此之间有意见分歧,明显不利于团队精神。

3. 信任

在杂技表演中,我们经常震惊于一些团体的空中飞人项目,这些项目成功的诀窍就在于伙伴之间彼此的信任。团队成员之间的信任要建立起来并不是一件很容易的事情,然而毁坏彼此之间的信任却相当容易,团队的管理者要在团队中刻意保持这种信任。

4. 承诺

团队要想获得成功,团队成员必须要有一定的献身精神,成员要对团队具有认同感,把自己看作是团队中的一分子,并为整个团队感到骄傲。

5. 成员之间有良好的沟通

高效的团队成员之间的沟通应该是没有障碍的，彼此之间以他们可以清晰理解的方式传递信息，无论是语言信息还是非语言信息。像本章的例子中，淘宝网的成员之间互相以“诨名”称呼，就是为了打破界限，有利于彼此之间的沟通。

6. 明确的规章制度

工作过程当中难免会遇到各种各样的问题，常规性问题的解决必须要依靠一定的规章制度，成员必须要能够及时应对和处理这些问题。

7. 灵活的工作方式

问题的处理不仅要依靠规章制度，团队的优点在于解决那些没有办法形成规章制度的问题，即需要人们发挥主观能动性去解决的问题。对于一个高效的团队而言，工作需要不断地调整，而调整的过程需要灵活性，每个成员都能够处理一些突发的事件和情况。

8. 内部和外部的支持

高效的团队离不开环境的支持，实行团队管理必须要有一个合理的基础结构。适当的培训，合理的职业生涯规划，清晰而且合理的绩效评估系统，恰当的报酬分配方案，这些是构成团队的基本条件。对于一个按资历分配的官僚机构来讲，缺乏形成团队的基本条件就很难构成团队。

10.2　开发管理团队

10.2.1　团队冲突

并不是所有的团队管理都能够一帆风顺，随着内外环境的改变，团队会产生各种各样的冲突。像篮球、足球这样的运动项目，所依靠的就是团队的力量，我们经常会遇到这样的情况：一支足球队球星云集，个个都是大牌，然而却不能取得很好的成绩，经常被一些名不见经传的球队打败。2008 年，拥有小罗、梅西、埃托奥和亨利的巴塞罗那队，被弱旅马德里竞技踢了个 4∶2，从而丧失了卫冕西甲冠军的机会，原因就在于，球队的团结出了问题。球队成员彼此之间产生信任上的危机，缺乏有效的配合和沟通，致使整个球队的成绩下滑，再坚固的堡垒，也会很容易从内部被攻破。团队内部发生冲突，则团队的工作效果很容易受到影响。

在学校中，一个班级就是一个团队，团队越团结，就越能够取得好成绩。我们都有这样的感受和经验，当班委成员上下一心，能够团结合作的时候，整个班级自然会有良好的风气，班级各项工作都能够名列前茅；反之，如果一个班级不能够团结，班级成员之间互相猜疑，彼此矛盾重重，则整个班级必然会乱成一团，各项工作自然落后。

那么如何促进一个工作团队的团结，解决彼此之间的矛盾？仔细理解下面几条信息，它能够帮助团队成员之间建立信任。

1. 加强沟通

通过相互间真诚的沟通，消除彼此之间的误解，做到信息无障碍传递。在沟通的时候多检讨自己的缺点和不足，给人以真诚的感觉。

不管是年龄多大的学生，彼此之间都会产生矛盾或误解，消除矛盾和误解的最好方法，就是加强沟通和交流。很多学生在进入大学之前,没有过集体生活的习惯,并且基本上都是娇生惯养,在家中说一不二,在相对自由的大学环境下,要养成检讨自己的缺点和不足的习惯是比较困难的。在校学生的任性与社会工作中沟通的需求形成难以调和的矛盾,对学生团队能力的培养,必须结合家长,从消除家庭中养成的骄傲习气开始。

2. 相互支持

领导尤其要支持下属,对所有团队成员应一视同仁并和蔼相处,鼓励和支持身边的人。最好经常以班级为单位参加某些集体活动,给班级成员一个相互支持的机会,有助于整个班级团结为一体。一些培训机构提出增强团队凝聚力的培训,就是希望给平时缺少接触的组织成员提供一个互相支持的机会,从而使得他们彼此之间建立信任,构成一个团结的团队。

3. 彼此尊重

团队成员之间彼此尊重,每个人的决策、意见、工作都能够得到充分的重视和肯定。团队中每个成员能够真正体会到自己是团队中的一员,成员所提出的建议是从自己的特长出发,围绕团队事务展开决策、意见、工作,并得到团队其他成员的认可,这样有助于建立一个团结的团队。

4. 处事公正

不拉帮结派,搞小团体。在团队集体事务的处理上,不搞小动作,不因为和某人亲近就支持他的观点。意大利国家足球队在每次出征的时候,都会给下榻的酒店提一个附加的条件,就是球员所订的房间必须是一模一样的,无论你是不是大牌,都要一视同仁,这也许就是意大利队频频取得良好成绩的原因之一吧。

5. 展示实力

每个人都希望自己身边的人有能力,没有团队喜欢养寄生虫,因此要使团队成员了解你的特长,让其他人了解你擅长的事项,说明你是一个在关键时刻可以依靠的人,这样才能赢得团队其他成员的钦佩和尊敬。

10.2.2 团队管理

一个新团队的发展历程大多经历一系列发展阶段,通常可分为四个阶段:组成阶段、磨合阶段、规范阶段和履行职责阶段。

第一阶段是组成阶段,组成阶段是指团队的初创阶段,这时每个成员都显得很有礼貌,也显得很迟钝。有冲突不直接说出来,以个人为中心,这其实对团队有破坏性。由于团队是新建的,每个成员都以自己的观点为准则,大都很保守固执。确切地说是大家都非常紧张,有的成员可能无法正常工作,整个团队有顺从于团队领导强权的倾向。

第二阶段是磨合阶段,此时所有的不良情况都会暴露出来,领导开始滥用职权,团队内拉帮结派,对他人进行诽谤,不经过一番斗争,是没有人肯退半步的。最严重的是,成员之间很少相互交流和沟通,没有人愿意聆听他人的意见,有的人甚至不愿在公开场合交谈。对于团队来说,这样的状况似乎有点过分。但如果你揭开礼貌的面纱,听到那些尖酸刻薄的挖苦、含沙射影的讥讽,可能这些画面会更生动、更离谱。

第三阶段是规范阶段,团队成员逐渐习惯在一起工作,内耗逐渐减少,新的合作精神出现,每个成员在表达自己的观点时有了安全感,而这些观点亦在团队内公开讨论。最明显的进步是成员之间开始互相听取别人的意见,全队的工作方法形成规定并得到认可。

第四阶段是履行职能阶段，这是团队建设的高峰，团队中已经形成了一种制度，容许人们自由和坦诚地交换意见，团队最大限度地支持每个成员和团队的决策。对出现的问题齐心协力地共同解决，将个人能力融入团队建设中，全面体现了团队的精神实质，工作效率也大大提高。

就履行职责而言，开始时团队水平会比个人总水平低一些，接着会突然跌入谷底，再从规范阶段攀爬到一个新的履行阶段的水平，此时的水平应比开始高。这一履行水平提高的主要原因是采用了团队合作精神而不是简单的人员组合。

参考资料：华硕创业团队

团队合作听起来像是老生常谈，但是是否落实推行，却可能影响着企业的生死存亡。当童子贤、徐世昌、谢伟琦、廖敏雄站在施振荣办公室门前时，四人心里忐忑不安。他们都是在宏碁工作多年的资深工程师，但这一次他们决定要集体出去创业，创立一家名为华硕的公司。

这四位热血沸腾的年轻人在 1990 年愚人节的第二天创立了华硕，从创业到现在，华硕已经发展了二十多个年头。从最早在台北市长春路大约 30 平方米的小办公室，到今日成为 IT 业的知名品牌，技术与品质均受到用户的肯定，拥有 11 个事业部门，衍生出 10 多种产品，营业额达到几百亿元人民币。华硕的故事，称之为“传奇”并不为过。

作为华硕的第一任总经理、副董事长兼研发处及总管理处副总经理，童子贤对华硕的成功与发展起着不可替换的作用。在童子贤掌管华硕期间，对人才和团队的成功管理是华硕克敌制胜的绝招。在童子贤等四人从宏碁辞职的时候，施振荣只是中肯地告诉他们：“脑袋里的东西是你们的，我留不住，就尽管带走吧，但要小心处理公司机密文件以及相关资料，以免日后产生知识产权上的纠纷。”

施振荣的宽容和对人才的尊重也深深地影响了童子贤，在他堪称狭小、陈设简单的办公室里，放置了一个小型透明铁柜，架上陈列的书籍中有几本书被童子贤视作“华硕管理圣经”。例如由英特尔总裁葛洛夫所著的《十倍速时代》，及从日文翻译而来的《现场改善》等。童子贤说：“每当有员工犯规，根本不必长篇大论说教，只要翻开书本让他们自己品味阅读即可。太阳底下没有新鲜事，很多错误书上早已有解答。”

曾经有一位华硕员工，以满怀歉意的口吻对童子贤说：“对不起！我有事情要耽误你一个小时。”童子贤当下回答：“不对啊！我的工作就是要解决员工及干部问题，让大家安心工作、发挥潜力，为什么要说抱歉？”

“高科技产业，不是单靠壮观的机器、资金便可以撑起来的，重要的是人与管理。若说 IT 业机器、厂房是武器，管理则是在适当的时候扣下扳机。”童子贤说。从创业开始，“寻访千里马”便是他的主要任务之一。

当年童子贤在宏碁时，施崇棠担任其主管 7 年之久。自从决定离开老东家创业后，和师傅立刻从昔日的友好同事关系，急转直下成为互相对立的敌我两方。由于从事领域相同，华硕和当时由施崇棠领军的宏碁团队，曾有多次“狭路相逢”的例子。

对 IT 厂商而言，争取与 Intel 的合作，是兵家必争之地。有一年在美国拉斯维加斯参加国际计算机展，因为事先获知施崇棠将于第二天早上 8 点钟和 Intel 主管进行会议，取得优惠供货条件，于是童子贤携同其业务副总经理李聪荣半夜急电至 Intel 主管的下榻旅馆，双方敲定一大早 7 点钟早一步展开会议。为"防堵"施崇棠,随时随地紧盯其动向,成为华硕最重要的"任务"。要么就是抢先一步拜访客户争取商机,如果不幸落后,也得随后跟上"灭火消毒",以避免重要客户流失。时日一久,童子贤心想:"干脆把师傅找来一劳永逸。"

为了争取施崇棠,童子贤曾有多次半夜还"赖"在施家不肯离去的记录,或许是诚意感人,终于"磨"得师傅点头允诺。华硕创立 4 年后施崇棠辞去宏碁个人计算机事业处总经理职务,正式加入华硕。童子贤则自动"退位"为副董事长,由施崇棠同时担任华硕董事长与总经理要职。

除施崇棠外,华硕业务副总李聪荣,亦属童子贤与经营团队早期求才主要"战绩"之一。"经营事业犹如打仗,先攻下城池后,再回头整顿,而不是一开始便强调踢正步,浪费时间。"童子贤说。李聪荣为宏碁集团资深业务大将,原先和童子贤等人并不相识,只是互闻其名。当年求才若渴的童子贤,从业界人士口中获知李聪荣是一位"有能力的人",于是再一次充分发挥"三顾茅庐"精神。最后李聪荣终于离开已任职 10 年的宏碁,加入当时还未成气候的华硕计算机公司。

施崇棠掌舵华硕后,又多次运用个人的影响力,陆续从业界其他知名公司吸引到诸多关键人才加入。就这样,在施崇棠、童子贤等创业伙伴的连手并进下,一步一步地完成了华硕管理班子的搭建,组合成一支足以攻城掠寨的战斗团队。

(资料来源:http://www.xiatao.com/article.asp? id=1034)

在企业界,有很多像华硕这样的创业团队,他们依靠团队的力量,一步一步获取成功,建立了一个又一个的企业界丰碑。仔细研究这些成功团队,它们都具有一些相同的特征,例如奖罚分工明确,每个人都承担了组织的发展压力,每个人都能够尽到自己的责任,团队中人人之间能够无缝隙的协同工作等,一个群体需要不断地进化管理,才能够最终形成一个优秀的团队。

管理的内容主要包括以下几个方面。

1. 提高团队内个体之间的协作能力

关于如何与同事之间进行沟通,我们在前面已经论述过,团队成员之间的沟通,应该超越与普通同事之间的沟通,团队成员之间形成一个互相依赖的关系,他们之间互相信任、互相依靠、相互配合,共同完成工作,团队管理首先要提高成员这方面的能力。

2. 培养团队成员共同承担责任

团队如同一个球队一样,不可能在任何项目上都获取胜利,需要在不断的失败中成长,如果某一次团队的目标没有达成,那么团队的项目经理和团队成员要一起来分担失败的痛苦,而不是由某一个人来承担失败的责任,通过共同承担责任来增加团队的凝聚力,培养团队成员患难与共的精神。

3. 让团队了解在整个项目中的作用

避免团队成员的短视行为,培养团队成员的战略观、大局观。在战争中,我们经常看到这样的情形,某个战役整体的胜利,是建立在局部损失的基础上。在团队中,为了整体的目标而牺牲局部的利益的情况是会经常出现的,要维护团队的稳定,就必须使团队成员明白整体的利益的重要性。

4. 团队管理者要决策果断

团队需要一个决策者,这个人能够给团队带来清晰的目标和有条理的规章制度,我们都知道一头狮子带领一群绵羊,能够战胜一头绵羊带领的一群狮子的道理。

5. 团队中要有能够处理重点工作能力的人

一个项目中,有困难的地方,也有容易的地方。遇到项目中的重点难点,就必须要由团队中的"攻坚小组"解决问题,形成团队解决问题的意义就在于,每个人负责恰当的工作,这些工作的难易程度不同,一个团队中,不能所有的人都负责最困难的问题,总是要有人负责为"攻坚小组"小组提供服务。例如在外科手术团队中,动刀做手术的可能就是一两个人,他们是团队的"攻坚小组"成员,并且也是衡量团队能力的主要标准,其他人员是为他们提供服务的,"攻坚小组"成员和团队普通成员之间的默契配合,才能够使团队的能力发挥到最大。

10.3 IT 团 队

10.3.1 我们需要什么样的成员

美国科学家萨科曼、爱因克森和格兰特等人通过实验研究表明:效率高和效率低的成员之间工作结果的差异,经常会达到数量级。传统的工作中,熟练的技术人员和普通的技术人员工作成果可能存在数倍的差异,但是效率高的 IT 工作人员与效率低的 IT 工作人员相比,却能够产生数十倍的工作效率差异,不论在软件设计中,还是在其他的、智能化的设计中。因为 IT 工作中,不符合质量的设计不仅不能帮助项目,反而往往成为阻碍项目发展的绊脚石。

那么是否意味着,在一个需要 500 人协同完成的大项目中,只需要留下 50 个最能干和最有开发经验的项目经理,就可以开除剩下的 450 名程序员,由项目经理独立完成所有的任务,然后节省大量的人力资源成本呢?事实告诉我们这样做肯定是不行的!一方面,原有的开发队伍不是理想的小型强有力的团队,因为强有力的团队通常是不超过 10 个人,否则意见很难被统一,团队内耗过大,不符合强有力团队的定义。而一个 50 人的团队规模如此之大,以至于至少需要两层的管理,或者说大约 5 名管理人员。另外,它需要额外的财务、人员、空间、文秘和机器操作方面的支持。

另一方面,如果采用一拥而上的开发方法,那么原有 500 人的队伍仍然不足以开发真正的大型系统。例如,考虑像微软那样的 Office 项目。在顶峰时,有超过 1000 人在为它工作——程序员、文档编制人员、操作人员、职员、秘书、管理人员、支持小组等。很明显,自 1997 年 Office 不断推出新功能,这些庞大功能需要大量人手来支持,我们假设完成这些功能需要这些精英花费 10000 人·年的时间。

现在,这些精英必须面临一个非常尴尬的问题:那就是,对于真正意义上的大型系统,他们的工作速度显得太慢了。设想 Office 的设计工作是由一个小型、精干的团队来解决,譬如 20 人队伍。作为一个尺度,假设他们都非常厉害,比一般的编程人员在编程和文档方面的生产率高 7 倍。假定 Office 原有开发人员是一些平庸的编程人员(这与实际的情况相差很远)。同样,假设另一个生产率的改进因子提高了 7 倍,因为较小的队伍所需较少的沟通和交流。那么,10000/(20×7×7)= 10,他们需要 10 年来完成 10000 人·年的工作。一个产品在最初设计的 10 年后才出现,还有人会对它感兴趣吗?或者它是否会随着软件开发技术的快速进步而显得过时呢?

显然,所有的软件设计公司不得不面临进退两难的境地:对于效率和概念的完整性来说,最好由少数干练的人员来设计和开发,而对于大型系统,则需要大量的人手,以使产品能在时间上满足要求。所以,即使我们都知道小型强有力的团队是 IT 项目中最合适、最需要的,但是我们仍然不得不组织大型的开发团队,忍受大型团队所产生的高额管理成本,而只在核心子项目的开发上运用小型团队。

很明显,在现实中我们不能把普通人从群体中剔除出去,而只剩下精英构成团队来完成所有的工作,我们需要把大量普通的人培养成团队中的成员,给他们合适的工作,让他们逐渐成为团队中有用的一员。

10.3.2 建设团队

那么如何来组建一个合适大型团队呢?大型项目的每一个部分由一个小型的子团队组成,显然组成这些小型团队的人并不是无差别的,在开发设计的时候而并非一拥而上。也就是说,同每个成员截取问题某个部分的做法相反,由一个人来进行问题的分解,其他人给予他所需要的支持,以提高效率和生产力。

换句话说,如果上述概念能够实施,那么它可以满足大型项目开发的迫切需要,在 IT 项目中,时间是非常重要的元素。如果很少的人员被包含在设计和开发中,其他许多人来进行工作的支持,这样做是否可行呢?在软件设计团队中,我们应该包含哪些非设计人员在内呢?组成这样的一个大型团队,需要哪些后勤支持人员呢?以软件设计团队为例子,我们来看一下如何建设一个大型团队。

团队中需要一个首席程序员,也就是一个总工程师,他负责整个团队,对整个项目的开发负责。他需要亲自定义功能和性能技术说明书,设计程序,编制源代码,测试以及书写技术文档。他能够熟悉例如 J2EE 的面向对象编程语言,可以使用通用 UML 语言来描述软件蓝图,拥有对服务器系统的访问能力;该服务器系统不仅仅能进行测试,还存储程序的各种版本,以允许简单的文件更新,并对他的文档提供文本编辑能力。首席程序员需要极高的天分、十年以上的经验和应用数学、业务数据处理或其他方面的大量系统和应用知识。

其次,我们需要高级程序员或者是高级工程师完成任何一部分工作,但是相对具有较少的经验。这一部分人往往是各个开发小组的负责人,他的主要作用是作为设计的思考者、讨论者和评估人员。首席程序员会和他沟通设计,但不受到他建议的限制,高级程序员经常在与其他团队的功能和接口讨论中代表自己的小组。他需要详细了解所有的代码,研究设计策略的备选方案。显然,他充当首席程序员的保险机制。他甚至可能编制代码,但针对代码的任何部分,不承担具体的开发职责。

再次,管理人员是必不可少的。无论是首席程序员还是高级程序员,他们不能只生活在空气中,而是需要有人为他们服务。首席程序员必须在招募人员、薪资等方面具有决定权,但他决不能在这些事务上浪费任何时间。因此,首席程序员需要一些帮助他处理财务、人员、工作地点、设备等工作的专业管理人员,这些管理人员是团队小组成员之间,以及团队与外界之间的润滑剂。

复次,编辑人员是必不可少的。首席程序员需要负责产生大量的文档——出于最大清晰度的考虑,他必须书写文档。对内部描述和外部描述都是如此。而编辑根据首席程序员的草稿或者口述的手稿,进行分析和重新组织,提供各种参考信息和书目,对多个版本进行维护以及监督文档生成。编辑是根据首席程序员的思路，为整个项目团队提供清晰的、可靠的、完整的文档服务。

另外，秘书也是必不可少的。秘书有两种，一种是团队秘书；一种是首席程序员的私人秘书。团队秘书负责为整个团队提供衣食住行的服务，负责接待、会议服务等一般性的工作，为团队的正常运作提供后勤保障。私人秘书负责统筹安排首席程序员的议事议程，为首席程序员进行服务，以提高首席程序员的工作效率。

最后，一般的程序员。他们是来实现整个项目的具体工作人员，他们根据首席程序员或者是高级程序员所描述的任务模块进行功能开发。普通的程序员要具有一定相互之间配合的能力和与客户沟通的能力，从理解客户意图，到与同事协作完成具体功能等具体工作过程，是体现整个团队文化和团队能力的关键。

从上面过程中可以看出，职员之间的专业化分工，使程序员从杂事中解放出来，提高了工作效率，保证了团队效果。同时还可以对杂事进行系统整理，确保非程序化工作的质量，这些工作完成得好坏，是评价一个群体是否是一个团队的最佳标准。

除了上述人员外，一个大型的软件开发组织，还需要下列人员。

1. 工具维护人员

在项目中，电力设备、通信设备、办公设备等都需要有专门的人来维护。这些设备使用起来必须毫无疑问地令人满意，而且需要具备较高的可靠性，没有人能够坐在一个损坏的椅子上设计出优秀的程序，必须要保障团队中程序员不受到设备的干扰。因此，团队需要工具维护人员，保证所有基本服务的可靠性，以及承担团队成员所需要的特殊工具（特别计算机）的稳定、正常、安全地运行。因为计算机技术发展到今天，已经分为不同的领域，即使是一个高级程序员，他也不一定在网络安全领域非常擅长，不一定能够掌握当前最流行芯片的型号。因此，需要专业人员来保障大型团队的设备。

2. 软件测试人员

谁来保障设计出软件的可靠性？进行软件测试的人员，必须具有专业的测试知识、专门的测试工具（包括软硬件），同时还不能是参与开发的人员，因为参与开发的程序员很容易受到开发惯性思维的影响，从而难以检查出所开发的软件的错误。

3. 翻译和编辑

跨国的项目开发需要专门的翻译队伍来支持，虽然程序设计人员可能都具有一定的英语或外语基础，但是我们不能指望他们将整个系统翻译成另外一种语言。在系统测试过程中，我们需要大量的数据做支持，这些模拟的或真实的数据需要编辑人员从客户那里搜集，而不是浪费程序员的时间来做原始数据采集。

上面就大型项目团队的组成人员做了分析，对团队中不同角色做了分工，对于团队来说，就是要求通过彼此的互相协作，能够顺利地完成一个大型的任务。而大型任务的完成，需要团队成员各司其职、各负其责。

在团队中大家是平等的，出现观点的差异时，不可避免地需要讨论和进行相互的妥协和让步。由于工作和资源的分解，不同的意见会造成策略和接口上的不一致，例如谁的空间会被用作缓冲区，然而最终它们必须整合在一起。在团队中，虽然首席程序员是总负责人，但是也要有一定机制，保障普通的工作人员良好的建议能够得到实施，每个人都对项目的成败负责，因为项目中的每个人都是团队的一分子。

10.4 形成文化

10.4.1 企业文化的含义

人类社会经过历史积累,形成了大量精神和物质财富的积累,这种积累经过历史的沉淀,形成了不同社会时代,不同阶层人的文化。企业作为人类工作群体组织,在企业经营的过程中也形成了一些独具特色的文化。

20 世纪 80 年代初,美国哈佛大学教育研究院的教授泰伦斯·迪尔和麦肯锡咨询公司顾问艾伦·肯尼迪,在长期的企业管理研究中积累了丰富的资料。他们花费了 6 个月的时间,集中对 80 家企业进行详尽的调查,写成了《企业文化——企业生存的习俗和礼仪》一书。该书在 1981 年 7 月出版后,就成为最畅销的管理学著作。后又被评为 20 世纪 80 年代最有影响的 10 本管理学专著之一,成为论述企业文化的经典之作。它用丰富的例证指出:杰出而成功的企业都有强有力的企业文化,即为全体员工共同遵守,但往往是自然约定俗成的而非书面的行为规范;并有各种各样用来宣传、强化这些价值观念的仪式和习俗。

比如 IBM 公司,使用蓝色的标志来强调公司的文化,并对公司员工的着装、日常行为提出一些要求,通过这些要求树立一种可以信赖的大公司的形象。例如新大陆集团,要求员工对来访公司的客人非常礼貌,积极地回答他们的问题,遇到别人打错电话等行为要有礼貌地答复,通过这些要求,使集团员工逐渐养成以集团为家的文化。在著名的阿里巴巴公司,员工之间相互以“诨名”称呼,从而使客户在与公司人员沟通的过程中避免了“×主任”、“×总”等麻烦的称呼,直接方便了客户与公司人员的沟通,形成了其奇特的企业文化。

企业文化这一非技术、非经济的因素,在几个其他条件都相差无几的企业中,由于其文化的强弱,对企业发展所产生的后果就完全不同。在公司文化上追求统一,似乎与 IT 行业所鼓励员工个性的发挥相矛盾,其实不然,公司文化是对员工行为举止、衣着爱好、生活习惯的一种约束,而员工个性是在工作方法和工作结果上追求创新。

对于刚毕业参加工作的大学生而言,最难适应的就是企业文化,由于上学期间是一种自由的、懒散的、有依靠的校园文化,而参加工作后面对的是紧张的、独立的、竞争激烈的企业文化,在生活习惯和工作方式上要产生巨大的改变,如果不能适应这种改变,很难在社会中立足,这就是很多学习优秀的学生在工作中发挥并不出色的原因。

10.4.2 企业文化的内容

企业文化的内容比较广泛,主要可以概括为以下几个方面。

1. 经营哲学

企业的经营哲学也称企业哲学,通常指一个企业特有的从事生产经营和管理活动的方法论原则,它是指导企业行为的基础。一个企业在激烈的市场竞争环境中,面临着各种矛盾和多种选择,要求企业有一个科学的方法论来指导,有一套逻辑思维程序来决定自己的行为,这就是经营哲学。

2. 价值观念

所谓价值观念,是人们基于某种功利性或道义性的追求,而对人们(个人、组织)本身的存在、行为和行为结果进行评价的基本观点。可以说，人生就是为了价值的追求，价值观念决定着人生追求行为。价值观不是人们在一时一事上的体现，而是在长期实践活动中形成的关于价值的观念体系。

企业的价值观，是指企业职工对企业存在的意义、经营目的、经营宗旨的价值评价和为之追求的整体化、个异化的群体意识，是企业全体职工共同的价值准则。只有在共同的价值准则基础上才能产生企业正确的价值目标。有了正确的价值目标才会有奋力追求价值目标的行为，企业才有希望。因此，企业价值观决定着职工行为的取向，关系着企业的生死存亡。只顾企业自身经济效益的价值观，就会偏离社会主义方向，不仅会损害国家和人民的利益，还会影响企业形象；只顾眼前利益的价值观，就会急功近利，搞短期行为，使企业失去后劲，导致灭亡。

我国老一代的民族企业家卢作孚(民生轮船公司的创始人)提倡“个人为事业服务，事业为社会服务；个人的服务是超报酬的，事业的服务是超经济的。”从而树立起“服务社会，便利人群，开发产业，富强国家”的价值观念，这一为民为国的价值观念促进了民生公司的发展。北京西单商场的价值观念以求实为核心，即：“实实在在的商品、实实在在的价格、实实在在的服务。”在经营过程中，严把商品进货关，保证商品质量；控制进货成本，提高商品附加值；提倡“需要理解的总是顾客，需要改进的总是自己”的观念，提高服务档次，促进了企业的发展。

3. 企业精神

企业精神是指企业基于自身特定的性质、任务、宗旨、时代要求和发展方向，并经过精心培养而形成的企业成员群体的精神风貌。

企业精神要通过企业全体职工有意识的实践活动体现出来。因此，它又是企业职工观念意识和进取心理的外化。

企业精神是企业文化的核心，在整个企业文化中起着支配的地位。企业精神以价值观念为基础，以价值目标为动力，对企业经营哲学、管理制度、道德风尚、团体意识和企业形象起着决定性的作用。可以说，企业精神是企业的灵魂。

企业精神通常用一些既富于哲理，又简洁明快的语言予以表达，便于职工铭记在心，时刻用于激励自己；也便于对外宣传，容易在人们脑海里形成印象，从而在社会上形成个性鲜明的企业形象。如王府井百货大楼的“一团火”精神，就是用百货大楼人的光和热去照亮、温暖每一颗心，其实质就是奉献服务；西单商场的“求实、奋进”精神，体现了以求实为核心的价值观念和真诚守信、开拓奋进的经营作风。

4. 企业道德

企业道德是指调整本企业与其他企业之间、企业与顾客之间、企业内部职工之间关系的行为规范的总和。它是从伦理关系的角度，以善与恶、公与私、荣与辱、诚实与虚伪等道德范畴为标准来评价和规范企业。

企业道德与法律规范和制度规范不同，不具有那样的强制性和约束力，但具有积极的示范效应和强烈的感染力，当被人们认可和接受后具有自我约束的力量。因此，它具有更广泛的适应性，是约束企业和职工行为的重要手段。中国老字号同仁堂药店之所以三百多年长盛不衰，在于它把中华民族优秀的传统美德融于企业的生产经营过程之中，形成了具有行业特色的职业道德，即“济世养身、精益求精、童叟无欺、一视同仁”。

5. 团体意识

团体即组织,团体意识是指组织成员的集体观念。团体意识是企业内部凝聚力形成的重要心理因素。企业团体意识的形成使企业的每个职工把自己的工作和行为都看成是实现企业目标的一个组成部分,使他们对自己作为企业的成员而感到自豪,对企业的成就产生荣誉感,从而把企业看成是自己利益的共同体和归属。因此,他们就会为实现企业的目标而努力奋斗,自觉地克服与实现企业目标不一致的行为。

6. 企业形象

企业形象是企业通过外部特征和经营实力表现出来的,被消费者和公众所认同的企业总体印象。

由外部特征表现出来的企业的形象称表层形象,如招牌、门面、徽标、广告、商标、服饰、营业环境等,这些都给人以直观的感觉,容易形成印象;通过经营实力表现出来的形象称深层形象,它是企业内部要素的集中体现,如人员素质、生产经营能力、管理水平、资本实力、产品质量等。

表层形象是以深层形象为基础,没有深层形象这个基础,表层形象就是虚假的,也不能长久地保持。流通企业由于主要是经营商品和提供服务,与顾客接触较多,所以表层形象显得格外重要,但这绝不是说深层形象可以放在次要的位置。

北京西单商场以"诚实待人、诚心感人、诚信送人、诚恳让人"来树立全心全意为顾客服务的企业形象,而这种服务是建立在优美的购物环境、可靠的商品质量、实实在在的价格基础上的,即以强大的物质基础和经营实力作为优质服务的保证,达到表层形象和深层形象的结合,赢得了广大顾客的信任。

7. 企业制度

企业制度是在生产经营实践活动中所形成的,对人的行为带有强制性,并能保障一定权利的各种规定。从企业文化的层次结构看,企业制度属中间层次,它是精神文化的表现形式,是物质文化实现的保证。企业制度作为职工行为规范的模式,使个人的活动得以合理进行,内外人际关系得以协调,员工的共同利益受到保护,从而使企业有序地组织起来为实现企业目标而努力。

企业文化是看不见、摸不着的,但是它又是确确实实存在的,了解一个企业,先要了解它的文化机制,通过对企业文化的了解,来适应企业的生活。

10.5 总结讨论

10.5.1 本章小结

(1) 团队的魅力在于更少的人在一起完成更大的目标,团队的规模一般不宜过大,一个几百人以上的公司分为若干个为某项任务临时组成的团队。因此,团队有一个形成、发展和解散的过程,当某项任务完成时,这个团队可以解散,但是大家仍然是同一个组织的成员。团队与群体的区别是大家相互分工、共同协作、共担责任、各施所长,能够围绕明确的目标,通过无缝的沟通与交流,迅速地完成工作。

(2) 一个高效的团队,必须每个人都能够负责不同的任务,成员之间的技能往往是互补的，彼此之间必须高度信任，大家互相依赖，利益分配制度合理有效。

(3) 团队的发展形成可以分为组成阶段、磨合阶段、规范阶段和履行职责阶段，在这些不同的阶段，会引发一些冲突，团队冲突的处理不能以权势来压制，而是要通过沟通来协调。当然如果确实有害群之马，也必须及时清除出团队，以保障团队的良好运行。

(4) IT 产业中很多工作是以项目为单位进行，围绕项目组成的团队能够为项目的实施开展提供人力资源保障，在 IT 行业中，能够形成团队就显得非常重要。尤其是很多技术人员在交流和沟通上缺乏积极主动性，这就必须有优秀的团队管理人员，能够及时地发现团队的问题，并且将问题处理好，维持团队的运转。

(5) 企业管理的最终目的，是打造企业员工对企业的归属感，将员工凝聚到一起，以完成各项工作。

(6) 无论是什么样的企业都有企业文化，有好的企业文化，也有差的企业文化。每一个企业都竭力打造积极向上、团结一致的企业文化，然而总有一些企业最终形成散漫无效的企业文化。企业管理者需要以身作则，引导员工树立正确的企业文化观念。

10.5.2　小组讨论：阿里巴巴的团队

1. 马云与阿里巴巴

1988 年，师范毕业的马云在杭州电子工学院做了 7 年讲师，之后开始走上创业之路，1999 年在杭州设立研究开发中心，以中国香港为总部，与 18 个人一起投资 50 万元创办阿里巴巴网站。通过不断地创新与发展，阿里巴巴网站已经成为全球企业间(B2B)电子商务的著名品牌，是目前全球最大的网上贸易市场之一。

2003 年 5 月 10 日，阿里巴巴投资 1 亿元人民币推出个人网上交易平台淘宝网，致力打造全球最大的个人交易网站；2004 年 7 月，又追加投资 3.5 亿元人民币。淘宝网是阿里巴巴首次对非 B2B 业务进行的战略投资，依托于企业网上交易市场服务 8 年的经验、能力及对中国个人网上交易市场的准确定位，淘宝网迅速成长。截至 2005 年 12 月 30 日，淘宝网在线商品数量超过 1300 万件、网页日浏览量突破 9000 万、注册会员数突破 1300 万，全年成交额超过 80.2 亿元人民币，遥遥领跑中国个人电子商务市场。中国社科院《2005 年电子商务调研报告》显示，淘宝网占据国内 C2C 市场 72%的市场份额。在全球权威 Alexa 2004 年排名中，淘宝网在全球网站综合排名中位居前 20 名，中国电子商务网站排名第 1 名。马云实现了从 18 罗汉到 7000 多员工、从 50 万元初始资金到 600 多亿元市值的转变，并且随着天猫的成功，阿里巴巴取得了巨大的飞跃式的成功。

到目前为止，阿里巴巴两次被哈佛大学商学院选为 MBA 案例，在美国学术界掀起研究热潮，四次被美国权威财经杂志《福布斯》选为全球最佳 B2B 站点之一，多次被相关机构评为全球最受欢迎的 B2B 网站、中国商务类优秀网站、中国百家优秀网站、中国最佳贸易网，被国内外媒体、硅谷和国外风险投资家誉为与 Yahoo、Amazon、eBay、AOL 比肩的五大互联网商务流派代表之一。

作为阿里巴巴创始人、首席执行官的马云，被著名的"世界经济论坛"选为"未来领袖"、被美国亚洲商业协会选为"商业领袖"，是 50 年来第一位成为《福布斯》封面人物的中国企业家，并曾多次应邀为全球著名高等学府麻省理工学院、沃顿商学院、哈佛大学讲学。

2. 赢在团队

是什么促使一个创业不到十年的企业,从18个人50万元的原始资本发展到几千名员工、几百亿元的资产?"天下没有人能挖走我的团队。"这是总裁马云曾经说过的一句话,依靠这种团队精神,使得阿里巴巴在竞争激烈的信息化时代脱颖而出,成为时代的骄傲。团队之间的聚合力使阿里巴巴的每个人在资金耗竭、互联网泡沫、淘宝创业、重组雅虎等困难时期,依旧能协同作战,各取所长,各尽其职。

"团队的力量"胜过一切。

如果说经营设施、生产能力,甚至包括资本这些"资本"比较容易被复制和替代,那么"团队的力量"所表现出的某些"文化"特征则很难被复制。团队的力量不仅使企业获取了无法复制的竞争优势,在这种力量的作用下,企业中实施项目的成功率也非常高。公司在发展的过程中,需要整体搬迁机房,阿里巴巴的每个人都像自己家庭搬迁一样,尽心尽力,最终在整个搬迁过程中没有出现任何问题,被称为IT界的奇迹。

在淘宝网,所有的员工都拥有属于自己独一无二、耳熟能详的武侠"花名",并一起用青春捍卫自己的名号。段誉、语嫣、萧峰、胡斐、小龙女等来自金庸小说的"武侠人士"出没周边,在淘宝网,往往大家只知对方的花名,而忽略其真名。"与我们有文化共鸣的客户也非常容易记住淘宝网服务人员的花名,减少沟通成本,增加沟通乐趣。"员工讨论江湖大事,不是聚首"光明顶",就是笑傲"侠客岛",因为这里所有的会议室也都是以金庸武侠小说里的地名来命名的。通过这种大家直呼其名的沟通方式,推动了企业员工之间的交流,使员工之间的沟通避免因为职位、资历等原因而产生的顾忌。

但具体做起事情来,却并不像小说的情节那么虚无缥缈。员工被分成三种:有业绩但价值观不符合的,是"野狗";事事老好人但没有业绩的,是"小白兔";有业绩也有团队精神的,是"猎犬"。对于"野狗",公司在教化无力的情况下,一般都会坚决清除。危害团队的人是要不得的,所有人必须要有一个团队的意识。

3. "职场乌托邦"

"这恐怕是中国笑脸最多的一个公司,而且执行力超强,但我也不知道为什么。"这是卫哲的答案,当时他刚从百安居中国区总裁变身为阿里巴巴集团副总裁不久。首次踏入阿里巴巴的卫哲,这个传统零售业的"销售狂人"就已经看到,一群互联网销售人员在冰冷的电话前长时间站立,手舞足蹈。

"难道你不觉得,这是理所当然的吗?"一位淘宝新雇员已经没有疑问,当两个月前他刚加入公司,他还不能理解公司无处不在的激情。另一位因挫折极度消沉的女士来到阿里巴巴,三个月后姿态已焕然一新。尽管她3000元左右的薪水在大部分白领看来毫无兴奋点,但她口气铿锵——"请不要再和我提自杀那些愚蠢的话题,我正在给中国的电子商务做贡献。"

魔力还蔓延到与阿里巴巴雇员朝夕相处的亲人。马云习惯不定时邀请他们到公司"视察"并非秘密,但是大部分人不知道他们走出大门后,会对"枕边人"感慨——"加油干吧,以后就靠你了。"曾有一位以抱怨"丈夫工作过于拼命"著称的妻子,最后在阿里巴巴员工大会时跌跌撞撞冲上了主席台:"我想感谢你们,我很荣幸将丈夫交给了阿里。"

这里的一位"销售冠军"还在一个寒冷的冬日跳下了西湖。事情源起一次"豪赌"——如果他能在2004年实现一年1000万元的销售额(相当于其2003年的3倍),马云将应允他去世界上他喜欢的一个城市喝咖啡,但如果失败,代价是在最冷的节气"跳西湖"。结果,该销售冠军达到了似乎异想天开的销售额，但离马云"老客户续签持率必须在80%以上"的附加条件差了一个百分点。

还有更多疯狂的场景，在很多公司可能都让人觉得不可思议，很多人认为阿里巴巴的团队类似"职场乌托邦"。这个4800多员工的团队有着和军事企业一样高度统一的价值观，马云推崇的"六脉神剑"——"客户第一"、"团队合作"、"拥抱变化"、"诚信"、"激情"和"敬业"，把这个大家庭一样的团队紧紧地结合在一起。

在新近结束的集团战略会议上，阿里巴巴要将此魔力作为"制度化"建设提出，使其成为一个诉诸文字的"基本法"。分析人士认为，在一个知识时代，团队价值即最大价值。尽管阿里巴巴分散的股权结构让人担心，但"如果马云控制了团队和士气，并有效地使团队共进退，那么这是一个不可能被并购的企业，因为投资人的并购目的是实现投资增值"。这种不可复制的团队文化为阿里巴巴赢得了竞争优势，让阿里巴巴成为IT行业的一个神话。

（资料来源：http://info.china.alibaba.com/news/detail/v1-d5039176.html）

讨论：怎么样才能形成像阿里巴巴这样的团队？

10.6 实践训练

10.6.1 课外作业与练习

（1）群体和团队的区别是什么？群体如何向一个团队转变？

（2）形成团队以后，还需要进行管理吗？

（3）举例说明你所遇到的团队有哪些特征。

（4）什么是企业文化？它对企业有什么样的影响？

（5）如何提高一个团队的执行力？

（6）IT工作者是怎样依靠团队完成工作的？

（7）团队能力训练游戏。

团队能力不是从出生就有的，从上面的讨论中我们也理解了团队和群体的区别，那么如何才能将一个群体打造成为一个团队呢？下面的游戏也许能够帮助我们：

① 多米诺骨牌码放

多米诺这项活动对大家都适宜，强度可大可小，又在室内完成，无任何风险，但压力并不小，要求全体员工心理素质绝对要保持一致。具体讲，目标一致，分工协作，互相帮助，每个部门均有码放任务，自己区域在限定时间内码放成功，同时还要与相邻区域码牌选手协调好，不仅不能碰倒别人的骨牌，最终还要把大家的骨牌连到一起，形成一个整体画面。

码牌时倒牌的事件时有发生，让人哭笑不得，倒了重来是唯一出路。有的部门完成得好，还有体力，就互相帮助码放，而弱队的同事对于队友的善意帮助非常感激。很明显，他们懂得绝对不能因为自己这一点影响全局，而本部门的情况又确实需要"人才输入"，这么一来二去，各部门之间人员的感情迅速升温，以前在工作上的恩恩怨怨全都抛到脑后，化作感激，特别是当大家全部完成任务，一幅图文并茂的字画码放起来，而主题又是把国家喜事与企业理念码放在一起。一种强大的集体荣誉感自豪感油然而生。多米诺集体活动把全体员工的心连到了一起，企业的向心力、凝聚力形成了。

② 培养团队合作精神的游戏

目的：提高同学们的团队精神。

道具：6个小皮球。

适合人数：10人以上。

操作规则：

a. 所有人围成一个大圈，间隔稍大一些。

b. 教练告知游戏规则：首先进行一个皮球的传递，皮球传递是通过抛球来进行，不可以太近，最好是传给对面的人。要求是皮球只能传给没有接过球的人。也就是说，一个人不能同时接两次皮球。球落地或者有人接到两次，则游戏失败，重新开始。

c. 等到大家熟悉规则之后，加大游戏难度，告诉大家抛球只能抛给上一回合抛过的人，同时用2个球、3个球。比如用3个球连续地在圆圈中传递。记下时间。

d. 继续加大难度，可以再加一个球，一共4个球，同时，在这4个球中，可以将一个球按照与其他3个球相反的顺序逆抛。记下时间。

e. 可以增加到6个球。

③ 防护圈

游戏内容：若干学生围成一个圈，一名学生站圈中，在教师鸣哨后闭上眼睛原地转圈然后向后倒，该学生背后的同学负责保护。

游戏目的：使队员挑战自我，培养小组成员之间的相互信任，提高团队意识。

游戏提示：围成的圈不要太大，外围的学生尽量站得紧凑些，注意保护。教师在游戏过程中，多鼓励，发现不敢做的同学多做引导，争取每个同学都能完成一次。

④ 抢救伤员

游戏内容：将学生分成若干组，每组12人左右，其中6～8名学生作为救护队员，其余学生作为伤员，在教师语言提示(某地发生了灾难……)下开始游戏，要求救护队员用手组成担架，在尽量短的时间内将伤者运送到安全地点，在运送过程中所有救护队员应共同协作，运送并保护伤员，伤员运完后游戏结束，计算花去的时间，然后进行身份轮换并继续游戏。

游戏目的：提高学生的责任感，培养团结协作的精神，提高身体素质。

游戏提示：教师用情境导入游戏，强调救护队员的职责和时间的宝贵，并提醒保护伤者不能在运送过程中落地。启发学生讨论如何组成的担架最可行。

10.6.2 热点话题：虚拟团队

1. 概念

虚拟团队，又被称为虚拟企业、虚拟公司、虚拟组织等，是区别于传统组织的以信息技术为支撑的人机一体化组织。其特征是以现代通信技术、信息存储技术、机器智能产品为依托，实现传统组织结构、职能及目标。在形式上，没有固定的地理空间，也没有时间限制。组织成员通过高度自律和高度的价值取向实现团队共同目标。

著名的通信设备供应商思科(Cisco)是成功运营虚拟组织模式的典范。思科有40个一级组装商，1000多个零配件供应商，但是其中真正属于自己的工厂只有两个。思科的供应商和合作伙伴通过网络与思科建立联系，思科的网络会自动把客户下的订单传送到相应的组装商手中。在订单下达的当天，设备差不多就组装完毕，贴上思科的标签，直接由组装商或供应商发货，思科的人连箱子都不会碰一下。70%的思科产品就是这样生产出来的，基于这种生产方式，它的库存减少了 45%，产品的上市时间提前了 25%，总体利润率比其竞争对手高了 15%。

在虚拟组织平台上，企业间的创新协作可以实现优势互补、风险共担。在网络环境下，企业用虚拟组织的形式组织生产与研发工作，这样可以适应全球化竞争的态势，更好地满足消费者的多变需求，使企业快速发展。

随着经济全球化的发展，很多行业已经形成了全球范围的产业生态系统。一个单独的企业很难、也不应该把所有的活动都纳入企业内部；另外，企业又希望在迅速变化的竞争环境中强化对企业外部活动的控制，因此与相关企业建立战略联盟就成为一种很好的解决方案。每个企业都专注于自己最擅长的那部分活动，并与产业链中其他环节的企业建立长期的合作关系，通过信息和网络技术把企业紧密联系起来，这样就形成了一个虚拟的组织。组织中企业通过在产品研发、生产销售和物流仓储方面密切合作，共同开发吸引市场注意力的产品，缩短产品生产周期，降低各个环节的库存，提高客户满意度。

2. 特点

(1) 合作型竞争

虚拟企业建立在共同目标上的合作型竞争，在数字化信息时代，合作比竞争更加重要。虚拟企业一般由一个核心企业和几个成员企业组成，在推出新产品时能以信息网络为依托，选用不同企业的资源，把具有不同优势的企业组合成单一的靠信息技术联系起来的动态联盟，共同对付市场挑战，联合参与国际竞争。虚拟企业以网络技术为依托，跨越空间的界限，在全球范围内的许多备选组织中精选出合作伙伴，可以保证合作各方实现资源共享、优势互补和有效合作。虚拟企业是建立在共同目标上的联盟，它随着市场和产品的变化而进行调整，一般情况下在项目完成后联盟便可以解散。

(2) 动态性

虚拟企业能动态地集合和利用资源，从而保持技术领先。快速有效地利用信息技术和网络技术，各成员企业以及各个环节的员工都能参与技术创新的研究和实施工作，从而维持技术领先地位。虚拟企业不仅向顾客提供产品和服务，更重视向顾客提供产品和服务背后的实际问题的"解决方案"。传统组织常常为大量顾客提供同一产品，而忽视了同一产品对不同顾客在价值上的差异，虚拟企业则能从顾客的这种差异入手，综合所有参与者给顾客提供一个完整的解决方案。因此虚拟企业能够按照产品新观念和灵敏性的要求，有针对性地选择和利用经济上可承受、已有或已开发的技术与方法，同时十分重视高技术的研究与开发，保证了技术的领先性。

(3) 组织扁平化

扁平化的网络组织能对市场环境变化做出快速反应。信息技术的高度发展将极大地改变企业内部信息的沟通方式和中间管理层的作用，虚拟企业通过社会化协作和契约关系，使得企业的管理组织扁平化、信息化，削减了中间层次，使决策层贴近执行层。企业组织结构是"橄榄型"或"哑铃型"，组织的构成单位就从职能部门转化成以任务为导向、充分发挥个人能动性和多方面才能的过程小组，使企业的所有目标都直接或间接地通过团队来完成。组织的边界不断被扩大，在建立起组织要素与外部环境要素互动关系的基础上，向顾客提供优质的产品或服务。企业能随时把握企业战略调整和产品方向转移、组织内部和外部团队的重新构成，以战略为中心建立网络组织，通盘考虑顾客满意和自身竞争力的需要，不断进行动态演化，以对环境变化做出快速响应。

(4) 学习型组织

虚拟企业竞争的核心是学习型组织。学习型组织提倡"无为而治"的有机管理，突破了传统的层次组织。虚拟企业在其经营过程中往往处在十分复杂的动态变化中，企业经营者必须不断地根据环境的变化而做适应性的调整。所以虚拟企业的经营过程是企业管理者和员工互动式教育过程，因此人力资源不仅要从学校里产生，而且要从企业中产生。企业要建立一种适应动态变化的学习能力。虚拟企业的学习过程不仅仅局限在避免组织犯错误或者是避免组织脱离既定的目标和规范，而是鼓励打破常规的探索性试验，是一种允许出现错误的复杂的组织学习过程。它在很大程度上依赖反馈机制，是一个循环的学习过程。

第 11 章　不断创新

导读资料：Yahoo、Google 与 Facebook

Yahoo(雅虎)由杨致远和大卫·费罗在 1994 年创立，1995 年 4 月 12 日在华尔街上市，其网络每月为全球超过 18 000 万用户提供多元化的网上服务。雅虎是全球第一家提供因特网导航服务的网站，不论在浏览量、网上广告、家庭或商业用户接触面上都居于领导地位，也是最为人熟悉及最有价值的因特网品牌之一，在全球消费者品牌排名中位居第 38 位。雅虎还在网站上提供各种商务及企业服务，以帮助客户提高生产力及网络使用率，其中包括广受欢迎的为企业提供定制化网站解决方案的雅虎企业内部网，影音播放、商店网站存储和管理，以及其他网站工具及服务等。

Google(谷歌)于 1998 年 9 月 7 日以私有股份公司的形式创立，设计并管理着一个互联网搜索引擎。目前被公认为是全球规模最大的搜索引擎，它提供了简单易用的免费服务。除了搜索引擎，谷歌还推出了大量的创新产品，这些产品不仅仅是产品上的创新，还包括服务、思想和意识上的创新。谷歌除了是全球最大的搜索引擎，还是互联网上 5 大最受欢迎的网站之一，在全球范围内拥有无数的用户。谷歌允许以多种语言进行搜索，在操作界面中提供多达 30 余种语言选择。除此之外，谷歌还多次入围《财富》历年 100 家最佳雇主榜单，多次荣获"最佳雇主"。2012 年 10 月 2 日，谷歌市值约 2499 亿美元，超越微软，成为按市值计算的全球第二大科技公司。

Facebook 是扎克伯格在上学期间创立的一个社交网络服务网站，于 2004 年 2 月 4 日上线。目前已经成为美国排名第一的照片分享站点，每天上传 850 万张照片。随着用户数量的增加，Facebook 的目标已经指向另外一个领域：互联网搜索。2012 年 2 月 1 日，Facebook 正式向美国证券交易委员会(SEC)提出首次公开发行(IPO)申请，目标融资规模达 50 亿美元，并任命摩根士丹利、高盛和摩根大通为主要承销商，这是硅谷有史以来规模最大的 IPO。2012 年 5 月 18 日，Facebook 正式在美国纳斯达克证券交易所上市，2012 年 6 月，Facebook 称将涉足在线支付领域。2010 年 4 月，据专业统计机构数据显示，谷歌是美国最大的网站，覆盖了 81%的美国人口，Facebook 覆盖了 53%的美国人口，落后于谷歌、雅虎和微软。到 2012 年，Facebook 超过了雅虎和微软，成为仅次于谷歌的美国第二大网站。2009 年、2010 年和 2011 年营收分别为 7.8 亿美元、19.7 亿美元以及 37.1 亿美元，净利润分别为 2.3 亿美元、6 亿美元以及 10 亿美元。

学习目标

- 创新的定义；创新的类型。
- 理解知识与创新。

- 模仿与创新的关系。
- 模仿创新的内涵与概念。
- 抄袭、山寨与创新,山寨的危害。
- 创新来自于知识的日积月累。
- 灵感与创新。
- 在工作中学习和累积知识;有目的的交流。

11.1 创新基础

11.1.1 什么是创新

参考资料:石头汤

《伊索寓言》里的一个小故事给我们一个形象的解释:

一个暴风雨的日子,有一个穷人到富人家讨饭。

“滚开!”仆人说,“不要来打搅我们。”

穷人说:“只要让我进去,在你们的火炉上烤干衣服就行了。”仆人以为这不需要花费什么,就让他进去了。

这个可怜人这时请厨娘给他一个小锅,以便他“煮点石头汤喝”。

“石头汤?”厨娘说,“我想看看你怎样能用石头做成汤。”于是她就答应了。穷人于是到路上捡了块石头洗净后放在锅里煮。

“可是,你总得放点盐吧。”厨娘说,她给他一些盐,后来又给了豌豆、薄荷、香菜。最后,又把能够收拾到的碎肉末都放在汤里。

当然,您也许能猜到,这个可怜人后来把石头捞出来扔回路上,美美地喝了一锅肉汤。如果这穷人对仆人说:“行行好吧!请给我一锅肉汤。”会得到什么结果呢?结果是十分明显的,这就是创新思维的力量!因此,伊索在故事结尾处总结道:“坚持下去,方法正确,你就能成功。”

(资料来源:http://www.blogchinese.com/m/vbitqqdgx/archives/2008/2008108102032.html)

讨饭估计人人都会,但是例子中穷人这样的讨饭方法可能不多,他对讨饭方式的改革创新,既能填饱肚子,又维护了自己的面子。由此可见,创新是非常重要的,甚至能够成为一个民族进步的灵魂,成为一个国家兴旺发达的不竭动力,成为企业的发展之源,成为个人的进步阶梯。

对于企业来说,创新是企业的生命,只有不断创新,才能在激烈的市场竞争中立于不败之地,尤其是IT类企业,一旦停止创新,就会被行业淘汰,所谓的“人无我有,人有我优,人优我新”也正是这个道理。导读资料中提到的三个公司,都是从很小的公司中诞生的,有两个甚至是有在校生创建的(Yahoo 和 Facebook),这三个公司目前都是业界赫赫有名的大公司,实际上公司并没有什么资源,产品就是一种服务,一种创新意识。

对个人来说,创新的意义也非常重要,从升学、就业、购房、结婚、生儿育女到成就事业,整个过程是一个从无到有、从简单到复杂的积累过程，是一个知识、财富的聚变过程，也是一个创新、创造的过程。本节开头中的例子中，这个讨饭的人非常创新地利用了人们的爱心，得到自己需要的美食。

那么到底什么是创新呢？

创新在当今世界是一个出现频率非常高的词，企业家、政府官员、大学教授、学生，几乎都念念有词地创新。在英文中，创新(innovation)起源于拉丁语，它原意有三层含义：第一，更新；第二，创造新的东西；第三，改变。

“创新”和“innovation”的原词含义都是对旧事物的破除和创造新的事物。随着创新理论的发展，“创新”向更为广泛的范围应用扩展，不仅包括科学研究和技术创新，也包括体制与机制、经营管理和文化的创新，同时覆盖自然科学、工程技术、人文艺术、哲学、社会科学以及经济和社会活动中的创新活动。在这些领域，“创新”一词所表达的内涵应该是其原词本义。一个产品创新，就是生产一种新的产品，要采取一种新的生产方法；工艺创新，是对产品制造流程的改进；要开辟市场，采取与众不同的方法，就是市场开拓创新；要采用新的生产要素，就是要素创新。

对创新我们有多方面的理解，说别人没说过的话叫创新，做别人没做过的事叫创新，想别人没想的东西也叫创新。我们有的东西之所以叫它创新，就是因为它改善了我们的工作质量，改善了我们的生活质量，有的是因为它提高了我们的工作效率，有的是因为它巩固了我们的竞争地位，有的是对我们经济，对社会、对技术产生了根本影响。所以我们叫它创新，但是创新不一定非得是全新的东西，把旧的东西以新的形式包装一下，可以叫作创新。把旧东西翻新叫创新，把总量不变改变结构叫创新，结构不变改变总量叫创新。创新到处有，创新就在我们身边。只要你肯发现，创新无处不在！

11.1.2　创新的种类

提起创新，人们往往想到的是技术创新和产品创新。其实远不止这些。创新主要有七种类型。

1. 思维创新

思维创新是一切创新的前提。既然这个时代呼唤创新，那么“万丈高楼平地起”，思维创新可谓是最基础的、也是最难的创新，有句广告语说得好：“思想有多远，我们就能走多远”，“没有做不到，只有想不到”，说明思维创新的重要性，以及一切创新的纲要地位。

我们举一个案例，两个推销人员到一个岛屿上去推销鞋。一个推销员到了岛屿上之后，气得不得了，因为发现这个岛屿上每个人都是赤着脚的。他气馁了，没有穿鞋的，推销鞋怎么行，这个岛屿上是没有穿鞋的习惯的。马上发电报回去，鞋不要运来了，在这个岛上是没有销路的，每个人都不穿鞋，这是第一个推销员。第二个推销员来了，高兴得几乎昏过去了，不得了，这个岛屿上鞋的销售市场太大了，每一个人都不穿鞋啊，要是一个人穿一双鞋，那要销出多少双鞋出去，马上打电报，赶快空运鞋。

同样一个问题，不同的思维得出的结论是不同的。任何人都不要封闭自己的思想。头脑风暴会就某一问题提出解决办法(主意)，定的目标是 1 小时内想出 100 个。原来以为至多能想出 50 个，结果却是 103 个。思维成定式，就会严重阻碍创新。有些企业提出，不换脑筋就换人，也是这个道理。有些公司不断招募新的人才，重要原因之一就是期望其带来新观念、新思维,不断创新。

2. 产品(服务)创新

产品创新是指将新产品、新工艺、新的服务成功引入市场,以实现商业价值。如果企业推出的新产品不能为企业带来利润,带来商业价值,那就算不上真正的创新。产品创新通常包括技术上的创新,但是产品创新不限于技术创新,因为新材料、新工艺、现有技术的组合和新应用都可以实现产品创新。

在国内摩托车制造行业,宗申和隆鑫等摩托车生产企业,基于日本摩托车的整体产品设计架构上,进行了模块化结构设计的产品创新。这种模块化结构的产品设计,使得建立专业化的零部件供应商网络成为现实,非常利于零部件成本的降低和质量改进。借助于这种创新,中国的摩托车出口迅速增加,目前份额约占全球生产量的 50%。对此,麦肯锡有专文介绍,并指出这种模块化产品设计非常值得西方公司学习研究。

3. 技术创新

技术创新主要是指生产工艺、方式、方法等方面的创新。技术创新就是在原有基础上进行革新,而发明就是创造出新事物。比如莱特兄弟发明了飞机,而后人制造的波音 747 等先进飞机,就是对莱特兄弟发明的飞机进行了技术创新。

从计算机的角度来讲,技术创新是指根据现有科学成果,对计算机软件和硬件在技术层面上有突破性进展。如开发一种新软件,推出一款功能更为强大的软件版本,制造出速度更快容量更大的 CPU、显卡、硬盘等。通过加工工艺的改进,降低硬件制造成本,也是技术创新。

4. 组织和机制创新

组织和机制创新主要是指企业环境或个人环境方面的创新,其中包括内部环境和外部环境两个方面,是组织所处氛围。组织与制度创新主要有三种。

(1) 以组织结构为重点的变革和创新,如重新划分或合并部门,流程改造,改变岗位及岗位职责,调整管理幅度。

(2) 以人为重点的变革和创新。即改变员工的观念和态度,知识的变革、态度的变革、个人行为乃至整个群体行为的变革。通用电气总裁韦尔奇执政后采取一系列措施来改革这部老机器。有一个部门主管工作很得力,所在部门连续几年赢利,但韦尔奇认为可以干得更好。这位主管不理解,韦尔奇建议其休假一个月:放下一切,等你再回来时,变得就像刚接下这个职位一样而不是已经做了 4 年。休假之后,这位主管果然调整了心态,像换了个人似的。

(3) 以任务和技术为重点,将任务重新组合分配,更新设备、技术创新,达到组织创新的目的。

5. 管理创新

管理创新是指管理对象、管理机构、管理信息系统、管理方法等方面的创新。管理模式创新是基于新的管理思想、管理原则和管理方法,改变企业的管理流程、业务运作流程和组织形式。企业的管理流程主要包括战略规划、资本预算、项目管理、绩效评估、内部沟通、知识管理。企业的业务运作流程有产品开发、生产、后勤、采购和客户服务等。通过管理模式创新,企业可以解决主要的管理问题,降低成本和费用,提高效率,增加客户满意度和忠诚度。

挖掘管理模式创新的机会可通过：和本行业以外的企业进行标杆对比；挑战行业或本企业内普遍接受的成规定式，重新思考目前的工作方式，寻找新的方式方法，突破“不可能”、“行不通”的思维约束；关注日常运作中出现的问题事件，思考如何把这些问题变成管理模式创新的机会；反思现有工作的相关尺度，如该做什么、什么时间完成和在哪里完成等。持续的管理模式创新可以使企业自身成为有生命、能适应环境变化的学习型组织。

6. 营销创新

所谓营销创新就是根据营销环境的变化情况，并结合企业自身资源条件和经营实力，寻求营销要素在某一方面或某一系列的突破或变革的过程。在这个过程中，并非要求一定要有创造发明，只要能够适应环境，赢得消费者的心理且不触犯法律、法规和通行惯例，同时能被企业所接受，那么这种营销创新即是成功的。还需要说明的是，能否最终实现营销目标，不是衡量营销创新成功与否的唯一标准。电子商务模式的开启，是营销创新的一个典型案例。

7. 商业模式创新

商业模式创新是指企业及其成员的言和行方面的创新，是一个较广的论题。所谓商业模式是指对企业如何运作的描述。好的商业模式应该能够回答管理大师彼得·德鲁克的几个经典问题：谁是我们的客户？客户认为什么对他们最有价值？我们在这个生意中如何赚钱？我们如何才能以合适的成本为客户提供价值？商业模式的创新就是要成功对现有商业模式的要素加以改变，最终公司在为顾客提供价值方面有更好的业绩表现。

以苹果公司 iPod 产品为例，苹果公司虽是计算机界的先驱却应该来说是 MP3 播放器市场的后辈，然而苹果除了提供了不俗的 MP3 播放器产品以外，还成功地构建了企业的经济生态系统。在推出硬件的同时，苹果公司还联合唱片公司等内容提供商，配合易用的 iTunes 软件推出了便宜、便捷的音乐下载服务。用户可以选择下载音乐专辑中的单曲，而无须为整张专辑付费。苹果公司没有重新发明 MP3，依靠商业模式的创新，苹果在美国市场取得了巨大的商业成功。总之，创新是一个内涵深刻、外延广阔的名词，是各行各业各个领域、是个人或组织都值得研究的课题，是成长意识的本能体现。

11.1.3　知识与创新

知识到底是什么，目前仍然有争议。现在我国对知识的定义一般是从哲学角度做出的，如在《中国大百科全书·教育》中“知识”条目是这样表述的：“所谓知识，就它反映的内容而言，是客观事物的属性与联系的反映，是客观世界在人脑中的主观映像。就它的反映活动形式而言，有时表现为主体对事物的感性知觉或表象，属于感性知识，有时表现为关于事物的概念或规律，属于理性知识。”

从这一定义中我们可以看出，知识是主客体相互统一的产物。它来源于外部世界，所以知识是客观的；但是知识本身并不是客观现实，而是事物的特征与联系在人脑中的反映，是客观事物的一种主观表征，知识是在主客体相互作用的基础上，通过人脑的反映活动而产生的。

人类社会发展到今天，已经历了石器、铜器、铁器和机器四个时代。其中仅有 400 多年历史的机器时代又可分为动力机、自动机和智能机三个阶段，并对应着三次大的科技革命和产业革命。

这三次革命都表现为知识的创新、智力的飞跃,都是知识和智力推进了生产工具的更新与生产方式的变革。而在今天以计算机为标志的智能机阶段,知识和智力的作用已成为根本性的推动力量,科学技术已成为第一生产力。世界正出现这样的发展格局,那就是政治军事实力的较量取决于经济的发展,而经济的发展又取决于知识的进步和科技的突破。知识经济成长为 21 世纪的主导经济,已成为必然趋势。

知识经济的创新速度与突破方向将决定经济竞争的成败,从而改变过去那种以自然资源和金钱资本的总量决定经济发展格局的旧模式。现在,知识不仅是力量,而且是可以创造和改变历史的力量。谁掌握了知识创新的主动权,谁占领了科技突破的制高点,谁就能在未来世纪的文明进程中掌握优先权、主动权和决定权。

知识经济是以智力资源为基础、以知识的创新和利用为核心、以信息的传播和加工为特征的经济。在知识经济条件下,知识的积累、创新、利用、传播出现了许多新的特点:

(1) 知识积累的进度加快。据联合国教科文组织统计,当代基础学科已有 500 个以上重要专业,科学技术有 400 多种专业领域。当今世界上拥有不同书籍 3000 多万种,每年新出版书籍 20 万种,出版重要期刊 2 万多种,发表科学论文 500 余万篇,登记创造发明专利 30 余万件,科技文献每年以 12.5%的速度增长。

(2) 知识总量翻一番的时间缩短。如果把公元 1750 年人类知识量算作 2 倍,1900 年增加到 4 倍;1950 年增加到 8 倍;1960 年增加到 16 倍。科学家预言,到 2050 年世界科技知识总量将为现在的 50 倍。

(3) 知识结构老化的过程加速。18 世纪老化的周期为 80～90 年;19 世纪缩短为 30 年;近 50 年来又缩短为 25 年。

(4) 知识传播手段更新。计算机的巨型化、微型化、网络化,信息高速公路的加速建设,使人际间的信息交往关系发生革命性变化。在这种情况下,如何适应信息社会的前进步伐,如何在无限的知识海洋中获得必要的、有效的知识,形成有利于创新的知识结构,就成为一个突出问题。

在"知识爆炸"时代,一个人要掌握人类发现的全部知识,已变得越来越不可能,而且也没有这个必要。一个人头脑中拥有的知识和信息的多寡,不能直接表明他的知识结构水平高低和创新能力的大小。

11.2 模仿与创新

11.2.1 模仿与创新

模仿创新即通过模仿而进行的创新活动,一般包括完全模仿创新、模仿后再创新两种模式,另外模仿创新还有积极跟随性等特点。

第一种是完全模仿创新。即对市场上现有产品的仿制。一项新技术从诞生到完全使市场饱和需要一定模仿创新时间,所以创新产品投放市场后还存在一定的市场空间,使技术模仿成为可能。但完全模仿本质上也带动了企业的技术创新活动,很多企业发展都从模仿其他企业技术开始。

第二种是模仿后再创新。这是对率先进入市场的产品进行再创造,也即在引入他人技术后，经过消化吸收，不仅达到被模仿产品技术的水平，而且通过创新，超过原来的技术水平。要求企业首先掌握被模仿产品的技术诀窍，在进行产品功能、外观和性能等方面的改进，使产品更具市场竞争力。

参考资料：日本的模仿创新与振兴之路

日本是一个非常擅长模仿创新的国家，第二次世界大战之后从一片废墟中重建，一度成为世界经济总量第二的经济大国，模仿创新功不可没。

例如：日本著名的汽车企业丰田公司，1931 年丰田喜一郎在当时还叫丰田自动织机公司(丰田汽车的前身)的一个角落开始研制发动机时，就确定了要走模仿美国汽车公司，并通过一系列结合了日本特点的创新来赶超美国汽车公司的远大目标。他的做法是典型的模仿创新：他对美国车进行了逆向工序分解，并大量采用福特、雪佛兰的零部件，第一步就是希望形成价格和性能优势，以适应当时日本汽车销量只有每月几百辆、路况也差的情况。

随后，他对美国式批量生产模式进行了改进，使之能够适应少量生产，包括他将固定投资巨大的冲压工序改为手工敲打，以此来节省模具，减少机床数量，并引进了可以根据规格变化进行相应调整的专用机床。

但丰田的模仿创新并未停留在为适应小批量生产而设计的权宜之计中，而是在 20 世纪 40 年代彻底学习批量生产的集大成者福特体系及泰勒的科学管理方法，还学习了准时化生产模式、TQC(全公司质量管理)、TWI(一线管理培训)、看板模式等。

在 20 世纪 80 年代后发生了戏剧性的一幕，模仿创新者成为师傅的师傅，随着日本汽车产业在家用汽车、小型经济汽车等方面全面赶超美国，美国公司开始学习丰田在这些基础上发展起来的、带有它自己特色的、种类和覆盖领域都更为广泛的工具和方法，在 1990 年发表的麻省理工学院国际汽车计划项目的报告，正式将这些理念、工具和方法统称为“精益生产方式”。而美国在对日本式 TQC 模仿的基础上，又将其改进为更完善的 TQM(全面质量管理)。

令人难以置信的是，在大多数情况下，模仿创新者往往比率先成功者更成功，得到的回报更高。据研究表明，第三和第四家进入市场的企业较第一、第二家企业的成功率更高，在导入期第三家和第四家进入者成功率为 87.5%，在成长期为 81.82%。淘宝即是模仿创新成功的一个典型案例，亚马逊和 E-bay 在美国取得成功以后，想通过全球化的策略将业务拓展到中国，然而却水土不服，最后惨淡收场，马云却看准了这个商机，在它们失败的基础上吸取教训，准确定位，最后成为中国电商的领头羊。

与传统的创新模式相比，模仿创新有以下特点。

(1) 能够帮助创新者积极跟随新技术或者市场变化，创新者在模仿的同时就必须了解已有的技术或市场现状。模仿创新不将精力集中在新技术的探索和率先使用上，而是做有价值的新技术的积极追随学习和改进。一般来讲，模仿创新者不独自去开辟全新的市场，而是充分利用并进一步发展率先者所开辟的市场。

(2) 模仿创新在新技术和新概念的应用上也进行积极开拓，并对新市场进行改进和维护。开辟新市场、激发新需求是技术创新的一个重要特点和内容，模仿创新亦不例外。模仿创新不仅是抢占率先创新者已开辟的市场空间，而且包含着对新市场空间的进一步拓展和扩充。

(3) 侧重于"看中学"的知识积累。学习积累机制是技术创新中的核心,是支持技术创新得以顺利开展的重要基础。率先创新的学习积累主要依赖于自我探索,除了基础知识可来源于外部外,大部分相关知识和专业技能都是企业"干中学"的结果。而模仿创新的技术积累来源是多方面的,开始主要是通过"看中学",即通过观察、选择、节俭、模仿率先创新者的行为,从他们的成功和失败中学习,在模仿中吸取大量的外部知识,培养提高自身的技能。这样有投资少、时间短、效率高的特点,这是模仿创新竞争力的重要根基。

对于个人或者小型企业来讲,模仿创新是生存成长的重要条件。一个小型企业一般不可能通过创新来保持行业的领先,而是通过模仿同行,并且通过改进来保持竞争优势。模仿创新对资源需求较低,这给一般性的中小企业或者个人以创新的能力和动力,尤其是个人,模仿创新是非常重要的,认识其中的规律对个人成长非常有帮助。

我们在出生后开始学说话的大部分时间是在模仿,通过不断模仿大人的发音、语言,在这个基础上再组合、灵活运用并经过创新后成为自己的语言。教育过程也是一个模仿并创新的过程,除了不断地学习积累基础知识之外,大部分学生有意识或者无意识地模仿了某个老师或同学的行为、性格,并把它运用到工作中,逐渐形成自己的性格和行为。在工作中,我们会模仿一些领导和同事好的工作方法,并加以改进,再形成自己的工作方法。这些都是模仿创新,利用好模仿创新,就能够有效改进学习和工作的效率,成就自我。

11.2.2 模仿与抄袭

山寨最近几年在中国不仅是一个现象,甚至已经成为一个文化。如果说模仿创新是一个好的方面,是社会的正能量累积,那么山寨这种赤裸裸地抄袭则实际上是一种急功近利、杀鸡取卵的行为,是对整个社会造成损害的负能量。

山寨一词出自粤语,原指那些没有牌照、难入正规渠道的小厂家、小作坊,是盗版、克隆、仿制等的同义词,基本上指以低成本模仿主流品牌产品的外观或功能,在外观、功能、价格等方面全面超越这个产品的一种现象,其特点主要表现为仿造性、快速化、平民化。主要表现形式为通过小作坊起步,快速模仿成名品牌,涉及手机、游戏机等不同领域,由此衍生的词汇有山寨机、山寨明星、山寨春晚,甚至山寨文化。

参考资料:中国与山寨

在中国从不缺乏关于山寨产品的笑料,这里简单引述几例来说明山寨产品在国内已经根深蒂固的现状。

两个大学同学毕业后聚会,一个问另外一个:"你现在月收入多少?"

"大约一个 iPhone 手机。"

"哟,可以呀,32G 还是 64G 的?"

"双卡双待的那种。"

国内对名牌产品的模仿与创造的能力登峰造极。2012 年英国伦敦奥运会,一些国家运动员由于经济危机的影响,身上穿着来自中国制造的运动服,什么牌子的暂且不讲,耐克的标志配上阿迪达斯的拉链,再加上"Made in China",就非常说明问题,国内的人似乎是习惯了,但是这次国际盛会上的山寨事件,对中国商人的声誉造成了极大的影响。

"康帅博"方便面,NCKIA 牌手机,无处不在的高仿阿迪达斯、耐克……这些都组成了国内的山寨产品和山寨文化。诚然，山寨的形成与国内电子产品价格畸高不下，名牌产品关税比例过大有一定关系，甚至一些山寨晚会、山寨作品是为了影射、讽刺社会不良现象，对社会风气起到良好的影响，但是整体上来讲，山寨是不利于社会、经济发展的。

首先，山寨产业的兴起对经济造成影响，不利于核心竞争力的提升。

在一些地方，山寨产品占据了市场经济的很大比例，成为名副其实的产业，为经济总额的增加做出了贡献。但是，一个国家的核心竞争力不是经济总量的增长，而是以创新为核心的制度，是国民受教育水平、技术水平和文化氛围的整体提升。这种"山寨"式做法造成一时的富裕，富裕之后并不投入进行创新，而是靠掠夺其他产品的创新来使一小部分人致富，这对社会，对经济发展都是有危害的。

其次，山寨产业往往侵害知识产权，或者是依靠钻知识产权的空子。

"山寨"行为的本质是侵权、仿冒，这是一种对知识产权的漠视。大多数山寨行为都是营利性质的商业行为，无论是"康帅博"方便面还是 NCKIA 手机，这些已经远远超出了恶搞的范畴，而是通过模仿这些名牌产品、以次充好来获取利益，严重危害了人们正常的生活，也触犯了法律。

再次，山寨文化的兴起导致青少年"反社会性"倾向的增长，影响其社会化。

由于山寨文化能够使一些人快速致富，并且通过低俗、叛逆来迎合青少年，所以导致山寨文化容易被青少年接受，凭借其强大的影响力和解构力在肢解着青少年对他们所处社会的真实认知。山寨文化的受众大多是社会化尚未完成的青少年，因此它对青少年的社会化有着不可忽视的影响。山寨宣扬的口号是"没有什么不可以山寨"，这就给了青少年一种幻觉：生活是可以任意娱乐的。这种口号只会造成他们对权威的漠视和反感，进而阻碍青少年的社会化，影响其形成正确的世界观、人生观。

最后，山寨文化的兴起反映了社会追求名利的趋势并加强了这种趋势。

改革开放以来，社会的功利思想愈演愈烈，以至于许多女大学生们持有"找得(工作)好不如嫁得好"的观念，就是这种名利观的一种反映。山寨文化在当下能够迅速崛起，并赢得广泛认同，很明显受到急于发财、出名的社会浮躁之气的影响。中国传统文化中奉行的"重义轻利"思想已经被山寨观念冲击得七零八落，社会呈现出浮躁的心理。

对于中国当前的情况来讲，对待山寨问题应该进行引导性消灭，一方面要提高大家的收入水平，降低部分名牌产品的暴利空间；另一方面要加大通过山寨来获取不当收益的惩罚力度，鼓励正当创业的民族品牌的发展，从而走上发展经济的正轨。

11.3　日积月累

11.3.1　创新来自积累

创新需要日积月累，只有通过知识的不断累积，才能自然而然地产生创新。即使是一个非常聪明的人，也很难一下子在不熟悉的行业做出创新。无论是工业研究，还是文学创作、艺术创新，都需要平日的累积。

一般来讲，画家需要到处采风，感受人世间的风景和人情，然后结合自身的经历，最终开始创造自己想要的题材。而某个题材的诞生，是在无数个素描练习的情况下产生的，达·芬奇从画蛋开始,经过不断地积累,终于创作了《最后的晚餐》等著名作品。文学创作也是如此,凭空很难创作出好的作品。曹雪芹本身经历了家道中落、人世冷暖;蒲松龄以茶换故事,道听途说、历经几载,这些都是平日不断累积的原因。

日积月累最简单的例子就是学习,作为一名大学生,能够到大学来学习,都是经过日积月累学习的结果。在大学中将会继续学习专业知识,累积专业知识,在将来踏上工作岗位之后,这些都会使你具备了创新的条件。读书的过程是一个开拓思维、掌握知识的过程,通过积累使我们具备了创新的能力,需要我们在工作中继续努力,促进创新的转化。

对于个人如此,对于企业也是如此。格力空调从制造到创造,从低端到高端,连续16年获得空调行业产销量冠军,实现了家用空调产销量连续6年位居世界第一的业绩,给中国制造业的转型升级提供了一个案例。

在这成功转型的背后,是格力空调坚持不断地创新,是一年30亿元科研投入、4500多名研发人员、300多个实验室的支撑力量,格力转型是一个日积月累的过程。种种迹象表明,格力已经完成从制造到创造的漂亮转身。但令人诧异的是,在大举迈向创造的征途上,拥有自主品牌的格力依然在干着贴牌等"低端制造"的业务,2010年,格力与日本大金工业株式会社组建合资企业,虽然由格力控股,但贴牌生产大金空调销往日本,并为美国部分品牌代工。

"贴牌、合资不等于就是低端。"格力总裁董明珠解释道,为国际知名品牌贴牌虽然利润有限,但有另外的价值。由于在发达国家,"中国制造"基本上还是低档货的代名词,大力推广自主品牌条件还不是很成熟,通过贴牌方式进入国际市场,可以培育国外经销商对格力品质的认可,等条件成熟了,再大力发展自主品牌,更好实现中国品牌的国际化。尽管取得了成就,但是格力还是注意不断地积累生产的经验,在良好产品的基础上,不断创新,争取与国际接轨。

11.3.2 灵感的发现与培养

创新不能没有灵感,但是灵感对于人类社会今天的科技水平来讲,还是神秘的没有研究清楚的。当前计算机专家研究的情况表明,人工智能可以在很多地方模拟人类,甚至包括思考、发明、改进、创新等,但是却没有办法模拟灵感。从古希腊哲学家德谟克利特在2000多年前提出"灵感说"起,人们就开始研究、讨论灵感问题,灵感对于在每天工作中找到新的解决方式可能并无太大作用,但可以帮助你在日常生活中对习以为常的事情重新认识。

灵感来自于日积月累,但是不是只要日积月累就能够触发灵感,灵感也是可以有意识地去激发。很多有经验的作家不断通过外界环境来敦促灵感的产生,进而来创作出新作品,下面给出几条在日积月累的基础上激发灵感的方法。

1. 强迫

尽管激发灵感的方法有很多,但是将强迫作为第一项还是引发很多人的思考,而实质上最有效、最常用的激发灵感的方式的确是强迫。所谓急中生智,紧张的压迫能够激发人的潜能,这当中包括灵感的产生,在影视剧等文艺节目中,我们经常看到关键时刻,局中人灵机一动扭转局面的情况。大发明家爱迪生就非常擅于用强迫式的方式来促进自己灵感的激发,他给自己规定每10天必须有一个小发明,每6个月必须有一个大发明,通过这种方式来保持工作状态,最终他保持着发明最多的世界纪录。他发明了留声机、白炽灯、蓄电池,改良了电影放映机，还建立了世界上最大的公司之一——通用公司。

2. 好奇心

好奇心是一种天性的表现，是用来帮助打破旧的思维方式并创造新的思维方式的一种情感。不断对事物表现出好奇，才能让我们不断寻找到新的解决问题的方式，也让世界变得更加丰富多彩。没有第一个吃螃蟹的人，怎么能够发现螃蟹是如此美味的食品？

大家都知道盖茨与微软的关系，却很少有人知道微软的真正创始人之一艾伦，而盖茨正是在艾伦的引导下才共同创办了微软公司，如果没有艾伦就没有微软，只不过后来因为身体原因，艾伦离开了微软，但是仍然是微软的第二大股东，也是全球十大富翁之一。当初艾伦与盖茨都是学校的顶尖计算机高手，而且性格相投，一开始就有合作关系。有一天艾伦偶然在地摊上看见《大众电子》介绍信推出的世界第一台微机 Altair 8800，他马上意识到这是一个机会，他们可以为这台计算机写软件，以使这台计算机更好地运行，于是他找到当时正无所事事的盖茨，两个人开始创立了微软工作室，逐步发展到微软帝国。没有艾伦对杂志上介绍事物的好奇，就没有微软帝国的创立。

3. 质疑

人的思维有惯性，打破惯性思维，开拓创新，能够有效地完成工作。跳高就是要跳过一定高度的水平杆，获胜的人就是跳得最高的人。在 1968 年以前，跳高有两种方式：俯卧式跳高（脸朝下，从杆上飞扑过去）和跨栏式跳高（像跳栏一样，先迈一条腿过去，再迈第二条腿）。这就是过去人们认为最好的跳高方式，如果你想成为跳高冠军，你必须对这两种跳高方式非常了解。

当然，熟悉跳高技术并不意味着就能保证你能成为跳高冠军，但这样做可以提高成功的概率。但有一天，福斯贝里来了，他是一位研究医药学的跳高运动员，他很注重研究人体结构。他对人们习惯的跳高方式产生了怀疑，他意识到从杆上跳过去的最佳方式不是俯卧式跳高，也不是跨栏式跳高，而是背跃式跳高。于是他在运动会上使用了背跃式跳高，并取得了好成绩。

4. 转换角度

从小我们接受的教育中，一旦一个问题解决不了的时候，通常要换一个思路来解决，在工作中，转换角度能够帮助我们解决问题。一家欧洲国际机场的咖啡馆总是宾客满堂，其症结所在是人们在候机时长时间坐在座位上细细品味咖啡而一动不动。咖啡店想找到一种方法，怎样才能让客人尽快腾出座位呢？最初的创意不外乎：使用不舒适的椅子，收取座位费，及时清理桌子等。然而，他们最终采用的办法是：关掉咖啡店里的航班监视器。人们担心误了航班，因而四处寻找没有故障的监视器——于是座位腾出来了。当咖啡店里有了足够的空座位时，航班监视器又“突然”开始工作了，于是吸引了又一批新客人。

5. 联想

世界上绝大多数事情不是独立的，要了解它的来龙去脉，并且一件事情很可以启发你做另外一件事情的思路。

发明烟雾警铃的人据说是在剧院看了一场名为《剧院魅影》的歌剧后得到灵感，因为当他观察到随着音乐变化产生了浓雾和演员如何消失时，他突然想到，如果能将房间很快充满烟雾，这种烟雾可以用来防贼。去剧院和防贼看起来似乎很不搭界，但如果放开思维，在最不可能的地方或许就能找到你需要的答案。

当摩尔斯研究如何能让摩尔斯式电码的信号足够强大,以便其在美国能从一个海岸传到另一个海岸时,他观察到长途马车的运作是靠马匹的定点更换来完成的,从而意识到通过在一定间隔内建立信号转换站,就能加强电码信号的强度。

11.4 失败与创新

在不少人的心目中,谈到创新,首先想到的是瓦特发明蒸汽机、陈景润攻克数学难题、爱因斯坦发现相对论,从而把创新想得很神秘,高不可攀,一般人难以达到。其实,这种理解是片面的、狭隘的。有专家认为:"所谓创新人才,是具有创新性思维,在任何岗位上都能够创造性地开展工作,创造性地解决问题,开创工作新局面的人才。"

人们不去创新往往是因为害怕失败,被创新高不可攀的思想左右,人们会以为只有那些智商很高的人才去改变、去创新。由于害怕失败,很多新的想法被扼杀,其实任何人创新都会面临着失败。由于创新是一种常见的经常性的现象,因此创新失败也是正常的。另外,因为创新是对未知现象和事物的探索,是对不可预见的未来的预测,在创新的道路上充满了不确定的因素,失败也就是司空见惯的事情。

表 1-1 列出了企业产品创新的类型和不确定程度。

表 11-1 企业产品创新的类型与不确定程度

不确定程度	创新的类型
真正的不确定度	基础研究和基础性发明
甚高的不确定度	重大的开创性产品创新; 公司以外开创性的生产工艺创新
中等不确定度	基本产品创新; 在本公司或系统内的开创性生产工艺创新
小的不确定度	公司已有品种的"新一代"产品; 获得专利的创新; 仿制的产品创新; 产品和工艺的改进
很低的不确定度	成熟生产工艺的早期采用; 新"型号"; 产品的衍生; 为创新产品做代理推广(销售); 已有生产工艺创新的晚期采用及在本企业中的特许授权使用; 较小的技术改进

从表中我们可以看出,对于企业进行产品创新来讲,与产品相关的基础性发明研究是具有最高不确定性的,当然也具有很大的风险,而一些细节的改进则基本上是在成熟的产品或市场上进行,不确定性低同时风险也低。企业在进行产品创新的同时,成功与否除了与不确定性有关,还与下列因素有关:

- 企业内部具有相当强的研究与发展的力量;
- 从事基础研究或者与从事基础研究的机构保持密切的联系;

- 有效地利用专利保护自己；
- 企业规模足够大，能长期资助研发；
- 研制时间比竞争对手短；
- 愿意冒高的风险；
- 较早且富于想象地确定一个潜在市场；
- 关注潜在市场，培养和帮助用户；
- 研发与企业战略、生产、销售整合；
- 与科学界和用户保持密切的联系。

无论是个人还是企业，无论创新是否成功，我们都应该鼓励创新，只有不断地创新才能保持个人、企业、组织甚至是整个国家、民族的进步与发展。即使是失败的创新也表示在某个方向进行了探索，收获了宝贵的经验。通过创新，获取了创新的能力，锻炼了创新的思维，对制度、机制、体制、产品都进行了有益的摸索，因此无论创新是否成功，都是应该鼓励的。

11.5　总结讨论

11.5.1　本章小结

(1) 创新是 IT 行业一个永恒的话题，只有不断地创新，并保持行业的领先，才能成为 IT 行业的常青树。创新在 IT 行业不仅仅是对旧事物的改造和对新事物的发明、发现，同时还包括了思想、理念等一切物质和非物质的改变，创新使 IT 行业充满了活力，吸引了无数人参与这个行业。

(2) 创新可以包括很多种类，思维、产品服务、技术、组织机构、管理、营销和商业模式等方面的改进都是创新的种类。而知识则是推动创新的基础，一定的专业知识可以推动创新。

(3) 毫无基础的创新是非常难的，因此很多组织机构或个人都选择了从模仿开始，通过模仿新生事物，然后在此基础上加上自己的东西进行进一步的改进与创新，最终形成自己的产品或技术等创新产物。模仿创新与抄袭是根本不同的，模仿创新是值得提倡的，是对社会有益的；而抄袭或山寨则是对创新者的不尊重，是一种窃取别人劳动成果的行为，同时也是违背社会道德和法律的行为，不值得提倡。

(4) 创新需要日积月累，需要对知识、经验和创新方法不断累积，从而最终达到创新的目的。

(5) 创新也需要灵感，可以说知识的日积月累是创新的基础，而灵感则是创新的契机，虽然创新不是一蹴而就的，但是灵感确实能够激发创新。灵感虽然不好掌握，但是可以通过强迫、质疑、转换角度等方式触发。

(6) 创新就有风险，就有失败和成功，在创新的过程中不能害怕失败，如果因为怕失败而不敢进行创新，更是得不偿失的。在创新的过程中虽然不怕失败，但是也要尽量避免失败，了解创新的一些基本知识，有利于避免创新失败。

11.5.2　小组讨论：创新的 12 个维度

通过与一些引领公司创新活动的管理者进行讨论，和对有关创新主题的学术文献进行综合调查,可以把企业创新的主题归纳为下列12个关键维度。

1. 产品和服务

围绕这一维度进行创新,要求企业向顾客提供有价值的产品和服务。以宝洁的佳洁士电动牙刷为例。这款产品是2001年推出的,2002年便成为全球最热销的电动牙刷。简洁的设计和一次性AA电池的使用,使得这款电动牙刷非常容易使用和携带,且价格便宜。

2. 平台

平台指的是构成产品组合或服务组合基础的通用组件、组装方法或技术。平台创新包括利用“通用性的力量”,即利用模块化设计来快速地、经济地提供不同组合的衍生服务。围绕这一维度进行创新能创造出惊人的价值,但它常常被企业所忽视。

3. 解决方案

解决方案指的是为解决客户问题而对产品、服务和信息进行的定制化组合。例如,迪尔(Deere & Co)通过对一系列产品和服务(包括移动计算机以及基于GPS系统的跟踪系统和软件)进行不同组合,来为那些需要改善播种、耕作和收割效率的农民提供端到端的解决方案,这也使得公司可以提升自己的经营效率。

4. 客户

客户指的是通过使用或消费公司的产品和服务,来满足自己需求的个人或组织。围绕这个维度进行创新,公司可以发现新的客户细分市场或未被满足的(甚至是不明确的)客户需求。维珍移动美国公司(Virgin Mobile USA)通过专注于30岁以下的消费者这一服务不足的顾客细分市场,成功地进入了美国的移动服务市场。为吸引客户,公司提出了极具吸引力的价值主张:简化的定价、无合同约束、娱乐功能、时尚手机以及不拘礼俗的维珍品牌。维珍移动美国公司创立于2002年,在此后的3年中,它已经在竞争激烈的移动服务市场吸引了数百万的用户。

5. 客户体验

在这一维度,企业需要考虑客户在与公司打交道的过程中所看到的、听到的和感受到的一切。围绕这一维度进行创新,企业需要重新思考它与顾客之间的接触界面。

6. 价值获取

价值获取指的是企业用来重新获取所创造的价值的机制。围绕这个维度进行创新,企业可以发现新的收入来源,开发出新的定价系统,甚至增强公司通过与顾客和合作伙伴的互动来获取价值的能力。

7. 流程

流程指的是企业为进行内部运作而进行的业务活动布置。围绕这一维度进行创新,意味着企业可以对流程进行重新设计,以取得更高的效率,提供更好的产品和服务质量,或者实现更短的产品研发周期。这种变化可能会涉及对流程进行重新部署或拆分。

8. 组织

组织指的是公司构建自身、合作关系以及员工角色和职责的方式。组织创新往往涉及对公司活动范畴的重新思考,以及对各业务单元及个人的角色、职责和激励机制的重新定义。

9. 供应链

供应链指的是令产品、服务和信息从来源处到达市场的一系列活动和手段的顺序。围绕这一维度进行创新,企业可以通过供应链来精简信息流,改变自身结构,抑或是加强各合作者之间的合作。

10. 渠道

渠道指的是企业将产品或者服务投入市场及目标顾客区域的配销通道。围绕这一维度进行创新,涉及基于现有渠道创造性地构建新的渠道。

11. 网络

企业及其产品和服务通过网络与顾客相连。有时,这种网络可以变成企业竞争优势的一部分。围绕这一维度进行创新,涉及通过加强网络的效率来提升企业产品和服务的价值。

12. 品牌

品牌指的是企业向顾客传递承诺的符号、文字或标识。围绕这一维度进行创新,企业可以对自身品牌进行创造性地使用或延伸。

(资料来源:http://baike.1688.com/doc/view-d1668553.html)

讨论:根据上述材料,你觉得还可以在哪些方面做出创新?

11.6 实践训练

11.6.1 课外作业与练习

(1) 什么是创新?它的特征和作用是什么?

(2) 思考下列现象,回答相应问题。

① 如果每个家庭都能上互联网,会给社会带来什么变化?至少说出 5 种。

② 报纸除了阅读以外,还有什么作用?至少说出 5 种。

③ 建筑用的砖除了盖房、建楼、铺地、砌墙外,还有什么用途?这里说的砖,包括砖粉、碎砖、整砖。至少说出 6 种用途。

④ 从"方便面"这一方便食品进行扩展思维训练,至少说出 5 种类似食品。

(3) 根据下列物体来加以创新。

① 列举家中保温瓶的 5 个缺点并加以改进。

② 请在"大"上加一笔,组成新字,写出 5 个。

③ 如果世界上所有人的模样一样,会出现什么情况?说出 5 个。

④ 提出对自行车的 5 种希望,并提出改进设想。

(4) 阅读下述资料,回答问题。

很多人把吉尔福特奉为现代创造力之父。在 50 年前的一次心理学会议上,他发表了一篇引人入胜的关于创造力的讲话,引发了人们对这个问题的浓厚兴趣。自此人们的兴趣与日俱增。

吉尔福特自己的经历也非常有趣。在第二次世界大战期间他是一名心理学家,被指派去设计一项能够挑选出最佳轰炸机飞行员人选的性格测试。为此,吉尔福特使用智力测验、评分系统及面试等方法。但令他大为恼火的是,空军委派了一名没有经过心理训练的退役空军飞行员帮助他进行筛选工作。但吉尔福特并不信任这名退役空军飞行员。

最终,吉尔福特与退役飞行员挑选了不同的候选人。在随后的工作评审中,非常奇怪的是吉尔福特挑选的飞行员与退役飞行员挑选的人选相比,被击落毙命的人数多出许多。吉尔福特随后为自己将如此之多的飞行员送上绝路而沮丧不堪,以致他想到要自杀。但最终他没有那样做,他决心要找出退役飞行员挑选的飞行员比自己挑选的人选出色的原因。

这位退役飞行员说他问了所有飞行员候选人一个问题:"你在飞越德国时,如果遭遇德军的防空部队炮火时会怎么办?"他淘汰了所有回答"我会飞得更高"的候选人,而挑选了违反飞行条例准则的人,例如那些回答"我不知道,可能我会俯冲"或"我会'之'字形前进"或"我会转圈,掉头避开火力"的人。遵循飞行条例准则的飞行员都是可被预测的人,这就是吉尔福特失败的原因。因为德国人清楚美国飞机遭遇炮火后会飞得更高,因而他们的战斗机会停留在云端,准备将美国飞行员击落。换句话说,那些具有创造力而不按照准则飞行的飞行员会比那些可能更聪明、但却局限于规则的飞行员更容易幸存下来。

吉尔福特突然意识到具有与众不同的思维和富有创造力是一种才华,因此他决定进一步去研究这种才华:他的目的是通过识别那些能够灵机一动就想到绝妙办法、具有创造力的人,而找到选择最佳飞行员的方法。

吉尔福特为空军设计的、最初的创造力测试方法之一是要求候选人说出最多的砖的用途。尽管简单,但却是测试人的创造力的绝佳方法。有些人不费吹灰之力就想出了无数种用途,速度之快不容你一一记下,但另外一些人却在沉思了数分钟之后,仅仅说出砖的五种用途。

问题:

① 吉尔福特使用什么方法来挑选飞行员?今天看来他的方法是不是正确的?

② 你认为说出砖的五种用途和创造力之间有什么关系?

③ 还有什么好的方式测试创造力?

(5) 随着我国经济的发展,人民生活水平日益提高,轿车已进入许多家庭,但同时也带来了交通拥挤、停车难等一系列难题,结合你学到的专业知识,请说出几条通过创新来解决该问题的办法。

11.6.2 热点话题:智能电子——创新没有限制

很多人对未来的计算机做了一些想象性的预测,有的人在硬件方面进行了基于工艺的预测,也有人在软件方面进行了基于设计技术的预测。在所有的描述中,最精彩的是一段理想性的描述:未来计算机是能够实现今天可以想象到的所有功能,但是硬件却能够随身携带、不可察觉或者不影响人类正常的外表。当然这只是一个假象,然而在 IT 智能化方面人类从未停止过创新,并且很多产品也越来越超乎人的想象。

未来几年内消费电子的智能化将成为主流,也可以称为第二次消费电子革命。所谓革命是指颠覆性变革,从技术方向、应用模式到产业生态的全方位颠覆,在未来一段时间内,一些新的智能电子应用技术将陆续登场,成为引领革命的潮头。在最近几年的一些电子展会上,下列技术成为热点。

1. 自动驾驶技术

近年来各国都加大了对自动驾驶技术的研究,并且很多技术已经具有实用性,虽然离商业化还有一段距离,但是一些企业生产的自动驾驶汽车已经实现路试,自动驾驶汽车的智能性、安全性将彻底改变汽车驾驶体验和汽车工业。丰田、福特和奥迪都会逐步展示或者发布自动驾驶汽车技术。其中丰田研发出一台 Lexus AASRV，这是在 Lexus LS600h 基础上配备了雷达、摄像头和激光扫描等感知系统，配合丰田的汽车间网络通信和自动驾驶信息系统，实现全自动驾驶的汽车。而奥迪除了自动驾驶技术外，还发布越来越成熟和普及的自动泊车系统。

2. 家用机器人

机器人作为一种完全智能化的设备正在从专业产品和工业品变成彻底的消费电子产品，并逐步走入家庭，德国、日本和韩国是家用机器人技术的领导者，其中清扫机器人、看护机器人和教育机器人在上述国家都已经有了很好的发展。

夏普将清扫机器人作为拯救公司业务的重点产品之一，夏普研发出多款清扫机器人产品；一家来自中国的年轻的 ECOVACS 机器人公司，除了设计全系列的清扫机器人外，还将开发一款玻璃清理机器人，用机器人来完成擦玻璃这样危险、繁重的劳动，将会更加凸显机器人的价值。

3. 智能手表

所谓的智能手表是指可以与智能手机连接使用，也可以独立使用，是一种更加随身的智能信息终端。

不过目前出现的智能手表更多的还是智能手机的附属，功能和性能还没有强大到可以取代手机。智能手表将是市场上的一个热点产品类别，其中智能手机的先驱 Pebble 除了展示多款智能手表产品外，还要发布其智能手表 Kickstarter 项目。截至 2012 年 9 月，Pebble 已经预订出了 8.5 万部智能手表，远超之前 1000 部的预期。

4. 智能相机

数码相机的生存空间受到了智能手机的挤压，而智能化也算是相机的一种反击，配备了独立的操作系统和人机交互功能，可以接入网络之后的数码相机就变成了一款图像拍摄、处理和分享能力强大的智能终端，三星和尼康都已经推出了使用安卓系统的数码相机，三星和尼康都将设计出相应的产品。

Polaroid 也将开发一款配备了安卓系统的可更换镜头的数码相机，这款相机具有 1810 万像素，配备了 3.5 英寸触摸屏，集成了 Wi-Fi，运行安卓 4.0 系统。

5. 电视智能化方向

智能时代的家电需要完整的生态系统，而内容是生态系统的重要组成部分，视频网站 YouTube 一直想进军客厅电视，但 YouTube 上有数百万频道和数十亿视频，电视机的遥控器肯定“Hold 不住”。

为了解决这一问题，YouTube 开始大力推广电视与移动设备的“配对”功能，它能让观众在移动设备上寻找自己想看的视频，然后再传到电视上观看。

早些时候，YouTube 已经面向谷歌电视设备、PlayStation 3 和 Xbox 游戏机推出了移动设备配对功能；YouTube 将在 BO、LG、松下和索尼等厂商的多款新设备上展示“配对”，而来自飞利浦、三星、夏普、东芝、Vizio 和西部数据等厂商的设备也有望很快实现该功能。

YouTube 的“配对”功能除了开始支持更多的电视设备，YouTube 应用能够识别出同一网络内的电视设备并迅速使其与移动设备连接。

“配对”功能不但能让用户在电视上迅速观看在手机或平板计算机上收藏或找到的 YouTube 精彩视频，还能把这些视频加入播放列表并依次播放；此外，同一网络内的多名移动用户可以向同一个播放列表添加视频——这一功能非常便于亲朋好友围着电视一起欢乐。

6. PC 变形还是平板

Windows 8 领导的 PC 难言成功，NPD 最新数据显示，采用微软系统的笔记本 PC 销量，在美国长达 5 周的假日销售旺季里同比下降 11%，但 PC 还得继续“高举”Windows 8 大旗。Windows 8 对 PC 的最大贡献是引入了触控操作，同时兼顾了平板体验，这也是 PC 变形产品大行其道的重要原因，各种合体和变形产品将成为 Dell、Acer 和 Asus 等 PC 企业研发的重点。

人们究竟是需要普通 PC、带平板功能的 PC 还是平板还是未知，但据 BIIntelligence 报道，平板计算机是历史上所有计算设备中成长最快的，2010 年平板计算机的出货量为 1700 万台；2011 年为 6500 万台；而 2012 年则达到了 1.22 亿台；到 2016 年有望达到 4.42 亿台。

电子类产品发展迅速，不断有新的理念和新的产品问世，从 PC 到 iPhone，从互联网到物联网，在造就了一个个财富神户的同时，也给社会带来了巨大的变革。在当今社会，创新无处不在，尤其对于 IT 企业来讲，如果不能保持着产品创新带来的优势，则很快就被行业中的其他企业追赶上，并被行业淘汰。

第12章 坚持道德

导读资料：游戏开发者的道德

阮哈东，一名越南的独立游戏开发者，2013 年 1 月 3 日其开发的移动终端游戏 Flappy Bird 在 App Store 上正式上线，这是一款操作简单、有趣但又有难度的游戏，阮哈东仅用了三天时间开发完成该游戏。截至 2014 年 2 月 9 日游戏下架之前，甚至为开发者带来了每天近 5 万美元的收入。然而，为什么在游戏人气爆棚的时候，突然停止了游戏的下载，虽然阮哈东并没有给出具体的说明，但是可以从其在推特上部分玩家对其留言看出一二。

玩家 millicent："我已经不停地玩了 8 个小时，我发誓我的眼睛已经充血了。"

玩家 amira："谢谢你！太谢谢你了！因为你，我的生活全毁了。"

玩家 doiug e doug："我恨你！"

……

尽管游戏在商业上取得了很大的成功，但是阮哈东受到了很大的指责，在一段时间之后将游戏下架。

Lionhead Studios（代表作包括热门游戏《黑与白》和《神鬼寓言》）首席执行官 Peter Molyneux 说道："游戏产业必须拥有自己的道德责任标准，任何面向大众市场而提供服务的人员都必须具有责任心。我们必须吸取各种经验教训，'如果游戏有趣的话那就够了'这句话一点说服力都没有。当你明确这是一个虚拟世界，你不能在现实世界中执行同种操作时，这便是一种合理的设置。但是如果游戏世界与现实世界出现了交集，你便需要好好思考该怎么做了。"

"如果设计师只是在创造一款'有趣的'游戏，但是市场中的购买趋势却是关于更具现实感和暴力的游戏，那么与主流趋势背道相驰的设计师就会落后于他人，"Oddworld Inhabitants 总裁 Lorne Lanning 说道，"比起社交理念，暴力元素更容易让我们创造出可行的游戏机制，不以暴力终结的社交导向型理念和互动游戏是一个极具挑战性的开发项目。"

显然，即使是一个成功的游戏公司，也很难将商业利润和社会公德完美地统一，游戏公司一直备受社会的指责，认为其危害了一部分人尤其是青少年的身心健康。有些游戏公司包括个人开发者，通常开发一些无道德底线的游戏，尽管在游戏上注明了未成年人禁止玩，但这并不能阻止未成年人玩，反而成为吸引更多未成年进入游戏的口号。

学习目标

- 理解如何坚守职业道德；
- 了解 IT 职业道德包含的内容；
- 了解电子商务与诚信；

- 理解不同行业的潜规则；
- 正确地对待潜规则；
- 了解职场中保护自己的相关法律法规；
- 了解商业贿赂的危害。

12.1 职业道德

12.1.1 职业道德

参考资料：钟南山院士的职业道德观

在很多行业中，例如医生、教师等，职业道德是非常重要的，几年前“非典”的流行，使人们对钟南山院士有了非常深刻的印象。当“非典”严重流行的时候，担任广州呼吸病研究所所长的钟院士，面对大量医务人员被感染的情况，第一个跟省卫生厅提出，把最重的病人送到他所在的呼研所。是什么原因促使钟院士做出这样的决定呢？

对于这个问题，钟院士是这样认为：“我考虑到的是两个原因，第一个就是说，我想在呼吸方面自己从事了三十几年的工作，积累了一些经验，还有我们所里面的其他人。要抢救这些病人，不是所有医院能做到的。我们就是在这一方面比较专长。所以病人来了，我想他们得到抢救成功的机会会多得多。这是第一个原因。第二个原因就是，我想，感染比较重的病人，他的传染性会比较强，如果任何医院都在收治，感染的机会会比较多。集中在一个地方，相对来说就会使感染的面积减少。”

经过钟院士和他的同事们认真研究比较后，对“非典”的成因有了进一步的了解。这个时候，有关方面宣布这个病的病原有可能是衣原体，钟院士据理力争，对这个成因提出了异议，钟院士认为：“一开始宣布这个病的成因是衣原体的时候，相关部门不是说有可能是衣原体，而是很明确地说，现在已经明确非典型肺炎基本诊断为衣原体的病因，而且治疗采用抗衣原体的药物足够的疗程，比如说两周就可以解决问题。我想这个看法是不是缺乏调查研究，没有认真地从临床的角度来认识。从我们临床经验中感觉有两个大的不同，很难用衣原体的肺炎来解释，第一个就是衣原体引起的肺炎很少引起这么重的肺炎；第二个是我们采取了足够剂量的治疗衣原体、支原体的药物，但是一点效果都没有。当时我考虑，除非这个衣原体是一种特殊的变种，否则是很难用衣原体来解释的。”

“并且当时这个病不但影响我们国家，而且已经影响了将近 20 个国家和地区，况且看这个样子还有可能在有些地区进一步扩大，在这样的情况下，你说已经控制是很不科学的，所以我们提出要修改。这是要我们加倍地警惕，要注意这个问题，如何更好地让所有的国家配合起来，在这一方面投入更大的力量来进行防、治等各方面的研究，所以不要轻易地讲有效控制，我认为这样是比较科学的。”

(资料来源：http://q.51kang.com/html/72/72-2654.html)

钟南山院士这种行为，是对具有良好职业道德的医生职责的诠释。所谓职业道德，就是同人们的职业活动紧密联系的符合职业特点所要求的道德准则、道德情操与道德品质的总和。职业道德的含义包括以下八个方面：

- 职业道德是一种职业规范，受社会普遍的认可。
- 职业道德是长期以来自然形成的。
- 职业道德没有确定形式，通常体现为观念、习惯、信念等。
- 职业道德依靠文化、内心信念和习惯，通过员工的自律实现。
- 职业道德大多没有实质的约束力和强制力。
- 职业道德的主要内容是对员工义务的要求。
- 职业道德标准多元化，代表了不同企业可能具有不同的价值观。
- 职业道德承载着企业文化和凝聚力，影响深远。

职业道德对社会各个方面都有一定的影响，是社会道德体系的重要组成部分，它一方面具有社会道德的一般作用；另一方面又具有自身的特殊作用，具体表现在以下方面。

1. 调节职业交往中从业人员内部以及从业人员与服务对象间的关系

职业道德的基本职能是调节功能。它一方面可以调节从业人员内部的关系，即运用职业道德规范约束职业内部人员的行为，促进职业内部人员的团结与合作。如职业道德规范要求各行各业的从业人员，都要团结、互助、爱岗、敬业、齐心协力地为发展本行业、本职业服务。另一方面，职业道德又可以调节从业人员和服务对象之间的关系。如职业道德规定了制造产品的工人要怎样对用户负责；营销人员怎样对顾客负责；医生怎样对病人负责；教师怎样对学生负责等。

2. 有助于维护和提高本行业的信誉

一个行业、一个企业的信誉，也就是它们的形象、信用和声誉，是指企业及其产品与服务在社会公众中的信任程度，提高企业的信誉主要靠产品的质量和服务质量，而从业人员职业道德水平高是产品质量和服务质量的有效保证。若从业人员职业道德水平不高，就很难生产出优质的产品和提供优质的服务。

3. 促进本行业的发展

行业、企业的发展有赖于高的经济效益，而高的经济效益源于高的员工素质。员工素质主要包含知识、能力、责任心三个方面，其中责任心是最重要的。而职业道德水平高的从业人员其责任心是极强的，因此，职业道德能促进本行业的发展。

4. 有助于提高全社会的道德水平

职业道德是整个社会道德的主要内容。职业道德一方面涉及每个从业者如何对待职业，如何对待工作，同时也是一个从业人员的生活态度、价值观念的表现；是一个人的道德意识、道德行为发展的成熟阶段，具有较强的稳定性和连续性。另一方面，职业道德也是一个职业集体，甚至一个行业全体人员的行为表现，如果每个行业、每个职业集体都具备优良的道德，对整个社会道德水平的提高肯定会发挥重要作用。

一天坚守职业道德并不难，难的是一辈子都坚守职业道德。一辈子坚守职业道德并不难，难的是一辈子在充满诱惑、受到不公正待遇下仍然坚持职业道德。

12.1.2　IT 职业道德

参考资料：IT 工作者的职业道德

TippingPoint 发起的“零 Day 出击”漏洞购买计划公布的统计数据表明，在漏洞挖掘领域活跃着相当数量自由职业的研究人员,他们年轻而保守自己的职业道德。有超过 600 名研究人员向这个计划提供了 1000 多个安全漏洞。平均每周有 40 个漏洞提交上来,大概有 10%经过技术人员评定后被接受。这些提交漏洞的研究人员大都是 20 多岁的年轻人,并且只有 40%的人是安全公司的从业人员,其他都是自由职业的漏洞挖掘者。从事漏洞挖掘的人数最多的五个国家是:美国、英国、德国、巴西和印度。

大多数的研究人员都称自己会遵守职业道德,只有不到 10%的被调查者说他们会把漏洞拿到黑市去卖,去赚取更多的钱。

"一个公司已经提出要花大价钱购买我手中的一个零 Day 漏洞,但是我婉言拒绝了它们,因为我无法预测这个漏洞带来的危害,并且卖出这个漏洞,只能破坏软件产业的安全性。"一个接受调查的研究人员如是说。

(资料来源:http://www.hackeye.com/article/4138/)

什么是"黑客"?资料中的研究人员是不是黑客?在 IT 界,黑客原意是指那些头脑敏锐、技术出众的行业精英,正如资料中的研究人员。但是后来有些人利用自己的技术,不遵守行业的道德,肆意攻击网络上的计算机,这些人被称为"黑客",使得"黑客"这个词成为一个贬义词。本章标题中所指出的不做"黑客",也就是提倡 IT 从业人员,做一个遵守行业规则和职业道德的行业精英,而不是做一个利用自己所掌握的技术,从事违法犯罪活动的犯罪分子。

每个行业都有自己的行业规则,也都有自己的一种职业道德,这些自由职业的研究人员,他们不愿意利用软件的漏洞来牟利,是遵守职业道德的良好体现。IT 行业需要具有的职业道德包括以下几个方面。

1. 具有良好的敬业精神

IT 从业人员要求有敬业精神,在第 5 章中我们已经指出,敬业精神至少包括诚信、积极进取和全心全意地完成工作等方面。一些传统行业对加班界定的比较清楚,从事 IT 行业的人,很少有工作时间分明的情况,很少有人能够完全按时上下班。行业特点也决定了时间并非考察一个人工作努力程度的唯一因素,很多人即使在下班时间也在考虑上班时间的工作,"身子"下班,"脑子"并不一定同时下班,这种情况很常见。另外,从事设计工作的人员,在上班时间很容易为各种各样的突发事件所打断,工作效率相对低下,而在夜深人静的时候,精力比较容易集中,反而能够达到较高的工作效率。

组织在进行招聘的时候,通常很难找到技术能力及各方面素质都完全符合要求的人选,因此很多组织会将很多的考核点放在人员的道德品质及敬业精神上,一个人的技术水平暂时落后并不可怕,只要他具有良好的品质,即使不是一个不可多得的人才,他也会通过努力在较短的时间内达到组织的要求,为组织贡献自己的力量。

2. 严守秘密

第 5 章我们详细讨论过这个问题,这里重申一下,守密是 IT 从业人员必须遵守的基本职业道德之一。在 IT 行业,最可怕的不是盗版,也不是木马病毒,而是 IT 人才流失时技术(比如源码、文档等)也跟着一起流失,IT 行业人员流动性非常大,一些人从公司离开,不仅带走了公司的理念和经验,同时也带走了公司的产品,甚至带走了公司的客户,严重扰乱了整个行业的正常竞争秩序。

有些公司为了防范软件产品的流失,计算机上所有外部设备的接口都被封掉,不得上

Internet,不得往外发 E-mail 或实行 24 小时的监控。但是,这样的公司为了保守秘密,所付出的代价也是无法想象的,IT 员工需要交流和宽松的管理环境,这样做,使员工严重丧失了工作的动力,在很大程度上降低了工作的效率。作为一个程序员或 IT 人才,当你从事某个产品的研发或接手一个项目时,你必须对产品或项目有关的东西比如源码、文档等资料保密。当你离开一个组织的时候,要彻底忘记原来组织的产品。

3. 不利用技术做一些违反公众利益的事情

绝大多数软件由于开发条件和技术方法的限制,几乎都存在一定的 Bug,作为一名 IT 从业人员,在发现这些软件问题的时候,不应该利用这些漏洞来为自己谋取利益,更不能用这些漏洞来攻击别人,而是要向软件开发公司反映问题,让他们提出问题的解决方案,从而避免损失,这是一个合格的 IT 从业人员应该具备的职业道德。

4. 客户就是上帝

"第一,顾客永远是对的;第二,顾客如果有错误,请参看第一条。"一些人的工作是为客户开发和设计,每天都会收到来自客户的很多建议,甚至不满、抱怨、牢骚、投诉等,我们必须认真研究与分析,并争取尽最大努力满足客户的要求,我们设计的产品最终的使用者是客户,而不是我们自己,因此客户的意见是非常重要的,在条件许可的情况下,我们还是应该多接触客户,加强沟通,培养相互的忠诚、彼此的信任。

总而言之,作为一名 IT 从业人员,除了应该遵守普通的职业道德规范,还应该遵守 IT 行业特有的道德规范。社会上的每个行业,基本上都有自己特点的职业道德,医生应尽全力救死扶伤。教师要因材施教,毫无保留地将自己的知识都传授给学生。而 IT 行业人员,无论从事什么职业,都需要竭尽所能地为社会服务,维护社会的安定团结,遵守行业的职业道德规范。

12.2 再论诚信

纵观新中国的经济发展历史,中国改革开放以来已经出现了三代企业家:改革开放初期,以大邱庄禹作敏、邱二村陈银儿以及步鑫生、马胜利等为代表的第一代企业家,时至今日,他们有的因违法进了监狱,其他的也大多从人们的记忆中消失;从 20 世纪 80 年代中期开始,以联想、海尔、方正、华为等企业为代表成长起来的第二代企业家,以低成本制造优势参与了全球产业分工,创造了"中国制造"的奇迹;20 世纪末,随着新的商业模式不断产生,催生了以沈南鹏、陈天桥、江南春、马云、李彦宏等为代表的第三代民营企业家,他们赢在商业模式的创意性与前瞻性上,是否成功也主要取决于他的商业模式是否符合科学发展观。

这三代企业家中,第一代企业家主要靠资源取得相应的地位;第二代企业家主要靠产品取得成功;然而在今天这个产品极其丰富的社会中,第三类企业家主要靠先进的经营理念取得成功。这三代企业家真正成长起来,并且能够持久,就需要诚信的支持,而不讲究诚信的人,虽然会取得一时的成功,但是不能长久。在当今社会,给予了人们很多机会,尤其是在当今中国,有一夜暴富的情况,但是只有靠诚信,靠长期高品质的产品质量和服务,才能够取得长久的成功。

互联网经济成为影响整个经济体制的一个重要方面,几乎没有一个行业可以说与网络无关,而整个互联网由于信息不对称,就是依靠诚信来支撑网络交易的。在没有人监督的情况下,能够做到质量始终如一,是一件非常不容易的事情。

有关网络质量的评价体系和标准也很多,由于网络经济的发展相对比较短,而网络经济发生的纠纷处理起来又比较复杂,所以今天的网络诚信主要是靠网络经济平台来监管,是一种市场主导行为,政府只是起辅助作用,这与传统的政府监管、引导的诚信机制有很多的不同。

参考资料:淘宝网的诚信机制

淘宝网成功运营多年,目前是国内最大的电商平台,其商业模式和信用机制被国内大量的电商模仿,并且不断地推陈出新,也得到了人们的认可。淘宝网用来保障消费者和商家利益的机制主要有以下几种。

1. 信用评价机制

淘宝会员在淘宝上的每一个订单交易成功后,双方都会对对方交易的情况作一个评价,这个评价就是信用评价,它是公平、公正、透明的,是建立网络诚信制度的基础。淘宝会员在淘宝的信用度就是建立在信用评价的基础上。

淘宝网创立的信用机制已经成为国内网络零售行业的事实标准,易趣、拍拍等平台都沿用、承认淘宝网的信用机制,并提供相对应的信用度转化表。国内网络零售消费者已经习惯于用红心、钻石、皇冠的数量来描述网店的可信度。

2. 店铺评分机制

在淘宝运营达 6 年后,淘宝网在调查中发现:在以信用评价机制为主来衡量卖家的基础上,更多淘友期望多维度地了解卖家的商品质量、服务态度等情况,因此在综合各方意见后,于 2009 年 2 月份额外增加了一套评分体系——店铺评分。

店铺评分是指交易成功后,买家可对卖家的如下四项指标分别做出 1～5 分的评分:宝贝与描述相符、卖家的服务态度、卖家发货的速度,物流公司服务。

尽管淘宝网被评为国内最大的假货贩卖平台,但是无论是真货还是假货,大家在淘宝购物的主要目的是物有所值。只要东西能用,并且所购买的东西和期望的价值一致,即使用价值和价格一致,就能得到好评。淘宝网的评价体制提供的是对这种一致性的评价,这恰恰满足了大量消费者真正的需求,也正是淘宝网成功的关键。

目前我国企业电子商务在诚信方面存在众多的问题,强烈制约着企业电子商务的发展。国内诚信主要是依靠企业自发约束,还缺乏政府或者整个社会的有力支持,人们在交易过程中诚实守信的意识还很淡薄,因为人们失信成本很低,或者说有时还不存在失信成本,这使得部分人越来越不诚实、不守信。电子商务发展技术上的差距,可以通过购买、引进或独立开发来弥补,但是良好诚信环境的建设和诚信意识的培养,需要人们长期努力才能培育出来,这是在电子商务诚信机制建设中的难题。

站在电子商务行业发展、诚信与支付健全的角度,无论诚信体系设计还是支付服务的定位,要放眼未来,不要忽视中小企业、传统行业市场,无论是国内贸易、国外贸易、资金结算以及其他增值服务,都能支撑支付服务企业的发展。随着经济的发展,诚信问题越来越凸显出来,只有国民诚信意识不断提高,才能有效推动经济发展。

12.3　如何对待潜规则

潜规则是相对于原规则、明规则而言的。顾名思义，就是看不见的、明文没有规定的、约定成俗的、但是却又是广泛认同、实际起作用的、人们必须遵循的一种规则。创造潜规则这一概念的吴思先生说：所谓的潜规则，便是隐藏在正式规则之下、却在实际上支配着中国社会运行的规矩。

潜规则，既不公开，也不透明，也决不会将它的规则内容告知于他人，但是，其规则的内容谁都明白，它比明文规定的规章制度还要厉害，还要严厉，人们都在默默恪守、心照不宣地维护它。谁不遵循这种规则，谁就会受到这种规则的排斥、惩罚，潜规则很具有杀伤力，一般人都很惧怕这种潜规则，并相互牵制，因为不遵守潜规则的人根本进入不了自己想进入的这个圈子中。即便进入相应圈子，如果不遵守潜规则，也会发现自己无法生存，无法被这个圈子所认同，并很快就会被这个圈子所抛弃。潜规则具有如下特点：

- 潜规则是人们私下认可的行为约束。
- 这种行为约束，依据当事人双方（各方）给对方带来利益或者给对方带来的伤害能力，在社会行为主体的互动中自发形成，可以使互动各方的冲突减少，降低交易成本。
- 所谓约束，就是行为越界必将招致报复，对这种厉害后果的共识，强化了互动各方对彼此行为的预期稳定性。
- 这种在实际上得到遵从的规矩，背离了正义观念或正式制度的规定，侵犯了主流意识形态或正式制度所维护的利益，因此不得不以隐蔽的形式存在，当事人对隐蔽形式本身也有明确的认可。
- 通过这种隐蔽，当事人将正式规则的代表屏蔽于局部互动之外，或者，将代表拉入私下交易之中，凭借这种私下的规则替换，获取正式规则所不能提供的利益。

其实简单地讲，所谓潜规则，主要包括两个方面的内容，一是指通过不正当的手段，例如行贿、威胁等方式来获取规则以外的利益，或者打败竞争对手；二是在职场上一种默认的妥协规则，彼此一种心照不宣的互相照顾，以获取不正当的利益。潜规则一般都是社会上的负面因素，是不能被正常规则所允许的不正当手段，如果是正当的手段，就是正常规则允许的了。潜规则容易对社会产生危害，所以要消灭这种规则。

首先，有一些“潜规则”有合理的地方，例如工作场景、工作方式的约束，工作中优秀工作人员的评选等，对于这种合理的潜规则，可以利用标准的规则来引导它们，使之成为合理的规则。合理的地方“露出表面”，大家共同遵守，不要合理的和不合理的都“潜”下去。

例如，在年终先进人员的评选中，假如 10 个人中选出 3 名今年工作最优秀的员工作为先进，其中甲、乙可能确实是今年非常优秀的人员，而丙的工作比丁优秀，但他们三人都已经被评选过先进。丁工作表现居于中间，也比较努力，但是却三年来从没被评为先进，这个时候大家很有可能考虑把丁评选为先进。在制订出合理的考核手段和方案之前，这就是一个潜规则。但是可以制订出考虑以前优秀因素的目标考核方案来平衡优秀的选择方法，促使潜规则成为明规则，来更好地激励员工。

其次，要将潜规则消灭于萌芽之中，对于一个组织或社会的管理者而言，那些“不露在表面”的，就要让它总也露不出来，将其消灭于初始状态，否则等这些“潜规则”大行其道，那就为时已晚了。

举一个简单的例子，比如说公共场合禁止抽烟的问题。如果是从一开始就严格禁止，那么很快大家就会树立起这个意识，也就容易用规则来引导它。比如在一些国家中，由于严格禁止在公共场合抽烟，因此，惩罚力度也很大，形成了一种社会的认可。但是在一些国家，比如我国，虽然有相关立法要求公共场合禁止抽烟，但是由于惩罚力度不够，一些酒店为了吸引顾客等原因，一些公共场合抽烟的潜规则横行，现在要一下子消灭就非常困难了。

在国内还有一些现象，例如中国式过马路、闯黄灯、城市中养宠物等现象，都是属于这种情况，“潜规则”大行其道，并且深入人心，取消这些“潜规则”不是一件容易的事。

再次，消灭潜规则的重要条件之一，是权力拥有者要能够抑制住对利益的渴望，提高自身的素养，能够做到独善其身，不按“潜规则”做事。

在中国，吃回扣历来是各行各业一个重大的“潜规则”，每个组织，无论是政府还是企业，采购部门一直是非常“吃香”的一个部门，尽管政府或者企业采取了种种手段、方法来防止这种现象，但是却一直无法遏止。尤其是政府采购，温家宝总理曾经举过一个例子，一个 1000 元的打印机，走完政府采购流程到了使用部门手中，可能要五六千元，国家花费了大量的人力物力来防止采购腐败、防止回扣，然而却防不胜防。最近几年高铁建设中，采购中的回扣更是令人吃惊，一个纸抽盒价格达上千元。最有名的是宣传片的回扣事件，也导致了大批铁道部官员落马。

最后，要想消灭潜规则，需要整个社会一齐努力，要大张旗鼓地提倡规则意识，坚决反对“潜规则”意识。建立一个依法办事的社会制度，将政府办事流程公开化、透明化，消除社会阴暗的一面。合理建立社会规则，让潜规则无处遁形，这样才能最终消灭潜规则。

对于新入职场的毕业生来讲，要认识到社会潜规则的存在，但是更重要的事，不能总是依赖于潜规则办事，也不要让潜规则来主宰了你的思想。毕竟潜规则不是社会的主流，也不是历史发展的方向，提升自身的专业能力，才能够在职场中长久立足。不要因为遭受到一两件不公平的事情，就对社会产生了敌视、仇恨的心情。正确地调整自己，在社会中找到符合自己职业生涯的发展方向，依靠潜规则来获取的成就毕竟不会心安理得，这其实没有实现自己的人生价值，只有通过自己的努力，在正能量的帮助下，获取的成就才是真正的成就。本章开头的导读案例中所阐述的现象确实存在，但并不是代表了整个社会，而且这些问题全社会已经意识到了，这说明社会也在变革中，在不断地改进，潜规则越来越不被人接受，必将逐渐地消亡。

12.4 保 护 自 己

12.4.1 办公室中保护自己

工作环境不同于学习环境，在工作中“害人之心不可有，防人之心不可无”。在工作中要注意保护自己，有的人工作能力很强，进入企业后，认为只要全心全意投入工作，平步青云只是时间问题。然而往往在拼命工作的同时，暴露了自己很多的弱点和问题，就是这些看似细小的问题，导致自己成为众矢之的和背后攻击的对象，办公室里不光看工作表现，还要看其他很多方面，因此往往最后业绩不错，但是自己得不到应有的认可。努力工作的同时，必须懂得自我保护。

福尔摩斯有一句话："你们在看，而我却在观察。"要学会保护自己，必须学会像"娱记"一样观察、聆听和分析。那些掌握你命运的人可能是你的主管，你的部门经理、总监，甚至是大老板。每天和他们一起交流工作，很多有用的信息都摆在你面前，这时候就需要通过对表面现象的观察和分析，找出对自己有利的信息，帮助自己准确定位。

参考资料：木匠与总管

农村盖房子，一般都有两个总管，一个管建筑，一个管木工，因为木工活在农村和土建活差不多，许多柱子、梁、房顶、楼梯、楼板等都是木头做的。

有一天，木工总管手下新来了一个非常优秀的木工，什么活都会干，干净利落，总管非常喜欢他，大家都夸他，时间长了，这个木工就有点飘飘然了。他每天看着总管在工地上走来走去，什么也不干，尽吆喝别人干活，有点不服气，心里想：这种事我也会干，看样子他的技术还不如我呢！

大梁是房子最重要的部分，大梁搭成，代表房子初步竣工了，主人家一定要选择良辰吉日，敲锣打鼓，大放鞭炮，以示庆祝，全村的人都会过来看热闹，开心一番。

一个房子的大梁必须要有最好的木工来完成。总管将这个活交给了新来的木工，让他负责做大梁。新来的木工决定要难为一下木工总管，他用三天时间做好了一根大梁，非常漂亮，简直是最近几年做得最好的大梁，可他在做的时候，故意把大梁少做了一米。

第二天，主人家敲锣打鼓，准备上梁，众乡亲都来看热闹，一时间人声鼎沸，好不热闹。主管和木工两人将梁抬上了房顶，一人一边，开始安装房梁，此时木工喊道：总管，房梁短了一米。一下子，全场鸦雀无声，惊呆了。没想到，主管很悠闲地说，那我们俩使点劲，把这梁拉长一米。

木工一拉，嘿，真是神了，这梁真的就长了一米，大家都愣住了，一时间掌声雷动，大家都说主管是个神仙，大梁都能拉长一米。木工更是惊奇不已，心想，没想到主管这么厉害，明明少了一米，他还能拉长。从此以后，木工就跟着主管，走南闯北，干下了许多大工程。

过了几年，木工实在忍不住了，就好酒好菜宴请主管，非要他说出那天拉梁的秘密来不可。只见此时，主管微微一笑说：我平时见你看见我的时候，脸有不屑之色，猜想你可能心有不服，为此特意关照你做的活。再说大梁是房子最重要的一个活，我每天在你们都回去休息的时候，都去测量，后来发现你将大梁少做了一米，为了不耽误第二天上梁，我连夜赶工重做了一根，将你那个大梁给拆了，第二天，我们俩抬梁上房的时候，就知道你会叫少了一米，我就特意要拉长一米，事情就是这么简单。

（资料来源：http://www.cnblogs.com/caidehui/archive/2005/06/23/179504.html）

这位主管在与同事的协作中，非常好地保护了自己，既保证房屋的正常建设，又保护了自己的地位，同时还给自己的同事留足了面子。朋友永远不嫌多，敌人最好一个也不要有，在工作中处世适当的圆滑是必要的。每个人都有面子，做事都需要给人留一些余地，这样给同事、给客户一个台阶下，也是一个更好地保护自己的手段。

对于女员工来讲，在职场中如何保护自己尤其重要。据北京红枫妇女热线的最新数据统计显示,从 1992 年到 2004 年,热线共接到有关“性骚扰”的电话 613 个,其中案例多发生在职业场所,在全部案例中有 35%的“性骚扰”来自上司;15%来自同事,两者合计占总数的一半。而其中从事商业服务者和公司职员是遭受性骚扰的主要人群占总数的 45%。

据《信报职场周刊》与 Tom 在线关于职场性骚扰的调查显示,50.66%的人遭遇过职场性骚扰,也有 17.76%的人认为说不清遭遇的情况是否算性骚扰。而职场性骚扰多来自于上司和同级别的同事,所占比例分别是 41.18%和 42.35%;来自老板的骚扰只占 16.47%。在众多被调查者中,一些没有遭遇过职场性骚扰的参与者认为职场性骚扰一般发生在上司与下属之间,占 61.84%;其次是老板与雇员之间,占 26.32%;最后是公司级别相同的普通同事之间,占 11.84%。

女性在现今的职场上占据了重要的地位,那么如何避免这些尴尬的局面出现,在职场上保护好自己呢?

首先,要培养自己职业化的意识。职业人是敏感的,要灵敏地感知外界的变化。识变、应变、改变是职业人必备的素质。面对职场性骚扰,也要拿出职业化的姿态与之抗衡。

其次,避免艳丽的装扮、娇嗔的语气。职场美女一定要学会适当地“藏美”,平时上班不要穿过于暴露的服装,让别人对你的感觉从外表美转向知性美,尽量展示自己理性、聪慧、干练的一面。而理性、干练的白领丽人,比较容易给人形成强势的女人形象,会赢得男性同事的尊敬,而男同事“不敢”对其进行性骚扰。

再次,要有良好的自我保护意识和灵活的处理办法,自己与上司和同事相处时,既要有保护自己不受侵犯的意识,同时也不要过度警惕,以免不必要的误会和尴尬的场面发生。把握好男女交往的尺度,要自重,也要让别人尊重自己。

最后,婉拒你认为不安全的邀约,坚定有力地回击对方暧昧的短信、邮件等,不要轻易地接受对方的馈赠。必要的时候运用法律的武器来维护自己的合法权益。

12.4.2 合法权益

刚刚走上职场的大学生,由于缺乏一些经历,因此在保护自己合法权益的时候,往往因为不知道相关规定而没有保护好自己。下面就一些工作中经常遇到的热点问题进行简单讨论,以方便在工作中遇到相关问题时进行参考。

1. 辞职

一般来讲,被企业辞退不会存在很多问题,问题往往是在从企业辞职的时候,容易被所在的企业刁难,实际上从企业辞职比较容易。上海市劳动法中有关规定如下,其他地方的规定大同小异。

“劳动者提前 30 日以书面形式通知用人单位,既是解除劳动合同的程序,也是解除劳动合同的条件。劳动者提前 30 日以书面形式通知用人单位,解除劳动合同,无须征得用人单位的同意。超过 30 日,劳动者向用人单位提出办理解除劳动合同手续,用人单位应予以办理。但由于劳动者违反劳动合同有关约定而给用人单位造成经济损失的,应依据有关法律、法规、规章的规定和劳动合同的约定,由劳动者承担赔偿责任。”如果你离职手续正常,“企业职工调动、辞职、解除劳动合同或被开除、辞退等,应由职工所在单位在一个月内将其档案转交其新的单位或户口所在地的街道劳动(组织人事)部门。”

当然,那种不告而别或者第二天要离开、前一天晚上通知单位的做法是不可取的,任何时候好聚好散，再聚不难。因为一个地区行业的圈子很小，如果你每次都不告而别，恐怕你很难在这个圈子中待下去。

2. 劳动纠纷

在职场上，劳资双方有时会发生些许矛盾。职场人不应该逃避矛盾，当劳动纠纷发展到不可调和的地步时，要申请使用法律途径来解决，到了那一步是非常麻烦的，需要找专业人士咨询，这里讨论的是如何才能既合理地保护了自己，又给企业留有余地，化解掉劳动纠纷。

首先，要善于用实力说话，把自己的贡献作为争取利益的砝码。而对于刚毕业的大学生，尚未展示能力，没有给企业做出多大的贡献，就给人力资源部门列出长串清单：房贴、车贴、通信费、公司旅游、带薪年假……显然是不切实际的。

其次，和企业发生分歧时，要心平气和地沟通，尽量以协商方式解决问题。很多问题都是可以协商解决的，大可不必为赌一时之气而离开岗位，平时多学些劳动法律法规知识，包括法律条文的相关司法解释，这样在需要和企业谈判时也能做到有理有节；注意积累各种证据，如加班记录、工资条、考勤卡、社保缴纳记录等；注意协商时机，不要发生一点小事就去找 HR（人力资源部门）谈判。如果类似事件发生多次，那么把它们一次性摆到 HR 桌面上，必能引起足够的重视。

再次，不要轻易提起劳动仲裁。企业一般都会对应聘候选人进行背景调查，如果从前任“东家”处得知候选人曾因为一点小纠纷和企业闹上仲裁庭，那么可能会对接纳此人加盟企业持“慎重态度”。因为企业潜意识里会认为此人不善沟通，看重小利。当然，如果企业对劳动者权益有重大侵害，劳动者就一定要学会用法律武器保护自己，比如遭遇企业随意解雇、拖欠工资、对工伤不负责任、侵害妇女权益等，都应该勇敢地提起仲裁甚至诉讼。但福利待遇方面的分歧，最好寻求其他方式解决。

最后，即使企业过错在先，劳动者也不能以违反劳动纪律或法律法规的方式表示不满。如果劳动者自身也违反了劳动纪律或劳动法，就失去了保护自己的立场。

3. 工伤

我国原劳动部 1996 年发布的《企业职工工伤保险实行办法》对工伤的范围作了明确规定。职工由于下列情形之一引起负伤、致残、死亡的，应当认定为工伤，其范围为：

- 从事本单位日常生产、工作或本单位负责人临时指定的工作的，在紧急情况下，虽未经本单位负责人指定但从事直接关系到本单位重大利益的。
- 经本单位负责人安排或者同意，从事与本单位有关的科学实验、发明创造和技术改进工作的。
- 在生产工作环境中接触职业性有害因素而造成职业病的。
- 在生产工作时间和区域内，由于不安全因素造成意外伤害的，或者由于工作紧张而突发疾病、造成死亡或经第一次抢救治疗后全部丧失劳动力的。
- 因履行职责遭遇人身伤害的。
- 从事抢救、救灾、救人等维护国家、社会和公众利益的活动的。
- 因公、因战致残军人复员或转业到企业工作后旧伤复发的。
- 因公外出期间由于工作原因，遭受交通事故或其他意外事故造成伤害或者失踪的，或因突发性疾病造成死亡或者经第一次抢救治疗后全部丧失劳动力的。
- 在上下班的规定时间和必经路线上，发生无本人责任或者非本人主要责任的道路交通机动车事故的。

- 法律、法规规定的其他情形。

由于 IT 工作者工作环境相对较好，一般不会引发一些严重的职业病等因素。因此职业病、工伤很容易被忽视，一旦出现了相关的情况，不知道如何保护自己的现象也比较多，这里列出工伤所属范围，在受到了伤害的时候，可以用来保护自己。

4. 孕妇

对于女同学来讲，毕业后不久就要面临结婚生育的问题，很多女生缺乏这方面相关的知识，在保障自身的权益时就会吃亏。一些单位为了提高生产效率，对女性怀孕、生育补贴、哺乳期工资等做了一些单方面的规定，这些规定是从单位利益出发，有时候严重地损害了女员工的利益，2012 年 4 月份通过的中华人民共和国国务院令第 619 号《女职工劳动保护特别规定》中，有几条关于女性职工怀孕、生育、哺乳期间的相关问题，现摘录如下：

第五条 用人单位不得因女职工怀孕、生育、哺乳降低其工资、予以辞退、与其解除劳动或者聘用合同。

第六条 女职工在孕期不能适应原劳动的，用人单位应当根据医疗机构的证明，予以减轻劳动量或者安排其他能够适应的劳动。对怀孕 7 个月以上的女职工，用人单位不得延长劳动时间或者安排夜班劳动，并应当在劳动时间内安排一定的休息时间。怀孕女职工在劳动时间内进行产前检查，所需时间计入劳动时间。

第七条 女职工生育享受 98 天产假，其中产前可以休假 15 天；难产的，增加产假 15 天；生育多胞胎的，每多生育 1 个婴儿，增加产假 15 天。女职工怀孕未满 4 个月流产的，享受 15 天产假；怀孕满 4 个月流产的，享受 42 天产假。

第八条 女职工产假期间的生育津贴，对已经参加生育保险的，按照用人单位上年度职工月平均工资的标准由生育保险基金支付；对未参加生育保险的，按照女职工产假前工资的标准由用人单位支付。职工生育或者流产的医疗费用，按照生育保险规定的项目和标准，对已经参加生育保险的，由生育保险基金支付；对未参加生育保险的，由用人单位支付。

第九条 对哺乳未满 1 周岁婴儿的女职工，用人单位不得延长劳动时间或者安排夜班劳动。用人单位应当在每天的劳动时间内为哺乳期女职工安排 1 小时哺乳时间；女职工生育多胞胎的，每多哺乳 1 个婴儿每天增加 1 小时哺乳时间。

12.5 总结讨论

12.5.1 本章小结

(1) 职业道德是同人们的职业活动紧密联系的、符合职业特点所要求的道德准则、道德情操与道德品质的总和。职业道德有与社会基本道德相吻合的一面，又有与职业相关联的一面。IT 职业道德主要是根据 IT 工作岗位特色，针对 IT 工作人员的特点，归纳出一些需要遵守的职业道德，以及能够帮助职业生涯发展、成功的职业素养，包括前面章节中全心全意工作、不做黑客、保守秘密等方面的内容。

(2) 诚信是 IT 行业的基础，由于 IT 行业是一个技术为主的行业，因此存在着巨大的信息不对称，能够继续支持行业存在发展的基础即诚信。电子商务、项目建设甚至普通的产品交易，都是以诚信为基础。

(3) 潜规则，是隐藏在正式规则和社会道德之下，在一定程度上支配着社会运行的规矩。一般来讲，潜规则都是社会上不好的一面，是通过损害了其他人或者公众的利益来为交易双方获取利益，但是这种利益的获取基本上都是短期行为，不能够支持长期发展。IT 行业中也存在独具特色的潜规则，无论个人还是组织，在工作中消除潜规则，以诚信、公平、公正为基础，才是长期发展的正当之路。

(4) 在讲究奉献的同时，也需要时时刻刻学会保护自己，毕竟工作中身边的人是不熟悉的、临时组成的团队，在与上下级、同事和客户相处的时候，要维护好关系，同时保护好自己。另外，注意维护自己的合法权益，熟悉一些国家相关规定和条款，一旦发生纠纷，能够运用法律武器保护自己。

12.5.2 小组讨论：IT 潜规则

对于 IT 行业来讲，也存在大量的潜规则，不少 IT 潜规则已成阻碍行业发展的毒瘤，同时也为一些 IT 年轻人树立了“坏榜样”。如何与潜规则进行斗争，树立良好的职业观和职业素养，在保障自己职业生涯正常发展的同时，也推动行业的正确发展，是职场新人必须学习和把握的。下面列出了一些经常遇到的 IT 潜规则，看看我们在工作和生活中会遇到哪几种。

1. 盗版和番茄花园

数千万计算机用户曾经心安理得地徜徉在开满盗版软件的番茄花园里，甚至有很多人认为，番茄花园是正版软件，或者有个操作系统，名字就叫作番茄花园。2008 年，微软对番茄花园提起了起诉，对全国盗版软件算是一个警醒。

2. 流氓软件

上网冲浪很久以来一直不安全，黄色网站、唯利是图的个人站站长、无线 SP、流氓软件等让中文互联网遍布陷阱和木马，大家默默忍受，曾有一段时间国家立法打击流氓软件，而现在流氓软件仍然在利用不同的规则来“擦边”。现在“流氓”界争论的焦点已经变成了谁是“真流氓”、谁是“假流氓”，谁是“一开始就流氓”、谁是“做大以后再流氓”，流氓也讲用户体验，一切都是经济利益在作怪。

3. 山寨

在国内，人的想象力和创造力似乎是无限的，只是没有用在合适的地方，很多人左手“NOKLA”、右手“摩托沙拉”。忽如一夜春风来，千家万户山寨开。山寨甚至成为手机和消费数码的亚文化，涌动着创新，也暗藏着巨大的危机。

4. 恶意炒作

为了博出名，在网上可以什么手段都能拿出来。只要能够吸引眼球，能够扩大流量，可以引无数水军来各种评论，不论采取什么样的方式，有关注就有经济，有“特色”就有关注，为了满足猎奇心理，各种手段轮番上阵，最终伤害了谁没有人关注。

5. 各种奖项

年度最佳、史上最强、进步最快……只要你敢想，评奖组委会们就敢做。没有他们做不到，就怕贵公司想不到。今天你“得奖”了吗?

6. 会员制

加入“会员”,享受“套餐”,吃进去的是“三聚氰胺”,吐出来的是悔恨和投诉。无良网站的“会员”入不得,不厚道运营商的“套餐”吃不得。

7. 幕后推手

为了帮助那些想出名的人,有人敢出位,有人就来帮助你,你知道互联网上有多少受雇于看不见的后台黑手,大把大把拿着钞票,在网上论坛专门骂人的“打手”公司吗?相声里说“小偷”成立公司了,如今“打手”也在搞企业集团,据说业务叫作“口碑营销”,批发兼零售。

8. 网站排名

利用网站排名“偏前”来套取利润,也称“骗钱”潜规则。你可以不知道这个网站,但你经常会听见各种甚嚣尘上的网站排名,国外的所谓 Alexa 排名被创业网站和 VC 们反复证明错误之后,已经没有什么市场了。但是在“潜规则”的“江湖”里,想取代 Alexa 的接任者貌似还是前赴后继的。甚至连政府每年的测评项目中,都有门户网站发布信息,来说明政府工作的效果。

9. C2C 模式

多么牵强的“潜规则”啊,地球人都知道,它现在都快变成“明规则”了。反观国内的互联网企业,鲜有不是“Copy”起家的,人们常常挂在嘴边的腾讯抄袭、开心网抄袭、人人网抄袭、微博抄袭、美团抄袭。优秀的国外模式在中国从来都是被第一时间“Copy”。

10. 团购原价虚高

又是一个挑战诚信的秀场,业内人士也曾承认团购网站确实存在标价虚高的陷阱,其实团购并不像大家看上去那么美,团购网站将一件商品价格虚高一倍,再打折出售,其实商品比实际价格便宜不了多少,但在网页上显示的折扣却很低,借此来吸引人们购买。团购网站上每件商品的原料和售价都是不透明的,作为消费者,很难知道市场定价又该定在多少,因此这些都只能是商家和团购网站说了算。

11. 杀毒软件互杀

上海交通大学“反恶意软件研究小组”发布的《安全软件兼容性白皮书》中显示,全球大部分安全软件互不兼容,安全软件不兼容已成常态。无论是 ESET 和卡巴斯基,还是国内的金山毒霸和瑞星等诸多最新版杀毒软件,均在安装阶段就以“不兼容”为由要求卸载掉对方;即便用户拒绝删除,也会出现不同程度的性能降低、蓝屏甚至死机等状况。

(资料来源:http://it.sohu.com/s2008/qianguize/)

12.6 实践训练

12.6.1 课外作业与练习

(1) 什么是职业道德?怎样理解职业道德在工作中的作用?

(2) 在当前网络经济时代,诚信处于什么样的地位?如何看待电子商务中的诚信基础?

(3) 你认为淘宝的诚信机制是否合理?应如何改进?

(4) 思考下列现象,回答相应问题。

我们经常购买电子产品,在购买电子产品的时候,经常会问到开票价和不开票价,所谓开票价就是指带发票的价格,不开票价是指不带发票的价格。对于 IT 市场而言,一般产品上市正规行货的进货,每一款产品都是附带了发票的(多数是增值税发票)。目前增值税发票的票点是 17%,这在商家进货的时候就已经含有了。大家在购买笔记本的时候笔记本的实际售价为"产品价格+增值税税额",最后增值税的金额商家是需要上缴税务部门的,商家仅仅起到一个代收的作用。

那么,如果在大家购买笔记本的时候,商家并未向大家提供发票(不管是大家忘记索要,还是商家故意不给,还是大家觉得要不要无所谓),这些留在商家手里的发票并非毫无用处,因为商家可以将这些增值税发票拿去变卖,在中关村一般是发票额度的 5%到 7%,通过变卖增值税发票,商家又能够获取一部分利益。

问题:

① 讲述一下你曾经遭遇的与发票有关的潜规则。

② 你怎么看待这种现象?

③ 不开发票购买人员可以得到让利,而销售者可以通过销售发票来获取利益,买卖双方双赢,在这个过程中,谁吃了亏?为什么?

(5) 阅读下面的案例,并回答相应的问题。

朱某于 2007 年 2 月 1 日进入上海某公司任销售经理。公司与朱某签订了为期三年的劳动合同,并约定月薪为 6000 元。朱某工作努力,销售业绩也非常可观,常常得到总经理的嘉奖。2008 年 1 月底,公司总经理与朱某口头约定对其实行年薪制,每年年薪为 15 万元,每个月先支付 8000 元,其中 6000 元打入工资卡中,另外 2000 元由朱某提供发票报销,余下部分于年底一次性发放。2008 年,公司按照约定发放了朱某 15 万元的年薪。2009 年 2 月至 10 月期间,公司还是按照 2008 年的方式支付朱某的工资。可是到了 2009 年的 11 月,公司以销售业绩不好为由拒绝发放朱某每个月的 2000 元发票报销款,到了 2009 年年底,公司也不再发给其剩余部分的年薪。

朱某认为自己的销售业绩一直都挺不错,既然公司已经答应对自己实行年薪制就应该按照约定发放,于是多次找公司理论,但是公司却不加理睬,在多次协商无果后朱某向单位所在地的劳动争议仲裁委员会申请仲裁,要求公司支付 2009 年 11 月及 12 月的发票报销款及余下的年薪。

问题:

① 你认为单位是不是应该支付朱某的年薪?

② 本案例中,应该怎么样避免这个纠纷?你从中学习到了什么?

(6) 初入职场,应该怎么样保护好自己不受伤害?

12.6.2 热点话题:商业贿赂——跨国公司的本土化战略

2006 年 11 月 15 日,德国司法部对享誉全球的西门子公司(位于慕尼黑的总部)进行了突击搜查,封存了上万份档案资料,并逮捕了数名西门子员工,由此揭开了西门子全球市场的贿赂丑闻。据相关调查人员透露,自 20 世纪 90 年代中期起,西门子非法贿赂支出已超过 10 亿欧元。

对于全球最大的跨国公司之一的西门子来说,巨大的中国市场不容小觑。随着西门子贿赂案调查的不断深入发展,中国公司也未能幸免。负责西门子审计的毕马威会计师事务所出具的报告显示,9个与中国业务有关的公司和个人被牵扯到贿赂案中。

2007年7月,有德国媒体报道称,据西门子内部文件披露,通过在列支敦士登Neue银行开立的3个银行账户,西门子内部有人将资金转入中国、印度和印度尼西亚。仅在账号"220030"下从1998年9月至次年4月间,就有6笔资金被提取,金额约合现在的410万欧元。8月20日,西门子总部发言人安德里亚斯·施瓦伯称,内部调查表明,西门子中国市场的确存在不正当的商业行为,目前正在接受调查。8月23日,西门子(中国)有限公司总裁兼首席执行官郝睿强在接受媒体采访时也表示,去年西门子(中国)公司开除了20名员工,因为他们被发现涉及了一些公司不能容忍的行为。

2004年全球知名电信服务供应商朗讯科技中国"贿赂门"事件,经过内部审计和外部法律专家的调查发现,朗讯科技(中国)公司的内部控制存在缺陷,同时朗讯(中国)公司4名高管——公司总裁、首席运营官、销售部高级主管及一名财会经理遭到解雇,原因是涉嫌违反了禁止美国公司在海外实行贿赂的联邦法规。

2005年5月,美国德普公司案引起了公众对商业贿赂的广泛关注。根据美国司法部2005年5月20日提供的报告披露,全球最大的诊断设备生产企业德普公司在天津的子公司天津德普诊断产品有限公司从1991年到2002年期间,向中国国有医院医生行贿162.3万美元现金,用来换取这些医疗机构购买德普公司的产品,德普公司从中赚取了200万美元。这家企业最后被美国相关机构以违反"反商业贿赂法"为由,处以479万美元巨额罚金。

2006年11月13日宣判的中国建设银行原行长张恩照案让人记忆犹新。该案中,随着审判结果一同浮出水面的,还有众多跨国IT公司的名单,它们分别是IBM、思科、安迅和日立。其中在北京市第一中级人民法院的判决书中提到,IBM曾向一个行贿张恩照的销售代理支付了22.5万美元。

国内民间经济分析机构安邦集团公布的一份研究报告显示:跨国企业在华行贿事件近10年来一直呈上升趋势。中国在10年内至少调查了50万件腐败事件,其中64%与国际贸易和外商有关。

客观地说,跨国公司进行商业贿赂也并不是什么新鲜事。然而,值得关注的是,慑于发达经济体的严刑峻法,跨国公司如今已经将商业贿赂的主战场转移到了发展中国家,尤其是像中国这样的新兴经济体。从某种意义而言,大量的跨国公司竞相加入中国商业贿赂阵营的事实,固然反映了国际资本逐利的本质,但也隐然显出其海外扩张战略向本土化潜规则的妥协与屈从。

毋庸讳言,中国30多年的对外开放所引进的并不只是跨国公司的庞大身躯,西方企业公平、公开的竞争精神与商业伦理也植入了中国市场。然而,由于本土文化的强大与根深蒂固,新的商业规则并不能在短期内取得市场话语权,盛行于中国商业领域的依然是旧的习俗或者恶俗:人脉关系决定着企业的生存,请客送礼左右着竞争者的命运。而面对着这样的商业生态,善于经营市场的跨国公司难免"入乡随俗"。

因此,任何一家进入中国市场的跨国公司首先面临着的是如何平衡商业伦理与海外市场的竞争力的选择,在这种选择中,企业往往被逼向"囚徒困境":如果远离商业贿赂,企业就可能失去市场;如果同流合污,就会背叛商业伦理。毫无疑问,对于受经济人理性主导的跨国公司来说,最后只能选择后者。

我们需要注意的是,如果说中国商场中的"潜规则"导致了跨国公司的群体被动性"异化”，那么中国市场中的特殊利益结构则使跨国公司的商业行贿由被动走向了主动。

首先，中国市场巨大的利润令跨国巨头在“潜规则”面前敢于大胆出手。以电信行业为例，中国电信市场占全球电信市场的 10%～15%，朗讯的财务报告显示，中国市场已经成为其在全球的第二大市场，仅次于其在美国的业务，面对中国巨大的市场和利润空间，朗讯难以在中国式商业形态下独善其身，而贿赂自然成为其打开商业大门的一把钥匙。

其次，垄断特权的存在驱使跨国公司在“潜规则”面前铤而走险。商业贿赂与资源垄断相伴而生。垄断行业和政府严格管制的行业中，从业人员手中所掌控的垄断性资源太多，权力部门与企业存在频繁的微观接触，在缺乏全面监督的环境中，手握行政审批权、资源分配权、管理权等公权的人员自然成为商业贿赂猎取的对象，各类强势组织权力寻租的机会大大增加，而急于开拓中国市场的跨国公司则成为商业贿赂的重要参与者。

最后，制度供给不足使跨国公司在“潜规则”面前肆无忌惮。集中表现为我国现行治理商业贿赂法律体系尚不完善，法律处罚力度不够，加之地方政府对跨国公司违规行为的放任以及企业、商界长期以来的“习惯性沉默”，即使各交易参与方产生了关于潜规则的悲观心理预期，又变相助长了在华跨国公司的违规气焰。

资料来源：

http://www.cyol.net/zqb/content/2009-08/03/content_2785266.html；http://wenku.baidu.com/view/a1581280bceb19e8b8f6ba91.html；工商行政管理编辑部．工商机关治理商业贿赂实务与案例解析[M]．北京：中国工商出版社，2012．

第13章 职业拓展

导读资料：网易养猪场

网易养猪场坐落于浙江省湖州市安吉县，总面积约1200亩，主要负责人为网易丁磊，目标是建一座网易养猪示范基地，它可以在其他地方复制。网易养猪场要为中国探索"第三代养猪模式"，为中国的养猪业寻找一条全新的路子。

土地是采用流转方式，把农民分散的土地集中起来，付给农民租金。钱都是网易直投的，没有外界传闻的有外资进入。

网易CEO助理周炯透露，网易养猪场由清华大学人居设计团队设计，前期工作已经完成，进入全面实施阶段。

这个顶尖团队曾设计过中国南极科考站。网易养猪场，能实现湿度、温度的精确控制，让猪生活在最舒适的环境里，使环境对猪的影响是最优的，这也是国际上流行的福利养猪。

邀请了欧美和国内多位业内顶尖专家，综合考虑地质灾害、地下水文勘测、土壤条件评估、生物安全测定、交通组织考察和其他饲养条件等因素，遵循高标准严要求对备选地址优中选优。例如在养殖区域要能打出100米以下的深层岩层水，周边环境必须优良，确保丁家猪健康。

自丁磊曝出养猪大计后，其追随者也大有人在。

2009年6月，复兴集团董事长郭广昌被曝签约江西养猪大户国鸿集团，投资养猪事业。

同时，在2009年融资成功的千橡集团CEO陈一舟也对外表示，千橡要多条腿走路，"丁磊养猪，我们就养兔子"。2010年2月初，他又自我爆料称，在丁磊宣布其养猪计划后，自己曾苦苦思索月余，也想去养猪。后因各种原因才放弃。

2010年初，北京中实集团在陕西渭南建设"黄河国际食品产业基地"，投资10亿元实施圈地养猪。

另外，同为互联网起家的刘强东，也效仿丁磊搞起了"副业"。2011年2月，他在其微博上透露称，要回老家租赁5000亩地种无农药无污染的大米。

一时间关于网易为什么养猪的消息满天飞，对于企业来讲，如何成功地实现多元化经营；对于个人来讲，如何实现事业的第二春，成为讨论最激烈的话题。

学习目标

- 危机管理；个人危机管理；
- 认识个人职业生涯危机产生的原因；
- 认识培训在职业生涯中的作用；
- 基础知识的补充和职业生涯能力的扩张；

- 项目管理；项目管理主要含义；
- 了解如何培养自己的项目管理能力；
- 正确理解帮助别人实际上也是帮助自己。

13.1　危机管理

13.1.1　个人危机

中华人民共和国刚成立的时候，国家实行计划经济，每个人不论岗位，收入都是按工龄计算，工人阶级最吃香，嫁人都要嫁一个工人；到了 20 世纪七八十年代，负责贸易的商贸公司、供销社的算是社会顶级收入人员，手中握有资源采购、分配的权利；20 世纪 90 年代白领、商人、个体户开始盛行，允许私有经济的发展，在按劳分配的基础上实现了按资源分配、按风险分配等多种分配方式，一部分人先富起来，个体户、大款在社会上的地位逐渐升高；到了 21 世纪，我国公务员、事业单位工作人员地位空前高涨，物质的极大丰富使得人们在衣食住行上相差较少，因此权力和社会认可度高的工作岗位受到更多人青睐。

而在 20 世纪 90 年代末席卷我国的下岗潮中，对于岗位的理解和下岗后的表现，反映了不同的工作人员在危机来临之际的不同应对变化。任何岗位都随着时间的变迁，在社会上的地位和影响力也发生了变迁。有的岗位，虽然在一个人刚加入这个岗位的时候可能会很好，但是随着时间的变化，一旦这个岗位社会地位发生了变化，将导致整个人的生活发生变化。尤其是当前社会，变化发展较快，没有人能够预测当前岗位未来的情况，人们常说居安思危就是这种情况。

导致岗位发生变动的原因很多，在岗位发生变动的时候，有危机意识的人和没有危机意识的人应对情况不同。例如几年前，高速公路收费人员待遇较好，很多人挤破脑袋要到这个岗位上去，但是现在国家开始逐步取消高速公路收费，一旦该岗位取消，该岗位相关人员也可能面临下岗，或者到一个待遇相对较低的岗位上去。这时如果你没有一技之长，很难得到与收费站相媲美的工作待遇，因为收费站这个岗位可能不需要什么技能，却能够得到较高的待遇，长时间之后，就容易显现出人们常说的"温水煮青蛙"效应。很多人在一些技能含量较低的岗位上浪费了本来的专业特长，个人能力也没有得到拓展和发挥，这就容易导致整个人的生活危机。通常，职业工作者个人面对的危机有下面几项。

1. 工作危机

工作所在的企业可能会倒闭，任何人都可能会失去工作，即使不失去工作，也可能面临工作不如意、岗位不合适等现象。

心理学上有两个重要发现：首先，Yerkes-Dodson 规律表明，随着焦虑程度的加深，人的业绩也会提高。当焦虑度达到一个理想水平时，业绩也会随之达到最高点。不过，如果焦虑程度过高，业绩也会下降。其次，当成功概率达 50%时，人们取得成功的动力最大。换句话说，如果人们追求的目标或接手的任务具有挑战性，但仍有极大可能成功时，人们追求目标或接手任务的动力最大。

在现实生活中，职场工作者可能会失业，更不可能每件事情都按时完成，甚至根本就没有能力完成这项工作。每个人时刻都面临着工作危机，每个人都有职业生涯的危机。

2. 情感危机

由于受工作忙碌、职业压力大、交际圈子窄小等外界因素的影响,有的人延误了个人情感生活,或者目前的情感生活不尽人意,感情上出现失重状态。而一旦个人家庭、情感因素出现重大变故,对工作都会产生影响,比如亲人的突然病故,很容易导致工作、学习出现变故。工作的目的是为了在社会上生存,同时能够更好地生活,而家庭情感处理是生活经营的一个重要方面。

3. 规划危机

有一个资料调查表明,56%的服务者,特别是女性处于长期忙碌的工作中,无法对自己的兴趣、水平、能力、薪资期望、心理承受度等进行全面分析,进而做出较为准确和理智的职业规划。

当你匆忙地奔走在工作途中,想象不出几年后自己将发展到哪一步,眼下的工作只是既定的程序,以后会做什么,想做什么,你毫无头绪。日复一日地重复相同而琐碎的事务,有一种被掏空的感觉,对于未来,却迷茫无措,没有合理规划的工作毫不留情地把你带入规划危机。

4. 身体危机

工作对身体容易造成损害,但是大部分人为了生活而不得不坚持工作。因职业需要,服务者的健康受工作环境影响(如被迫接受计算机辐射、长期站立、疏于运动、长期高空飞行)出现身体不适和疾病,造成积累性机体受损。显然,过度的信息饱和、长期的机能失调、工作过量和不良的工作环境是导致身体危机的主要因素。

一时高强度的工作可以,但是一直保持高强度的工作是很难的。比如出租车司机,看上去工作环境很好,也不需要高体力劳动,但是由于精神压力较大,时时刻刻都要保持警醒,因此出租车司机的身体都很难保持在一种健康状态。教师或者医生甚至可以工作到八十岁,而出租车司机一般到五十岁就很难在这个岗位上继续工作。

5. 服饰危机

在职场里,服饰问题不在于你打扮得漂亮醒目,而在于你是否做到"职业化着装"。因此,无法穿着得体、着装风格尴尬及着装形象达不到预期目标的情形,会对职业人士产生相当大的困扰。怎样穿衣服令不少人为之烦恼,穿着打扮是一门隐形学问,调查表明,至少60%的女性找不到上班要穿的衣服,在镜子前不停换衫,把人折腾得筋疲力尽。

服饰代表的是一种形象,对于职场员工来讲,衣服是穿给老板、同事和客户看的,这代表了你工作中的地位和公司形象问题,因此服饰形象也是对个人非常重要的,如果长时间服饰不合格,也很容易产生危机。

6. 反应危机

长期得不到充分休息与放松,缺乏良好的心理调节,外界压力陡然增大,会导致不良情绪和反应障碍的产生,轻则焦躁不安,注意力降低,惶恐紧张;重则出现反应异常,有引发抑郁症的可能。

当然,我们在生活中还会遇到各种各样的危机,如何处理好危机是非常重要,以下几条是处理危机的几种方式。

(1) 危机意识的树立,只有树立较强的危机意识,才会在危机来临的时候不慌不忙,甚至把危机变成机遇。

(2) 任何时候都要尽量保持镇定，凡事都有应对的方案和方法，事情既然已经发生就不要去想为什么发生，而要想怎么样处理，和以后怎么样避免同样的问题再次发生，要回答的问题先想好答案。

(3) 对身边人伸出的援助之手要坦然接受，要接受其他人的帮助，学会和人共渡难关，愿意代劳的则让其代劳。

(4) 在面临个人危机的时候，服务工作表现要更好一点，会给人留下特别深刻的印象。

(5) 尽量少和别人分享危机，对于任何人来讲，分享危机并不能减少危机的伤害，而坦然面对才是正确的方式。

(6) 危机事件过去后，一定要对帮助自己度过危机的人表示感谢。还不只是礼貌，更为重要的是公关。遇到个人危机虽属不幸，但处理得好，也可能是个好机会。所以，危机是危险，更是转机，当你很适当地处理危机时，机会自然而然会随之而来。

13.1.2　组织危机

产品有生命周期，企业也有生命周期。一些产品在市场上成熟、成功以后，可能会面临不断地挑战和各种危机，这也会对企业产生巨大的影响。比如国内的电视机企业，在刚开始的时候黑白电视机厂效益就很好，后来彩色电视机取代了黑白电视机，黑白电视机厂出现了倒闭潮；随后平板电视大行其道，一些电视机厂没有及时转行或者生产线更新不及时，就会倒闭；而现在技术日新月异，人们的思想意识也在不断地变化，电视节目的作用越来越小，而上网、购物等作用越来越大。

根据美国《危机管理》一书的作者菲克普曾对《财富》杂志排名前 500 强的大企业董事长和 CEO 所做的专项调查表明，80%的被调查者认为，现代企业面对危机，就如同人们必然面对死亡一样，已成为不可避免的事情。其中有 14%的人承认曾经受到严重危机的挑战。

除了产品生命周期给企业带来危机，在实际企业面对的环境中，还有各种各样的环境危机或组织内部因素带来的危机。做好危机管理，使组织平稳度过危险阶段，甚至将危机转化为机遇，是每一个企业管理者要思考和面对的。

普林斯顿大学的诺曼 · R. 奥古斯丁教授认为，每一次危机本身既包含导致失败的根源，也孕育着成功的种子。发现、培育，以便收获这个潜在的成功机会，就是危机管理的精髓。而习惯于错误地估计形势，并使事态进一步恶化，则是不良的危机管理典型。简言之，如果处理得当，危机完全可以演变为“契机”。对于组织而言，危机管理主要可以从下面几个方向进行。

1. 预防危机

对于任何危机，做好预防与控制是成本最低、最简便的方法。类似于国家必须有地震、火灾、水灾等预案一样，企业应根据经营的性质，识别整个经营过程中可能存在的危机，并从潜在的事件及其潜在的后果追根溯源，排查出其滋生的土壤，然后进而收集、整理所有可能的风险并充分征求各方面意见，形成系统全面的风险列表，从而对这些可能导致危机的原因进行限制，并有针对性地练习内功，增强免疫力，以达到避免危机的目的。

2. 控制危机

对于任何组织而言，危机的产生是不可避免的，主要是建立应对危机的组织，并制定危机管理的制度、流程、策略和计划，从而确保在危机汹涌而来时能够理智冷静，胸有成竹。成熟的企业,往往能够很好地处理危机,而一些企业则被危机打倒。

3. 处理危机

主要是指通过公关的手段阻止危机蔓延并消除危机。如建立强有力的危机处理班子;有步骤地实施危机处理策略。在通过公关来尽量减少危机影响的同时,最重要的是找到危机产生的根源,解决危机的根源,避免头痛医头、脚痛医脚现象,彻底解决掉危机。

4. 恢复生机

制止危机给企业造成的不良影响,尽快恢复企业或品牌形象;重获员工、公众、媒介以及政府对企业的信任。

5. 危机与发展

危机管理的最高境界就是总结经验教训,让公司在事态平息后更加焕发活力。Intel 公司前 CEO 安迪・格鲁夫曾这样说:“优秀的企业安度危机,平凡的企业在危机中消亡,只有伟大的企业在危机中发展自己。”因此,危机对于一个企业来说并不一定是坏事,只要企业处理得当就能在其中找到发展的机会,从而使企业得到新的发展,但其前提是要对危机有正确认识,保持坦诚的态度。

6. 实现企业的社会责任

作为社会的一员,企业卓有成效的危机管理,将促进社会的安定与进步。反之如果危机处理不当,将成为社会负担,并带来不可估量的危害。一个企业树立起品牌效应,那么即使这个企业的产品走向下坡路,只要企业及时创新,推出新产品,由于公众认为你是一个对社会负责任的企业,那么新产品自然容易被人接受,企业就能够长期保持竞争优势。

13.2 培训的种类与选择

13.2.1 利用培训补足基础

参考资料:基础的重要性

小任是信通信息技术公司的骨干技术人员,在公司从事软件开发工作,由于小任在参加工作前曾经接受过最新程序设计技术的培训,小任的技术在公司中非常先进,公司领导决定采用小任的技术来设计公司的软件。年仅 23 岁的小任被任命为一个应用项目开发组的负责人,项目组虽然只有不到五个人,但是也是一个完整的项目小组。项目刚开始的时候,由于小任单身且年轻,工作努力,经常加班到深夜,整个项目进展比较顺利。

时隔不久,小任年轻的一面就显示出来。作为一名程序设计人员,小任非常讨厌书写项目文档,虽然自己在开发软件方面没有问题,但是整个项目文档并不健全,一段时间以后,项目开始陷入混乱的局面,整个项目组缺乏有效沟通的载体;二是小任书写的代码不规范,没有按照标准的软件工程方法来书写,也缺乏注释,整个程序的可读性比较差,一段时间以后问题就显得比较严重。

一年后,公司不得已将小任所在的项目组解散,项目人员充实到其他部门中去,小任虽然还是公司的技术骨干,但是他只能自己来完成一些个人能够完成的项目,主管领导经常需要检查他的代码,以提醒他在代码中加上注释。

两年后，小任萌发了离开单位到深圳闯荡的想法，于是向领导提出要离开单位。小任原以为领导会竭力挽留，没有想到领导一口答应他的辞职请求。离开单位后，小任一时难以找到满意的工作，在社会飘荡了一年后，只好又硬着头皮回到了原单位，但是这个时候小任在单位的地位已经发生了非常大的变化，单位不再将小任作为业务骨干来培养。在经历了这么多以后，小任终于悟出一个道理：一个软件工程师，不只是写写代码那么简单。

从小任的经历我们可以看出 IT 行业技术变革发展快，人员升迁迅速，很多年轻人被委以重任，在行业中，像小任这样的人不在少数，虽然他们的技术很先进，但是他们的综合能力还有待于进一步提高。

我国有很多精于编码的人，但在软件开发方面误区很大，很难形成有规模的软件开发力量和产品能力，不但比美国差距甚远，和一些亚洲国家相比也还有一定的距离。这些问题不在于中国程序员的智商和工作努力状况，也不在于国家和民间对开发的投入程度，而是对技术、对程序开发、对项目设计方面的思想误区，这些误区导致了软件行业的产品化能力不足，缺乏规模化和大型复用系统研发能力。

有一些刚刚从学校毕业的学生，他们代码写得很漂亮，一些技术细节相当出众，也很有钻研精神，但是他们被一些错误的认识和观点左右，缺乏对系统、对程序的整体理解能力，对于这样的人，我们称他们为一个合格的 coding fans，而不是程序员。现实情况是，很多像小任这样的 coding fans 在拿着丰厚的工资，做着“吓人”的项目，项目的结局通常也很“吓人”。当今软件的发展，已经不是哪个人单枪匹马就能够设计大型软件的时代，更多的情况是需要很多人一起来完成某个项目。要做一名真正合格的程序员，至少应该具备以下素质。

1. 团队精神和协作能力

这是程序员应该具备的最基本的、也是最重要的安身立命之本。在第 9 章中我们论述过团队的重要性，这里再次指出，由于现在项目变得非常巨大，即使再优秀的人，也不可能独立完成一个项目的开发，必须依靠团队的合作来完成。团队精神和协作能力是现在 IT 行业最看重的能力，公司经常进行相关的培训，在学院教育中，大多数软件专业开始引进拓展训练来增强学生的团队协作能力。

2. 文档习惯

说高水平程序员从来不写文档的肯定是没有开发经验的人，良好的文档是正规研发流程中非常重要的环节，作为代码程序员，30%的工作时间用来写技术文档是很正常的，而作为高级程序员和系统分析员，这个比例还要高很多。缺乏文档，一个软件系统就缺乏生命力，在未来的查错、升级以及模块复用时都会遇到极大的麻烦。

3. 规范化、标准化的代码编写习惯

一些外国知名软件公司对代码的变量命名、代码内注释格式甚至嵌套中行缩进的长度和函数间的空行数字都有明确规定，良好的编写习惯，不但有助于代码的移植和纠错，也有助于不同技术人员之间的协作。

4. 需求理解能力

程序员需要清楚一个模块的需求，很多人写程序往往只关注一个功能需求，他们把性能指标全部归结到硬件、操作系统和开发环境上，而忽视了对代码执行效率的考虑。有人曾经放言说写一个广告交换程序很简单，这种人从来不知道在百万甚至千万数量级的访问情况下性能指标是如何实现的，对于这样的程序员，你给他深蓝那套系统，他也做不出太极链的并行访问能力。性能需求指标中,稳定性、并行支撑能力以及安全性都很重要,作为程序员需要评估该模块在系统运营中所处的环境、将要受到的负荷压力以及各种潜在的危险和恶意攻击的可能性。就这一点,一个成熟的程序员至少需要 2～3 年的项目研发和跟踪经验才可能有心得。

5. 复用性、模块化思维能力

复用性设计、模块化思维就是要程序员在完成任何一个功能模块或函数的时候,要多想一些,不要局限在完成当前任务的简单思路上,应想想看该模块是否可以脱离这个系统存在,是否可以通过简单修改参数的方式在其他系统和应用环境下直接引用,这样就能极大避免重复性的开发工作。一些好的程序模块代码,即便是 20 世纪 70 年代写成的,放到现在的一些系统里作为功能模块都能运行得很好。

6. 测试习惯

对一些商业化、正规化的开发而言,专职的测试工程师是不可少的,但是并不是说有了专职的测试工程师程序员就可以不进行自测;软件研发作为一项工程而言,一个很重要的特点就是问题发现得越早,解决的代价就越低,程序员在每段代码、每个子模块完成后进行认真测试,就可以尽量将一些潜在的问题最早地发现和解决,这样对整体系统建设的效率和可靠性就有了最大保证。

7. 学习和总结的能力

程序员是一个很容易被淘汰、很容易落伍的职业,因为一种技术可能仅仅在三两年内具有领先性,程序员如果想安身立命,就必须不断跟进新技术,学习新技能。

具备以上全部素质的人,应当说是合格的程序员了,请注意以上各种素质都不是由 IQ(智商)决定的,都是需要在工作中根据实际经验获取。具有一定实际工作经验以后,再次接受培训就会更加有的放矢,能够更有效地提高自己的水平。

13.2.2 高级要求

作为高级程序员或更高级的系统分析员,除了应该具备上述全部素质之外,进行程序项目的设计时还需要具备以下素质。

1. 需求分析能力

一般而言,进行研发任务,也许是客户提出需求,也许是市场和营销部门提出需求。对于项目组织者和规划者而言,必须能够清醒地认识到这些需求的存在,并在完成需求分析报告的时候适当地提出这些需求,同时要完整、清晰地体现到设计说明书里,以便于程序员编码时不会失去这些准则。

2. 项目设计方法和流程处理能力

程序设计者必须能够掌握不少于两种至三种项目设计方法(比如自顶向下的设计方法,比如快速原型法等),并能够根据项目需求和资源搭配来选择合适的设计方法进行项目整体设计。设计方法上选择不当,就会耽误研发周期,浪费研发资源,甚至影响研发效果。

一个程序设计者还需要把很多功夫用在流程图的设计和处理上,他需要做数据流图以确立数据词典;他需要加工逻辑流图以形成整体的系统处理流程。一个流程有问题的系统,就算代码多漂亮,每个模块多精致,也不会成为一个好的系统。当然,做好流程分析并选择好项目设计方法,都需要在需求分析能力上具有足够的把握。

3. 复用设计和模块化分解能力

将一个大型的、错综复杂的应用系统分解成一些相对独立的、具有高度复用性的，并能仅仅依靠几个参数完成数据联系的模块组合，是作为高级程序员和系统分析员一项最重要的工作，合适的项目设计方法，清晰的流程图，是实现这一目标的重要保证。

4. 整体项目评估能力

作为系统设计人员，必须能够从全局出发，对项目有整体认识，比如公司资源配置是否合理到位，比如工程进度安排是否能最大化体现效率又不至于无法按期完成。评估项目整体和各个模块的工作量，评估项目所需的资源，评估项目可能遇到的困难，都需要大量经验积累，换言之，这是一种不断总结才能达到的境界。

5. 团队组织管理能力

完成一个项目工程，需要团队齐心协力，作为项目设计者或研发主管，就应当有能力最大化发挥团队整体力量，技术管理由于其专业性质不同于一般的人事管理，因为这里面涉及了一些技术性指标和因素。一个代码水平高的人，未必能成为一个合格的项目研发主管，这方面能力欠缺往往是容易被忽视的。

综上可以看到，作为一名主管研发的负责人，一个项目设计者所需要具备的素质和能力并不是程序代码编写能力，当然一般情况下，一个程序员通过不断总结、提高达到了这种素质的时候，他所具有的代码编写能力也已经相当不简单了，但是请注意这里面的因果关系，一个高水平的项目设计者通常已经是代码编写相当优秀的人，但是并不是一个编写代码优秀的程序员就可以胜任项目设计工作，这里面存在的也不是智商和课本上的问题，而是在于一个程序员在积累经验、逐步提升的时候没有意识到应当思考哪方面的东西，没有有意识地就项目的组织和复用设计进行揣摩，没有经常性的文档习惯和总结习惯，如果不改变这些，那么我们合格的项目设计者还是非常欠缺。

因此，工作以后要继续接受培训，很多人参加工作以后，由于各种原因，就不愿意再回去学习，而国外一些机制，能够保障学习和工作交替进行，不断提高个人的能力。随着国内经济模式向精细化转变发展，在学习中工作、在工作中学习将成为社会的主流。

13.3 项目管理能力培养

13.3.1 项目和项目管理

一听到“项目”、“项目管理”、“我在做一个什么项目”，都似乎感觉是挺大的一件事情，实际生活中也常有这样理解的情况，其实生活中充满了项目、项目管理。项目管理其实就是做一件事，一件有计划、分步骤、有结果的事。美国项目管理专业资质认证委员会主席 Paul Grace 曾经说过：“在当今社会中，一切都是项目，一切都将成为项目。”

举个简单的例子，“做一顿饭”，这是一个项目结果；项目计划——做哪几个菜，需要什么材料；资源调配——家里有什么材料，要到菜市买什么材料；项目安排——买菜、洗菜、切菜、做菜；项目收尾工作——抓阄谁来洗碗；项目总结——吃饱喝足。这个项目里还包括了财务的管理——买菜的钱、调料、煤气、水、洗洁精费用；风险管理——煤气不能被汤浇灭了，盐不能放多了等。

做一顿晚餐几乎涵盖项目管理的所有概念。照项目管理专家的理论和分析,做这顿饭应该是一个无比复杂的过程,绝非是一个普通主妇可以胜任的管理过程,但事实上呢?这样的项目管理,每天都在千家万户中发生无数次。我想说的是,不要把项目管理复杂化和神秘化。

"项目"一词最早于20世纪50年代在汉语中出现(对共产主义国家的援外项目)。在IT行业中,项目更被广泛地应用,那么项目到底应该如何定义呢?

一般来讲,项目是指一系列独特的、复杂的并相互关联的活动,这些活动有着一个明确的目标或目的,必须在特定的时间、预算、资源限定内依据规范完成。项目参数包括项目范围、质量、成本、时间、资源。

项目一般由以下部分构成:项目管理人,项目内容,项目执行人。

一般来说,项目具有如下的基本特征:

(1) 明确的目标。一个项目的结果只可能是一种期望的产品,也可能是一种所希望得到的服务。项目的目标必须要明确,没有明确目标的项目,是容易失败的项目。

(2) 独特的性质。每一个项目都是唯一的,如果一个单位中有两个完全相同的项目,那么这个单位的资源就被浪费了。

(3) 资源成本的约束性。每一项目都需要运用各种资源来实施,而资源是有限的,正是因为资源是有限的,所以项目管理才有意义,项目管理就是利用有限的资源来实现项目目标。

(4) 项目实施的一次性。项目一旦实施以后就不能重复。

(5) 项目的确定性。项目必有确定的终点,在项目的具体实施中,外部和内部因素总是会发生一些变化,当项目目标发生实质性变动时,它不再是原来的项目了,而是一个新的项目,因此说项目的目标是确定性的。

(6) 特定的委托人。既是项目结果的需求者,也是项目实施的资金提供者。项目一般都有针对性,是针对某个客户来实施的。

(7) 结果的不可逆转性。不论结果如何,项目结束了,结果也就确定了。

协调和沟通在实际中远远胜过分析和管理工具,人才是项目成功的最重要因素,尤其是需要多人配合协作完成的项目。

例如,一个婚礼有近200人参加,20多桌宴席,从接新娘、迎宾、收礼金、婚宴、还礼、送客、闹洞房、家宴,程序繁多,途中还出现了很多突发事件,包括一些江湖骗子上门敲诈,预计200人的宴席结果来了300人,新娘的父母拒绝乘桑塔纳并要求更高级的车接送,小孩被爆竹炸伤了眼睛等。

整个婚礼过程是足以让每一个高学历的项目经理头疼的过程,但这个婚礼却进行得井井有条,整个婚礼的"操盘手"是新郎的妈妈,她可能是一个不会写字的农村妇女,她的团队是6个同样没有多少文化的中年妇女,她们的管理工具就是交流,也就是协调沟通。

对于项目来说,必须要有人对其进行管理,管理过程就是协调项目中的人一起工作的过程。项目管理者并不是一定要有多高的学问和知识结构,你应该意识到任何人经过适当培训后都可以进行项目管理。但是通常来讲,经验在项目管理中的作用非常大。

要做好项目管理,就必须要了解项目管理的属性。对于一般的项目管理来说,通常具有以下特性。

1. 一次性

一次性是项目与其他重复性运行或操作工作最大的区别。项目有明确的起点和终点，没有可以完全照搬的先例，也不会有完全相同的复制。项目的其他属性也是从这一主要的特征衍生出来的。

2. 独特性

每个项目都是独特的。或者其提供的产品或服务有自身的特点；或者其提供的产品或服务与其他项目类似，然而其时间和地点、内部和外部的环境、自然和社会条件有别于其他项目，因此项目的过程总是独一无二的。

3. 目标的确定性

- 项目必须有确定的目标。
- 时间性目标。如在规定的时段内或规定的时点之前完成。
- 成果性目标。如提供某种规定的产品或服务。
- 约束性目标。如不超过规定的资源限制。
- 其他需满足的要求，包括必须满足的要求和尽量满足的要求。

目标的确定性允许有一个变动的幅度，也就是可以修改。不过一旦项目目标发生实质性变化，它就不再是原来的项目了，而将产生一个新的项目。

4. 活动的整体性

项目中的一切活动都是相关联的，并构成一个整体。多余的活动是不必要的，缺少某些活动必将损害项目目标的实现。

5. 组织的临时性和开放性(组织类型请参考评论中的项目管理的组织)

项目班子在项目的全过程中，其人数、成员、职责是在不断变化的。某些项目班子的成员是借调来的，项目终结时班子要解散，人员要转移。参与项目的组织往往有多个，甚至是几十个或更多。它们通过协议或合同以及其他的社会关系组织到一起，在项目的不同时段不同程度地介入项目活动。可以说，项目组织没有严格的边界，是临时性的、开放性的。这一点与一般企事业单位和政府机构的组织很不一样。

6. 成果的不可挽回性

项目的一次性属性决定了项目不像其他事情那样可以试做，做坏了可以重来；也不同于生产批量产品，合格率达 99.99%就很好了。项目在一定条件下启动，一旦失败就永远失去了重新进行原项目的机会。项目相对于运作有较大的不确定性和风险。

13.3.2 项目管理能力的培养

某公司中标了一个项目，缺乏预算管理员，就从人才市场招聘了一位预算管理员小王。半年多来，小王在工作中表现突出，工作能力得到了大家的认可，每次均能够按照项目经理的要求，保质保量地完成项目任务。在别人手中的难点问题，只要到了小王那里，十有八九是迎刃而解。公司对小王的专业能力非常满意，有意提升他为项目主管。

然而，公司在考察中发现，小王除了完成自己的项目任务外，从不关心其他的事情；而且他对自己的技术也保密，很少为别人答疑；对分配的任务有时也是挑三拣四，若临时额外追加工作，便表露出非常不乐意的态度。另外，他从来都是以各种借口拒不参加公司举办的各种集体活动。如此不具备团队精神的员工，显然不适宜当主管。

并不是每个人天生都能够成为好的领导者,管理除了是一门科学外还是一门艺术,要想成为一名好的项目管理者,除了技术上要过硬外,还需要在项目组织管理能力上有所提高。

组织管理能力是指为有效地实现目标,灵活地运用各种方法,把各种力量合理地组织和有效地协调起来的能力,包括协调关系的能力和善于用人的能力等。项目管理能力是一个人的知识、素质等基础条件的外在综合表现。现代社会是一个庞大的、错综复杂的系统,绝大多数工作往往需要多个人的协作才能完成,所以,从某种角度讲,每一个人都是组织管理者,承担着一定的组织管理任务。

组织管理能力的培养和训练可以从以下几个方面努力。

1. 从心理上做好准备,要努力做一名优秀的项目管理者

组织者最重要的是具备强烈的责任感及自觉性。若你已成为组织者,不论能力如何,只要有竭尽所能完成任务的干劲及责任感,是会做出成绩的。所谓"勤能补拙",即是这个道理。

以这种心理准备去完成任务,自然而然就会产生自觉性与自信心,在不知不觉之中就会获得很大的进步。

虽然在自发团体中任何人都能做组织者,但若以猜拳或抽签的方式来决定团体活动的组织者,那就失去了组织者的意义。还是应由该群体中领导能力较强者优先担任组织者,并在此期间内,使所有成员有机会做副手的职务,借此机会磨炼,可使大家提升至某一水准。然后再让大家轮流担任组织者。没经验的人若不经此阶段就直接担任组织者,那将是相当艰难且吃力的事。

一些像小王一样,看来并不适合担任组织者的人,若在特殊情况下不得不担负起领导组织的职责时,心中油然而生的自觉性和责任感,将刺激其树立主动学习的信念,这会使其迅速地进入角色,从而使其有"士别三日,刮目相看"的改变。

总之,组织领导能力的产生当视情况而定,一开始即担忧适不适合做组织者,是不正确的观念。其实,每个人都有成为组织者的潜能,正如任何人天生都具有创造性一样。差别在于是否我们能将这种与生俱来的天赋充分发挥。

2. 公平处事,赢得别人的支持

有一种说法,成为一个成功的组织者,30%来自于天赋、地位与权限;70%则是由该组织成员的支持程度所构成。

所谓的天赋是指自小就活跃于群体中,且有不愿屈居于他人之下的个性。地位及权限是指被上级任命为组织领导者之后,在组织内所拥有的职务及权利。相比较之下,在构成领导能力的要素中,群体成员的支持及信赖显然比天赋、地位、权限重要多了。

相反,不管获得多大的权限和地位,不论上级如何重视、支持,若无法获得团体成员的支持,则只能算拥有三分之一的领导力,将来必会完全丧失权威。

3. 学会倾听、整合别人的意见

在团体组织者的必备条件中,最迫切需要的是良好的倾听能力及善于整合所有成员的意见。即使工作能力不是很出色,或拙于言辞,但若能当一个好听众,并能整合众人的意见后再制定目标,就可以算是一名优秀的组织领导者。

组织者不能自己闭门造车,而要不厌其烦地倾听别人的意见。善于倾听的组织者容易使人产生亲切感,因而让人更敢于亲近。因此,必须谦虚且要有学习的态度,才能成为一名好听众。相反,自我表现欲过强者常令人敬而远之。一个人有说话的权利,也应有听别人说话的风度。

如果组织者在与人谈论时,能设身处地耐心听人倾诉,并不忌谈话时间的长短,这个组织者必能得到众人的信服。所以,做一名好听众是成为组织者相当重要的条件。现在的年轻人从小便被束缚在一连串的升学竞争之中,身旁的朋友都变成会考的敌手,很少有真正能知心交谈的朋友,所以,他们都由衷渴望能拥有倾诉自己烦恼的对象。

能设身处地为人着想者,便能以对方立场来思考或感觉,因此也能让人有体贴温馨的感受。不过,如今一些客观的与主观的原因使人与人之间的距离反而愈来愈远,作为组织者有责任通过多种方式将大家的距离拉近。

善于整合大家的意见,就是尽量综合所有成员的意向及想法,再经过分析整理,得出最具有代表性的结论。

对于看似互相对立或矛盾的意见,组织者须有能力找出两者的共同之处,并挑出优点而予以发扬,以掌握互相对立想法的中心思想,然后再创造第三种想法。

能辩证地整合、倾听成员意见者,必是一位优秀的组织者。即使开头不能做得很好,只要以此为努力的方向,最终必定能成为出色的组织者。

4. 使别人清楚地了解你的观念

所谓思考,也就是在脑海中"自问自答",是对话的内在化。而贤问贤答,愚问愚答,是理所当然的事。发问和回答的技巧是相当重要的一环。

运用难懂、抽象化的文字,会让人摸不清头绪,不知所以然。组织者说过多矫揉造作的语言,各成员对该组织者必然敬而远之。即使是语言学家,为了使大家明了其理论,也必须从抽象的语言中走出来,再将其观念具体化。

常人往往在不自觉中陷于语言的形式,结果只知语言而不知其具体的意义,这种现象称为固定观念。所谓固定的观念,也就是先入为主。在打破固定观念之前,好的创意便无法显现。

人类运用语言思考,往往把它抽象化,以求掌握自然的法则,这很容易拘泥于固定观念。因此,必须注意观念的具体化,尽量使语言和事实趋于统一,才能够真正解决疑难。

要做到观念具体化,必须付出相当的努力。人往往被语言所蒙骗,以为自己已经明白其中的意义。为了证实自己真正了解的程度,可以用"为什么"、"譬如"等概念来自我检讨。"为什么"是真理的探求与创造的最强大武器,"譬如"则是对实践的理解。也就是说,组织者必须把知道的理论知识、经验教训灵活付诸现实,方能取得应有成效。

使观念具体化,让思想语言与事实更为接近,是不容忽略的大事。

5. 热意、诚意和创意

"组织领导能力"强调领导能力的"三意"。而所谓"三意"就是现在所说的组织领导之道。

"三意"就是热意(热心)、诚意和创意。

热意就是抱着极大热情去做事的态度。它是振奋之心,是斗志,也可以说是干劲。组织领导者本身必须比团体成员有多几倍的热意。

诚意就是真诚的意愿,也就是要遵守诺言,言出必行。允诺过的事,即使十分细小,也应竭力完成,才能获取团体成员高度的信赖。

所谓创意,就是在创造新事物的狂热念头驱使下,不满足于现状,常常向新事物挑战,不断为改善、革新、创造而下功夫,从而产生新颖、奇特的想法,是帮助你实现愿望的好点子。

改善是把有缺点或不完美的地方加以改正;而革新则是针对本来已经很完美的事物,想办法精益求精而作不懈的努力;创造即努力思考全新的事物,这也是创意的最高阶段。富有创意的组织者往往备受大家的推崇。

仔细分析起来,无论是诚意或创意,都须依赖热意。热意表现在人际关系上就会成为诚意,表现在工作方面则会产生创意。"三意"是通行无阻的领导三要素。换言之,把"三意"一体化,便是组织领导之道。

要想成为一名优秀的项目管理者,对项目组织管理能力的训练是非常重要的,除了要认真把握上面提到的几个方面外,还应该向有经验的项目管理者多学习,通过不断地学习来积累管理经验,提高处理事情的能力。成为项目管理者是每名技术人员奋斗的目标,因为只有成为项目管理者,才意味着你的经验、技术发展到了比较成熟的阶段。

13.4 主动帮助别人

参考资料:春种一粒粟秋收万颗子

乔伊斯在美国的律师事务所开业时,连一台复印机都买不起。移民潮一浪接一浪涌进美国时,他接了许多移民的案子,常常深更半夜被唤到移民局的拘留所领人。他开一辆破旧的车,在小镇间奔波。多年的媳妇终于熬成了婆,电话线换成了 4 条,扩大了业务,处处受到礼遇。

天有不测风云,一念之差,乔伊斯将资产投资股票而几乎亏尽,更不巧的是,岁末年初,移民法又再次修改,职业移民名额削减,顿时门庭冷落,几乎要关门大吉。

正在此时,乔伊斯收到了一家公司总裁写来的信,信中说:愿意将公司 30%的股权转让给他,并聘他为公司和其他两家分公司的终身法人代理。他不敢相信这是真的。

乔伊斯找上门去。"还记得我吗?"总裁是个 40 多岁的波兰裔中年人。

乔伊斯摇摇头,总裁微微一笑,从硕大的办公桌的抽屉里拿出一张皱巴巴的 5 美元,上面夹的名片,印着乔伊斯律师的地址、电话。对于这件事,他实在想不起来了。

"10 年前,在移民局……"总裁开口了,"我在排队办理工卡,人非常多,许多人在那里拥挤和争吵。排到我时,移民局已经快关门了。当时,我不知道工卡的申请费用涨了 5 美元,移民局不收个人支票,我身上正好 1 美元都没有了,如果我再拿不到工卡,雇主就会另雇他人了。这时,多亏'老天'帮忙,你转身递上 5 美元,我要你留下地址,好把钱还给你,你就给了我这张名片。"

乔伊斯也渐渐想起来了,但是仍将信将疑地问:"后来呢?"

总裁道:"后来我就在这家公司工作,很快我就发明了两项专利。我到公司上班后的第一天就想把这张汇票寄出,但是,一直没有。我单枪匹马来到美国闯天下,经历了许多冷遇和磨难。这 5 美元改变了我对人生的态度,所以,才不能随随便便寄出这张汇票……"

乔伊斯做梦也没有想到，多年前的小小善举竟然获得了这样的善果，仅仅 5 美改变了两个人的命运。

(资料来源：http://www.zhlzw.com/lz/qs/782282.html)

在有能力的时候主动帮助别人，这是职场成功的关键因素之一。很多成功的人都是在不经意地主动帮助别人之后，得到反馈而成功的。印度尼西亚著名商人林绍良因为帮助了苏哈托的岳父，后来与苏哈托建立了良好的关系，最终成为印度尼西亚首富，一度成为全球华人首富、世界第六大富豪。

上文中举的美国人乔伊斯的例子，也说明了美国的文化特色。美国是由一群欧洲逃难的人建立起来的，开始的时候仅仅是两艘小舟载了一些人，到一个陌生的大陆上，开辟了一个新的国度。虽然在美国发家致富的过程中有贩卖黑奴等不光彩的过程，但是美国成功的一个主要因素，就是具有主动帮助别人的精神。

一方面，刚到美国的祖先由于资源匮乏，他们必须互相帮助才能生存下来，然后他们把这种互相帮助的精神发扬光大；另一方面，宗教在教育人们互相帮助中起到了巨大的作用，圣经的教义要求大家互相帮助，耶稣就是帮助别人牺牲自己的典型。从美国的经济情况可以看出，主动帮助别人是取得成功的一个重要因素。

实际上，不仅上面的例子说明了问题，而在现实工作中，尤其在 IT 企业中互相帮助是非常重要的，无论是设计还是其他，旁边的人做得不太好，或你不是太忙的时候，应伸出手帮别人一下。你这样做，上司就会认为你"可爱"，同事也会对你有好印象。但是很多人都是独善其身，把自己的事情做好了，别人的事情可不管，这种习惯是不利于企业发展的，企业发展不好，个人也很难取得成绩。

其实一个人在不忙的时候，应该主动地去帮助别人，这种好习惯大公司都有。你什么时候看到过，麦当劳的柜台前有三四队客人在那儿排队，且有一队很长另外几队都很短？绝对没有。因为麦当劳有规定，不忙的时候一定要支持别的人。如果自己一忙完就主动帮人家的忙，上司一定会喜欢你的，那么你在职场上离成功也就不远了。

13.5 总结讨论

13.5.1 本章小结

(1) 无论组织还是个人，都要时常面对危机。社会的变革、新技术的出现、人们理念的变更、竞争对手的发展等都会给人带来危机。危机并不可怕，正确的态度和有准备地面对危机，能够把危机转化为机遇，从而更好地发展。

(2) 经常参与培训学习是提高应付危机能力的重要途径，通过培训可以补足自己的不足之处，同时还可以拓展视野、增加交流，培训给人以机遇。

(3) 每个人选择的培训项目不同，根据自己的职业生涯规划，来确定自己在哪个方面需要培训，而类似于一些团队配合能力、拓展能力的训练，则是大多数人都需要的。

(4) IT 行业经常涉及项目的概念，并且很多岗位发展到高级阶段，都指向了项目经理这个岗位。作为一名项目经理，要负责好一个团队，必须具备基本的项目管理能力：任务分配能力、冲突协调能力、团队积极性调动能力、良好的沟通表达能力等,这些能力可以帮助你成长为优秀的项目经理人。

(5) 主动帮助别人在职业生涯中容易被人忽视,帮助别人的目的并不是要求回报,而是在追求内心平静的同时,也为自己留下一份机遇。

13.5.2 小组讨论:项目管理

凯茜·布福德(Cathy Buford)是一个项目团队的设计领导,该团队为一名有迫切需求的客户设计了一项庞大而技术复杂的项目。乔·杰克逊(Joe Jackson)是一个分派到该设计团队里的工程师。

一天,乔走进凯茜的办公室,大约是上午九点半,她正埋头工作。"嗨,凯茜,"乔说,"今晚去观看联赛比赛吗?你知道,我今年志愿参加。"

"噢,乔,我实在太忙了。"

接着,乔就在凯茜的办公室里坐下来,说道:"我听说你儿子是个非常出色的球员。"

凯茜将一些文件移动了一下,试图集中精力工作。她答道:"啊?我猜是这样的。我工作太忙了。"

乔说:"是的,我也一样。我必须抛开工作,休息一会儿。"

凯茜说:"既然你在这儿,我想你可以比较一下,数据输入是用条形码呢,还是用可视识别技术?可能是……"

乔打断她的话,说:"外边乌云密集,我希望今晚的比赛不会被雨浇散了。"

凯茜接着说:"这些技术的一些好处是……"她接着说了几分钟。又问:"那么,你怎样认为?"

乔回答道:"噢,不,它们不适用。相信我。除了客户是一个水平较低的家伙外,这还将增加项目的成本。"

凯茜坚持道:"但是,如果我们能向客户展示它能使他省钱并能减少输入错误,他可能会支付实施这些技术所需的额外成本。"

乔惊叫起来:"省钱!怎样省钱?通过解雇工人吗?我们这个国家已经大幅度裁员了。而且政府和政治家们对此没任何反应。你选举谁都没关系,他们都是一路货色。"

"顺便说一下,我仍需要你对进展报告的资料,"凯茜提醒他,"明天我要把它寄给客户。你知道,我大约需要 8 页到 10 页。我们需要一份很厚的报告向客户说明我们有多忙。"

"什么?没人告诉我。"乔说。

"几个星期以前,我给项目团队发了一封电子邮件,告诉大家在下个星期五以前我需要每个人的数据资料。而且,你可能要用到这些你为明天下午的项目情况评审会议准备的材料。"凯茜说。

"我明天必须讲演吗?这对我来说还是个新闻。"乔告诉她。

"这在上周分发的日程表上有。"凯茜说。

"我没有时间与篮球队的所有成员保持联系,"乔自言自语道,"好吧,我不得不看一眼这些东西了。我用我 6 个月以前用过的幻灯片,没有人知道它们的区别。那些会议只是一种浪费时间的方式,没有人关心它们,人人都认为这只不过是每周浪费 2 个小时。"

"不管怎样,你能把你对进展报告的资料在今天下班以前以电子邮件的方式发给我吗?"

凯茜问。

“为了这场比赛,我不得不早一点离开。”

“什么比赛?”

“难道你没有听到我说的话吗？联赛。”

“或许你现在该开始做这件事情了。”凯茜建议道。

“我必须先去告诉吉姆有关今晚的这场比赛。”乔说。

“然后我再详细写几段。难道你不能在明天我讲述时做记录吗？那将给你提供你做报告所需的一切。”

“不能等到那时,报告必须明天发出,我今晚要在很晚才能把它搞出来。”

“那么,你不去观看这项比赛了?”

“一定把你的输入数据通过电子邮件发给我。”

“我不是被雇来当打字员的。”乔声明道。

“我手写更快一些,你可以让别人打印。而且你可能想对它进行编辑,上次给客户的报告与你向我提供的资料数据完全不同。看起来是你又重写了一遍。”凯茜重新回到办公桌并打算继续工作。

讨论：作为一个团队管理者,凯茜应该如何管理她的团队?

13.6　实践训练

13.6.1　课外作业与练习

(1) 阅读下列资料,谈谈你对危机管理的意识。

2008年9月爆发的金融危机已经演变成为“全球海啸”。短短的一周时间,全球股市市值蒸发掉6万多亿美元,在1970年至今的近40年来都极为罕见。面对这次的金融风暴,IT行业和IT从业人员也将经受巨大的挑战。一方面,IT从业人员将在金融企业裁员风潮中受到极大的波及；另一方面,IT厂商将在金融客户IT支出大幅度降低的情况下,面临经营惨淡的境遇。

金融业是IT业的重要收入来源。华尔街的IT支出占到了全美国三分之一的IT支出份额,各大银行和保险公司每年都会投入数百亿美元,用于维护和升级IT系统及其网络,是IT产业最大的推手。研究公司Gartner指出,全球20%以上的技术开支来自于金融业。

面对这场黑色风暴,各大企业不得不大幅削减各项开支预算来应对扑朔迷离的经济形势。9月初,市场调研公司Forrester的调查结果显示,近一半大型公司今年已削减预算以应对经济颓势。在IT支出方面,约有43%的企业计划削减今年的IT开支；金融领域则有49%的IT部门计划削减预算。信贷危机正在迫使金融公司将开支削减至可能的最低水平。Forrester副总裁兼首席分析师Andrew Bartels总结认为：“金融危机不但削减了IT产业的开支,还客观上导致消费者的购买力下降,这将给IT产业带来无法想象的冲击。”

这种冲击直接影响到了IT人员的饭碗,IT管理人才可能首先下岗,IT企业也将面临裁员,IT人员失业率达到高峰。

然而在这场全球经济风波中,中国IT行业部分企业却看到了机遇,在困境中迎接生机,迎难而上。

IDC 中国区总裁郭昕指出,金融危机对中国的 IT 产业影响不大,因为中国市场和美国的消费结构不同,中国主要以消费硬件为主,美国市场则以消费软件、服务为主。在全球 IT 处于疲软之时,9 月 22 日有消息显示,联想可能从西门子手中接过富士通—西门子的个人计算机业务。

(2) 结合本章中案例说明什么是项目,什么是项目管理。

(3) 为什么要做项目规划?请你替 13.5 节中的凯茜·布福德做一个项目规划。

(4) 项目管理者应该具备的特质有哪些?

(5) 如何培养项目管理能力?

(6) 根据你的个人情况,列出你三年内想接受的培训内容,再列出一个十年培训计划。

13.6.2 热点话题:物联网——一道混合大餐

对于 IT 企业来讲,不断地发现新的价值增长点,似乎是企业的使命之一,不但要变革,还要一直保持变革,而物联网则是不断促进变革的表现之一。

物联网是新一代信息技术的重要组成部分。其英文名称是 The Internet of things。顾名思义,"物联网就是物物相连的互联网"。这有两层意思:第一,物联网的核心和基础仍然是互联网,是在互联网基础上的延伸和扩展的网络;第二,其用户端延伸和扩展到了任何物品与物品之间进行信息的交换和通信。因此,物联网的定义是通过射频识别(RFID)、红外感应器、全球定位系统、激光扫描器等信息传感设备,按约定的协议,把任何物品与互联网相连接,进行信息交换和通信,以实现对物品的智能化识别、定位、跟踪、监控和管理的一种网络。

而实际上,当前社会对于物联网的概念、标准、技术都没有成熟的、系统的说明,尽管每个企业都在探索,将自己的产品与之挂钩,但是这并不能像传统企业那样具有明确的产品定位和市场定位。甚至大多数企业自已都不知道自己生产的产品是什么,能够给社会带来什么样的影响。

首先,它是各种感知技术的广泛应用。物联网上部署了海量的多种类型传感器,每个传感器都是一个信息源,不同类别的传感器所捕获的信息内容和信息格式不同。传感器获得的数据具有实时性,按一定的频率周期性地采集环境信息,不断更新数据。

其次,它是一种建立在互联网上的网络。物联网技术的重要基础和核心仍旧是互联网,通过各种有线和无线网络与互联网融合,将物体的信息实时准确地传递出去。在物联网上的传感器定时采集的信息需要通过网络传输,由于其数量极其庞大,形成了海量信息,在传输过程中,为了保障数据的正确性和及时性,必须适应各种异构网络和协议。

最后,物联网不仅仅提供了传感器的连接,其本身也具有智能处理的能力,能够对物体实施智能控制。物联网将传感器和智能处理相结合,利用云计算、模式识别等各种智能技术,扩充其应用领域。从传感器获得的海量信息中分析、加工和处理出有意义的数据,以适应不同用户的不同需求,并不断发现新的应用领域和应用模式。

第14章 化解压力

导读资料：猝死的淘宝店长

2012年7月18日，一则消息让很多人感到非常震惊和哀叹，一名年仅24岁的淘宝女店主，因连续通宵熬夜，在睡梦中去世。这位名叫"艾珺 Aj"的网友长相阳光甜美，喜欢自拍，时常在微博中晒自己喜欢的物品和淘宝中的货物。她一直在经营一家淘宝店，经常因忙于进货上架，连续通宵熬夜。

2011年6月，25岁淘宝卖家敏敏因疲劳过度而死，距离这场悲剧还不到一年的时间，西祠"小猪慢慢长"版上有网友发帖：又一位淘宝卖家永远地离开了我们，这是一位1985年的辣妈，宝宝才1岁，她的网名为苏苏。"85天蝎座辣妈一枚，全职麻麻兼职淘宝"，这是苏苏在微博上的自我介绍。

"昨天连续打包15个小时，一直到凌晨3点，憔悴。每天闷在家里，胖了好多，只怪我妈烧的菜太对我胃口了。"这是苏苏在得病之前微博的一段话。下面是她在得病之前在微博上发文抱怨工作情况。

4月16日，20:57：昨天连续打包15个小时，一直到凌晨3点。明天起稍微休息两天，调整一下，刚好等猴子大货还有公仔包包出货，25号再开始新的一轮吧！想到拍照做链接又是各种头疼，可爸说我最近的微博都没什么营养，明天发点有营养的，今晚让我小小放松一下！

4月25日，14:24：顶着大大的黑眼圈，早饭午饭都没吃就出门了，到江阴大桥了！无锡，我们来啦！

5月3日，09:29：真心郁闷，大家别催我发猴子包，破快递太慢。我可以骂脏话吗？不能等的麻烦申请退款吧，我也希望早点给大家发出来。为了猴子包我心烦失眠，查了一早上的快递，江浙沪3天都到不了，还不确定什么时候到。最近真的压力大，好想哭一下好好发泄一下，好想好好睡一觉，什么都不用管不去想。

淘宝店主的活太难干了，网友"大鮢 freshIne"说："连续熬夜太有杀伤力，淘宝这行由不得你不忙，进货，拍照，修图，上传文字，编辑网店风格，花心思修修改改，在网店初期，店主更是要苦熬几个月，因为都是自己一个人在做，明明感觉身体不舒服却还要死撑，其实说起来谁都是爱惜生命的，只是想把一件事情做好才会这样。我的颈椎病、肩周炎就是那时得上的。"网友"李小o"说："淘宝店主看过来！别再透支自己的生命了。"

经营淘宝店生意一旦好了，那就会忙得要死。"每天早上需要早起进货，中午回来就要守在计算机旁，傍晚和晚上的生意最好，这样熬夜到凌晨两三点很正常，然后还得继续早起进货。"忙的时候即使是睡着了，只要一听到淘宝旺旺的叮咚声，他就能在梦中蹦起来，然后和买家交流，"太耗时间了，一天几乎就在计算机前度过，能睡六七个小时已经不错了，碰上忙的时候，吃饭、睡觉没规律更是家常便饭"。

中国电子商务研究中心的资料显示,淘宝网现有职业卖家 600 多万,每天新增注册近万家,停运或倒闭卖家每日数量也近万。在强大的竞争环境下,如何获取流量资源、吸引用户、促进订单、做好售后服务,成为卖家不得不承担的压力。多家淘宝店主都表示,在旺季时,每天只有不足 3 个小时的睡眠时间,而正常营业每天也需要 10 个小时以上。

2013 年 11 月,针对网店卖家身体状况的健康调查显示,被调查的 5 万名卖家中,约 56%的人有时或经常手腕、手指酸痛;60%以上的人时常会头晕头痛、肩颈酸痛;80%以上的人感觉眼睛干涩。

除此之外,大部分卖家寄生于淘宝这个平台,对于淘宝设置的各种规则,只能小心翼翼地遵守,但若规则突然变化,完全没有招架之力。2011 年,淘宝商城突然提高了商家的入驻门槛,让众多卖家都吃不消,最终导致数千名被逼无奈的小商家从诉苦变成了采取恶意购买的方式来表达抗议。

据了解,在数百万的淘宝卖家大军中,绝大部分为小卖家,很多都是一人孤军作战或是"夫妻店"。很多卖家由于成本压力、流量、订单量等问题长期处于亚健康状态。虽然过劳死只是个别案例,但卖家的"非正常"生存状态,已成为行业内的普遍现象。

学习目标

- 正确理解压力,了解压力的分类;
- 了解什么是压力的两面性;
- 上学期间我们面临的压力是什么?
- 工作期间的压力主要是什么?
- 了解情绪管理与克服压力;
- 了解体育运动和压力之间的关系;
- 掌握一些其他的减少压力的方法。

14.1 压力概述

14.1.1 压力

从物理学的角度来看,压力是指垂直作用在物体表面上的力,这与本章讨论的压力显然关系不大。本章主要讨论的是人的心理压力即精神压力,心理压力是个体在生活适应过程中的一种身心紧张状态,源于环境要求与自身应对能力不平衡;这种紧张状态倾向于通过非特异的心理和生理反应表现出来。在开篇案例中,网店老板这个岗位要求 24 小时在线、适应淘宝规则、快速发货和沟通服务,这些环境要求与普通人的生理能力是不对应的,因此产生了巨大的心理压力,而这种心理压力通过生理表现出来,促使个体陷入亚健康状态,并且最终导致了猝死的出现。

心理学家一般从下面三个角度来讨论心理压力。

第一,一般单一性压力。

这种压力是生活中最常见的压力,可以从日常生活压力、工作压力和身体压力三个方面进行归类，这种压力并不一定只会给人带来负面的影响，也可能促使人产生积极的因素，关于这一点，我们在下一小节进行详细的讨论。

日常生活压力例如就读新的学校、搬迁新居、结婚或离婚、怀孕生子、初为人父母等，这种生活的压力根据环境和人类本身的变化是发展变化的。在原始社会和一些极度贫穷的地区，人们的生活压力主要是吃饱穿暖，而当今社会的生活压力主要来源于家庭、社会或自身对个人成绩的期望，以及身边相对成功人士的透明信息。

工作中的压力是社会上最主要的压力来源，对于企业而言，波特认为外在主要竞争压力来源于社会和科技环境的发展变化、竞争对手带来的压力、潜在进入者带来的威胁。对于个体来讲，工作中的压力来源也很多，上级领导的关注、同事之间的挑战、对失去客户的担心、业绩评价体系、薪资报酬等。

身体压力是每个人不可避免要面对的，根据每个人的情况有所不同，主要包括进入青春期、进入更年期、步入中老年、生病或身体不适等，在所有压力中，只有身体压力是必须面对且基本上都是带来负面影响的。无论在什么情况下，我们都要学会去勇敢面对身体带来的压力，因为这不是个别现象，而是每个人都必须要面对的。

第二，叠加性压力。

相对于一般的单一性压力而言，叠加性压力是极为严重和难以应对的压力，它给人造成的危害很大。

顾名思义，叠加性压力通常是几种压力同时出现，这个时候压力具有叠加性，也就是我们经常说的“屋漏偏逢连夜雨”。例如当一个人在身体健康出现问题的时候，通常也会伴随着出现工作和家庭等方面的问题，这些问题如果单一地出现在生活中，一般人还是能够应付的，但是当叠加在一起时，给人带来的压力就会超过两个单独压力之和，使人难以应付。

第三，破坏性压力。

一些压力给人的身心带来危害，这样的压力称为破坏性压力，这些压力一般是指遭受较大变故之后给经历者带来身心上的变化，也称为极端压力，包括战争、大地震、空难、遭受攻击、被绑架、被强暴等。经历极端压力之后，心理症状是多方面的，情绪症状以沮丧为主，例如：在一些影视剧中，我们经常看到一些正直的人，因战友战死而自己获救产生罪恶感，易激惹、暴怒，同时伴有攻击行为，与亲人变得疏远，对当时的记忆丧失，长期注意力难以集中等。

对于大学生而言，最常见的压力有学习压力、人际交往压力、就业压力等方面，与毕业后而言，这些压力一般也是一些单一性的压力，并且学会适当地调整这些压力，能够给我们的生活带来一定益处，而如果不会调整自己，则会出现心理问题。

例如：李同学是一所大学的学生，由于压力存在，导致在看书时总担心会有人坐在身后并干扰自己，有强烈的不安全感，通常喜欢选择在角落或者靠墙而坐，否则无法安心看书。因为人际关系方面的压力，对同寝室一位同学放收音机的行为非常反感，有时简直难以忍受，尤其是中午睡午觉时总担心会有收音机的声音干扰自己，从而睡不着觉，经常休息不好。但又不好意思跟其发生当面冲突，因为觉得为这样的小事发脾气，可能是自己的不对。很长时间不能摆脱这种心理困境，很苦恼，严重影响了自己的日常生活和学习。

李同学的大学生活就这样在压力与苦恼中度过，但是很快他将面临一个更大的考验：即将毕业。该同学心中一片茫然，担心找不到理想的工作，有时候也懒得去想这个问题，怕增添烦恼。李同学是一名学习一般，在班上成绩中游的同学，当看到其他同学都在准备考研究生，他也想考，但是又不能集中精力学习。种种情况造成了他在性格上的自卑感，缺乏自信，生活态度比较消极，认为所有的一切都糟透了。同时他的家庭经济状况一般，认为自己有责任挑起家庭的重担，但又觉得力不从心。

以上的这些压力都是在大学生活中常见的压力，如果不会去面对压力，那么只能度过一个失败的大学生活。在近几年的心理测试中，都有四分之一到三分之一的学生在承受着心理压力，把本来该幸福明快的大学生活变成日日夜夜痛苦的煎熬。有时候我们过度关注由于失恋等原因造成的轰动性的生离死别的新闻，然而更多需要理解和关注的是仍然不断沉浸在这些烦恼中的普通学生。

学不会调整压力，不仅会给校园生活蒙上不快乐的阴影，同时也表明没有准备好踏上社会，因为无论从哪个角度来看，社会上带来的压力都要远远大于校园压力。在学校中不能学会去化解压力带来的危害，或者学习掌握利用压力来驱使自己前进，一旦踏入社会，压力进一步放大时，必然会带来更多的问题。

14.1.2 压力的双面性

压力具有两面性，即破坏性和激励性，一方面，过度的压力能够破坏人的身体健康以及产生精神破坏性；另一方面，适当的压力有利于激励人的斗志，使自己在竞争中获胜，在工作中更有效率，在生活中更美好。

1. 压力的破坏性

(1) 对身体的破坏性

从医学的角度来看，压力出现，神经内分泌系统应急，脑垂体激素、肾上腺激素分泌增加，血糖升高，胰岛素分泌增加。当我们遭遇到压力时，脑垂体立即分泌多种激素，动员体内的蛋白质，将它转化成糖类；糖原也会立即转化成糖，以应体力急需；接着血压会升高，矿物质会从体内骨骼中分解出来，脂肪也会燃烧成能量。

这种应急是体内资源的大调动，资源不够时可能出现挖东墙补西墙的情况。倘若压力持续存在，胸腺和淋巴结中的蛋白质便会用尽、萎缩，并开始消耗身体其他部位如血浆、肝和肾里的蛋白质。胃溃疡的发生，并不仅仅是胃酸过多的原因，有时是胃壁的蛋白质被挪用所引起的。分析尿液中流失的氮可以发现，经过一天沉重压力所消耗的蛋白质，可以多达 96 克；因此，当天必须摄取等量的蛋白质才能免于疾病。钙如果被挪用了，也会使我们的骨骼变得脆弱。压力引起体内这样的伤害性转变还有很多，都会对相应的组织细胞和器官造成伤害。

这个阶段只要及时增加适当的营养，补充身体细胞的营养需要，就能得到康复，从而维持健康。如果营养不够，便会开始生病；此时再不及时弥补，甚至会导致死亡。

通常情况下，许多病症都是在身体出现一定症状之后发作的，例如高血压和心脏病，以及失眠、长期疲劳、头痛、红疹、消化系统紊乱、溃疡、结肠炎、食欲不振、暴食、恶心等。其他症状更具即时性，如恶心、窒息或口干舌燥。尽管这些症状也可能是其他因素引起的，但毫无疑问，压力是不容忽视的一个重要因素。研究发现，压力还会削弱人体的免疫系统，这也揭示了为什么我们在压力状况下更容易患病(如感冒或流行性感冒)。压力还可能会加重一些自身免疫性疾病的症状，如风湿性关节炎等。压力还可能会引起头疼、肠部症状，而且当前研究已经证明,压力与癌症之间存在一定的关系。在癌症的治疗过程总是非常重视患着的精神状态,有很多医学的案例表明,误诊的癌症患者在巨大的压力下,也可能非自然死亡;而确诊的癌症患者在良好的心态下,康复的概率大大增加。

(2) 压力与精神疾病

压力对人的精神会产生巨大的影响,甚至能够改变人的性格。通常表现在外表改变,不关心外表,心情郁闷,精神萎靡,疲倦,紧张,激动,忧心忡忡。各种习惯也发生改变,暴饮暴食或食量减少,酗酒,猛抽烟,经常请假。行为方式也可发生改变,易怒,情绪波动,经常失眠,注意力不集中,绩效变差,决策失误,有攻击性。

参考资料:压力导致精神失常

资料 1:在 2006 年,有一名 19 岁的职业球员在宿舍精神失常,这位球员十三四岁时离开家乡来到深圳,他的进取心很强,训练非常刻苦,以实现征战中超联赛之梦。月初因签证原因,落选一项旨在锻炼与选拔新人的邀请赛,因事前他已告知家人自己会参加,所以落选对他打击很大,喝酒后在宿舍出现精神失常。

资料 2:林女士,25 岁,在精神失常前一直都很正常,当她连续失去母亲和男朋友的时候,出现失眠、猜疑等症状,经常会自言自语,甚至毫无理由地痛哭,或者一个人对着镜子微笑。

除去一些遗传性因素外,很多精神失常都是由于外界压力引起的。需要特别注意的是,不仅是一些剧烈的、突发性的压力,如失业、离婚、丧失亲人等容易引起精神失常,由于现在生活压力比较大,一些日常的持续性压力,也可以产生叠加性破坏,从而导致精神失常。对于压力引起的精神疾病,必须要正确面对。精神失常确实是一种精神疾病,但不是我们通常意义上讲的"神经病"或者"精神病",通过一定的心理干预手段以及正确的处理方式,能够缓解精神压力,并治愈成为一个正常人。

2. 压力的激励性

适度的压力能够给我们带来精神和身体上的刺激,并调动自身的积极性,激发潜能,从而能够取得更大的成就。著名的加拿大医学教授赛勒博士说"压力是人生的燃料"。适度的压力对于健康是必要的,能使个体注意力集中,耐受性提高,机体活力增强,减少错误的发生,提高工作效率,并且通过锻炼会使个体应对压力的能力和心理素质得到不断的提高。

参考资料:破釜沉舟　百二秦关终属楚

秦朝末期,在各路起义军中,项羽率领的子弟兵在巨鹿一战中破釜沉舟、置之死地而后生,最终取得了战役的胜利,打出了名声,最后成为起义军中最有名的一支。

当时秦军总指挥章邯派大将王离和涉间包围了巨鹿的赵军,赵军向各起义军求救,项羽所在的楚怀王的部队由宋义指挥,宋义一直犹豫不决,项羽忍耐不住,最终杀了宋义,夺取了大军的指挥权。

取得指挥权之后,项羽下令将做饭的锅全部砸碎,士兵只带三天的口粮,火速向秦军进攻,项羽先派出一支部队,切断了秦军运粮的道路;他亲自率领主力过漳河,解救巨鹿。楚军全部渡过漳河以后,项羽让士兵们好好地吃了一顿饭,每人再带三天干粮,然后传下命令:把渡河的船(古代称舟)凿穿沉入河里,把做饭用的锅(古代称釜)砸个粉碎,把附近的房屋放火统统烧毁，这就是“破釜沉舟”成语的由来。项羽用这办法来表示他有进无退、一定要夺取胜利的决心。

楚军士兵见主帅的决心这么大，就谁也不打算再活着回去。在项羽亲自指挥下，他们以一当十，以十当百，拼死地向秦军冲杀过去，经过连续九次冲锋，把秦军打得大败。秦军的几个主将，有的被杀，有的当了俘虏，有的投降。这一仗不但解了巨鹿之围，而且把秦军打得再也振作不起来，过了两年，秦朝就灭亡了。

此役过后，项羽当上了真正的上将军，其他许多支军队都归他统率和指挥，他的威名传遍了天下。

项羽和他的士兵在“破釜沉舟”的巨大压力下，发挥出巨大的战力，以少胜多，最终战胜了强大的秦军。

蒲松龄有副对联的下联是“卧薪尝胆　三千越甲可吞吴”，讲的是越王勾践在吴国的压力下，“卧薪尝胆”，不断努力，最终战胜吴国的故事。

在历史上，类似的典故数不胜数，在现代社会中，压力也是促使成功的重要因素。我们在前面章节中曾经讨论过，一般情况下垄断是没有效率的，而适当的竞争才能带来更高的效率，就是因为竞争能够带来压力。在生活中，要找到“鲶鱼”，通过“鲶鱼效应”来保持一个压力，从而持续地给自己带来一定动力，以保持工作的高效率。

完全没有心理压力的情况是不存在的。我们假定有这样的情形，那一定比有巨大心理压力的情景更可怕。换一种说法就是，没有压力本身就是一种压力，即空虚。无数文学艺术作品描述过这种空虚感，那是一种比死亡更没有生气的状况，一种活着却感觉不到自己在活着的巨大悲哀。在一定程度上，这叫作“动力不足综合征”，这种症状往往出现在处于事业高原期的人身上。有一些人取得了一定的成功，在短暂的一段时间内很难再有所突破，这时候往往处于比较空虚的阶段。例如很多演艺圈的人士，在有了一定的名声之后，生活上衣食无忧，然而事业上很难再上一层楼，好的作品是可遇而不可求的，这种不可捉摸的压力导致很多艺人开始沾染吸毒等不良习惯。而一些人则投身于像慈善事业等公共事业，为自己带来适当的压力和动力，重新找到发展的方向，使生活过得充实。

综上所述，在生活中我们需要给自己创造一定的压力，以激发自身的潜能，增强工作的积极性。但是压力的施加程度要与自身的能力相匹配，不是每个人都有像项羽一样的能力，所以在生活中总是要给自己留点后路，不要每次都“破釜沉舟”，给自己带来太大的压力，一旦压力过大，尤其是压力的叠加性效果显现出来，则非常容易导致身心疾病的出现，或者是在过高的压力下导致工作失误，最后导致失败。

14.1.3　IT 压力

每一项工作都有压力，与同事沟通、晋升、来自老板和客户的压力等，大部分工作者面临类似的日常工作压力，但是不同的工作岗位因为环境不同，面临的压力也不同。例如：园丁工作环境带来的压力和消防队员、警察等是截然不同的，消防队员、警察、司机等长期在高度紧张的环境下工作，其所面临的不仅是恶劣环境带来的危险，同时还包括这种长期危险工作下保持的高压状态，这种长期精神紧张状态下的精神健康危险。

工作性质不同，压力来源和压力大小也不同，如果说园丁的工作压力是 1，而军人、消防队员的压力是 10；IT 从业人员所面临的压力大约是在 5～7 之间，实际上这并不是一个较小的数值，也就是说与其他白领相比，IT从业人员压力相对较大。

很多人也许会感到迷惑，在IT行业中，大多数工作都是令人羡慕的"办公室"工作，很少有体力劳动。然而从开篇案例中我们可以体会到，IT行业的工作并不是表面上那么容易，来自各方面的压力，很容易导致IT工作人员在工作出现各种疾病，甚至猝死。

参考资料：IT工作者的压力

小丁是某重点大学毕业的研究生，毕业之后就进入了现在这家公司做程序员工作，已经工作了一年，月收入两万有余。前不久休假回家，小丁的父母惊讶地发现，小丁的手指已经明显外翘，变得畸形，小丁的颈椎不好，晚上睡觉总是落枕，还伴随着严重的偏头疼，疼得厉害的时候，甚至没办法抬头说话。小丁的膝盖已经有些使不上劲儿，需要膝盖用力的时候，就能听见清晰的骨头声音，时常会感到恶心、反胃，会忍不住呕吐，更可怕的是每天都在失眠，几乎都是凌晨三四点钟才睡。早上八九点钟就起来，起床之后就一定是要对着计算机，一言不发，一坐就是一整天，连饭都在计算机前吃。小丁的情绪常常很烦躁，尤其是在编程的时候，有时父母和他说一句话，他就会立刻爆发，脾气很大。

后来小丁的父亲和他进行一次较为深刻但相对平静的谈心，想给他换个工作，可是却不知道该如何和小丁谈这个问题。而小丁自己对于报酬很挑剔，他已经不能想象再找一份报酬比目前要低的工作了，因为其工作所在的城市生活成本较高，他马上要面临结婚、买房子等社会问题，家庭能够给予他的支持很少。而转型成为公司管理型的人员，小丁又觉得自己并不擅长人际交往，他自己就没有信心，不愿意尝试，甚至是懒得尝试。

这种现象在IT业内可谓是司空见惯。IT业是一个高压力的职场，2005年年仅38岁的网易代理首席执行官孙德棣猝死；2010年37岁的腾讯网女性频道主编于石泓因脑溢血去世，"过劳死"已经成为IT界一个可怕的梦魇。有数据显示，公安、IT、文化演艺等职业已经成为"过劳死"的高发区，"过劳死"时的平均年龄为44岁，其中IT阶层年龄最低，仅仅为37.9岁。

在IT界，工作辛苦、压力大，大多数人的健康情况堪忧，这已经是业界公认的事实。尽管有高薪的吸引，有着良好的工作环境，甚至不少年轻人现在选择了远离IT岗位，主要是对IT压力的担心。对于IT工作者来讲，虽然每天不必要面对生死抉择的恶劣环境，但是从大学期间缺乏室外运动、缺少与人交流，造成的身心疲惫一直延续在工作中并进一步放大。

首先，大部分IT工作需要有一定的经验，在学校学习的知识一般很难直接与工作岗位要求的能力对接，这使得大部分毕业生在刚上岗期间必须要加班加点地学习。不少IT公司都出现了新入职员工由于生活作息不规律，不能适应公司的生活节奏，身体和心理出现了问题，甚至有的最终导致"过劳死"。

其次，IT工作虽然薪酬较高，但是每个项目、每个工程甚至每个不同的客户环境都不同，每次都得小心翼翼地避免问题的出现。而且信息类项目本身虽然不产生危害，但是现在大量的企事业单位高度依赖信息系统，在银行、医院、警局、政府等部门，一旦信息系统出现问题，或者停止运行，那么也会给社会带来无法估量的损失。这些部门的系统实施人员、系统维护人员时时刻刻担心这些问题的出现，IT人员24小时开机待岗已经成为一个普遍的现象。这导致IT工作者时时刻刻保持高度的精神压力，随着压力的不断叠加，会不断地侵蚀身心，当达到了一定的临界值，出现了最后一棵稻草，就会导致整个人崩溃。

除了以上特点之外，社会竞争带来的压力、与人沟通的缺乏、缺少体育运动甚至对自己的相貌、举止、学识、财富、与人应对的能力等的怀疑，这些统统都是 IT 工作者所面临的压力。工作环境中的许多恶劣条件是可以通过人们共同努力去加以改善的，但是这种加缚在 IT 工作者身上的无形枷锁，需要整个行业的努力去消除，同时更需要个人去积极地面对，学习一些减压的方法，从而在胜任工作的同时也获得愉快的人生。

14.2 心理压力测试

上文中已经提及，压力可以给人带来巨大的破坏性，同时完全没有压力也是不可取的，完全没有压力会使人丧失前进的动力。那么怎么看一个人的压力是否适中并能否正确地应对压力呢？有很多专家和机构给出了专业的压力测试方式，有的通过图形来测试，有的通过一定的工具来测试，最方便的，就是通过问卷来实现测试，下面给出两种压力测试方式，有兴趣的读者可以简单测试一下，看看自己的压力是否适合。

1. 测试方式一

问题：

(1) 我发现自己为很细微的事而烦恼。

(2) 我似乎神经过敏。

(3) 若受到阻碍，我会感到很不耐烦。

(4) 我对事情往往做出过度反应。

(5) 我发现自己很容易心烦意乱。

(6) 我发现自己很容易受刺激。

(7) 我感到长期处于高警觉的状态。

(8) 我感到自己很易被触怒。

(9) 我觉得自己消耗了很多精力。

(10) 我觉得很难让自己安静下来。

(11) 受刺激后，我感到很难平心静气。

(12) 我神经紧张。

(13) 我感到很难放松。

(14) 我感到忐忑不安。

(15) 我很难忍受工作时受到阻碍。

评分标准：选"不适用"计 1 分；"偶尔适用"计 2 分；"经常适用"计 3 分；"最适用"计 4 分。

结果分析：

① 15 分：你没有压力。

② 16～30 分：你有轻度压力，需调试自己的情绪了。

③ 31～45 分：你有中度压力，除自我调节外，还可以寻求心理咨询师的帮助。

④ 46～60 分：你已经处于重度压力之下，建议寻求心理咨询师或精神科医生的帮助，

做心理咨询或者根据情况做治疗。

2. 测试方式二

问题：

(1) 我受背痛之苦。

(2) 我的睡眠不定，且睡不安稳。

(3) 我有时头痛。

(4) 我腭部疼痛。

(5) 若须等候，我会不安。

(6) 我的后颈感到疼痛。

(7) 我比少数人更易神经紧张。

(8) 我很难入睡。

(9) 我的头感到紧痛。

(10) 我的胃有病。

(11) 我对自己没有信心。

(12) 我对自己说话。

(13) 我忧虑财务问题。

(14) 与人见面时，我会窘迫。

(15) 我怕发生可怕的事。

(16) 白天我觉得累。

(17) 下午我感到喉咙痛，但并非得了感冒。

(18) 我心情不安，无法静坐。

(19) 我感到非常口干。

(20) 我心脏有病。

(21) 我觉得自己不是很有用。

(22) 我吸烟。

(23) 我独自不舒服。

(24) 我觉得不快乐。

(25) 我流汗。

(26) 我喝酒。

(27) 我很自觉。

(28) 我觉得自己像被四分五裂。

(29) 我的眼睛又酸又累。

(30) 我的腿或脚抽筋。

(31) 我的心跳过速。

(32) 我怕结识人。

(33) 我手脚冰凉。

(34) 我患便秘。

(35) 我未经医师指示就使用各种药物。

(36) 我发现自己很容易哭。

(37) 我消化不良。

(38) 我咬指甲。

(39) 我耳中有嗡嗡声。

(40) 我小便频繁。

(41) 我有胃溃疡。

(42) 我有皮肤方面的病。

(43) 我的喉咙很紧。

(44) 我有十二指肠溃疡病。

(45) 我担心我的工作。

(46) 我口腔溃烂。

(47) 我为琐事忧虑。

(48) 我呼吸浅促。

(49) 我觉得胸部紧迫。

(50) 我发现很难做决定。

评分标准：总是—4 分；经常—3 分；有时—2 分；很少—1 分；从未—0 分。

结果分析：

① 43～65 分

你的压力是适中的,不必寻求改变生活形态；如果你的分数低于 43 或高于 65,那表示你可能需要调整生活状态。低分者需要更多的刺激；高分者需要减轻压力。

② 93 分或以上

这个分数表示你确实正以极度的压力反应在伤害你自己的健康。你需要专业心理治疗师给予一些忠告,他可以帮助你消减对于压力的知觉,并改良生活的品质。

③ 82～93 分

这个分数表示你正经历太多的压力,这正在损害你的健康,并令你的人际关系发生问题。你的行为会伤害自己,也可能会影响其他人。因此,对你来说,学习如何减除自己的压力反应是非常重要的。必须花很多的时间做练习,学习控制压力,也可以寻求专业的帮助。

④ 71～81 分

这个分数显示压力程度中等,可能正开始对健康不利。可以仔细反省自己对压力如何做出反应,并学习在压力出现时控制自己肌肉的紧张程度,以消除生理激活反应。

⑤ 60～70 分

这个分数指出生活中的兴奋与压力量也许是相当适中的。偶尔会有一段时间压力太多,但也许有能力去享受压力,并且很快地回到平静状态,因此对健康并不会造成威胁。做一些松弛的练习仍是有益的。

⑥ 49～59 分

这个分数表示你能够控制你自己的压力反应,你是一个相当放松的人。也许你对于所遇到的各种压力并没有将它们解释为威胁,所以你很容易与人相处,可以毫无惧怕地担任工作,也没有失去自信。

⑦ 38～48 分

这个分数表示你对所遭遇的压力很不易为其所动,甚至是不当一回事,好像并没有发生过一样。这对你的健康不会有什么负面的影响，但你的生活缺乏适度的兴奋，因此趣味也就有限。

⑧ 27～37 分

这个分数表示你的生活可能是相当沉闷的，即使刺激或有趣的事情发生了，你也很少作反应。可能你必须参与更多的社会活动或娱乐活动，以增加你的压力激活反应。

⑨ 16～26 分

如果你的分数只落在这个范围内，也许意味着你的生活中所经历的压力经验不够，或是你并没有正确地分析自己。最好更主动些，在工作、社交、娱乐等活动上多寻求些刺激。做松弛练习对你没有什么用，但找一些辅导也许会有帮助。

14.3　压 力 管 理

14.3.1　情绪管理

参考资料：霍桑实验

20 世纪初期，管理学家大多数研究运用科学管理手段来提高生产效率，梅奥主持的从 1924 年开始到 1932 年结束的霍桑实验，表明了人不仅是"经济人"，同时更是一个情绪化的"社会人"。在提高人的劳动效率的过程中，不能单纯像机械一样进行管理，而是要考虑人的社会性。霍桑实验分为四个阶段。

(1) 照明实验阶段

照明实验的目的是为了弄明白照明的强度对生产效率所产生的影响，这项实验前后共进行了两年半的时间。然而照明实验结果令人感到迷惑不解，照明并没有明显地改变实验结果，因此有许多人都退出了实验。

(2) 福利实验

1927 年梅奥接受了邀请，并组织了一批哈佛大学的教授成立了一个新的研究小组，开始了霍桑的第二阶段的"福利实验"。"福利实验"的目的是为了能够找到更有效地控制影响职工积极性的因素。梅奥他们对实验结果进行归纳，排除了四种假设：

① 在实验中改进物质条件和工作方法，可导致产量增加；

② 安排工间休息和缩短工作日，可以解除或减轻疲劳；

③ 工间休息可减少工作的单调性；

④ 个人计件工资能促进产量的增加。

最后得出"改变监督与控制的方法能改善人际关系，能改进工人的工作态度，促进产量的提高"的结论。

(3) 访谈实验

既然实验表明管理方式与职工的士气和劳动生产率有密切的关系，那么就应该了解职工对现有的管理方式有什么意见，为改进管理方式提供依据。于是梅奥等人制订了一个征询职工意见的访谈计划，在 1928 年 9 月到 1930 年 5 月不到两年的时间内，研究人员与工厂中的两万名左右的职工进行了访谈。

在访谈计划的执行过程中,研究人员对工人在交谈中的怨言进行分析,发现引起他们不满的事实与他们所埋怨的事实并不是一回事,工人在表述自己的不满与隐藏在心理深层的不满情绪并不一致。比如,有位工人表现出对计件工资率过低不满意,但深入地了解以后发现,这位工人是在为支付妻子的医药费而担心。

根据这些分析,研究人员认识到,工人由于关心自己个人问题而会影响到工作的效率。所以管理人员应该了解工人的这些问题,为此,需要对管理人员,特别是要对基层的管理人员进行训练,使他们成为能够倾听并理解工人的访谈者,能够重视人的因素,在与工人相处时更为热情、更为关心他们,这样能够促进人际关系的改善和职工士气的提高。

(4) 群体实验

继电器绕线组的工作室实验是一项关于工人群体的实验,其目的是要证实在以上的实验中研究人员似乎感觉到在工人当中存在着一种非正式的组织,而且这种非正式的组织对工人的态度有着极其重要的影响。

实验者为了系统地观察在实验群体中工人之间的相互影响,在车间中挑选了 14 名男职工。实验开始时,研究人员向工人说明,他们可以尽力地工作,因为在这里实行的是计件工资制。研究人员原以为,实行了这一套办法会使得职工更为努力地工作,然而结果却是出乎意料。事实上,工人实际完成的产量只是保持在中等水平上,而且每个工人的日产量都是差不多的。了解到工人们自动限制产量的理由是:如果他们过分努力地工作,就可能造成其他同伴的失业,或者公司会制定出更高的生产定额来。

霍桑实验证明人是“社会人”,是复杂的社会关系的成员,经济并不是“社会人”唯一的压力来源,还有与身边人的交流、对其他社会人的影响以及其他社会人对自己的影响等。“社会人”的最终表现,是这些压力综合影响的结果,霍桑实验证明了人的能力不仅与工作环境有关,更与个体情绪有关。

情绪是个体对外界刺激主观地有意识地体验和感受,具有心理和生理反应的特征。我们无法直接观测内在的感受,但是我们能够通过其外显的行为或生理变化来进行推断。

美国哈佛大学心理学教授丹尼尔·戈尔曼认为:“情绪意指情感及其独特的思想、心理和生理状态,以及一系列行动的倾向。”情绪不可能被完全消灭,但可以进行有效疏导、有效管理、适度控制。

情绪可以划分为积极情绪、消极情绪,情绪管理并非是消灭情绪,也没有必要消灭,而是疏导情绪、并合理化之后的信念与行为。情绪管理是对个体和群体的情绪感知、控制、调节的过程,其核心必须将人本原理作为最重要的管理原理,使人性、情绪得到充分发展,人的价值得到充分体现;是从尊重人、依靠人、发展人、完善人出发,提高对情绪的自觉意识,控制情绪低潮,保持乐观心态,不断进行自我激励、自我完善。情绪管理主要包括如下的几个方面的内容。

1. 情绪的自我觉察

情绪的自我觉察是指了解自己内心的一些想法和心理倾向,以及自己所具有的直觉能力。自我觉察,即当自己某种情绪刚一出现时便能够察觉,它是情绪智力的核心。一个人所具备的、能够监控自己的情绪以及对经常变化的情绪状态的直觉,是自我理解和心理领悟力的基础。如果一个人不具有这种对情绪的自我觉察能力,或者说不认识自己真实的情绪感受,就容易听凭自己的情绪任意摆布,以至于做出许多遗憾的事情来。伟大的哲学家苏格拉底的一句"认识你自己",道出了情绪智力的核心与实质。

2. 情绪的自我调控

情绪的自我调控是指控制自己的情绪活动以及抑制情绪冲动的能力。情绪的调控能力建立在对情绪状态的自我觉察的基础上,是指一个人如何有效地摆脱焦虑、沮丧、激动、愤怒或烦恼等因为失败或不顺利而产生的消极情绪的能力。这种能力的高低,会影响一个人的工作、学习与生活。当情绪的自我调控能力低下时,就会使自己总是处于痛苦的情绪旋涡中;反之,则可以从情感的挫折或失败中迅速调整、控制并且摆脱而重整旗鼓。

3. 情绪的自我激励

情绪的自我激励是指引导或推动自己去达到预定目的的情绪倾向,也就是一种自我指导。它要求一个人为服从自己的某种目标而产生、调动与指挥自己的情绪,一个人做任何事情要想成功,就要集中注意力,就要学会自我激励、自我把握,尽力发挥出自己的创造潜力,这就需要具备对情绪的自我调节与控制,能够对自己的需要延迟满足,能够压抑自己的某种情绪冲动。

4. 对他人情绪的识别

这种觉察他人情绪的能力就是所谓同理心,亦即能设身处地站在别人的立场为别人设想。越具有同理心的人,越容易进入他人的内心世界,也越能觉察他人的情感状态。

5. 处理人际关系

处理人际关系的协调是指善于调节与控制他人情绪的反应,并能够使他人产生自己所期待的反应。一般来说,能否处理好人际关系是一个人是否被社会接纳与受欢迎的基础。在处理人际关系的过程中,重要的是能否正确地向他人展示自己的情绪情感,因为一个人的情绪表现会对接受者即刻产生影响。如果你发出的情绪信息能够感染和影响对方,那么人际交往就会顺利进行并且深入发展。当然,在交往过程中,自己要能够很好地调节与控制住情绪,所有这些都需要人际交往的技能。

由于压力在很大程度上体现在精神层面,而往往是通过情绪表现出来,因此情绪管理与调节是应对压力的重要基础。学会控制管理自己的情绪,冷静地面对压力,分析问题产生的原因,是克服压力或者将压力转化为动力的基础。前面已经讨论过,压力有积极的一面,究其原因就是具有较高情绪管理能力的人,在面对压力时,能够用积极的情绪去面对压力,管理好自己的情绪,从而把压力转化为动力。

14.3.2 运动与压力

众所周知,体育运动能缓解压力,让人保持良性的、平和的心态。这是因为人们通过参加体育运动,特别是自己擅长和喜爱的运动项目,随着身体的发热、血液循环的加快、血管的扩张,能使工作和劳动所带来的神经紧张、脑力疲乏、情绪紊乱得到一个积极的调节,同时在完成复杂练习的过程中,以及与周围同伴默契配合和对手斗智斗勇的拼搏中产生一种美妙的快感。这种快感不仅会使参加者产生自尊、自信、自豪,消除忧虑、舒畅心境,而且还会使人内心充满欢喜,享受乐趣的沐浴;另外,体育运动能使身体产生一种被人们称为腓肽的激素,这种激素能愉悦神经,调节心理,让人感觉到高兴和满足,把压力和不愉快化作烟云而远离于个体,所以人们也把身体产生的腓肽激素称之为"快乐因子"。

第一,参加一些运动量小、缓和沉稳的运动项目,比如瑜伽、慢跑、打太极拳等,使心情平静下来,然后再逐渐过渡到大运动量的运动。《替代和补充医学杂志》一项研究发现,每周 3 次,每次 1 小时的瑜伽可以提高体内神经传递物质的水平,缓解焦虑,使人自信。每天在家中练习 10 分钟即可。用鼻子慢慢吸气,数 5 秒,保持 2 秒钟。再用鼻子慢慢呼气,数 5 秒,彻底排出肺部空气。

第二,变换运动环境。人都有一种求新求异的心理,变换环境其实就是满足了这种心理,当然一旦环境变化就会对缓解压力起到意想不到的效果。比如,经常在室内工作的人,到户外去爬山,到小树林里去跑步,会感觉轻松愉快。骑自行车也是一个不错的选择,一边骑行,一边欣赏沿途的风景,能够极大排除压力,很多人冒着生命危险骑行川藏线,一方面为了欣赏沿途的美景;一方面为了减轻生活的压力。

第三,运动前调节心理,有利于运动中更好地释放压力。比如在安静的地方闭目养神,做几次深呼吸或对着镜子对自己鼓励;或听一曲喜欢的音乐,转移注意力,以达到最好的放松、减压的效果。

第四,如果压力是来源于工作上的,那么就参加一些以集体配合为主的运动,如篮球、排球、毽球等,通过这些运动在集体协作、默契配合中享受愉悦、快乐、幸福,使忧烦的心绪得以排解。

第五,不要固定进行某一项体育锻炼,而应多项体育运动交替进行。如果只从事某一项体育运动,则易引起单调感。进行不同内容的体育运动,既能改变情绪,又可扩大视野,在精神上、身体上都会得到好处。

第六,运动后吃碱性食物。一般正常人的体液呈弱碱性。人在体育锻炼后,感到肌肉、关节酸胀和精神疲乏,其主要原因是体内的糖、脂肪、蛋白质被大量分解,在分解过程中,产生乳酸、磷酸等酸性物质。这些酸性物质刺激人体组织器官使人感到肌肉、关节酸胀和精神疲乏。此时应多食用牛奶、豆制品、蔬菜水果等碱性食物,中和体内的酸性成分,缓解疲劳,也有利于调节不良心绪。

当然,也不是所有运动都能够舒缓压力的,如果运动时间过长、过于频繁或者运动的目的性过于明确,也可能反而增加压力,那么运动频率应该是多少?每次运动的时间应该多长呢?这个问题显然应该是因人而异,但是对于大多数普通人来讲,锻炼频率有一个科学的标准。

锻炼频率:指体育锻炼者参加体育锻炼的次数,通常我们以一周为一个周期。《大学生体育锻炼合格标准》规定:"学生课外体育锻炼除情况特殊外,早操每周不得少于 3 次,课外活动每周不少于 3 次。"研究证明:一周运动一次时,运动效果不蓄积,肌肉酸痛和疲劳每次都发生,运动后 1～3 天身体不适,且易发生伤病;一周运动 2 次,肌肉酸痛和疲劳减轻,效果一点一点蓄积,但不显著;而当每周多于 3 次时,增加逐渐趋于平和;锻炼次数增加到 5 次以上时,提高就很小。由于运动效果的蓄积作用,适宜的运动频率以每周 3～4 次为宜。目前普遍认为,理想的锻炼频率应为每周至少 3 次。

锻炼时间:锻炼时间与运动负荷有关,运动负荷大则锻炼时间短,运动负荷小则锻炼时间可相对长一些。目前关于每次锻炼多长时间最为适宜尚无一致说法。在体育人口判定标准中,国际标准和我国标准均为每次锻炼 30 分钟。大多数研究认为:心理效益的产生需要至少 20～30 分钟。通过身体锻炼进入积极陶醉状态并使大脑得以自由运转需要的时间是 40～50 分钟。也有人认为 60 分钟的持续时间可能更好。

建议一个初始进行体育锻炼的人，在开始体育锻炼时，每周保证 3 次锻炼，即隔天一次锻炼，每次锻炼时间在 20～30 分钟。对于长期进行体育锻炼的人，每天一次锻炼，每次锻炼时间通常保持在 45～60 分钟。

14.3.3　专业减压

当压力过大时，运动能够在一定程度上减轻压力，但是却不能彻底地改变，需要咨询专业的人员，采用专业的方式来减轻压力。下面列举几个方法，能够帮助人减轻压力，调整心态，从而愉快地工作。

1. 催眠疗法

催眠疗法（Hypnotherapy）是指用催眠的方法使求治者的意识范围变得极度狭窄，借助暗示性语言，以消除病理心理和躯体障碍的一种心理治疗方法。通过催眠方法，将人诱导进入一种特殊的意识状态，将医生的言语或动作整合入患者的思维和情感，从而产生治疗效果。催眠可以很好地推动人潜在的能力，现在一些心理治疗的方法是使用催眠来治疗人的一些压力过大导致的心理疾病，如强迫症、忧郁症、情绪问题等。

2. 冥想

所谓冥想是指静思或沉思，最早人们冥想都是以养生为目的，即以此达到自我治病、防病、健身、益智和延寿的效果，面对人世间的种种压力，仍要做到临乱不惊、心如止水。简单地说就是停止意识对外的一切活动，而达到忘我之境的一种心灵自律行为。冥想原本是宗教活动中的一种修心行为，如禅修、瑜伽、气功等，但现今已广泛地被运用在许多心灵活动的课程中。有坐禅的冥想，也有站立姿势的冥想，甚或舞蹈式的冥想。还有，祈祷也是冥想，读经或念诵题目也是冥想的一种。冥想可使得新皮质熟睡，借由旧皮质的功能，提高我们潜在意识的力量。为了进入冥想状态，我们必须使全身的肌肉、细胞以及血液循环等作用都缓慢下来，只要是任何能使身心感觉舒适的方法都可以。通过冥想可以提高自己抗压力的能力，从而平静心灵并专心致志地完成工作。

3. 芳香疗法

芳香疗法的基本原理是运用植物的治疗力量来进行养生、美容、疗理身体和稳定情绪。有效的芳香疗法可以营造氛围、增强创造力和提升工作效率。香薰除了能美体护肤之外，还具有多种好处，已成为日常生活中不可缺少的一部分。芳香疗法属于自然医疗的一种，是世界盛行的另类疗法。植物治疗的中心物质是植物的精华油，它可以通过视觉、触觉和嗅觉来刺激大脑皮层，启发思维，解除心理和精神上的压力，令人身心舒畅。芳香疗法不仅能使人建立积极的人生态度，还能增强人与人之间的沟通能力。

4. 营养疗法

研究表明，饮食对压力会产生一定的影响，经常吃一些含特定营养成分的食物，能够在一定程度上缓解精神紧张，减轻压力。

第一，含维生素 B 群的食物，维生素 B 族是克服压力的重量级营养素。而维生素 B 族包含 B_1、B_2、B_6、B_{12}、叶酸、菸硷酸，都是属于精神性的营养素，可以调整内分泌系统、平静情绪。全谷类、酵母、深绿色蔬菜、低脂牛奶以及豆类等，都是良好的维生素 B 族食物。

第二，含钙的食物，除了是保持骨质必备的营养素之外，它还是天然的神经稳定剂，能够松弛紧张的神经、稳定情绪。牛奶、优格、豆腐、小鱼干、杏仁都是含有较多钙质的食物。

第三，含镁的食物，镁和钙质都是可以让肌肉放松的营养素，还可规律心跳，稳定不安的情绪。香蕉、豆子、洋芋、菠菜、葡萄干等食物的含镁量较高。

第四，含维生素 C 的食物助长抗压功力，维生素 C 可协助制造副肾上腺皮质素来对抗精神压力。夏季水果中，如：樱桃、柠檬、哈密瓜、葡萄等都是高维生素 C 食物。

第五，纤维改善压力型便秘。长期生活在压力下，很容易发生便秘，最好多吃富含纤维质的糙米、豆类、蔬菜，以及水溶性纤维含量高的木瓜、加州蜜枣、加州梅、柑橘等食物来帮忙排便。

5. 按摩疗法

按摩是一种应用十分广泛的民间物理疗法。有正骨按摩、伤科按摩、小儿按摩、经络按摩、脏腑按摩、急救按摩、保健按摩、点穴按摩等。它是施术者用双手或肢体的其他部位，在受术者的体表一定部位或穴位上施以各种手法操作，以达到防病治病、延年益寿等目的的一种物理疗法，以其简单易学、便于操作、疗效显著、费用低廉、无毒副反应等特点而备受人们的喜爱。通过按摩能够舒缓紧张的肌肉，减轻疲劳，从而达到放松精神的目的。职业运动员在比赛的前后都需要进行按摩来放松肌肉，并减轻心理压力，日常工作压力大、疲劳的人也可以通过按摩疗法来进行治疗。

6. 乐观主义疗法

乐观主义疗法和态度调整相似，但是更关注重塑人们的反应。乐观主义也许从表面上看来不为许多人看好。但是，乐观主义者确实生活得更幸福，因为他们能分辨积极情绪和消极情绪不同的结果，而悲观主义者却认为自己不能把握自己的命运。乐观主义者普遍比较健康，免疫系统和伤痛恢复能力更为出色，他们的平均寿命更长。倾向的不同导致即使是处于同一压力下，悲观主义者也会把压力放大许多倍来对待。对压力的感知身体会自行判断并作出相应反应，所以，悲观主义者更难妥善处理好压力。在一天中寻找几个合适的时间段落，在这个段落中使自己保持乐观的心态。午休时间、朋友聚会都是可以的，或者酒足饭饱后与家人散步的时间。这些时间段里，即使偶尔提起一些悲观的事情来，立刻用乐观的想法和语言把消极悲观情绪化解掉。

除了以上种种治疗压力过大的方法，还有一些其他的辅助方式，例如中草药疗法、创造性疗法等，这些方法都可以在一定程度上减轻压力。另外，多发展一些兴趣爱好，通过转移注意力来减轻压力，也是一种不错的减压方式。当然，如果一个人始终感觉压力太大，精神过度紧张，那么最好还是进行专业的心理干预，找专家来帮忙对症下药比较好。

14.3.4 女性的压力管理

现代女性陷入了一个困境，在承担越来越多社会责任的同时，社会对女性家庭责任的要求却并没有降低。网上有一个流传甚广的“新世纪女性”标准：“上得了厅堂，下得了厨房，写得了代码，查得出异常，杀得了木马，翻得了围墙，开得起好车，买得起新房……”，对于现代职业女性来说，扮演的角色更多，面临的压力更大。

在中国，女性工作压力的三大来源分别是“工资低于期望值”、“职场竞争激烈”和“工作强度大”，此外她们还必须兼顾下一代的生育、教育，家庭的维系、家务，以及对双方老人的照顾，这使中国女性面临空前的压力。职场女性要想获得成功似乎要比男性付出更多的辛苦，这几乎成为一个定律。由于女性特殊的生理特点，当女性压力过大时，容易出现以下症状：

- 心理压力大会磨牙，虽然男性也有这个特征，但是在女性身上更明显。
- 女性心理压力大易增加妇科病，压力可能影响人体免疫系统，导致妇女患妇科病。
- 心理压力大会造成肥胖，很多人压力大会无节制地饮食，并且新陈代谢紊乱。
- 精神压力过大，甚至会导致“不孕”。
- 心理压力大有可能促使人变老，压力大的女性显得比压力小的更年老。
- 孕妇心理压力大会影响胎儿，甚至导致胎儿智商降低。

压力给女性身心带来巨大的损害，对于女性而言，除了常见的一些减压方法，还可以有一些独特的减压手段。

第一，找个知心朋友。“女性其实是一种很需要别人支持的群体。所以，对于女性而言，强大的后备力量就显得尤为重要了。”当你在心里遇到什么不开心的事情，需要有人在旁边支持你，给你打气。要很好地处理压力，必须有强大的“后备力量”。“无论是朋友还是亲人，都可以依赖。但是必需要找到在压力大时真的能帮助你的人。”如果你的朋友是应对压力很强的人，如果他(她)很乐观或者不会总是把事情往坏的方面想，那么这样的朋友一定可以帮助你度过压力大的困难时期，你必须确定你有这样的朋友来帮助你。

第二，学会倾诉。对于所有女性来讲，把压力和困扰告诉朋友，可以觉得舒服些。找一些可以信任的朋友，一起出去喝喝咖啡，把困扰告诉他们。记住了，千万别过度强调你的压力，因为这样做，你和朋友都只会更加压抑。

第三，放慢节奏。尝试放缓做事的节奏，试着做什么事都慢一些。除了调节工作的节奏，平时让走路、说话、开车和吃饭都再慢一些。在压力大的时候，尽量不要装出女强人的样子，接很多的工作和任务。当你的压力很大时，要记得把自己放在第一位，先考虑自己的情况，再去想其他的东西，要想救人，必先自救。

不能为了工作学习而不顾健康和快乐。你的证书考试、学位学业，还有职场升迁的夙愿，其实并不是生活的主要目的，而只是让生活质量上一个台阶的措施而已。不必在短时间内给自己制定过高的目标，而是应该循序渐进地实现阶段性目标，并给自己点闲暇时间去感受幸福。因为别人眼里成功的你不一定是幸福的，生活是否幸福完全来自于自己内心的感受。

第四，分清工作和生活。下班时尽量别将工作带回家中。如果迫不得已，每周在家工作别超过两个晚上。你可以每天下班前两个小时列一个清单，提前为下班做准备。弄清哪些是你今天必须完成的工作，那些工作可以留待明天。这样你就有充足的时间来完成任务，从而减少工作之余的担心。

第五，身心健康。女性相对男性消化系统易出现问题。在同样的压力下，男女吃同样的食物，女性需要比男性花更多的时间去消化它。因此，女性患慢性便秘和胃肠疾病的概率要高于男性。女性需要了解自己这个弱点，加强保护自己消化系统的健康软肋。疾病本身会给人带来很大的压力，因此调整身心状态，是减轻压力的一个重要方面。

14.3.5　一切都是生活

面对压力，最重要的还是进行心理调整。每年迎接新生的时候，我都会问他们：“你们上大学的目的是什么?”有的回答是为了学习；有的回答是为了更好地工作；有的迷茫……这个时候我一般会讲，就是为了生活。上大学是一种生活状态，是高中生活的继续，是人生生活的一部分，所以我们应该调整好心态，正确地去面对学习、业余爱好甚至谈恋爱等方面的问题。工作更是生活的一部分，无论怎么样的压力，只是生活而已，做好以下几步，可以让生活更丰富，也能够让自己更坦然地面对压力。

第一步，精神超越——价值观和人生定位。

价值观和人生定位是对自我的人生价值和角色定位、人生主要目标的设定等，简单地说就是：你准备做一个什么样的人，你的人生准备达成哪些目标。

这些看似与具体压力无关的东西其实对我们的影响却总是十分巨大，对很多压力的反思最后往往都要归结到这个方面。卡耐基说："我非常相信，这是获得心理平静的最大秘密之一。"一个雄心勃勃的人和一个心平气和的人，在面对同一件事情的时候，心态反映是不一样，所以价值观和人生定位可以说是压力产生的根源之一，并决定了压力的大小。

第二步，心态调整——以积极乐观的心态拥抱压力。

法国作家雨果曾说过："思想可以使天堂变成地狱，也可以使地狱变成天堂。"

危机即是转机，遇到困难，产生压力，一方面可能是自己的能力不足，因此整个问题的处理过程就成为增强自己能力、发展成长重要的机会；另外也可能是环境或他人的因素，则可以理性沟通解决，如果无法解决，也可宽恕一切，尽量以正向乐观的态度去面对每一件事。如同有人研究所谓乐观系数，也就是说一个人常保持正向乐观的心，处理问题时，他就会比一般人多出20%的机会得到满意的结果。正向乐观的态度不仅会平息由压力而带来的紊乱情绪，也较能使问题导向正面的结果。

第三步，理性反思——自我反省和压力日记。

理性反思，积极进行自我对话和反省。对于一个积极进取的人而言，面对压力时可以自问，"如果没做成又如何？"这样的想法并非找借口，而是一种有效疏解压力的方式。但如果本身个性较容易趋向于逃避，则应该要求自己以较积极的态度面对压力，告诉自己，适度的压力能够帮助自我成长。

记日记是一种简单有效的理性反思方法。它可以帮助你确定是什么刺激引起了压力，通过检查你的日记，可以发现你是怎么应对压力的。

第四步，建立平衡——留出休整的空间，不要把工作上的压力带回家。

主动管理自己的情绪，注重业余生活，不要把工作上的压力带回家。留出休整的空间：与他人共享时光，交谈、倾诉、阅读、冥想、听音乐、处理家务、参与体力劳动都是获得内心安宁的绝好方式，选择适宜的运动，锻炼忍耐力、灵敏度或体力……持之以恒地交替应用你喜爱的方式并建立理性的习惯，逐渐体会它对你身心的裨益。

第五步，时间管理——关键是不要让你的安排左右你，你要自己做出安排。

工作压力的产生往往与时间的紧张感相生相伴，总是觉得很多事情十分紧迫，时间不够用。解决这种紧迫感的有效方法是时间管理，关键是不要让你的安排左右你，你要自己安排你的事。在进行时间安排时，应权衡各种事情的优先顺序，要学会"弹钢琴"。对工作要有前瞻能力，把重要但不一定紧急的事放到首位，防患于未然，如果总是在忙于救火，那将使我们的工作永远处于被动之中。

第六步，加强沟通——不要试图一个人就把所有压力承担下来。

平时要积极改善人际关系，特别是要加强与上级、同事及下属的沟通，要随时切记，压力过大时要寻求主管、上级的协助、不要试图一个人就把所有压力承担下来。同时在压力到来时，还可采取主动寻求心理援助，如与家人朋友倾诉交流、进行心理咨询等方式来积极应对。

第七步，提升能力——疏解压力最直接有效的方法是设法提升自身的能力。

既然压力的来源是自身对事物的不熟悉、不确定感，或是对于目标的达成感到力不从心所致，那么疏解压力最直接有效的方法，便是去了解、掌握状况，并且设法提升自身的能力。通过自学、参加培训等途径，一旦"会了"、"熟了"、"清楚了"，压力自然就会减低、消除，可见压力并不是一件可怕的事。逃避之所以不能疏解压力，则是因为本身的能力并未提升，使得既有的压力依旧存在，强度也未减弱。

第八步，活在今天——集中你所有的智慧、热忱，把今天的工作做得尽善尽美。

压力，其实都有一个相同的特质，就是突出表现在对明天和将来的焦虑和担心。而要应对压力，我们首先要做的事情不是去观望遥远的将来，而是去做手边的清晰之事，为明日作好准备的最佳办法就是集中你所有的智慧、热忱，把今天的工作做得尽善尽美。

第九步，生理调节——保持健康，学会放松。

另外一个管理压力的方法集中在控制一些生理变化，如：逐步肌肉放松、深呼吸、加强锻炼、充足完整的睡眠、保持健康和营养。通过保持你的健康，你可以增加精力和耐力，帮助你与压力引起的疲劳进行斗争。

第十步，日常减压——保持良好的生活习惯。

以下是帮助你在日常生活中减轻压力的 10 种具体方法，简单方便，经常运用可以起到很好的效果：

- 早睡早起。在你的家人醒来前一小时起床，做好一天的准备工作。
- 同你的家人和同事共同分享工作的快乐。
- 一天中要多休息，从而使头脑清醒，呼吸通畅。
- 利用空闲时间锻炼身体。
- 不要急切地、过多地表现自己。
- 提醒自己任何事不可能都是尽善尽美的。
- 学会说"不"。
- 生活中的顾虑不要太多。
- 偶尔可听音乐放松自己。
- 培养豁达的心胸。

14.4 总结讨论

14.4.1 本章小结

(1) 压力是每个人都要面对的一种紧张状态，这种状态在生活中表现为两面性：破坏性和激励性。显然我们需要压力的激励性，易促使我们更好地工作，尽量避免压力的破坏性，从而在工作中保持一个健康的心态。

(2) 工作不同，面临的压力也不同，有的工作岗位所面临的环境给工作者带来一些危险因素，造成工作者精神紧张，压力巨大。大多数工作者岗位环境安全稳定，例如 IT 从业者，但是来自客户、同事、上下级以及社会的压力，在精神和心理层面给从业人员造成很大的影响。

(3) 心理压力大小可以进行测试,测试的目的是让受测者了解自己的压力程度,以根据压力的程度来选择是应该增加压力还是减压。

(4) 减压的方式有很多,首先是从个人主观情绪管理方面入手,不同性格的人对压力有不同的反应。性格和情绪管理也需要有意识地培养和锻炼,学会情绪管理有利于更好地应对压力。

(5) 体育运动是一种无任何副作用的减压方式,掌握体育运动的频率和体育运动的持续时间非常重要。除了体育运动以外,还有催眠疗法、冥想、芳香疗法、营养疗法、按摩疗法等解压方式。

(6) 女性由于其异于男性的生理特征,造成其在学习、生活中需要面对更大的压力,而且压力一旦过大,比男性更容易诱发身体亚健康。女性需要学会调整心态,更好地面对压力。

(7) 面对压力最重要的是要有一个豁达的心态,保持正确的人生观,压力可以转化为动力,驱使我们更好地前进,更好地适应社会,更好地生活。

14.4.2 小组讨论:"慕课"无压力学习方式

最近几年,"慕课"成为一个流行的学习术语,所谓"慕课"(MOOC),顾名思义,M 代表 Massive(大规模),与传统课程只有几十个或几百个学生不同,一门"慕课"课程动辄上万人;第二个字母 O 代表 Open(开放),以兴趣导向,凡是想学习的,都可以进来学,不分国籍,只需一个邮箱,就可注册参与;第三个字母 O 代表 Online(在线),学习在网上完成,无须进入学习现场,不受时空限制;第四个字母 C 代表 Course,就是课程的意思。"慕课"也就是大规模开放式在线课程的意思,那么"慕课"与公开课有什么不同呢?这种类似于自主学习的在线学习方式如何保障学习效果呢?

与公开课不同,"慕课"是以连通主义理论和网络化学习的开放教育学为基础的,除了包括相同的网络课程视频外,还包括讨论与测试等方面内容。很多课程内容是成体系并循序渐进地让学生从初学者成长为高级人才。课程的范围不仅覆盖了广泛的科技学科,比如数学、统计、计算机科学、自然科学和工程学,也包括了社会科学和人文学科。课程并不提供学分,也不算在本科或研究生学位里,绝大多数课程都是免费的。有的网站部分课程提供收费服务,可以自由选择是否购买。你也可以免费学习有这个服务的课程,并得到证书。

那么这种毫无压力的学习方式,其内涵是一种将分布于世界各地的授课者和学习者通过某一个共同的话题或主题联系起来的方式方法。

课程尽量鼓励学习者自愿参加学习和组织讨论,这些课程通常对学习者并没有特别的要求,但是所有的"慕课"会以每周研讨话题这样的形式,提供一种大体的时间表,其余的课程结构也是最小的,通常会包括每周一次的讲授、研讨问题以及阅读建议等。

每门课都有频繁的小测验,有时还有期中和期末考试。考试通常由同学评分(比如一门课的每份试卷由同班的五位同学评分,最后分数为平均数),一些学生成立了网上学习小组,或跟附近的同学组成面对面的学习小组。这样的学习方式,主要是调动学习者自我管理和自我学习的积极性,与以往课堂授课的教师管理方式有极大的不同。

这种新式的学习方式在全球引起了学习改革风暴,在中国同样受到了很大关注。根据

Coursera 的数据显示,2013 年 Coursera 上注册的中国用户共有 13 万人,位居全球第九。而在 2014 年达到了 65 万人,增长幅度远超过其他国家。而 Coursera 的联合创始人和董事长吴恩达在参与果壳网 MOOC 学院 2014 年度的在线教育主题论坛时的发言中谈到,现在每 8 个新增的学习者中,就有一个人来自中国。果壳网 CEO、"慕课"学院创始人姬十三也重点指出,和一年前相比,越来越多的中学生开始利用"慕课"提前学习大学课程。以"慕课"为代表的新型在线教育模式,为那些有超强学习欲望的"90 后"、"95 后"提供了前所未有的机会和帮助。Coursera 现在也逐步开始和国内的一些企业合作,让更多中国大学的课程出现在 Coursera 平台上。

讨论:从学习压力的角度讨论"慕课"的学习效果以及"慕课"这种学习方式流行的原因。

14.5 实践训练

14.5.1 课外作业与练习

(1) 举例说明压力的两面性。

(2) 谈谈你说面对的压力主要是什么,并说明这些压力给你带来了破坏性还是激励性,你觉得该如何去应对?

(3) 作为一名学习 IT 知识的学生,你觉得 IT 行业所面临的压力有哪些?日后你该如何去面对这些压力?

(4) 如果你是一名女生,你认为你面对的压力比男生更多还是更特殊?你有什么好的应对方法?

(5) 根据课本上的压力测试部分,测试一下自己的压力值,并思考一下解决问题的办法。

(6) 你经常运动吗?与身边的人做个比较,经常运动的人是否面临较少的压力?

(7) 你觉得还有哪些方法能够更好地减轻压力,或者把压力转化为动力?

14.5.2 热点话题:大数据

"大数据"这个术语最早期的引用可追溯到 apache org 的开源项目 Nutch。当时,大数据用来描述为更新网络搜索索引需要同时进行批量处理或分析的大量数据集。随着谷歌 MapReduce 和 Google File System(GFS)的发布,大数据不再仅用来描述大量的数据,还涵盖了处理数据的速度。

早在 1980 年,著名未来学家阿尔文·托夫勒便在《第三次浪潮》一书中,将大数据热情地赞颂为"第三次浪潮的华彩乐章"。不过,大约从 2009 年开始,"大数据"才成为互联网信息技术行业的流行词汇。美国互联网数据中心指出,互联网上的数据每年将增长 50%,每两年便将翻一番,而目前世界上 90%以上的数据是最近几年才产生的。此外,数据又并非单纯指人们在互联网上发布的信息,全世界的工业设备、汽车、电表上有着无数的数码传感器,随时测量和传递着有关位置、运动、震动、温度、湿度乃至空气中化学物质的变化,也产生了海量的数据信息。

对于大多数人来讲,"大数据"(Big Data)似乎仅仅是更多的数据,实际上并非如此,大数据不仅是数据量更大,同时也指与其相关的技术以及这些技术给人类社会带来的改变。对于"大数据",研究机构 Gartner 给出了这样的定义:"大数据"是需要新处理模式才能具有更强的决策力、洞察发现力和流程优化能力的海量、高增长率和多样化的信息资产。

大数据技术的战略意义不在于掌握庞大的数据信息,而在于对这些含有意义的数据进行专业化处理。换言之,如果把大数据比作一种产业,那么这种产业实现赢利的关键,在于提高对数据的"加工能力",通过"加工"实现数据的"增值"。

大数据有四个层面的特点:第一,数据体量巨大。从 TB 级别跃升到 PB 级别。第二,数据类型繁多。比如前文提到的网络日志、视频、图片、地理位置信息等。第三,处理速度快,可从各种类型的数据中快速获得高价值的信息,这一点也是和传统的数据挖掘技术有着本质的不同。第四,只要合理利用数据并对其进行正确、准确地分析,将会带来很高的价值回报。业界将其归纳为 4 个 V——Volume(数据体量大)、Variety(数据类型繁多)、Velocity(处理速度快)、Value(价值密度低)。

从技术上看,大数据与云计算的关系就像一枚硬币的正反面一样密不可分。大数据必然无法用单台的计算机进行处理,必须采用分布式架构。它的特色在于对海量数据进行分布式数据挖掘,但它必须依托云计算的分布式处理、分布式数据库和云存储、虚拟化技术。

大数据需要特殊的技术,以有效地处理大量的经过时间内的数据。适用于大数据的技术,包括大规模并行处理(MPP)数据库、数据挖掘电网、分布式文件系统、分布式数据库、云计算平台、互联网和可扩展的存储系统。

大数据相关技术给社会带来了以下几个方面的变化。

(1) 变革价值的力量。未来十年,决定中国是不是有大智慧的核心意义标准,就是国民幸福。在普通居民生活层面上,通过大数据让事情变得澄明,社会整体福利能够增加;同时还可以体现在生态上,看我们在自然与人关系上,做得是否比以前更有意义。总之,让我们从前十年的混沌时代,进入未来十年澄明时代。

(2) 变革经济的力量。生产者是有价值的,消费者是价值的意义所在。有意义的才有价值,消费者不认同的,就卖不出去,就实现不了价值;只有消费者认同的,才卖得出去,才实现得了价值。大数据帮助我们从消费者这个源头识别意义,从而帮助生产者实现价值。

(3) 变革组织的力量。随着具有语义网特征的数据基础设施和数据资源发展起来,组织的变革就越来越显得不可避免。大数据将推动网络结构产生无组织的组织力量。最先反映这种结构特点的,是各种各样去中心化的 Web 2.0 应用,如 RSS、维基、博客等。大数据之所以成为时代变革力量,在于它通过追随意义而获得智慧。

下面介绍几个具体应用案例。

(1) American Express(美国运通,AmEx)和商业智能。以往 AmEx 只能实现事后诸葛式的报告和滞后的预测。"传统的 BI 已经无法满足业务发展的需要。"于是 AmEx 开始构建真正能够预测忠诚度的模型,基于历史交易数据,用 115 个变量来进行分析预测。该公司表示,对于澳大利亚将于之后四个月中流失的客户,已经能够识别出其中的 24%。

(2) 地产业的升级改造,具有令人兴奋的商业前景。一个 Shopping Mall 的投资往往高达数十亿元,设想一下,如果智能化升级能够让一个 Shopping Mall 的顾客数量和人均消费提升 30%~50%,为此投入几百万元甚至上千万元对于投资方来说非常划算,那么仅仅针对国内 Shopping Mall 的智能化升级就是一个千亿元级别的市场。

(3) IBM 的大数据战略以其在 2012 年 5 月发布智慧分析洞察“3A5 步”动态路线图作为基础。所谓“3A5 步”，指的是在“掌握信息”(Align)的基础上“获取洞察”(Anticipate)，进而采取行动(Act)，优化决策策划能够拯救业务绩效。除此之外，还需要不断地“学习”(Learn)，以便从每一次业务结果中获得反馈，改善基于信息的决策流程，从而实现“转型”(Transform)。

基于“3A5 步”动态路线图，IBM 提出了“大数据平台”架构。该平台的四大核心能力包括 Hadoop 系统、流计算(Stream Computing)、数据仓库(Data Warehouse)和信息整合与治理(Information Integration and Governance)。

(4) 斯隆数字巡天收集系统在最初的几个星期，就比在天文学的历史上之前的 2000 年收集了更多的数据。自那时以来，它已经积累了 140 兆兆字节的信息。这个望远镜的继任者——大天气巡天望远镜，将于 2016 年在网上把获得的数据公布。

(5) 沃尔玛每隔一小时处理超过 100 万客户的交易，录入量数据库估计超过 2.5PB，相当于美国国会图书馆的书籍的 167 倍。FaceBook 从它的用户群获得并处理 400 亿张照片。解码最原始的人类基因组花费 10 年时间，如今可以在一个星期内实现。

第 15 章　设 计 生 涯

导读资料：吴士宏的职业生涯

1985 年，刚到中国发展不久的 IBM 公司要在中国招收一些新员工，一位充满自信的年轻小姑娘引起了经理的注意，经理问她："你知道 IBM 是家怎样的公司吗？""很抱歉，我不清楚。"女孩回答。"那你怎么知道你有资格来 IBM 工作？""你不用我，又怎能知道我没有资格？"女孩脱口而出，这话自信十足，她接着继续用英语说，她以前的同事和领导都相信她有能力做更多的事，她说能通过自学考试就是能力的证明，如果给她机会，她会证实她的能力和资格的，IBM 公司或是别的公司如果用她一定不会后悔的。

结果她很顺利地通过了面试，不久经理就通知她：下周一上班！"天生我才必有用"，女孩充满自信的言语给予主考官一种信任和认同感，使她通过了面试，获得在国际大公司工作学习的机会，这个自信的小姑娘就是当时还是名护士的吴士宏。

在进入 IBM 之前，吴士宏在北京椿树医院做护士，虽然说自己的工作也是一个非常稳定的工作，但是吴士宏不甘心做一辈子的护士，她认为自己这一生可以取得更大的成就，她下定决心要离开当前的工作岗位，于是她选择自学，参加自学考试。谁都没有想到，自学通过高等教育自学英语考试的吴士宏，抱着个半导体学了一年半许国璋英语，就敢到 IBM 来应聘，并且取得了成功。

就这样她进入了 IBM 公司。从一个普通的勤杂工做起，通过自己不断地努力学习，终于通过 IBM 严格考试转入专业队伍。在 IBM 的日子中，她不断地努力奋进，也不断地刷新自己职业生涯的目标，历任大客户销售代表、销售经理、IBM 华南地区市场经理，1995 年任 IBM 华南分公司总经理，成为 IT 业界一颗耀眼的新星，也为众多的打工者树立了一个典型的榜样。

1998 年 2 月，吴士宏离开她工作了整整 12 年的 IBM，由 IBM 中国经销渠道总经理职务，受聘于微软中国公司总经理，登上职业经理人的一个高峰，成为一个名副其实的"打工皇后"。

尽管后来在 1999 年"因事业和生活中更重要的事情"从微软辞职，在 IT 界引起了震动，但是一段时间后吴士宏重出江湖，加盟国有企业 TCL，出任 TCL 集团常务董事、副总裁，TCL 信息产业集团公司总裁。并提出"将中国的企业做到国际上去"的长远发展方向。

2000 年 3 月，被评为"99 年中国 IT 十大风云人物"，6 月被亚洲《商业周刊》列为"亚洲风云人物"。

我的追求，我的快乐，比百万美元要值得多！——吴士宏

学习目标

- IT 热门人才的基本要求;
- 一夜暴富与人生成功;
- 专业和职业之间的关系;
- 职业发展的阶段理论;
- IT 职业发展途径;
- 女性职业发展;
- 职业规划方法;
- 如何理解知识更新;
- 终身学习的重要性;
- 了解为什么终身学习更能促进个人成功。

15.1 IT 热门人才

15.1.1 基本素质

有很多人认为,在 IT 行业工作,只要你技术出众,就能够赢得别人的尊重,就能够得到很高的薪水,就能获取巨大的成功。然而这是对行业的一个错误理解,单纯只懂得技术是不能在这个行业获取成功的。要想成为一个 IT 的热门人才,不仅需要具有良好的技术,还要有一些基本素质和能力。

从本质上来讲,IT 行业是属于服务行业的一个分支,因为 IT 行业本身并不直接产生经济效益,而是依靠提供简洁、方便的服务来产生价值的。服务在行业中占据根本地位,无论你在什么岗位上,从事何种工作,都要从为客户服务的角度出发。我们在前面已经论述过,评价一个项目是否成功的标准,是成果是否满足客户的需求,而不是设计多么新颖,方法多么优秀。

对于 IT 行业来说,技术只是表面的功夫,而真正的内功是艺术修养和道德涵养,一般来讲,下列基本技能对 IT 工作者是必需的。

1. 沟通能力

我们反复强调沟通能力的重要性,因为没有沟通,你就不可能正确地了解客户的意图;没有沟通,你就没有办法和同事合作,共同完成工作;没有沟通,领导的意图无法下达,一切都成为空谈。沟通是设计的基础,设计是良好沟通的一种表现。

2. 基本的工作素养

遵守时间、遵守工作规章制度、遵守保密协定等基本工作素养非常重要,IT 工作者更看重劳动纪律,而不是无纪律、散漫的组织。技术越出众的人,越应该遵守职业道德,能力越大,所应该背负的责任也就越大。如果一个 IT 工作者只具有很高的技术修养,而缺乏良好的职业素养,那么他很有可能走上歪路,成为一个危害网络的"黑客",所以,我们必须遵守职业道德,利用技术为社会服务,而不是利用自己所掌握的技术危害社会。

3. 需求分析能力

项目的基础是需求分析,好的需求分析意味着项目成功的一半。恰恰很多技术人员不喜欢进行需求分析,忽视需求分析能力的培养,这样很容易造成即使自己有能力来完成项目,结果与客户需求不一致,最终导致项目的失败。

需求分析的能力需要不断地培养,并不断进行经验总结,在不断训练的基础上逐步成长,直至成为一名熟练的能手。做需求分析不仅需要一定的文字能力,也需要将项目过程抽象成为流程图的能力,用流程图能够更清楚地表示出客户的意图。

4. 写作能力

要想把自己的意图恰当地表达出来,还必须要有良好的写作能力。在项目中,需求分析、总体设计、详细设计、测试、总结等都需要一定的写作能力,写作能力的获取,应该在平时加强自身修养的同时,注意多锻炼。写作能力的培养可以从以下几个方面进行:①锻炼思想、陶冶情操,通过感情的陶冶,可以更好地培养自己的写作激情。②注意生活积累,注意基础知识的积累,广阔的知识面可以更好地提高写作能力。③注意写作思维的训练,提高思维能力。④多练多写,写作的方法和技巧是通过不断地实践而得到的,在练习的过程中不要怕别人讥笑,注意积累摸索写作经验,最终一定能够取得成功。

写作能力是一个对你一生都能够产生影响的能力,而不仅仅是在项目的过程中。

5. 风险控制能力

项目执行的过程中不可避免地会产生风险,对风险要有一定的预测,在第 12 章中我们举的木工与总管的例子中,木工工头就是因为能够正确地预测项目中的风险,才顺利地完成了项目。

6. 驾驭项目进度的能力

制订项目计划是一回事,使项目按照既定的计划正常进行又是另外一回事。在"二战"期间,巴顿率领部队在一条狭窄的路上行军,突然通信兵来报,有一头驴在路中间挡住了去路,导致大军行动缓慢,巴顿快速来到现场,掏出手枪将驴击毙,保障部队正常行进。作为一名战地指挥官,巴顿能够获取"百胜"将军的美名,与他的果断是分不开的,正是这种果断精神保障了部队行军正常,这就是一种驾驭项目的能力。尽管在项目实施的过程中,可能会不断地遇到问题,无论你是一名项目负责人,还是一名普通的程序员,就应该有驾驭自己分管项目进度的能力。

作为一名 IT 工作者,你所从事的工作通常是一环扣一环的复杂的工作过程,但是如果你具备上述能力,再加上良好的技术技能,就一定能够取得成功。

15.1.2 不要期待一夜暴富

盖茨、戴尔、乔布斯、丁磊、史玉柱、陈天桥……这些 IT 界风流人物不断地激励我们前进,但是关于他们的故事似乎都在告诉我们,他们都是在一夜之间成为亿万富翁的。这使得 IT 界形成一股风气,行业人员动不动拿自己与他们相比,似乎 IT 界到处充满了一夜暴富的机会。

事实并非如此。他们的出现是必然中的偶然,因为他们都是在特定的历史时期、特定的环境下出现的特定历史人物。之所以是特定的,因为他们并不代表了大众的发展方向,不要一开始就以他们为目标,就给自己设置了一个难以逾越的目标。有远大的目标是一件好事,但是不切实际的目标就代表着白日梦和空想。大多数人还需要先找到一份适合自己的工作，从底层开始做起，慢慢地争取晋升的机会，积累行业相关经验。等到具有一定经济基础和工作经验，可以向更高的职位冲刺，或者是开创自己的事业。

目前行业现状也很少提供一夜暴富的机会。每一个细分产品市场都充斥着数个巨头组织，这些组织具有较大的先入优势，激烈的竞争促使它们拿着平均成本，依靠优良的服务和高品质的产品来换取客户的心，小公司很少能够获得大的发展机会。新产品(无论有形的还是无形的)的研发需要大型的团队和大量的资金才能实现，那种一两个人在车库就可以搞出划时代产品的时代一去不复返了。事实上，大部分刚毕业的学生，基本上都在激烈的岗位竞争中生活。

认清形势，促进自己发展，是面临毕业的大学生首先要做的。毕竟 IT 行业也分很多个就业方向，自己擅长什么，适合在什么岗位上发展，才是当前最应该做的事情。因为即使学习软件设计这样单一的方向，也有诸如软件工程师、软件测试师、需求分析师、售前咨询师、售后服务师等一系列的工作岗位供你选择，因此根据自己的性格，认清自己的发展形势，因势利导、稳扎稳打才是当前的紧要任务。

也有一些同学认为，自己所学到的知识好像永远不如社会上主流技术变化得快，在学校中大部分时间是用来学习一些基础的理论知识，岗位技能非常短缺，不太确定自己能否胜任社会上的工作岗位。事实上，我们完全不必有这样的担心，因为无论技术如何发展，理论基础在长时间是保持不变的，而如果我们在学校中能够掌握扎实的理论基础，是可以很快就能适应岗位技能的，要对自己充满自信，相信自己能够在社会上闯出一番天地。

具备扎实的理论知识基础，良好的职业素养，正确的岗位观念，相信同学们一定能够发挥自己所长，顺利地走上工作岗位。在走上工作岗位之后，我们仍然要坚持学习，认真做好自己的职业发展计划，争取更好地为社会服务。

15.2 专业与职业

15.2.1 专业和职业

所谓专业，是一种学业的分类，是高等院校或者中等职业学校根据学科分类或者生产部门的分工把学业分成的门类。为了更好地适应 21 世纪初我国社会主义现代化建设和科技进步、产业结构调整的需要，教育部对职业院校的专业重新分类。

专业设置的依据是我国社会主义现代化建设事业发展对人才的需求。具体有以下几个方面：

第一，专业设置以国民经济和社会发展对人才需求为基本依据，符合学校教育的人才培养规格和培养目标。

第二，专业设置的现实性与前瞻性，即从现实与未来的需要考虑，这是职业院校专业设置的主要依据。

现代科技的飞速发展，使生产的设备、产品和劳动的科技含量越来越高，使职业的演变越来越快，使每一个人面临多次转岗或者重新选择职业的考验。这就要求专业设置要坚持现实性与前瞻性相结合，既适应我国当前经济发展和劳动力市场需要，又适度超前考虑未来经济发展和职业分化的需要,随时调整或增加社会需求的专业。这样才能获得生存和发展的空间。

第三,专业设置与国家产业分类、职业分类相适应,这是职业院校设置专业的重要依据。

统计资料表明,职业院校就业对口率平均在 50%左右,尽管学生在毕业之后并不一定从事与专业一致的职业,但是学好专业是非常重要的。专业学习的过程中,不仅能够学习到将来可能用到的知识,同时还能够在学习的过程中养成良好的习惯。并且,自己从事的第一份正式职业如果就是原来所学的专业,对提高个人发展效率有着非常重要的战略意义。毕业后,你可以从事没有学过的专业。但现在社会分工越来越细,每行所需要的知识和技能越来越专业,你要在非本专业上承担起相应的工作,那么你还要花费很大的个人代价(时间、精力、金钱)。因此在求学之前应认真选择专业,争取让自己的专业和毕业后从事的职业联系起来,以尽量避免个人发展的弯路。

专业和职业之间呈现出的是一种复杂的相关关系。其中的联系可以概括为三种:一对多的关系、多对一的关系、一一对应的关系。一对多就是指一个专业对应多个职业方向,这些专业一般是学习内容比较宽泛,发展方向可以分散,比如哲学、历史、中文、经济学等专业;多对一就是不同的专业可以发展成为同一个职业方向,这种职业一般技术含量不高,但要求个人在实践中自己领悟和学习,比如业务开拓人员、新闻记者、企业管理人员等。一一对应则一般为技术性较强、专业分工明确的中职、高职类工科专业。

15.2.2 职业资格证书

职业资格证书制度是劳动就业制度的一项重要内容,也是一种特殊形式的国家考试制度。它是按照国家指定的职业技能标准或任职资格条件,通过政府认定的考核鉴定机构,对劳动者的技能水平或职业资格进行客观公正、科学规范的评价和鉴定,对合格者授予相应的国家职业资格证书。

很多发达国家都实行严格的职业资格证书制度,严格根据职业资格证书来决定你所从事的职业和收入水平,没有证书是不能上岗的。我国的职业资格证书制度实行较晚,而且执行得也不彻底,这与国情有一定的关系。但是目前国家在逐步规范职业资格制度。随着社会的发展和进步,我国的职业资格证书越来越重要,职业类院校要求毕业生具有双证书,即毕业证和初级职业资格证书。

1991 年 10 月 17 日,国务院发布的《关于大力发展职业技术教育的决定》指出:“凡进行技术等级考核的工种,逐步实行‘双证书’(即毕业证书、等级证书或岗位合格证书)制度,并把技术等级证书或岗位合格证书,作为择优录用和上岗确定工资待遇的重要依据。”

1993 年 2 月 13 日,中共中央、国务院发布的《中国教育改革和发展纲要》提出:“专业性、技术性较强的岗位,应在获得岗位资格证书后上岗。”“推行学历文凭、技术等级证书、岗位资格证书并重的制度,扭转升学、文凭、职称对于教育运行的片面导向作用。逐步建立职业岗位资格考核机构,实施各种岗位的资格考试和资格证书制度。”

1993 年 11 月,党的十四届三中全会通过的《中共中央关于建立社会主义市场经济体制若干问题的决定》指出:“要把人才培养和合理使用结合起来,配套改革劳动人事与干部选拔制度。要制订各种职业的资格标准和录入标准,实行学历文凭和职业资格证书制度,逐步实行公开招聘、平等竞争，促进人才的合理流动。”

国家原劳动部和人事部于 1994 年 2 月联合制定颁发了《职业资格证书规定》，规定了今后国家职业资格的种类、资格证书体系、证书作用、取得方式等。

1994 年 7 月 3 日，国务院《关于〈中国教育改革和发展纲要〉的实施意见》进一步明确："大力开发各种形式的职业培训。认真实行‘先培训后就业’、‘先培训后上岗’的制度，使城乡新增劳动力上岗前都能受到必需的职业训练。在全社会实行学历文凭和职业资格证书并重的制度。”

1995 年实施的《劳动法》第六十九条规定："国家确定职业分类，对规定的职业制定职业标准，实行职业资格证书制度，由经过政府批准的考核鉴定机构负责对劳动者实施职业技能鉴定。”

1996 年实施的《职业教育法》第八条规定："实施职业教育应当根据实际需要，同国家制定的职业分类和职业标准相适应，实行学历证书、培训证书和职业资格证书制度。”

1999 年 6 月 13 日《中共中央、国务院关于深化教育改革全面推进素质教育的决定》指出："要依法抓紧制定国家职业标准，明确对各类劳动者的岗位要求，积极推行劳动预备制度，坚持实行‘先培训、后上岗’的就业制度，继续改革大中专毕业生就业制度，使学生树立正确的择业观。地方政府教育部门要与人事、劳动和社会保障部门共同协调，在全社会实行学业证书、职业资格证书并重的制度。转变传统的人才观念，形成使用人才重素质、重实际能力的良好风气。”

2000 年 3 月劳动和社会保障部第 6 号令《招用技术工种从业人员规定》明确，国家实行职业资格证书制度，实行先培训后上岗的就业制度。同时规定了用人单位招用 90 个技术复杂以及涉及国家财产、人民生命安全和消费者利益的工种（职业）的劳动者，必须从取得相应职业资格证书的人员中录用。

目前，国家已经建立起一套完整职业资格鉴定体系，并在很多行业中实现了资格准入制度，即必须持有相应的职业资格证书才能上岗的规定。在一些行业中，采用了以证代评的机制，采用职业资格证书来代替职场的评审等工作，使收入直接与资格相联系。

15.3 职业发展

15.3.1 华为的职业发展

参考资料：华为的员工职业规划

在人们眼中，华为公司尽管取得了良好的业绩，但是公司对员工要求苛刻，员工的工作压力巨大。媒体不断报道其员工非正常死亡的消息，给外界造成了一种错误的导向，实际上华为对员工非常关心，为每个员工都设计了双向晋升通道，与岗位需求相结合，使有管理能力和管理潜质的员工顺利成长为管理者，同时也使潜心钻研技术、有技术特长的员工通过自己的努力顺利成长为某个专业/业务领域的专家，为员工的职业成长提供了广阔的空间。

如图 15-1 所示为华为的职工晋升示意图。

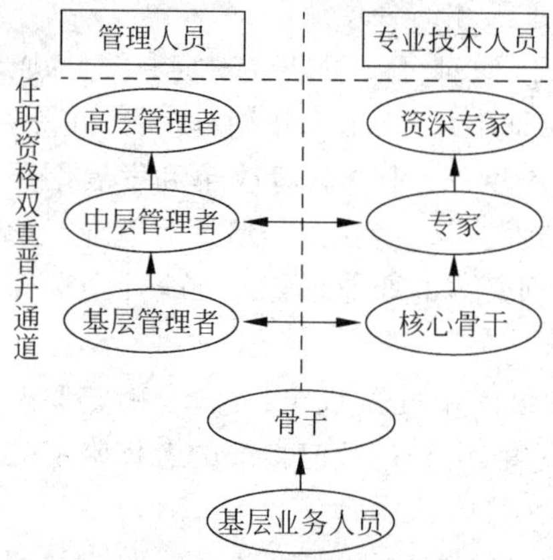

图 15-1 华为的职工晋升示意图

华为不仅遵守当地法律规定的最低工资标准要求，而且还推行了极具竞争力的薪酬体系。为使公司在市场竞争中立于不败之地，华为人力资源部与 Hay Group 和 Mercer 等顾问公司长期合作，定期对工资数据调查，根据调查结果和公司业绩对员工薪酬进行相应调整。

华为员工的奖金计划与员工业绩密切相关。员工奖金支付根据员工个人季度工作所负的责任、工作绩效及主要完成项目的情况而定，同时也会考虑总薪酬包的情况。根据薪酬政策，华为每年对薪酬计划进行审查和修改，以保证该项计划能在市场竞争和成本方面保持平衡。

华为建立了一套面向所有员工的社会保障和福利机制，这一机制高于当地政策的要求，同时还包括了强制性的社会保险和额外福利等。

为了把华为打造成一个学习型组织，华为进行了各方面的努力，其中的重要举措是在 2005 年正式注册了华为大学，为华为员工及客户提供众多培训课程，包括新员工文化培训、上岗培训和针对客户的培训等。

为了帮助新员工尽快适应公司文化，华为大学对新员工的培训涵盖了企业文化、产品知识、营销技巧以及产品开发标准等多个方面。针对不同的工作岗位和工作性质，培训时间从一个月到六个月不等。

华为还拥有完善的在职培训计划，它包括管理和技术两方面。不同的职业资格、级别及员工类别会有不同的培训计划，为每个员工的事业发展提供有力的帮助。

除了为员工提供了多种培训资源，帮助其进行自我提高外，华为大学还设有能力与资格鉴定体系，对员工的技术和能力进行鉴定。

华为建立了一套有效的导师制度，帮助新员工尽快适应华为。部门领导为每一位新员工指派一位资深员工为其导师，为其答疑解惑，在工作生活等方面进行帮助和指导，包括对公司周围居住环境的介绍，及帮助他们克服刚接手工作时可能出现的困难等。

在新员工成为正式员工的三个月里，导师要对新员工的绩效负责，新员工的绩效也会影响到导师本人的工作绩效。

除了针对新员工所开展的导师制度外，在每个部门，华为都配有一支资深的教授专家团队为员工提供顾问支持；团队成员大多为来自各所名牌大学的教授，以及一些研发中心退休的老专家。他们将在员工在工作或生活中遇到问题时，利用自己丰富的工作和生活经验，向员工提出富有成效的建议，以及接受进一步的咨询。

（资料来源：http://www.huawei.com/cn/）

依据马斯洛的需要层次理论，物质需要是人类较低层次的需要，而自我实现才是人类的最高层次的需要。职业发展属于满足人的自我实现需要的范畴，因而会产生更大的激励作用。

薪酬和职业发展是两种最主要的员工激励手段。越来越多的组织开始通过设计薪酬体系来进行员工激励，但很少有组织将员工职业发展作为一种激励手段给予足够的重视。但是根据马斯洛的需要层次理论，职业发展属于满足人的自我实现需要的范畴，因而会产生更大的激励作用。

组织在建立和完善员工职业发展体系上应遵循以下一些原则。

首先，除了晋升之外，组织也应采用工作轮换等其他职业发展方式。毫无疑问，晋升是职业发展中对员工最有效的激励方式。但事实上职业发展还包括工作轮换、赋予更多责任等其他多种职业发展方式。工作轮换是指在公司的几种不同职能领域中或在某个单一的职能领域为雇员做出一系列的工作任务安排。工作轮换可以有效增加员工的接触面，使员工达到学习新的岗位知识的目的，同样受到员工的欢迎，起到激励作用。赋予员工更多责任是指给予员工更多的管理或业务责任，这样也可以达到提高员工技能水平的目的。

其次，对员工进行职业发展规划时，除以个人工作业绩为基础外，还应综合考虑员工的技能和职业道德水平。以工作业绩作为晋升的唯一依据，很可能做出不恰当的晋升决定。首先，不同级别有着不同的技能要求。员工提升时，如果只考虑员工因业务技能而获得的业绩表现，而不考虑其管理技能时，往往会出现优秀的业务人员不适合管理职位要求，从而给公司造成损失，员工个人也会因不适应新的岗位而被淘汰。

再次，运用适中的节奏规划员工的职业发展。很多组织在员工提升的速度上不够合理。一种情况是快节奏提升，快节奏提升的后果是员工到达职业顶端后，会因不再有发展空间而失去工作积极性甚至离开公司；另一种情况是慢节奏的提升，其缺点是员工得不到职业发展上的有效激励，也不能学习到其他岗位的知识。正确的做法是采取一种适中的提升，表现为对新入职的员工有计划地安排其走向上一级的岗位，合理安排每次晋升的时间段，例如每2～4 年有一次晋升机会。适中的节奏能不断激励员工，提高其岗位的认知价值，使其有充分的时间学习下一个岗位的技能。

另外，对不同年龄段的员工采用不同的职业发展策略。处于不同年龄段的员工会有不同的职业发展需求，因而公司需要采用不同的职业发展策略。人的职业发展阶段是这样的：第一阶段为探索阶段。第二阶段为尝试阶段，包括 25～30 岁的员工。处于尝试阶段的人会判断当前选择的职业是否适合自己，如果不适合，会采取相应的调整。对该阶段的员工，职业发展的重点在于给予职业发展规划的指导，对不适合岗位的员工给予工作轮换。第三阶段为职业的确立阶段，包括 30～45 岁的员工。对该阶段的员工，职业发展的重点是给予晋升，赋予更多的责任或给予特殊任职。第四阶段为职业稳定阶段，主要指 45 岁以上的员工。

最后，在公司职位发生空缺时，优先考虑内部晋升。很多组织在职位发生空缺时会首先想到外部招聘,而忽略了组织内部的人力资源。外部招聘的主要缺点是会打击组织内部业绩好但没有给予晋升机会的员工。另外,外部招聘会由于新员工要花较长时间熟悉工作环境进行角色转换,因而会导致较高的成本。反之,当职位发生空缺时,优先考虑内部提升或轮换能够激励被提升的员工,并让其他员工看到希望;同时内部的员工熟悉本公司文化,容易迅速适应新的工作岗位。

总之,职业发展规划是一种重要的员工激励手段。以上的一些原则可以帮助组织建立起科学高效的员工职业发展规划系统。

15.3.2 IT 职业发展

IT 职业从业人员流动性比较强,很多人像候鸟一样从一个公司迁徙到另外一个公司,但是如果要保证每次环境的变化都能够给自己带来更好的发展,这就需要下一番功夫来深入研究一下自己的职业发展特征了。

我们都知道"温水煮青蛙"的例子,一些原本很优秀的人,到了一些组织环境中以后,通常由于缺乏危机意识,在一些安逸的工作岗位上不仅没有学习到新的知识,同时也将原来的专业忘掉了。也有一些人,做几天网络管理员,做几天客户服务,又做几天 Java 程序员,没有固定的目标,缺乏有效的职业发展规划,久而久之,成为一个每样都懂一点,但是都不精通的人,身边的人一个个都在自己的岗位上干出了成就,自己还是低层的员工。

一般来讲,从学校毕业后,多数是从事技术性工作岗位,在技术性工作岗位上,充分发挥自己的特长。经过一段时间的锻炼后,逐渐地从基层岗位向高级岗位上发展,很多公司的高级管理人员和高级工程师都是从最底层的技术岗位干起。那么,是不是所有的程序员或者设计师最后都能成长为 CEO 或者总工程师呢?显然答案是否定的,那么 IT 行业从业人员应该如何规划自己的职业发展,才能获取职业生涯的成功呢?

1. 要有明确的发展方向

大部分的从业人员缺乏的就是明确的目标,一方面刚毕业的学生在刚刚参加工作的时候,有很多技术需要学习,也有很多工作需要做,每天都在加班中度过,很少有时间来考虑自己的发展方向,另一方面,由于 IT 行业技术淘汰快,从业人员无论是主动还是被动都需要经常学习,因此即使制定了发展方向,也难以有时间实现。这就要求我们要有意识地去确定明确的发展方向,根据制定的发展目标,把眼前的学习资料和工作分类,有意识地选择性学习,通过有意识地学习,提高自己在这些方面的技能,从而实现自己的发展目标。

2. 不断进行自我分析

分析自己所具备的基本素质,看看发展方向是否与自己的能力相吻合。可以从技术能力、沟通能力、演讲能力等几个方面来分析,看自己适合做什么样的岗位,考虑如果自己是在项目经理或者管理者的岗位上是否能胜任。

3. 学习身边人的优点

多向身边的人学习,加强团队意识,并尽量参加各种免费的技术会议。如果你仔细研究一下,就会发现 IT 行业很多公司,是几个人从原来的公司中一起辞职,然后一起创业办成的,例如,华硕是从宏基辞职的童子贤创办的;新大陆是胡刚从实达辞职,与一起辞职的 15 位同事一起创办的。一方面,这些事例说明在 IT 行业中人才的重要性,盖茨曾经说过:

"如果现在一场大火将微软烧得一干二净，但是只要给我留下最核心的一百位人才，给我 15 年的时间我又可以发展出一个微软来！"另一方面告诉我们，与身边的人建立起良好的团队伙伴关系，不仅能够给我们带来知识上的收获，或许还可以给我们带来意想不到的事业上的收获。

4. 坚持终身学习

IT 行业知识更新快，软件不断地升级，技术体系也不断地发展，如果不坚持学习，一段时间以后必将被甩在后面，不要说事业成功，能够保持岗位就是很不错的事情。同时从事技术与从事管理工作不同，一个好的技术人员，未必就能够成为一个好的管理者，因此要不断地学习管理的理论和技巧，为事业转型做好准备。

在 IT 行业工作，随时会有机会在你眼前出现，因此你必须要随时保持状态，以便迎接机会，获取职业生涯的成功。

15.3.3　女性的职业生涯

在信息技术专业中有很多的女学生，但是在软件开发、网络管理等职务上，却鲜有女性工作者，大多数学习信息技术的女学生，就业的时候多选择了广告设计等计算机应用领域，极少数成为程序设计人员。在学校中，女学生往往比男学生更认真努力地学习，但是在就业的时候，性别之间的差异还是非常明显。尽管一些男学生整天在玩游戏，但是在毕业的时候，很容易找到好的工作岗位，而女学生毕业的时候，尽管拿着门门都是优秀的成绩单和一张张奖学金证明，但是就是找不到合适的工作。那么女性学习信息技术是不是就没有什么前途呢？一个学习信息技术的女性应该如何规划自己的职业生涯呢？

很多女学生，尽管学过网站编辑、网页设计、网站开发、软件开发、项目管理，但是一样都不精通，成绩尽管很好，但是经常是只掌握了基本理论知识，动手能力却很差，这是男生与女生的一个很大差别。很多女生很快就面临不知道自己适合向哪方面发展的问题。

另外，婚姻状况对女性职业发展道路也有重要的影响。婚姻状况对女性职业发展影响较男性大得多，女性就业时面临的工作角色与家庭角色的冲突是一个十分复杂的现象。同样的职业生涯阶段里，女性和男性不同，比如女性大部分会因为生育而暂时离开职场，很多人可能离开时间较久。

这里面有三个方面需要注意：一是用人单位应根据《妇女权益保护法》，保证妇女应得的各项权利，女性也应该拿起《妇女权益保护法》作为保护自己获取正当权益的"武器"；二是既然是对程序员专业感兴趣，那就继续发展这方面的兴趣即可，在暂时离开职场的时候将之视为"沉淀期"和"重新规划期"，这个时候可以给自己一个重新思考人生的机会，正如一句谚语所说的："在冬季学会游泳，在夏季学会溜冰"；三是一定在暂时离开职场之前就通过努力地工作和思考，为自己的未来生涯发展有所准备和有一个清晰的规划，凡事预则立，不预则废。

作为一名职业女性，在 IT 行业中打拼，要比男性更及时地注意规划自己的职业生涯，确定职业目标。职业女性在规划职业生涯的时候，要注意下面几个问题：

- 确定自己的职业目标，选择某个 IT 职业方向，你喜欢，公司也重视。
- 评估自己目前在这个职业方向上的能力现状，了解自己有什么样的能力，并分析自己在这个职业方向上提升到高级或资深人员，在能力方面的差距。

- 根据能力差距,确定自己的能力提升计划。确定 2～3 年的发展计划,通过培训、自学、工作中的学习、拜师学习等,有意识提高自己的能力。

设计职业生涯的过程中,女性要注意,一般职业女性的职业生涯具有以下特点:

- 一阶段模式,即倒 L 型模式。其特点是女性参加工作之后,持续工作到退休,结婚生育后女性承担工作和家庭双重责任。如中国女性现在的就业模式。
- 二阶段模式,即倒 U 型模式。其特点是女性结婚前劳动力参与率高,结婚特别是开始生育后参与率迅速下降,反映出传统家庭分工:男性挣钱养家糊口,女性婚后做家庭主妇。如新加坡、墨西哥等国的女性就业模式。
- 三阶段模式,即 M 型模式。其特点是女性婚前或生育前普遍就业,婚后或生育后暂时性地中断工作,待孩子长大后又重新回到劳动力市场。如美国、日本、法国、德国等发达国家的女性就业模式。
- 多阶段就业模式,即波浪形模式。女性就业是阶段性就业,女性根据自身的状况选择进入劳动力市场的时间,可以多次地进出。这种模式是近十年中出现的,如社会福利高的北欧国家就开始流行这种女性就业模式。
- 隐性就业模式。女性就业主要在家庭经济中,结婚后女性只是换个家庭工作。家庭中就业一般不被官方纳入就业统计范畴。如较落后的发展中国家的女性就业模式。

随着弹性工作时间的逐渐推广,女性就业的选择也越来越广泛,女性在广告设计、网页设计、动漫设计等方面具有比男性更细心、更容易设计出较佳的作品,相信会有越来越多的职业女性到 IT 行业从事各种工作。

15.4 职 业 规 划

15.4.1 IT 人员的职业发展之路

很多高校和企业签订了校企联合培养协议,学校根据企业需求在校内选拔优秀人才,虽然这种培养方式解决了企业需求与高校培养的脱节问题,但是由于大多数学生不愿意定岗到某个职位,或者不愿意局限于某个企业,因此这种培养模式并没有取得大多数学生的认可。尽管在职业学院以培养技能性人才为主,但是多数学生还是选择普通的宽就业面的培养模式。

小林是某职业学院的学生,在计算机网络技术专业学习,作为一个女生,小林虽然学习努力,成绩不错,但是她的实际动手能力很差,在网络配置和网络程序设计方面不怎么入门。小林非常苦恼,将来没有什么工作岗位适合自己,在经过一年基础课学习之后,学院为了增加学生就业机会,允许学习信息专业的学生自主选择学习动画设计或者信息管理。然而即使面对这样的机会,小林还是做出了仍然留在原专业学习的决定,因为她害怕新的技术和专业学不好,而原来学习到的知识也会受到影响。

像小林这样的学生不在少数,尽管面临种种机会,但是由于害怕创新而选择了保守的学习方式,调研资料说明,尽管 80%的学生都想在毕业后进行创业,然而在毕业的时候真正进行创业的人不足 3%。几乎 50%的人规划在毕业后三年要赚取 100 万元但是事实上,社会需要的是普通的工作人员，在高校学习到的是直接面向低级岗位的工作技能，要想做好职业规划，首先要低下高昂的头，从最开始做起。因为任何一个管理人员都是某个方面的技术能手，在技术领域总有领先的地方。

即使是非常优秀的学生也不一定真正了解和正视自己究竟需要怎样的生活，也没有考虑过什么样的职业发展才真正适合自己。相对优秀的会一步一步由基层的专业人员成为项目经理、技术总监或者总经理，也有很多人会选择自主创业，但更多的是平淡无奇的继续履行着普通员工的生涯，结果有可能比普通行业的人员更早更无情地被淘汰。所以，准备在IT 行业打拼的人，必须对以下问题进行反复斟酌、综合分析，以确定自己的最佳职业生涯发展路线。

- 我希望往哪一方向发展？
- 我正在学习的是什么？
- 规划的目标适合我吗？

确定具体的职业发展路线，要结合个人的兴趣和特质，选择你希望进入的行业和职业作为主要方向。通过几年严格的学习，对整个行业有所了解，也了解行业的运作方式，特别是进一步明了自己的能力。接下来选择一个适合自己的工作岗位，并不一定要看重这个岗位有多么好的待遇，只要能够提高自己的技术技能，并且具有一定职业发展机会，就说明这是一个适合自己的岗位，在这个岗位上多向身边的人学习，通过反复地实践和练习，最终使自己的综合能力得到提高，最终获取职业生涯的成功。

15.4.2　职业规划方法

职业规划是针对职业困惑、面向职业发展的一系列服务的统称。成功实现个人职业规划，首要条件是接受规划的人要积极主动地认识到规划的重要性，并自觉地进行或接受规划，职业成功需要不断地积累和发展，需要我们不断地从自身情况出发，采用各种先进的工具和方法，帮助我们实现良好的职业规划。

1. 找准方向

职业规划中最重要的因素是“职业方向定位”，请记住它是“最重要的”，它是职业生涯的“镜子和尺子”，用于看清你的职业特质，指导你 5～10 年的职业积累和发展。说它具有灯塔、航标等设施的照亮和引导作用，一点都不过分。根据福布斯的统计，在全球排行前 100 的富豪中，70％左右是一直坚持初始的工作和方向，由此可见，坚持正确的方向的重要性。事实上，职业方向为你聚拢心力和有限的资源，揭示出关键特质的程度差异。总之，对职业方向与职业特质的坚定把握，是从战略高度对职业成功的把握，是最有效的把握方式。

2. 做好“职业核心能力测评”

也许有的人不相信该测评的作用，成功路上必然现象要多于偶然现象，所以，熟悉自己的特长和找对适合的方向还是非常必要的。对于大多数受过高等教育的人来说，它并不是那么神秘陌生，大学正规学历教育中核心能力的训练，完全可以支持你基本的职业发展目标。

如果你认为自己的大学学习不那么顺利或成功，或者你有很高的职业发展期望，就有必要通过“职业核心能力测评”进行胜任力评估，用以支持你制定的职业目标并树立一个能力提升的方向与标准。

3. 适应组织环境

组织环境对人职业发展过程有着巨大影响,适应组织环境并且能够充分利用组织的资源,有助于职业生涯的成功。如果你并不掌握资源、权力,就不要试图去改造组织环境,因为个人并不具备这样的力量,这个想法过于理想化了。主动适应环境是个聪明的选择,不借他人之手,凭借自身努力就可以把握。"职业成熟度"测试能够帮助你了解自己是否适应组织环境,是否适合在组织中发展。

组织原则、职场规则、人际策略、方法视角、自我管理等都标志着你的"职业成熟度"水准,决定着你的回报速度。对于付出了巨大的努力仍然得不到认可、经常归罪于环境恶劣、不断忍气吞声或动辄冲冠一怒的人来说,"职业成熟度测评"是你经验丰富、老谋深算的良师益友。

4. 想方设法获取信息

缺乏信息支撑的决策是可怕的决策,正所谓"心中无数点子多,头脑糊涂决心大"。职业规划注重方法论,是因为方法论与价值观一样,是"形而上"的"道",是必需的前提。但如果不与"形而下"的"器"相结合,"道"亦成为在半空中飘浮的空谈。

因此职业规划最终必须体现为"职业决策",而"职业信息库"恰恰是它的信息支撑。即使成本花费巨大、盗版风险极高也不能掩盖职业咨询师和客户的强烈呼声。职业咨询师、分析师都会为此添砖加瓦,而其结构和内容是历经了反复设计与调整的,而且还会继续。

5. 寻找专家的支持

无法回避的是,在你历经思考和学习之后,仍然需要获得"确定性"支持。特别是遇到复杂情况时,取舍、策略、次序、轻重、缓急的筹划都需要专家的深度参与,寻找一个能够在职场上指导你的良师益友,是非常必需的。昂贵而有效是专家咨询服务的特点,严格的技术审核标准和千锤百炼的流程工具,使得职场网的职业咨询师可以提供一流效果的服务,完全值得放心托付。

职业规划是每一名准备踏上社会的大学生必须要做的,而且越早、越详细越好,它为你找到合适的工作岗位和发展方向提供了理论基础。

15.4.3 做一份职业生涯规划书

人无远虑,必有近忧。作为一名即将毕业踏上社会的大学生,应该如何制定职业发展规划呢?可以按如下步骤进行。

1. 自我分析

(1) 自己的特点是什么

每个人都有优点和缺点,只是自己没有去深入思考和发现。不妨从你所扮演的各种角色与你的特征开始思考这个问题,如作为一个儿子、兄长、妹妹等,能力如何?个性是什么样的?尽量多地写出各种答案,通过这些答案你将会发现你在扮演这些角色的时候做过的事情,在回忆这些事情的时候了解自己的特点。找出你与众不同的一面,列出你身边的资源,将这些统统记录下来,通过对资源的整理与记录,对自己可用的资源进行整理,并将自己的特点与这些资源结合起来,或许你就能够找到适合自己的职业。

(2) 自己正在干什么

先用几分钟思考你的一生,从摇篮到坟墓,画一个图,画出过去也画出未来,仔细考虑,它将成为什么样子？然后在上面标上“＊”表示你所在的位置。

(3) 自己将来是什么样子

在职业生涯中，你将完成什么事？有哪些成就？仔细思考，然后写在纸上。回到眼前，思考你的职业梦想。想一想你想在工作中得到的特定东西是什么。

2. 自我诊断

诊断目前存在的问题，主要包括三个方面：

(1) 诊断问题发生的领域，是家庭问题、自我问题还是工作问题；或是其中两者或三者的共同作用。

(2) 诊断问题的难度。是否需要学习新技能？是否需要全神贯注？是否需要个人改变态度与价值观？

(3) 诊断自己与组织的相互配合情况。自己是否做出过贡献？是否学会在组织内部适合自己的职业领域中发挥专长？和其他组织人员的团结协作得怎么样？组织对自己的职业生涯设计和自己制定的职业生涯规划是否冲突？等等。

3. 制订职业发展通路计划

把职业生涯中的重要方面与发展、调动、晋升等结合在一起，它的第一个步骤是确定组织内部的职业生涯通路。职业生涯通路实际上包括一个个职业阶梯，个人由低至高拾阶而上。如财务分析员→主管会计→财务部主任→公司财务副总裁；可以按着职业生涯通路来安排个人的工作变动，从而训练与发展担任各级职务和从事不同职业的广泛能力。

职业生涯通路计划应该包括以下内容：

(1) 描述各种变动的可能性。

(2) 反映工作内容、组织需要的变化。

(3) 详细说明职业生涯通路的每一个职位的学历、工作经历、技能和知识。

4. 明确需要做的培训和准备

列一目录：在你职业生涯与生活中，什么你做得好？什么做得不好？你还需要什么？是需要学习，需要扩大权利，还是需要增加经验？再想一下，应怎样应用你的培训成果？你拥有什么资源？那么你现在应该停止做什么？开始干什么？培训和准备的时间如何安排？

5. 求询

可以同朋友、同事或专业咨询人员探讨或研究，特别是和伴侣交谈意见，询问一些诸如怎样找到更适合自己的职业发展途径，如何应付目前的问题，如何同某种上级打交道，怎样兼顾家庭与工作等。

6. 总结并把自己的规划写出来

确定自己的职业发展领域，确定自己何时内部发展，何时重新选择，发展通路是怎样的。

15.5 终身学习

15.5.1 终身学习与知识更新

知识更新的问题不仅出现在 IT 行业，在其他的行业也存在着同样的问题，在 IT 行业更为明显。为了使各行业专业技术人才适应知识更新发展，我国制定了专门的规章制度，来保障专业技术人才的知识更新,以更好地推动社会的发展。根据《中共中央、国务院关于进一步加强人才工作的决定》的指导思想,为进一步加强专业技术人才队伍建设,推进专业技术人才继续教育工作,人事部决定实施专业技术人才知识更新工程(简称"653 工程")。

在信息技术领域,针对我国经济社会发展和科技创新的需要,紧跟世界信息技术发展的步伐,以中高级信息技术人才为重点,在通信工程、集成电路、软件技术、网络、信息安全、数据库、电子政务、电子商务、信息资源管理等重点领域,开设相关培训项目,逐步建立起适合我国国情与世界接轨的信息行业继续教育体系。根据不同行业和岗位的实际需要,分门别类地培训不同行业领域的信息化人才。举办系列信息化技术高研班和学术、技术论坛,加强信息产业培训基地建设和师资力量培养,开发现代化的培训教材、远程多媒体培训课件。每年培训 10 万～15 万名信息技术领域各类中高级复合型、实用型人才。

参考资料:学习——累积人生正能量的最佳途径

在中国有两个故事很能说明学习的重要性,一个是方仲永的故事,金溪县的平民方仲永天资聪颖,却没有接受后天的继续教育,就变成了普通的老百姓;另外一个是《三国志·吴志·吕蒙传》中的故事,吕蒙开始只是一介武夫,但是由于不间断地学习,当鲁肃接替周瑜管理吴国的时候,再次和吕蒙谈论时,不禁感叹吕蒙已非昔日"吴下阿蒙"了,从此留下一个"士别三日,当刮目相看"的佳话。

人在社会上最终是要追求成功,不同的人对于成功可能有不同的观点。对于大多数人来讲,能够实现自我,得到自己、身边的人乃至整个社会的认可即是成功的重要表现。当我们踏上社会,步入工作岗位,一些影响着我们成功的因素就不断地伴随着我们,这些因素被称为积极的或者消极的因素,用时髦的话讲就是正能量和负能量。

人的内心就是一座"能量场",既隐藏着自信、豁达、愉悦、进取等正性能量,又暗含着自私、猜疑、沮丧、消沉等负性能量。当正性能量不断被激发时,负面情绪会逐渐被取代,你的工作会取得不断进步,你的事业会顺利前进,你的人生也会一帆风顺,你也会取得成功。

能够成为你正能量的客观条件很多,但多数不是通过努力就能够获取的,比如上一代遗赠的财富、权力等,但是学习是可以帮助你获取更多正能量的一个便捷途径。并且学习获取正能量还有一个好处,就是可以累积和附加。当然这里的学习并不仅仅是书本上的学习,工作之余和长者喝壶茶、和智者论论道,每天看看报纸,了解专业知识,都是一种积累、一种学习,当然能够系统地有目的地学习是改变人生的最佳途径。

王安石说:仲永的通达聪慧是天赋予的。他的天资,比一般有才能的人高得多。他最终成为一个平凡的人,是因为他受到的后天的教育没有达到要求。像他那样天资聪颖、如此有才智的人,没有受到后天的教育,尚且要成为平凡的人;那么,现在那些不是天生聪明、本来就平凡的人,又不接受后天的教育,想成为一个平常的人恐怕都不能够吧?

仲永没有通过学习累积正能量,最终没有"HOLD"住人生。而吕蒙却不断进步,通过学习不断地增加了自信、豁达、愉悦、进取等正性能量,人生也不断地进步。

15.5.2 终身学习的意义

应对知识不断更新的最好办法就是不断进行学习,现代很多组织和个人都意识到了终身学习的重要性。下面是某 IT 公司的终身学习计划表,可能让人觉得有点过激,但是却是事实，因为只有鼓励员工不断地学习，才能在商战中取得制胜的先机。

参考资料：某公司终身学习计划表（见表 15-1）

表 15-1　员工学习规划表

学员姓名：　　　　　　　　人力资源部负责人：　　　　　　　　　　2007 年　月　日

培训时间	培训内容	指导师傅签字	备注
365 天	进入公司一年内员工必须每天上传《读者文摘》文章一篇	读者文摘事业部经理	所有员工—见附表
终身	俱乐部工程师自进入公司起，每天上传《电脑救援俱乐部》文章一篇	俱乐部总经理经理：	俱乐部员工—见附表
终身	制作读者文摘或俱乐部博客一个，并装饰得美观和谐，各服务项目齐全。其他博客 10 个，公告、超链接齐全，保证每天每个博客上传 5 篇以上	人力资源部经理：	销售部员工—办公博客
30 天	动态网站、Exchange、Exchange、Linux 等高级网络工程师学习	俱乐部项目经理：	俱乐部员工—见附表
365 天	MBA 学习，主要以公司大量的讲课资料为主。中级工程师以上员工，每周写一篇 MBA 论文，并上传研院网站	人力资源部经理：	中级工程师—见附表
终身	高级工程师以上人员，每天上传《研究院》文章一篇	人力资源部经理：	高级工程—见附表
终身	高级工程师以上人员要求在《读者文摘》博客建立一外文个人博客	执行总经理：	见办公博客

从表中可以看出，公司对员工的要求不仅仅是能够完成本职工作，同时还要求员工根据职业发展和职业知识基础进行不断地自我学习。在人力资源非常重要的今天，保持组织核心人员知识更新，对组织具有一定的战略意义。组织推动员工不断地学习，同时这也是对组织保持核心竞争力、获取竞争优势的在一种有效策略。

从古至今，国内外都非常重视终身学习。一代伟人毛泽东，他不仅是一位伟大的无产阶级革命家、军事家、政治家，而且也是一位学识渊博的学者，毛泽东在延安时期读书生活的轶事令人敬佩，催人奋进。从凤凰山到杨家岭，从枣园到王家坪，他历来都是把“学而不厌”和“诲人不倦”两句成语统一起来。1949 年新中国的成立，历史证实了毛泽东的英明预见，这与他博览群书、勤奋学习、勇于实践是分不开的。

马克思有句名言：“在科学上没有平坦的大道，只有不畏劳苦沿着陡峭山路攀登的人，才有希望达到光辉的顶点。”保持终身学习的习惯，对一个民族、一个国家都是非常重要的，甚至能够成为富国强民的根本。

我们再来看看国外是如何实现终身教育学习的。“二战”以后，德国作为战败国，经过战争赔偿，国家经济到了非常危难的时刻，然而就是在一片战争废墟上，勤劳的德国人经过一系列的努力，重新又将国家建设成为一个经济强国，迅速地跻身发达国家的行列。这一切成就都与德国成功的职业教育息息相关，从德国的职业教育发展中，我们可以体会到职业教育对社会发展的重要意义。

参考资料:德国的职业教育

为满足本国 IT 领域的人才需求,20 世纪末,德国联邦职业教育研究所根据该行业相关最具影响力的德国机械工会等四大组织所提出的倡议,经过数年的研究与实践,制定了德国 IT 领域继续教育方案。该方案同时考虑了职业教育与职后教育的衔接,将 IT 领域继续教育分为四个层次:技术工人、技术专家、实施专家和战略专家;各层次的职业资格均由国家认定。所涉及的资格(进修)证书也必须通过国家授权的考试才能获得。另外,方案中各层次的资格(进修)证书与高等学校 IT 专业的学历证书相互等值,即实现成绩的互认。

(1) 技术工人:所对应的学历层次为中等职业教育("双元制")层次,涉及 IT 系统电工、专业信息员、IT 系统商务员和信息商务员 4 个专业。考试为全德统一考试,由工商行会、手工业行会根据"职业培训条例"中的有关规定组织命题和实施考试。通过者可获得全国通用技术工人证书。

(2) 技术专家:属职业进修(继续)教育范畴,且作为晋升本领域更高层次资格的前提。这一层次的资格涉及软件开发、方案开发、技术员、协调员、管理员和咨询员共 6 个领域的 29 个专业。为此,德国还专门建立了"技术专家职业资格"证书体系。该层次相当于我国的专科学历层次。

(3) 实施专家:属职业进修(继续)教育范畴,所对应的学历层次为工学士,涉及经考试的 IT 工程师、IT 管理师、IT 咨询师和 IT 经济师 4 种技术专家称号。"实施专家"资格考试以工作过程为导向,要求应试者在考试中完成与企业实际工作情境、运行过程及个人能力展示紧密相关的三部分工作。经考试合格者可获得"实施专家"职业资格。另外,应试者如果通过加试相应科目,还可获得"实训教师资格"。

(4) 战略专家:属职业进修(继续)教育范畴,所对应的学历层次为工学硕士,涉及技术取向 IT 系统工程师和商务取向的 IT 经济工程师两种专家称号。其职业资格考试也是基于工作过程导向,由与企业战略、工作情境、个人能力评估紧密相关的三部分内容构成。

(资料来源:姜大源. 当代德国职业教育主流教学思想研究——理论. 实践与创新. 北京:清华大学出版社,2007)

从文中我们可以看出德国 IT 继续教育方案的一个突出特点,在于实现了传统学院派教育与实用资格体系间的融通,在融通的同时借助学分制实现继续教育方案中的学习成绩和考试成绩,与高校的专业学习成绩间的转换与互认。其中,职业教育证书与普通教育证书之间体现为一种间接等值的关系。德国 IT 继续教育方案是"双证"在职前与职后贯通、学历文凭与职业资格衔接的背景下实现一体化的一个典型范例。

很明显,德国通过职前的学院教育和就职后的继续教育来实现终身教育,而贯穿整个终身教育的过程当中的就是"双证"。在日本、美国和一些其他的国家,都有着类似的制度来保障终身学习,终身学习目前已经成为促进全球社会发展的一个需求,什么原因促使这些国家不约而同地推动终身教育呢?

1. 人性的促使

人作为一个高级生命存在形式,从呱呱坠地的时候,就在不断地学习,从坐、卧、爬到行走,从咿咿呀呀学语到精通几门语言,人类时时刻刻都在不停地学习。学习曾经是人与人之间相互区别的重要方面,而今天学习已经成为城市与城市、国家与国家间的重要区别。每个人在出生的时候几乎都是相同的，但是后天的学习经历是不同的，这成为社会上成年人之间差距的重要原因之一。

2. 人的完善、发展需要终身学习

随着工作年限的增加，工作岗位的发展变化，需要人的不断发展才能与之相适应。一般年轻人在就业的时候，通常是在普通的工作岗位上。随着工作年限的增加，一部分人会逐渐地向高级岗位上移动，这时就需要不断地学习新岗位所需要的技能。没有人会不喜欢升职加薪，但是更高的职业就意味着更高的能力和责任，而能力的获取就来自于不断地学习和日常经验的积累。

3. 社会的发展变化需要我们终身学习

科学技术在不断地进步，以信息技术的发展为例子，在 20 世纪末期和 21 世纪初期，由于信息技术的兴起，在大量的技术工作岗位上，有经验、有权威、有资历的老工人、老干部迅速地被年轻人所代替，工作岗位岌岌可危，逼迫大量中年人重新走进了各种各样的培训班，甚至脱产、半脱产的教育机构，进行信息技术的学习，以适应社会技术的发展。很多人感觉到当今社会压力大，而压力很大一部分就是来源于知识的不断更替，这种更替迫使你需要不断地学习以适应社会的发展。

4. 终身学习是知识、能力传递的重要途径

我们经常在小说或者电视剧中看到，老师傅在最后阶段选择某个有才能的徒弟来继承自己的衣钵。对于老师傅的徒弟来讲，他可能已经在自己的岗位上工作了很长时间，有了很多的实践经验积累，如果他不能坚持学习，那么他很可能丧失继承衣钵的机会。很多知识的获取，是需要将课本知识和实践知识相结合，学院教育通常是传授广泛的基础知识，而社会实践是对这些基础知识的印证，只有将这两方面有机结合起来，才能形成专业知识体系，成为专业领域内的专家。理论与实践的有机结合，正是在不断地学习、归纳、总结中完成的，是终身教育学习体系的一部分。

15.5.3　终身学习、全民学习及学习型社会

学习，是人类认识自然和社会、不断完善和发展自我的必由之路。无论一个人、一个团体，还是一个民族、一个社会，只有不断学习，才能获得新知，增长才干，跟上时代。我国在“十六大”报告中强调要“形成全民学习、终身学习的学习型社会，促进人的全面发展。”这就从深度和广度上对学习提出了新的更高的要求。

建设学习型社会与终身学习和全民学习是分不开的，前文已经讨论过终身学习的重要性。很显然，如果每个人都坚持终身学习，那么在社会的各种团体中就能够形成全民学习的风气，这将非常有利于学习型社会的建设。

终身学习，讲的是人一生都要学习。从幼年、少年、青年、中年直至老年，学习将伴随人的整个生活历程并影响人一生的发展。当今时代，世界在飞速变化，新情况、新问题层出不穷，知识更新的速度大大加快。人们要适应不断发展变化的客观世界，就必须把学习从单纯的求知变为生活的方式，努力做到活到老、学到老，终身学习。

全民学习，指的是学习主体的范围，它要求一个国家、地区或者一个民族，人人都要学习，大家都来学习。如果说，过去的学习往往带有一定的个人色彩，可以是一个或某些人的事情，那么在世界多极化和经济全球化不断发展、科技进步日新月异、综合国力竞争日趋激

烈的现在，学习早已超出了个人的范围，而关系着一个国家和民族乃至全人类的生存与发展、文明与进步。一方面，现代经济社会的发展越来越取决于科技进步和劳动者素质的提高；另一方面，世界范围的竞争越来越表现为人才和人力资源的竞争。我国已进入全面建设小康社会、加快推进社会主义现代化的新的发展阶段。

终身学习和全民学习是从时间和范围上对学习提出了要求，而学习型社会则是从营造氛围、建立制度、提供保障等方面做出了规定。学习型社会是 20 世纪 60 年代由美国学者哈钦斯首先提出的。20 世纪 70 年代，联合国教科文组织提出：人类要向着学习化社会前进。此后，许多国家相继开展了学习型社会创建活动。所谓学习型社会，就是有相应的机制和手段促进和保障全民学习和终身学习的社会，其基本特征是善于不断学习，形成全民学习、终身学习、积极向上的社会风气。

为什么需要学习型社会呢?

——人口剧增是教育扩展的直接原因，令人害怕的“人口爆炸”常包含更可怕的“学生爆炸”，这就要求人们不断地学习，以应对激烈的竞争。

——教育扩展的另一个至为重要的原因来源于经济的发展，经济发展的巨大需求和新的就业机会的出现，强烈地激起教育的扩展，这里有五类人：从未进过学校的人；过早离开学校而没有工作准备的人；受过高等正规学习而他们的训练却不适应经济需要的人；已经从事职业而未受过训练的成人；所受专业训练已不适应当前技术发展要求的专业人员，都需要接受各种教育训练。

——科学技术的进步极大地促进了人类社会的物质文明建设，但也给社会发展及其文明进步带来不少负面影响乃至严重后果，诸如环境污染、资源枯竭、城镇拥挤等问题，科学技术必须成为教育事业基本的组成部分，科学技术必须与教育活动结合起来，帮助人们既控制自然力量，又控制社会以及人们自己的决策和行为，以促进社会的可持续发展。

——从政治上看，第二次世界大战以后，发达国家教育的普及化、社会化步伐加快，一大批殖民地、半殖民地国家和民族获得独立，人民大众迫切要求接受教育，教育民主化的呼声日益高涨；迅速发展教育是提高国家实力和地位的重要途径，是发展中国家实现民族解放和提高民族素质的有效形式。因此，发展教育已成为我们这个时代的特征，其范围之广和力量之大是空前的。

——教育的根本目的是培养人、造就人，现代社会比历史上任何时期都更需要教育在育人、化人、造就新人方面发挥它的独特功能。社会发展变化要求人们终身学习，也要求社会形成学习型社会。

参考资料：学习比文凭更能保证你成功

做出两千多项发明的爱迪生没读过几年书，当代首富比尔·盖茨没有大学毕业文凭。据悉，香港首富李嘉诚也仅是个中学生学历。刘邦、项羽读书甚少，以至有“刘项本来不读书”的传言，而开国元勋朱德还没有高中文凭。这些人却都取得了巨大的成功，虽然他们没有文凭，但是他们能够坚持学习，并且擅于学习，文凭只是代表年轻的时候你学习的能力，并不能代表你在社会上的能力，而纵观成功的人，几乎都是在社会上坚持学习。

统计资料表明北京的高收入者当中，有一定学历的人所占的比例要远远高于没有学历或学历低的人。在国外也是如此，加拿大公布的 2001 年人口普查数据显示：高学历者收入也较高,年收入最高的是大学毕业生。统计数据显示,2000 年加拿大全国 1640 万上班族的平均收入为 31 757 元,比 10 年前增加 7.3%,学历愈高收入也愈高。年收入 10 万元以上的加拿大人,六成以上拥有学位。接受过大学教育的全职工作者,2000 年的平均收入为 61 823 元,社区学院毕业生的平均年收入为 41 825 元,高中毕业者的平均收入为 36 278 元。大学毕业的全职工作者年收入最高,比高中毕业的全职上班族,一年多赚 25 545 元。2000 年收入 2 万元或更低的加拿大人中,近六成都只有相当于高中,甚至更低的教育程度。而年收入 10 万元以上者,拥有大学学位者则超过 60%。在美国也是,文化教育水平较低的人,比文化教育水平高的人更容易失业。

心理学家曾做了一个实验:两个 4 岁的孩子参加了智力测验,测验结果证明他们具有相同的智商,但他们后来却走上了不同的人生道路。孩子 A 到牧场里去,每天负责给牲口喂饲料并把它们冲洗干净。孩子 B 则进入了一所专门培养儿童活动能力和智力的学校。

他们就这样度过了不同的童年。12 岁的时候,两个孩子又参加了一次智力测试,显然 B 的成绩优于 A。但如果让两个孩子变换活动内容,做自己以前从未做过的事情,他们都会遇到麻烦。他们学到的知识有多有少,但在对方的环境里都是不可应用的。

现在,人们可以确定,影响成功有三个方面的因素:①先天智商(遗传);②学到的知识;③最后一个,也可能是最重要的因素,就是学到的知识在一个环境中的应用。

太相信书的人,不懂得变通,只能成为打工仔。书本知识不可不信,不能全信。对于事业有成的人士来说,导致他们成功的有一个决定性因素,这个因素来自学到的知识所具有的可应用性。有很多人在各自的领域内有着渊博的知识,但是他们的知识在日常生活中有多大的用处呢?应该在学到的知识与我们真正的需要之间找到适当的平衡点,以便学以致用,把知识用到日常生活中去。

这种将书本知识灵活运用的人才能够取得成功,励志书有千千万万,找到合适你的一本并且钻研下去,肯定能够取得成功,而即使你读了大量的励志书,但是没有执行,效果也等于零。

没有稳定的工作,只有稳定的能力——首先是学习的能力。当今社会,一切均在不断地发展变化之中,而且发展变化的速度不断加快。这个社会中,唯一不变的就是变化。“不是我不明白,这世界变化太快。”要想适应这个世界的变化,跟上这个社会的变化速度,必须努力学习,而且要学会学习的方法。所以,学习能力是一个成功者必须具备的能力,是未来新一代成功人士的第一特质。

15.6 总结讨论

15.6.1 本章小结

(1) 基本的素养能力是职业生涯发展的决定因素,专业技术能力是求职的敲门砖,一旦踏入工作岗位以后,素养能力显得尤其重要。特别值得指出的是写作能力,很多人认为这是天生的,其实不是,写作能力也可以通过学习锻炼来获取和加强。

(2) 至少一半的毕业生工作岗位与专业关系不大,即使在就业之初是凭借专业知识来获取岗位,但是在职业发展的过程中,需要补充更多的知识和能力。职业资格证书是促使职业发展的一个动力因素,职业资格证书也许并不能给你带来更多职业机会,但是起码是能够促进自己不断学习,避免职业生涯仅仅依靠素养能力。

(3) 由于个人的需求也是发展变化的,当个人低级要求被满足之后,就需要进一步满足实现自我的要求,并不是高级岗位能够获取更多的收益,很多高级岗位付出与收获的比例并不对称,对高级岗位的追求,是为了更好地实现自我、展示自我。

(4) 女性在 IT 行业中处于一个特殊的地位,由于家庭等因素的影响,女性在 IT 行业中要获取成功更不容易。做好符合自己发展前途的职业生涯规划,找到恰当的发展途径,在工作中扬长避短,更能够推动职业生涯的发展。

(5) 职业规划是对整个职业生涯的一个计划,职业规划对职业生涯的发展非常重要,合适的职业规划能够有效地推动职业生涯的发展。个人能力评价是职业规划的基础,认清自己才能更好地规划;明确目标是职业规划的重要内容,正确的目标能够事半功倍;而将规划付诸实践则是规划实现的保障,纸上谈兵终是黄粱一梦,脚踏实地才能功成名就。

(6) 学习是比文凭更重要的能力,每个人出生的时候知识、工作能力基本都是一样的,后天学习的内容不同决定了个人的发展不同。就业只是社会大学的开始,在学校成绩好只是意味着掌握科学知识的能力较强,而不是社会岗位综合能力强。岗位综合能力才是决定最终成功的重要因素,而这种能力的获取和培养也不是一蹴而就的,需要学习和积累。社会上学习的对象不一定是书本,身边人做事的风格、经验、能力都是学习的内容。当前社会也是学习型社会,终身学习是保持成功的最佳途径。

15.6.2 小组讨论:四只毛毛虫的故事

在一次培训中,有人讲了一个关于四只毛毛虫的故事:毛毛虫都喜欢吃苹果,有四只要好的毛毛虫,都长大了,各自去森林里找苹果吃。

1. 第一只毛毛虫

第一只毛毛虫跋山涉水,终于来到一株苹果树下。它根本就不知道这是一棵苹果树,也不知树上长满了红红的可口的苹果。当它看到其他的毛毛虫往上爬时,稀里糊涂地就跟着往上爬。没有目的,不知终点,更不知自己到底想要哪一种苹果,也没想过怎么样去摘取苹果。它的最后结局呢?也许找到了一颗大苹果,幸福地生活着;也可能在树叶中迷了路,过着悲惨的生活。不过可以确定的是,大部分的虫都是这样活着的,没想过什么是生命的意义,为什么而活着。

2. 第二只毛毛虫

第二只毛毛虫也爬到了苹果树下。它知道这是一棵苹果树,也确定它的"虫"生目标就是找到一个大苹果。问题是它并不知道大苹果会长在什么地方?但它猜想:大苹果应该长在大枝叶上吧!于是它就慢慢地往上爬,遇到分支的时候,就选择较粗的树枝继续爬。于是它就按这个标准一直往上爬,最后终于找到了一个大苹果,这只毛毛虫刚想高兴地扑上去大吃一顿,但是放眼一看,它发现这颗大苹果是全树上最小的一个,上面还有许多更大的苹果。更令它泄气的是,要是它上一次选择另外一个分枝,它就能得到一个大得多的苹果。

3. 第三只毛毛虫

第三只毛毛虫也到了一株苹果树下。这只毛毛虫知道自己想要的就是大苹果,并且研制了一副望远镜。还没有开始爬时就先利用望远镜搜寻了一番,找到了一个很大的苹果。同时,它发现当从下往上找路时,会遇到很多分支,有各种不同的爬法;但若从上往下找路时，却只有一种爬法。它很细心地从苹果的位置，由上往下反推至目前所处的位置，记下这条确定的路径。于是，它开始往上爬了，当遇到分支时，它一点也不慌张，因为它知道该往那条路走，而不必跟着一大堆虫去挤破头。比如说，如果它的目标是一个名叫"教授"的苹果，那应该爬"深造"这条路；如果目标是"老板"，那应该爬"创业"这个分支。最后，这只毛毛虫应该会有一个很好的结局，因为它已经有自己的计划。但是真实的情况往往是，因为毛毛虫的爬行相当缓慢，当它抵达时，苹果不是被别的虫捷足先登，就是苹果已熟透而烂掉了。

4. 第四只毛毛虫

第四只毛毛虫可不是一只普通的虫，做事有自己的规划。它知道自己要什么苹果，也知道苹果将怎么长大。因此当它带着望远镜观察苹果时，它的目标并不是一个大苹果，而是一朵含苞待放的苹果花。它计算着自己的行程，估计当它到达的时候，这朵花正好长成一个成熟的大苹果，它就能得到自己满意的苹果。结果它如愿以偿，得到了一个又大又甜的苹果，从此过着幸福快乐的日子。

第一只毛毛虫是只毫无目标、一生盲目、没有自己人生规划的糊涂虫，不知道自己想要什么。遗憾的是，我们大部分的人都是像第一只毛毛虫那样活着。

第二只毛毛虫虽然知道自己想要什么，但是它不知道该怎么去得到苹果，在习惯中的正确标准指导下，它做出了一些看似正确却使它渐渐远离苹果的选择。而曾几何时，正确的选择离它又是那么接近。

第三只毛毛虫有非常清晰的人生规划，也总是能做出正确的选择，但是，它的目标过于远大，而自己的行动过于缓慢，成功对它来说已经是明日黄花。机会、成功不等人，同样，我们的人生也极其有限，我们必须把握，那么单凭我们个人的力量，也许一生勤奋，也未必能找到自己的苹果。如果制订一个适合自己的计划，并且充分借助外界的力量，借助许许多多的望远镜之类的辅助手段(在我们的现实生活中可以理解为找个贵人帮自己)，也许第三只毛毛虫的命运会好很多。

第四只毛毛虫，它不仅知道自己想要什么，也知道如何去得到自己的苹果，以及得到苹果应该需要什么条件，然后制定清晰实际的计划，在望远镜的指引下，它一步步实现自己的理想。

其实我们的人生就是毛毛虫，而苹果就是我们的人生目标——职业成功。爬树的过程就是我们职业生涯的道路。毕业后，我们都得爬上人生这棵苹果树去寻找未来，完全没有规划的职业生涯注定是要失败的。

现代社会，规划决定命运。有什么样的规划就有什么样的人生。我们的时间非常有限，越早规划你的人生，你就能越早成功。要想得到自己喜欢的苹果，想改变自己的人生，就要先从改变自己开始，做好自己的职业生涯规划，做第四只毛毛虫。

(参考资料：http://wenku.baidu.com/view/593112906bec0975f465e27c.html)

15.7 实践训练

15.7.1 课外作业与练习

(1) 你打算从事 IT 行业吗？通过本书的学习，你觉得在 IT 行业工作需要哪些基本素质?

(2) 你有对未来进行过规划吗?

(3) 你是否想毕业后从事与自己专业相关的职业?对于专业的选择是否后悔?如果是,你最想从事的专业是什么?是否能下定决心在这个专业上执行下去?

(4) 如果你是一名女生,你打算在 IT 行业工作吗?你觉得怎么样才能在该行业中获取成功?

(5) 参考 14.4 中的方法,做一份职业生涯规划书。

(6) 结合第 12 章的导读资料,想想需要学习什么样的知识才能够帮助自己更好地找到工作。

(7) 终身学习的意义是什么?

(8) 通过前面的学习,相信我们已经了解了终身学习的重要性,那么,现在需要我们制订一份适合自己的终身学习计划,在职业规划和学习计划的帮助下,相信同学们能够创造良好的职业生涯,最终走上职业的成功之路。请同学们结合自己的情况,制定一份可行的终身学习计划书。

15.7.2 热点话题:天使投资——找到属于你的天使

1976 年 1 月,还在惠普工作的史蒂夫·沃兹尼克得意扬扬地拿出了自己研发的计算机主板 Apple Ⅰ,尽管他很努力向惠普公司推荐该产品,公司却说,这不是此时公司要开发的产品。于是他的好哥们儿史蒂夫·乔布斯说:“嘿,咱们干吗不自己来卖它?”这就诞生了苹果公司。

公司启动所需的钱来自于两位创始人。沃兹尼克卖掉了他心爱的 HP-65 可编程计算器,价钱是 500 美元;乔布斯卖掉了他的大众汽车,本来说好的价钱是 1000 美元,可是几个星期后汽车发动机坏掉了,因此只卖了 500 美元。不过幸运的是苹果公司可以依靠出售产品来获取资金,而且乔布斯很快就找到了买主。全美第一家计算机零售连锁店字节商店(ByteShops)决定以每台 500 美元的价格购买 50 块苹果电路板。

当然,对于新创公司而言,钱还是个问题,除非乔布斯愿意一辈子挨家挨户推销他的计算机。于是乔布斯去找了一位风险投资家。此人名叫唐·瓦伦丁,今日看来可谓大名鼎鼎,他曾经在仙童半导体和国家半导体公司做过管理层,后来创建了红杉资本。乔布斯一天好几个电话地纠缠,使瓦伦丁不堪其扰,于是他说,小伙子,我投资没问题,但你得先找个市场营销方面的专家,“你们两人谁都不懂市场,对未来的市场规模也没有一个明确的概念,这样无法开拓更开阔的市场。”

瓦伦丁推荐的人是迈克·马库拉,马库拉曾经投资过因特尔,并因此成名和发家。迈克·马库拉一下子就喜欢上了苹果,他不但加入了苹果(1977),还成为公司初期的投资人,不仅自己投入 9.2 万美元,还筹集到 69 万美元,外加由他担保从银行得到的 25 万美元贷款,总额 100 万美元。他相信这家公司会在 5 年内跻身世界 500 强。

从 Sun 联合创始人安迪·贝克托斯海姆手中获 10 万美元投资后,拉里·佩奇(Larry Page)和赛吉·布林(Sergey Brin)于 1998 年 9 月 7 日在加州郊区的一个车库内创立 Google。

1999 年 6 月 7 日,绝对是历史性的一天。因为这一天他们得到确切的结果:硅谷最有名的两家风险投资公司凯鹏华盈(KPCB)和红杉资本(Sequoia Capital)都同意向Google一共投资2500万美元(30%股份)。据说,这两家相互竞争的风险投资公司,以前还从来没有同时投资过同一家公司。

两家公司的两大人物红杉资本的迈克尔·莫里慈(Michael Moritz)和凯鹏华盈公司的约翰·杜尔(John Doerr)同时进驻公司的董事会。这两个人物亲手缔造了Sun、Intuit、Amazon和Yahoo等公司的成功故事。

2004年1月,Google宣布雇佣摩根士丹利和高盛管理其IPO。募集资金额被估计高达40亿美元。

2004年8月19日,谷歌上市,发行价85美元,年底攀升至195美元。IPO给了Google超过230亿美元的市值。到了2010年,Google一度成为超越微软市值第一的上市公司,给投资者带来上万倍的回报。

Google和苹果都是"天使投资"无数成功的案例之一,"天使"这个名词,是新罕布什尔大学商学院教授、美国风险投资研究所的创始人W. Wetzel在1978年首先开始使用的。是权益资本投资的一种形式,是指富有的个人出资协助具有专门技术或独特概念的原创项目或小型初创企业,进行一次性的前期投资。它是风险投资的一种形式,在根据天使投资人的投资数量以及对被投资企业可能提供的综合资源进行投资。

天使投资和风险投资的主要区别在于,天使投资者大多在申请天使投资的人士具有明确市场计划时就已经开始投资了,而这些市场计划或想法暂时不为风险投资公司所接受。

对于刚毕业的大学生来讲,有想法、有干劲,但是没有资金也没有资源,这个时候应该学会找到投资人来进行投资,国外的风险投资模式是一种非常成功的模式,值得我们借鉴,大学生要了解一定的投资融资知识,以更好地促进自己的事业发展。

国内关于风险投资的概念刚刚兴起,目前有不少投资人,由于中国近几年经济发展迅速,热衷于在国内进行投资,因为天使投资人不仅能够带来丰富的资金,而且也能够为项目发起人带来丰富的社会关系。所以,有志于创业的年轻人,要利用好这些知识,勇于发现、积极创新,找到合适自己的项目和投资人,打拼成功的职场。

资料来源:http://baike.baidu.com/link?url=vQjC0KBiN0bSk9uXLqSWpPfxyPTsqheA_xHcSEn_Fmyn9UnoQN7ug2oK8-6O-E5f;http://baike.baidu.com/link?url=F_pj2PxZxmJObPlF-A-KTPmC7n2BB7eyqbu7b5TZcmZ0O7aLce_i4iosxYh0G7We.

参考文献

[1] 安雅宁. 人生最重要的 100 条黄金法则[M]. 北京：北京出版社，2007.

[2] 罗宾斯，等. 管理学(第七版)[M]. 孙健敏，等，译. 北京：中国人民大学出版社，2004.

[3] 罗宾斯，贾奇. 组织行为学(第 12 版)[M]. 李原，孙健敏，译. 北京：中国人民大学出版社，2008.

[4] 德斯勒. 人力资源管理(第 9 版)[M]. 刘昕，王芳，译. 北京：清华大学出版社，2005.

[5] 雷瑛. IT 职业素养[M]. 北京：高等教育出版社，2005.

[6] 斯蒂芬·哈格，等. 信息时代的管理信息系统[M]. 严建援，等，译. 北京：机械工业出版社，2004.

[7] 汪中求. 细节决定成败[M]. 北京：新华出版社，2004.

[8] 迈克尔·波特. 竞争优势[M]. 陈小悦，译. 北京：华夏出版社，2005.

[9] 肖冉. 比能力更重要的 12 种品格[M]. 北京：北京出版社，2007.

[10] 编写组. 运筹学(第三版)[M]. 北京：清华大学出版社，2005.

[11] 周爱民. 大道至简[M]. 北京：电子工业出版社，2007.

[12] 本特利. 编程珠玑(第 2 版)[M]. 黄倩，钱丽艳，译. 北京：中国电力出版社，2008.

[13] 克利福德·格雷，等. 项目管理教程[M]. 徐涛，等，译. 北京：人民邮电出版社，2005.

[14] 大前研一. 再启动[M]. 天龙姬，金枫，译. 北京：中华工商联合出版社，2010.

[15] 肖恩·柯维. 杰出青少年的七个习惯[M]. 陈允明，等，译. 北京：中国青年出版社，2011.

[16] 卡耐基. 人性的弱点[M]. 李晨曦，译. 上海：上海三联出版社，2009.

[17] 巴尔塔沙·葛拉西安. 智慧书[M]. 王涌芬，译. 北京：中央编译出版社，2008.

[18] 刘墉. 世说新语[M]. 南宁：接力出版社，2008.